UN LORCA DESCONOCIDO:
Análisis de un teatro «irrepresentable»

CARLOS JEREZ FARRÁN

UN LORCA DESCONOCIDO:
Análisis de un teatro «irrepresentable»

BIBLIOTECA NUEVA

Diseño de la cubierta: José María Cerezo

El agradecimiento a las editoriales que han permitido la publicación de las páginas previamente publicadas por ellos:
© 1996. *Modern Philology*. The University of Chicago Press (cap.2)
© 2000. *Modern Language Review* (cap. 5)
© 2001. *Modern Drama*. University of Toronto Press (cap. 4)
© 2004. *Bulletin of Hispanic Studies*. Liverpool University Press (parte del cap. 6)

© Carlos Jerez Farrán, 2004
© Editorial Biblioteca Nueva, S. L., Madrid, 2004
Almagro, 38
28010 Madrid (España)

ISBN: 84-9742-280-5
Depósito Legal: M-26.893-2004

Impreso en Fernández Ciudad, S. L.
Printed in Spain - Impreso en España

ÍNDICE

A Catalina

Tábula gratulatoria

Al presentar este estudio al lector, es mi deseo manifestar mi sincera gratitud a todos los que me prestaron ayuda a lo largo de los años de su lenta elaboración. Concretamente querría reconocer la ayuda de Hal Boudreau, Juan Ignacio Calduch Mansilla, David Geist, Javier Herrero e Isis Quinteros. Sus comentarios críticos jugaron un papel importante en el contenido y presentación de mi trabajo. Querría extender mi agradecimiento a Margaret Jones, Christopher Maurer y Paul J. Smith por el foro ofrecido para la presentación oral de algunas partes de este estudio. A Miguel Zavala le debo el haberme facilitado las fotografías de la representación de *El público* que ilustran el texto. Lo mismo en cuanto al Museo del Prado y al Staatliche Museen Zu Berlin por permitirme reproducir las que proceden de sus fondos. Hay que agradecer también a los editores de *Modern Philology, The Modern Language Review, Modern Drama* y el *Bulletin of Hispanic Studies* la anterior publicación de algunas partes de este estudio y el permiso de reproducirlas aquí. Estoy sumamente agradecido a Andrew Anderson, Carlos Feal Deibe, Javier Herrero, Christopher Maurer, C. Brian Morris, Richard Predmore y al fallecido Sumner Greenfield por la confianza que depositaron y por el apoyo que me prestaron. Sin sus recomendaciones el proyecto no hubiera obtenido el reconocimiento que recibió. Hallen aquí todos ellos la expresión de mi profunda gratitud.

Este trabajo no hubiera sido posible sin la ayuda económica que me han proporcionado el Institute for Scholarship in the Liberal Arts de la Universidad de Notre Dame, el Program for Cultural Cooperation between Spain's Ministry of Education, Culture and Sports and United States Universities y, sobre todo, la National Endowment for the Humanities de los Estados Unidos, cuya beca de investigación me permitió dedicarme de pleno durante un período de tiempo determinado a la realización de este estudio.

Un Lorca desconocido.
Análisis de un teatro «irrepresentable»

Entre las obras dramáticas de García Lorca, *El público* es, sin duda alguna, la que mayor interés ha suscitado desde su publicación póstuma en 1976. Dicho interés es irónico si consideramos las reacciones negativas que la pieza provocó cuando el autor se la leyó por primera vez a sus amigos en La Habana en 1930 y, un año más tarde, en Madrid a otro grupo de amigos escogidos. Es un hecho conocido que esta obra revolucionaria, que de modo muy significativo el propio Lorca denominó «mi auténtico teatro», contiene una declaración explícita de amor homosexual que puede ser interpretada como autorreferencial y como un llamamiento a la comprensión de las relaciones físico-afectivas entre personas del mismo sexo. Sería difícil saber si fue ésa la razón por la cual la obra fue retirada de la circulación en su momento o bien si hubo otros factores desconocidos que contribuyeran a su invisibilidad, pero lo cierto es que el estreno de *El público* tuvo que esperar más de 50 años. Aunque la atención crítica que se le ha prestado ha ido creciendo paulatinamente desde la fecha de su publicación, según mi parecer todavía no se ha llegado a desentrañar gran parte de las complejidades temáticas y estilísticas que contiene la pieza. No en vano se trata de una obra de gran densidad lingüística y de un hermetismo temático poco común en Lorca si excluimos *Poeta en Nueva York*. Bien sea por los obstáculos que representan las características estilísticas y temáticas que acabo de enumerar, bien por la inhabilidad en algunos críticos para abordar uno de los aspectos más atribulados de la vida y obra del poeta, su homosexualidad, o porque se considere su temática como algo de interés marginal, cuando no embarazoso, lo cierto es que *El público* continúa siendo uno de los grandes enigmas del legado artístico de su autor.

[15]

Lo que sigue es un estudio, detallado en su análisis, que tiene como propósito principal aportar una nueva lectura de esta obra. En el Capítulo Primero estudio el surgimiento de los discursos médicos sobre la homosexualidad en la Europa de las primeras décadas del siglo xx; presto especial atención al concepto de identidad homosexual y al proceso de *medicalización* a que la someten la medicina y sexología de primeros de siglo. Estudio también las formas en que determinadas actitudes o comportamientos sexuales, placeres o afectos eran experimentados y racionalizados por los sujetos. El objetivo principal del capítulo es establecer la manera en que la homosexualidad, que hasta entonces había sido una categoría indeterminada, pasa a constituirse como una categoría ideológica, un principio constitutivo de la persona.

Uno de los corolarios de la reducción de la persona a las supuestas manifestaciones visibles de la sexualidad (la inversión como signo de traición a la biología y a la anatomía) lo encuentro presente en el cuadro titulado «Ruina romana», cuyo análisis forma parte del Capítulo II. Me centro en el estudio de las realidades ocultas que revela ese viaje a la intimidad de la persona que se emprende aquí con el pretexto de inaugurar el «teatro y bajo la arena». Veo la danza entre la Figura de Pámpanos y la de Cascabeles con que comienza este cuadro, junto con las metamorfosis hipotéticas en que ambos fantasean, como un ritual de implicaciones sadomasoquistas que tiene su explicación en la problemática conceptualización del deseo que plasma la obra.

El Capítulo III analiza el discurso neoplatónico que se introduce simbólicamente en la segunda mitad del segundo cuadro de *El público*. El capítulo centra su atención en la búsqueda del «uno» que ha emprendido el Emperador. Veo esta búsqueda como sintomática del deseo de reunificación que alienta a los míticos seres escindidos de que nos habla Aristófanes en el conocido discurso sobre el amor, de *El banquete* de Platón. Es evidente que la evocación de esta fuente clásica en el contexto en que aparece corresponde a la necesidad de establecer referentes positivos de la homosexualidad que contrasta con la situación hostil del momento. No obstante, al servirse de estos códigos de respetabilidad que tenía a su alcance, Lorca incurre inconscientemente en otra estrategia de negación: promover la sublimación del impulso sexual para quienes no asumieran el modelo heterosexual. Veo esta muestra de homosexualidad sublimada como un síntoma más de la incapacidad de reconciliar el amor físico con el espiritual que encontramos en la obra. Esta concepción del homoerotismo a partir de un referente de la antigüedad clásica me lleva a considerar el discurso platónico de lo trascendente como un elemento fundamental para mantener la imagen de la masculinidad tradicional que *El público* proyecta por medio de quien ha sido visto como álter ego del autor, el Hombre 1.

Los Capítulos IV y V examinan los disturbios que ha provocado el experimento del Director tan pronto el público descubre que el personaje de Julieta había sido representado por un joven de quince años. Analizo este episodio como un ejemplo de las complejas relaciones que la homosexualidad mantiene con el poder y el poder con la homosexualidad, la invisibilidad del *modus operandi* de estos sistemas excluyentes en los que la moral y la ley se complementan a la hora de excusar manifestaciones de hostilidad con frecuencia homicidas. El objetivo principal es poner de relieve la manera en que las estrategias homófobas han sido constituidas, su funcionamiento, el modo en que han construido a sus sujetos y a sus objetos, su participación en la legitimización de las prácticas sociales opresivas. Al disertar sobre estos temas muestro la eficacia con que Lorca critica los estamentos sociales responsables de la opresión que conoció de primera mano. Es la crítica más efectiva que la obra contiene de la homofobia. El Capítulo V lleva a cabo un análisis deconstruccionista del travestismo que supone la representación de *Romeo y Julieta* «bajo la arena». La tesis que introduce este capítulo es que Lorca se sirve de paradigmas heterosexuales como el de Romeo y Julieta para lanzar lo que veo como una reivindicación problemática de la homoafectividad.

El tema del Capítulo VI es la escena del sepulcro en donde aparece la Julieta de Shakespeare confrontando los caballos que han acudido a su tumba con intención de seducirla. Dedico gran parte de este capítulo al estudio de las caracteristicas con que la mujer es concebida en el imaginario lorquiano y la emancipación femenina que ejemplifica Julieta. Mi tesis es que la imagen de la mujer que proyecta la obra debe mucho al discurso psicoanalítico falocéntrico que versa sobre la teoría freudiana de la fémina castradora. Es una problemática defensa feminista que funciona como justificación irracional de prácticas represivas que construyen una falsa superioridad sexual masculina.

El último capítulo sitúa a *El público* en el contexto cultural de la España de los años 20 y 30. Estudio, entre otros aspectos, la deuda que Lorca contrajo con las corrientes de vanguardia de su tiempo. Aunque la impenetrabilidad y ofuscación de significado que singulariza a este teatro que él calificó de «imposible» e «irrepresentable» están inevitablemente relacionadas con la dificultad de articular la temática homosexual que la configura, la teoría que presento es que no podemos atribuir exclusivamente a ello las dificultades de interpretación que en ella abundan. La densidad semiótica, la fragmentación estructural y la simultaneidad de la acción que caracteriza la pieza están directamente relacionadas con los intereses que Lorca mostró hacia las novedades técnicas y estéticas que las vanguardias artísticas y literarias introdujeron por aquel entoces: el expresionismo, el surrealismo y el cubismo, entre otras.

Estamos frente a un texto central en el corpus lorquiano, el que mayor contemporaneidad ha adquirido entre los que escribió el autor. Su análisis es sumamente interesante por su formidable complejidad, por el reto que supone, por la riqueza de significados que contiene y por la necesidad imperante de llegar a un enfoque más esclarecedor que abra el texto y lo haga más accesible a sus lectores y a los críticos en general. Es el texto que más se ha resistido a una exegesis convincente. Un análisis a fondo puede ayudar no sólo a resolver algunas de las complejidades y dificultades de interpretación que plantea *El público*, sino también a comprender más a fondo el resto de la producción dramática y poética de su autor. Soy del parecer de que la obra lorquiana, como señala García-Posada, «no es comprensible sin una fortísima apoyadura cultural» *(García Lorca,* 18), pero tampoco lo es, añado yo, sin tener presente el drama personal que la homosexualidad supuso para el poeta. Como ha señalado Ian Gibson, «su temática está llena de amores que no pueden ser» *(El País,* 16 de enero de 1998, cit. Llamas 81). Y ello se debe a que su obra está inseparablemente unida a su vida. Es de este modo que se entiende mejor el pesimismo sobre el amor que expresa su teatro, la imposible fruición amorosa que en él se dramatiza, el frecuente carácter ilícito del amor que anima a varios de sus personajes, la recurrente idealización de la niñez como un tiempo presexual libre del problemático deseo sexual, la ponderada frustración sexual que prevalece en su teatro y poesía, la asimilación del amor con el dolor y la muerte y, finalmente, la conceptualización del sufrimiento como constitutivo de identidad sexual. Aunque en muchos de estos casos Lorca está hablando de relaciones heterosexuales, no obstante se está refiriendo a su propia realidad personal, lo cual explica por igual la presencia obsesiva de tropos de represión y persecución, según se visualiza mediante la evocación de negros oprimidos, gitanos perseguidos, cristos crucificados y mujeres sexualmente oprimidas. No se puede eludir un hecho indiscutible: la orientación sexual de Lorca es de capital importancia porque condiciona la visión de la sexualidad que sus obras dramatizan, lo cual contiene, al mismo tiempo, su visión de la vida y del mundo en general. Es ésta una realidad innegable que sigue sin reconocerse del todo, quizá porque, como ha señalado Rivers acerca de la crítica proustiana, «la gente no se siente del todo cómoda con la idea de que puedan surgir grandes obras de arte de la inspiración homosexual o que puedan derivarse de la experiencia homosexual intuiciones válidas acerca de la naturaleza humana» (82).

Otra de las razones por las que he concentrado mis esfuerzos en el análisis de esta obra y de este tema en particular es la necesidad imperante de disipar malentendidos que siguen vigentes en torno a la temática homosexual que recoge la obra de Lorca. No es la verdad lo que disputo, sino la interpretación que de ella se ha hecho. Hay un error de percepción que consiste en el planteamiento de un Lorca orgulloso de su sexualidad y adalid en la lucha a favor de la causa homosexual, imagen creada mayormente por un grupo determinado de lectores que no se ha percatado de la naturaleza problemática que sus páginas recogen acerca de esta disidencia sexual. No parece haberse reconocido el consabido hecho psicológico que hace que la atracción pueda coexistir con el repudio, la tolerancia con la hostilidad, la afirmación con la negación, la exaltación de la diferencia con su rechazo. La advertencia que hace Antoni Mirabet en su estudio sobre la homosexualidad es digna de tomarse en cuenta para llegar a una mejor comprensión de las ambigüedades aludidas: «Hay que tener presente que la práctica sexual por sí misma no implica una liberacion sexual, y que esta liberación no es posible por sí misma si no va íntimamente y dialécticamente ligada a la liberación total del individuo» (352). El Lorca de *El público*, a diferencia de Cernuda, no encontró motivo de orgullo en su homosexualidad ni llegó a asumirla de manera radical a como lo hizo aquél, lo cual puede explicar la ambigüedad ética con que aparece tratada en *El público*. El que escribe esta obra es un Lorca que toma la palabra para hablar en favor de la heterodoxia sexual, sólo que lo lleva a cabo mediante la apropiación de un lenguaje y unas teorías que, salvo en muy pocas ocasiones, inciden en su negatividad. Además, colabora inconscientemente con las mismas estructuras responsables por su opresión, apropiándose de los referentes negativos que tenía a su alcance sin cuestionar los motivos políticos y la coherencia que mantenían con el sistema opresivo que los promovía. Es lo que Ricardo Llomas define como «relativa connivencia con el régimen de representación de la homosexualidad» (86). Es un Lorca que, salvo en contadas ocasiones, se ha agrupado en torno a las representaciones más alienantes de una homosexualidad reaccionariamente estereotipada, que se muestra severo frente a aquellos que se abandonan al placer denostado y no se mantienen fieles a las expectativas sociales en lo que se refiere al *rol* del género masculino; un ser, en resumen, angustiado y desgarrado por los conflictos que en él creara una orientación sexual que no llegó a aceptar del todo, lo cual explica que rara vez pensara en ella sin traicionar sentimientos de culpa.

Aunque resulta difícil evitar polémica cuando se toca un tema de esta índole, aun cuando se lleve a cabo racional y objetivamente, mi propósito con este proyecto ha sido estimular el pensamiento y disipar prejuicios, añadir una lectura más a las muchas que se han ido acumulando sobre el legado literario de este autor de incuestionable mérito estético. Las conclusiones a que llego son un intento más por entender *El público* con mayor claridad, sin remilgos, perífrasis ni enmascaramientos. Es también un paso adelante en la comprensión de la naturaleza humana en general. En lo que se refiere a los lectores que siguen sintiendo reparo ante el reconocimiento de esta dimensión de la personalidad de quien ha pasado a ser un consagrado ídolo de nuestra cultura, que continúan siendo numerosos, quizá les sirvirá de consuelo ver la negatividad que emana de estas páginas en las que Lorca toca el tema homosexual.

[19]

En cuanto a las fuentes consultadas, además de los trabajos de investigación sobre Lorca, que han resultado de tanta utilidad para llegar a mis conclusiones, hay un corpus de crítica litararia sobre la homosexualidad que ha sido de especial utilidad para mi análisis, al permitirme entrever con mayor claridad la naturaleza del conflicto que analizo. Me refiero en particular a las teorías innovadoras de Foucault y de los estudios de teoría gay a que han dado lugar y que han revolucionado los conceptos tradicionales de la sexualidad. Para mi estudio, ha sido especialmente pertinente también la más reciente teoría sobre el pensamiento feminista. La teoría psicoanalítica freudiana y lacaniana ha resultado útil para analizar un texto tan influido por los discursos científicos de su tiempo, como es *El público*. Lo mismo cabe decir de las teorías sobre la sexualidad que introdujo Gregorio Marañón en España. La amplia gama de técnicas empleadas por los críticos estructuralistas y posestructuralistas han demostrado ser bien efectivas a la hora de *des*cubrir el significado en clave que veo en varias de las obras comentadas al permitirme mostrar la manera en que las interpretaciones textuales están controladas por la ideología dominante de contextos culturales determinados. Para el capítulo sobre las corrientes de vanguardia me han servido de guía las obras de filosofía estética de Walter Benjamin, Theodor W. Adorno, Herbert Marcuse y Peter Bürger así como los análisis más recientes que sobre ellas se han realizado.

Las citas de los textos de Lorca remiten a las *Obras completas*, editadas por Arturo del Hoyo y publicadas por Aguilar en 1988. Las que se hacen de *El público* proceden de la edición príncipe de Martínez Nadal, publicada por Seix Barral en 1978. El segundo capítulo de este libro es una reelaboración de las páginas publicadas con anterioridad en *Modern Philology*. Los Capítulos IV y V han aparecido en inglés en *The Modern Language Review* y *Modern Drama*, respectivamente, y una cuarta parte del VI está por publicarse en 2004 en *Bulletin of Hispanic Studies*.

CAPÍTULO PRIMERO

La conceptualización médica de la homosexualidad en *El público*

Entre las obras de García Lorca, *El público* es la que más problemas de interpretación ha planteado al lector de hoy. Su complejidad y hermetismo han dado lugar a interpretaciones de carácter muy diverso, sobre todo en lo tocante a la relación que la obra establece entre sexo biológico, género y comportamiento sexual. Una de las interpretaciones, la más divulgada entre los críticos que han tocado el tema, es la que ve las permutaciones de género que experimentan algunos de los personajes en *El público* como un ejemplo que propone el autor para mostrar la inestabilidad de los *roles* sexuales, la artificial vinculación que las ciencias sexuales del siglo XIX habían establecido entre biología y *rol* sexual. Según lo expresa Carlos Feal en su libro *Lorca. Tragedia y mito*, las metamorfosis por las que pasan el Director y los Hombres 2 y 3 «tienen el sentido de revelar la verdad oculta, una verdad donde el sexo no es una categoría fija y las características del sexo contrario se imponen o coexisten con las del sexo propio» (133). Aunque a primera vista la evidencia que nos brinda el texto parece corroborar dicha interpretación, cuando reparamos en el significado que el componente travestista adquiere en la obra, es fácil percatarse de que el verdadero propósito es muy distinto al que generalmente se le ha venido atribuyendo. Lo que se desprende de una lectura detallada es que, lejos de poner en tela de juicio el pretendido fundamento fisiológico del *rol* masculino o el *rol* a él atribuido, Lorca está feminizando y ridiculizando el deseo homoerótico que se actualiza por implicar un atentado contra las catego-

[21]

rías de género establecidas, una desacreditación de la masculini-dad. Hay en esta sucesión de disfraces femeninos un repudio de la disponibilidad sexual receptiva en el hombre por el desafío que plantea a los valores masculinos tradicionales en los que incues-tionablemente cree el autor. Es mi propósito considerar *El público* desde esta perspectiva para mostrar que, lejos de abogar por una disolución de los parámetros sexuales establecidos, Lorca hace del travestismo un motivo de escarnio con que difamar el comporta-miento del Director y de los dos otros Hombres que lo acompa-ñan. Y ello se lleva a cabo yuxtaponiendo dos tipos de homose-xualidad, la constituida por el Hombre 1, que viene caracterizada por la hipervirilidad y por una disposición erótica que no llega a actualizarse en manifestaciones sexuales, aunque sí en afectivas, y, por otra parte, la representada por los Hombres 2, 3 y el Direc-tor, que se caracteriza por la actualización de los deseos homose-xuales que sienten. La primera recibe todos los encomios del au-tor, mientras que la segunda es rechazada por romper las reglas de lo que se considera socialmente aceptable. La aclaración es ne-cesaria porque la distinción que hace el texto entre las dos formas de homosexualidad: la sublimada y la consumada, explica gran parte de la dinámica psicosexual que se dramatiza en el texto y con ello las etiologías sexuales que configuran el concepto de ho-mosexualidad que contiene la obra. Según la lectura que ofrezco, la obra defiende de una manera evidente la dicotomía «natural» que viene determinada por la biología de la persona. Quiero mos-trar que, en lugar de proponer utopías sexuales, Lorca propone una demarcación bien clara entre los sexos, por lo que cabe re-calcar que no hay en *El público* ningún intento de desestabilizar la estratificación imperante de *roles* sexuales impuestos por la tra-dición por la mera razón de que, para el Lorca de *El público*, la sexualidad es fuente de identidad y la práctica sexual tiene tanta vigencia como aquélla a la hora de establecer la identidad de la persona. Bien visto, nos hallamos ante un Lorca no tan permisivo con las transgresiones sexuales como se ha venido creyendo. Veo en la imagen que emana de *El público* a un autor preocupado por el componente homosexual que amenaza a cada instante el ideal viril que defiende a ultranza[1].

Son varios los ejemplos a que podemos recurrir para corrobo-rar lo antedicho. Uno de ellos, que puede servir de preludio a las

---

[1] La faceta fundamental de la vida social del homosexual a que me refiero la ha señalado Sedgwick en su estudio epistemológico del *closet* cuando aclara que «The gay closet is not a feature only of the lives of gay people. But for many gay people it is still the fundamental feature of social life; and there can be few gay people, however courageous and forthright by habit, however fortunate in the support of their immediate communities, in whose lives the closet is not still a sha-ping force» (*Epistemology*, pág. 68).

aclaraciones que sigue, es el breve diálogo que el Hombre 1 mantiene con el Caballo Blanco 1 en la escena del sepulcro de Julieta en Verona. Como bien es sabido, Julieta es visitada por unos caballos que han ido a su encuentro para socorrerla de la muerte en que se halla sumida. La conversación entre estas figuras antropomorfas y Julieta es interrumpida por el Hombre 1 y el Director, quienes entran hablando de las realidades ocultas que aquél ha logrado revelar al despojar al Director de la máscara con la que se ha venido protegiendo.

HOMBRE 1 *(Al Director.)*.—Mi lucha ha sido con la máscara hasta conseguir verte desnudo. *(Lo abraza.)*
CABALLO BLANCO 1 *(Burlón.)*.—Un lago es una superficie.
HOMBRE 1 *(Irritado.)*.—¡O un volumen!
CABALLO BLANCO 1 *(Riendo.)*.—Un volumen son mil superficies (105-107).

Como se podrá observar, el diálogo está cargado del simbolismo propio de una obra cuya capacidad de sugerir es infinita. No obstante, por hermético que sea, una hermenéutica detenida puede mostrar que su contenido simbólico no es indescifrable. Lo que tenemos en estas referencias al «lago» y a las «superficies» es una velada alusión a los componentes masculino y femenino que el género de estas palabras connota y que se aplica a las diferencias sexuales que se están disputando. El Hombre 1 dice haber descubierto por fin la entereza masculina de su amigo Enrique al haberle arrancado la máscara que lo encubría. Verlo despojado de encubrimientos posibles supone haber confirmado la identidad sexual que Gonzalo/Hombre 1 conocía en él. Es un ejemplo de que, según ha sugerido Judith Shapiro, «biology saturates our view of gender and provides us with illusory truths we hold to be self evident» (272). La respuesta que se oye por parte del Caballo desmiente semejante conclusión al sugerir que la identidad sexual del Director es más ambigua de lo que cree Gonzalo/Hombre 1. Es lo que da a entender mediante la combinación de la masculinidad y feminidad que connota el «lago» de género masculino y la femenina «superficie» que él menciona. Quiere decir con ello que la integridad masculina que el Hombre 1 creía haber encontrado en el Director es engañosa debido al comportamiento que el Caballo parece conocer muy bien en el Director de escena, según lo insinúa mediante este juego lingüístico. La reacción del Hombre 1 revela que ha captado las insinuaciones de su interlocutor. Sin embargo, insiste en querer atribuirle a su amigo Enrique la masculinidad que su anatomía sexual fundamenta, como ha podido comprobar al despojarlo de la ropa que lo encubría. De ahí la actitud irritada que indica la acotación y el componente masculino del «volumen» en que insiste. El Hombre 1 no puede admitir que el objeto de su amor y amistad incluya ambigüedad sexual como la sugerida por el «lago» y la «superficie» con que el Caballo Blanco se había referido al Director, sino todo lo contrario: debe incluir lo absolutamente masculino. El Caballo, quien, debido a su poder de significar lo instintivo, parece conocer mejor al Director, no se da por vencido al insistir en el componente femenino que anteriormente había desmentido el Hombre 1: «Un volumen son mil superficies.» Da a entender con ello que el sujeto en cuestión está compuesto de múltiples identidades femeninas que a menudo compiten entre sí hasta llegar al extremo de contradecir la esencia masculina que sugiere el metafórico «volumen». Se infiere de ello que, cuando se invierte el *rol* propio del sexo a que pertenece la persona, los masculinos «lago» y «volumen» se convierten metafóricamente en una o en mil «superficies». Es una manera de insinuar que el deseo homo-erótico que aboca en el acto físico, como es el caso con el Director, es la negación de la masculinidad por ser aquél la expresión de una feminidad más profunda que se oculta tras la apariencia masculina.

El concepto de la identidad sexual que expresa este diálogo se entiende algo mejor cuando lo sometemos a la luz de la teoría que Jacob Stockinger elabora en su ensayo sobre la homotextualidad. Según afirma dicho autor: «the psychodynamic of the homosexual is fluid and could be called transformational in the sense that it is comparable to transformational grammar: out of an underlying "deep structure" (the homosexual identity) emerge many variations of "surface structures" (either an affirmed or assumed heterosexual identity, or, at the very least, modified and repressed forms of homosexual identity)» (139). No viene al caso entrar en polémicas sobre la ingenuidad que revela este tipo de afirmación que implica por oposición que la heterosexualidad no incurre en la dinámica descentralizadora que Stockinger atribuye a la homosexualidad, porque se supone que la identidad heterosexual es algo fijo, que la dinámica psicosexual del heterosexual no experimenta transformaciones ni recurre a máscara alguna, ni oscila entre estructuras «hondas» y «superficiales», según el rebate que de esta teoría hace Yingling (28). Los hallazgos que las ciencias empíricas han introducido en los últimos 30 años aproximadamente, y que Freud en varios sentidos había anticipado al proponer la constitución bisexual del organismo humano, han contribuido significativamente a mostrar que la persona normalmente sexuada, es decir, heterosexual, es «a contingent practical accomplishment», según diría Harold Garfinkel acerca de la construcción del género (181). Sin embargo, si traigo a colación la teoría de Stockinger es porque ilustra muy bien el concepto igualmente simplista que Lorca introduce acerca de la identidad sexual que encontramos en *El público*, de donde se desprende que el *rol* masculino prescrito, según mantiene el Hombre 1, es natural; lo inauténtico es lo resultante de las inversiones en que incurren los que no son fieles a los mandatos de su biología. En otras palabras, un hombre que desea a otro hombre y da expresión a sus deseos no puede más que ser desencializador porque la esencia masculina queda desvirtuada. Se infiere de ello que el hombre de orientación homosexual sólo puede dar expresión a sus deseos en detrimento de su masculinidad, afeminándose.

La manera en que esta dinámica se dramatiza en *El público* es tan variada como reveladora. Lo vemos, por una parte, en las afirmaciones que hace orgullosamente el Hombre 1 acerca de su masculinidad y, por otra, mediante las prácticas sexuales y las «patologías» que ejemplifican los otros tres personajes masculinos que aparecen en escena, hombres que, como dice Proust acerca del barón de Charlus, pertenecen «a la raza de esos seres (...) cuyo ideal es viril, precisamente porque su temperamento es femenino y porque en la vida son, aparentemente al menos, como los demás hombres» *(En busca*, IV, 24). Se expresa en *El público* mediante la oposición binaria que se establece entre identidad sexual y falsedad. A la primera, que en este caso se trata de la identidad «auténticamente» masculina, corresponde lo profundo, la verdad, lo impermutable, lo esencial, lo normal, la sinceridad, lo auténtico; en otras palabras, las cualidades positivas que connota la masculinidad del metafórico «volumen» anteriormente citado. La segunda categoría, que es la connotada por la pseudofeminidad, viene representada por lo superficial, la mentira, lo permutable, lo anormal, la falta de sinceridad y el artificio. Dentro de la primera categoría se inscribe el Hombre 1. La segunda viene ejemplificada por los Hombres 2, 3 y, sobre todo, por el Director/Enrique.

En cuanto a la primera categoría se refiere, el Hombre 1 es, entre los ahí presentes, el único que se enorgullece de su sinceridad: «Yo no tengo máscara», dice en cierta ocasión; «abomino de la máscara», puntualiza en otra (105-107). Excluyendo al criado, es el único personaje que no pasa por los biombos reveladores ni experimenta permutación alguna, con lo que se insinúa que es una persona íntegra, que no tiene nada que ocultar por estar libre de los rasgos feminoides que reprocha en los demás, que equivale a decir que no incurre en prácticas sexuales des*virt*ualizadoras. Es el que más insiste en la inauguración de ese «teatro bajo la arena», porque ha de poner en evidencia la hipocresía del Director y de los otros dos hombres que se asemejan a él: el 2 y el 3. Es, además, el único que no tiene que justificarse heterosexualmente ante nadie, como sienten la necesidad de hacerlo el Director y el Hombre 3 al invocar a Elena para que los rescate de las imputaciones de que se han visto objeto. Hay que tener presente también que es el único que muestra una capacidad afectiva que no vemos en los demás, bien sea en su relación con Enrique o con el actor que desempeña el papel de Julieta cuando aparece desdoblado en Ro-

Ilustración 1.—Elena aparece ante los Hombres 1, 2, 3 y el Director. Foto de Miguel Zavala.

meo. Su atracción homoerótica viene ejemplificada en ambos casos por la abstinencia de las manifestaciones y actualizaciones sexuales, todo lo cual tiene su explicación y punto de convergencia en la definición que de sí mismo hace cuando aparece como Figura de Pámpanos: «porque soy un hombre, porque no soy nada más que eso, un hombre más hombre que Adán» (57). Es más hombre que el primero de los hombres porque el progenitor de la raza humana era un compuesto hermafrodita[2] del que «fue separado un organismo de mujer» (Marañón, *La evolución de la sexualidad,* VIII, 566)[3]. En otras palabras, es una especie de quintaesencia masculina que no sucumbe ante los «falsos deseos» que arrastran a los demás.

Por el lado opuesto tenemos a los otros personajes masculinos que se comparan negativamente a él. El Director, por ejemplo, es el blanco principal de las ofensivas del Hombre 1 y de los otros dos que acuden a su camarín. Una de sus características principales, además del disimulo, es su identificación con lo femenino, según viene representado por medio de la multiplicidad de disfraces de mujer que asume continuamente, cosa que se reitera a lo largo de la pieza cada vez que se alude a su inversión sexual. Es el más evasivo de todos, el que más metamorfosis experimenta. Ello se debe a que actualiza sus impulsos homosexuales, como se encargan de reprocharle quienes lo conocen mejor. Son prácticas que el Hombre 1 considera incompatibles con los valores tradicionales de la masculinidad que él mismo representa. Un ejemplo de ello lo encontramos en la acusación que el Caballo Blanco hace del Director cuando lo tilda de «Luna y raposa, y botella de las tabernillas», o sea, mujer, zorra y objeto público que todos manosean respectivamente. Igualmente revelador es la respuesta que el Director ofrece a estos insultos cuando aparece disfrazado de Guillermina de los caballos en el cuadro tres e invita a sus adversarios a que pasen por él/ella: «Pasaréis vosotros, y los barcos, y los regimentos, y si quieren las cigüeñas, pueden pasar también. ¡Ancha soy!... Luna y raposa de los marineros borrachos», dice antes de desaparecer como Dominga de los negritos en este mismo cuadro (109-111). La autodegradación que presupone su disposición sexual, concretamente su reducción a ser objeto del placer del otro, es absoluta ya que está proclamando a los cuatro vientos una promiscuidad en la que todo el mundo tiene cabida, sin discriminación alguna: marineros («barcos»), soldados («regimientos») y las cigüeñas con que se insi-

---

[2] «Y creó Dios al hombre a su imagen; a imagen de Dios lo creo; varón y mujer los creó» (*Génesis* 1:27).
[3] Como indica Estrella De Diego, «Una de las manifestaciones iconográficas más recurrentes suele presentar a Adán y Eva unidos por la espada *[sic]* —tal es el caso de *La creación de Eva* que Fredi realiza en el siglo XIV. En otras ocasiones, el Primer Hombre aparece como una mujer del lado derecho y un hombre del lado izquierdo» (26).

núa la seudomaternidad a que darán lugar todas estas inseminaciones anales que está dispuesto a gozar. Todo lo cual sugiere que, a diferencia del Hombre 1, el Director consume sus impulsos homosexuales sin poder superar el ámbito erótico. No hay ningún indicio, como tampoco lo hay en los Hombres 2 y 3, de que sus actividades homosexuales satisfagan anhelos más profundos del corazón.

Un ejemplo en que convendría detenerse para corroborar la teoría que aquí propongo es la denuncia pública que el Hombre 1 hace al comienzo de la obra, en el diálogo que entablan el Director de teatro y los tres hombres que han llegado instigándole a que inaugure el teatro «bajo la arena», un teatro que tendrá como fin la destrucción de la identidad asumida y la revelación de la oculta que la máscara del vivir cotidiano oprime. Uno de los elementos que sobresale en este diálogo de retos, acusaciones y delaciones es, precisamente, la alusión aparentemente inconexa que el Hombre 1 hace a una liebre que en cierta ocasión vio que ocultaba el Director: «Lo reconozco todavía —le dice al Hombre 2 señalando al Director— y me parece estarlo viendo aquella mañana que encerró una liebre que era un prodigio de velocidad, en una pequeña cartera de libros. Y otra vez que se puso dos rosas en las orejas el primer día que descubrió el peinado con la raya en medio» (45). La alusión es de una opacidad típica de ese querer «decir sin decir del todo; un susurrar que requiere un esfuerzo de atención y de interpretación» (Llamas, *Teoría*, 81) que singulariza a esta obra. Así y todo, conviene detenernos en su análisis, primero, porque su significado no ha sido estudiado en su totalidad ni de manera convincente y, segundo, por la luz que su valor simbólico arroja sobre la problemática central que se debate en escena[4].

La clave que nos ayuda a desentrañar el significado de este reproche se halla en la carga simbólica que adquirió la liebre en la antigüedad. Se trata de un animal de una larga tradición simbólica de origen bíblico que nos llega a la modernidad repleto de asociaciones de ética sexual, siendo la más persistente su capacidad para sugerir la inversión sexual del hombre. Aparece en el libro de *Levítico* como símbolo de impureza, por ser rumiante y no tener la pezuña dividida en dos («De los animales terrestres, pueden comerse todos los rumiantes, bisulcos, de pezuña partida; se exceptúan... la liebre, que es rumiante, pero no tiene la pezuña partida: téngala por impura») (11: 3-4, 7-8). Vuelve a aparecer más tarde en el *Nuevo Testamento* para simbolizar a la mujer li-

---

[4] La alusión, como ya es sabido, se hace al comienzo de la obra. El único comentarista que ha notado esta referencia es Martínez Nadal, quien ha observado pertinentemente que «lo que el Hombre 1 parece estar diciendo es que vio cómo el Director de escena intentó ocultar —intelectualizar— su instinto homosexual» («Guía», 239).

viana (*Romanos* 2, 3) y también como símbolo universal de las-civia y fecundidad. Representa, además, velocidad, timidez y astu-cia, según señala J. C. Cooper en su libro *Symbolic and Mytholo-gical Animals*. Una de las características sobresalientes de este ani-mal, que es la que más nos incumbe para efectos de este análisis, es la de habérsele atribuido la insólita condición de ser masculino y femenino a la vez porque, según creían los naturalistas de la an-tigüedad, cambiaba de sexo cada año, como la hiena. Uno de los propulsores de esta teoría fue Barnabas, autor de una epístola del siglo I a.c., aproximadamente, cuyo texto formó parte del *Codex Sinaiticus*, el más famoso de los manuscritos bíblicos que sobrevi-vieron. Según John Boswell, autor de *Christianity, Social Tolerance and Homosexuality*, Barnabas equiparó algunos pecados sexuales al consumo de ciertos animales, siendo la liebre el principal de ellos por crecerle un nuevo orificio anal cada año de vida. Así se evidencia en la prohibición que aparece en la citada carta: «You shall not eat the hare... so that you may not become a boy-mo-lester or be made like this. For the hare grows a new anal ope-ning each year, so that however many years he has lived, he has that many anuses» (137-138)[5]. Como aclara Boswell, «Possibly the alleged anal proclivities of the hare suggested male homosexual re-lations more strongly than any other type of sexual behavior» (137).

La influencia que las conjeturas médicas de los antiguos iba a tener en los siglos por venir fue considerable ya que fueron in-corporadas en el pensamiento medieval con pocas variaciones y pasaron a dominar en gran parte de su literatura hasta llegar a los médicos y enciclopedistas del siglo XVII, sobre todo debido a la im-portancia concedida a uno de los estudios de ciencias naturales más leído en el medioevo, el *Physiologus*, una colección de anéc-dotas sobre animales de las cuales se deduce una moral del com-portamiento en cada uno de ellos (Boswell, 141)[6]. La literatura no se mostró impermeable a esta influencia, como se revela en la equi-paración entre liebre y buldero que hace Chaucer en el Prólogo ge-neral a los *Cuentos de Canterbury* al decir del «gentil Pardoner / of Rouncivale» que tenía «swiche glaringe eyen... as an hare» (I, 684). El propósito moralizante de esta asociación, según Schweitzer, es insinuar las actividades homosexuales del buldero, así como la subversión de sus responsabilidades como representante de

---

[5] Según John Boswell, esta noción deriva de Aristóteles. Plinio hace mención de ella, adscribiéndosela a Archelaos (*Natural History* 8.81.218). Aelian, añade Boswell, «relates that the male hare bears young and has a share in both sexes» (138-139).

[6] De sus primeras apariciones Boswell observa que «It first appeared in Greek a little after the Epistle of Barnabas and quickly made its way into Latin, where its popularity gave rise to dozens of different versions. During the Middle Ages it was translated into almost every medieval vernacular from Icelandic to Arabic. Its in-fluence was incalculable, particularly during the High Middle Ages» (141).

la Iglesia (247)[7]. La influencia de este animal con las características que se le atribuyeron perduró hasta el siglo XVII según se puede
comprobar en las páginas que Sir Thomas Browne, médico y tratadista inglés, dedica a comentar las características de este animal
en su estudio *Enquiries into Vulgar and Common Errors* (1646)[8],
donde afirma, basándose en la autoridad de los antiguos naturalistas, que «The... most received acception, is, that Hares are male
and female by conjuction of both sexes; and such as are found in
mankind, Poetically called Hermaphrodites; supposed to be formed
from the equality, or non victorie of either seed; carrying about
them the parts of Man and Woman» (II, 246)[9]. Es con este mismo
significado que vuelve a aparecer en el siglo XX, en la novela de
Virginia Woolf intitulada *Orlando* donde la liebre sirve para aludir a la ambigüedad sexual del Archiduque Harry que posteriormente aparece como Archiduquesa Harriet Griselda[10].

Como se puede comprobar, se trata de una larga tradición ético-
religiosa, científica, mítica y literaria cuyo común denominador es
señalar la ambigüedad sexual de dicho animal. Es dudoso que Lorca
tuviera conocimientos de estas fuentes tan rebuscadas. Igualmente
improbable son las sugerencias que hace Martínez Nadal cuando
apunta como posible el hecho que «en Boston [Lorca] viera alguna
reproducción de las cráteras áticas del año 500 a.C. que se con-
servan en el museo de aquella ciudad» donde la liebre aparece como
símbolo de «lujuria, de fecundidad, etc.» («Guía», 239)[11]. Aunque
es difícil saberlo a ciencia cierta, es más probable que Lorca se
sirviese de la obra de Terencio, concretamente la comedia intitu-

---

[7] Para un comentario sobre el tema véase, además del citado estudio de Schweitzer, el de Monica E. McAlpine, «The Pardoner's Homosexuality and how it
Matters».

[8] Estudio citado por Thomas Laqueur en su artículo «Orgasm, Generation,
and the Politics of Reproductive Biology» (13), incluido en su reciente libro *Making Sex. Body and Gender from the Greeks to Freud*.

[9] Según Thomas Browne, «Plato and some of the Rabbins... conceived the first
Man an Hermaphrodite; and Marcus Leo, the learned Jew, in one sense hath allo-
wed it; affirming that Adam in one *suppositum* without division, contained both
Male and Female. And therefore whereas it is said in the text, That *God created
man in his own Image, in the Image of God created he him, male and female created he them*: ap-plying the singular and plural unto Adam, it might denote, that
in one substance, and in himself he included both sexes, which was after divided,
and the female called Woman. The opinion of Aristotle extendeth farther, from
whose assertion all men should be Hermaphrodites» (246).

[10] «She [Archduchess Harriet Griselda] resembled monstrous, as Orlando had
thought before, nothing so much as a monstrous hare. She had the staring eyes...
the high headdress of that animal» (178). El valor simbólico con que aparece la
liebre en la novela de Woolf no ha sido estudiado hasta la fecha, aun cuando Thomas Brown es aludido como uno de los autores a cuyas lecturas Orlando se en-
tregaba con asiduidad.

[11] No tenemos noticia de que Lorca visitara la ciudad de Boston durante su
estancia en Nueva York.

lada *El eunuco*, donde hay una alusión simbólica a la liebre que podría verse como una relación intertextual entre la obra clásica y la moderna. Me refiero al diálogo entre Thraso y Gnatho en el que Thraso le cuenta a este último cómo en cierta ocasión se desquitó de un insolente que trató de enojarlo pretendiendo a su meretriz. Según cuenta el propio Thraso, «Estaba conmigo en un banquete este rodio que te digo, un jovencito. Casualmente tenía yo una meretriz; él comenzó a gastarle bromas a ella y a burlarse de mí. "¿Qué dices, hombre desvergonzado?", le dije. "Siendo tú mismo una liebre, ¿andas buscando presa?"» (III, i)[12]. La razón que me lleva a sugerir esta fuente como probable es, primero, el hecho de que en el texto de Terencio la liebre aparece con el mismo significado de inversión sexual que Lorca usa para delatar y ridiculizar al Director; segundo, porque las comedias de Terencio integran el fondo bibliotecológico de Francisco García Lorca que su hermano poeta asiduamente leía. Una alusión de este tipo difícilmente se le hubiera escapado a su lector, máxime cuanto tocaba un tema tan próximo a él.

Pero creo que saber adónde fue Lorca a comprar la tela y los hilos para tejer este pequeño diseño de mitología bestiaria resulta menos importante que descifrar la vinculación temática que tiene con el resto de la pieza. Lo verdaderamente revelador de la denuncia es que Lorca, con su característica espontaneidad estética y creadora, sin que sepamos con precisión de dónde se nutre para ello, se sirve de este animal simbólico para sugerir una serie de significados tan eruditos como sugestivos, siendo el principal de ellos la homosexualidad afeminada del Director que el Hombre 1 le reprocha. La «perversión» sexual que sugiere la liebre estribaría, según parece verlo Lorca, en el comportamiento sexual pasivo del Director. Quiere decirse con ello que lo que está delatando aquí el Hombre 1 no es solamente «el instinto homosexual» a que se refiere Martínez Nadal[13], sino, primero, la manera clandestina

---

[12] Los traductores de la edición en español, Andrés Pociña y Aurora López, anotan que «En las posibles explicaciones que dan Donato y Eugrafio de este dicho, nos parece que el sentido más aceptable es: "lo que tienes en ti lo buscas en otro"» (128-129). La edición en inglés traduce el original en latín del modo siguiente: «"What are you doing, sir impudence?", said I to the fellow; "a hare yourself and looking out for game"?» Según el comentario de Henry Thomas Riley, su traductor, se trata de un proverbio en uso por aquellos tiempos, cuyo significado, «stripped of its figure, is, "You are little more than a woman yourself, and do you want a mistress?"». Según añade dicho editor, «Commentators who enter into a minute explanation of it offer many conjectures rather curious than solid, and of a nature not fit to be mentioned here. Donatus seems to think that allusion is made to a story prevalent among the ancient naturalists that the hare was in the habit of changing its sex» (92).

[13] «Lo que el Hombre 1 parece estar diciendo es que vio cómo el Director de escena intentó ocultar —intelectualizar— su instinto homosexual» (239).

en que el Director satisface sus deseos homoeróticos y la hipocresía con que lo oculta al encerrar esta metafórica liebre en la «cartera de libros» que lleva. Lo que más parece ofender al Hombre 1 es que se trata de una homosexualidad pasiva, como se vuelve a recalcar mediante los toques femeninos que representan las rosas que se pone en las orejas.

Para llegar a una mejor comprensión de la feminización a que se somete la práctica homosexual en *El público*, se hace necesario detenernos brevemente en las teorías que las ciencias de la segunda mitad del siglo xix y comienzos del xx estaban elaborando acerca de la homosexualidad. La tarea de delinear el discurso médico-sexual de ese período se hace indispensable por tratarse de una obra, la de Lorca, que se gesta en un tiempo histórico de suma importancia para el desarrollo de las taxonomías homosexuales y también por tratarse de una manifestación sexual que adquiere forma y sentido según la ideología sexual de la época en que se desarrolla. Como ha señalado Jonathan Katz, «All homosexuality is situational, influenced and given meaning and character by its location in time and social space» (7). Aunque no podamos probar que dichas teorías tuvieron un fuerte impacto en la percepción popular sobre la homosexualidad, no obstante sí indican la manera en que la sexualidad y los *roles* a ella adscritos fueron considerados por los discursos médicos y literarios de aquellos años. Lo que tenemos en las representaciones de la homosexualidad que contiene *El público* es la reproducción del estereotipo que la sexología del siglo xx hereda del anterior con todo el aura vivamente negativa que le infundieron. Me refiero, sobre todo, a las actitudes médico-legales que veían al sujeto homosexual como un compuesto psíquico de elementos femeninos y masculinos[14]. Karl Heinrich Ulrichs, abogado alemán y entre los primeros en insistir en la impunidad del homosexualismo, proponía en numerosos escritos publicados entre 1864 y 1879 la tesis de que la homosexualidad era congénita, el resultado de una anómala combinación de características femeninas y masculinas en un mismo cuerpo biológico. En el homosexual masculino, decía Ulrichs, la parte del cerebro que determina los impulsos sexuales adquiere características femeninas independientemente de la morfología genital. El varón de orientación homosexual era un ser en el que «nature, in all her multiplicity, [lets] (...) the male germ develop physically (...) and the female germ in all non-physical directions» (cit. Kennedy, 52). Esta definición mantenía la idea de que la prefe-

---

[14] Dice D. A. Miller: «It does not seem altogether an historical "irony" that this intrinsically ambiguous notion... should popularly survive today as part of the mythological rationale for "vulgar" homophobia, which draws on an equally vulgar mysoginy to oppress gay men» (134).

rencia sexual de un hombre por otro suponía automáticamente la adopción de características femeninas, como si se tratara de una adaptación homosexual de los parámetros heterosexuales[15]. El comentario que hace Catherine Stimpson acerca de la manera en que las relaciones intermasculinas se interpretan de acuerdo al patrón heterosexual que predomina es pertinente a lo que se viene observando: «La fisiología de los cuerpos que intervienen en los actos heterosexuales u homosexuales es distinta, pero cuando el lenguaje que los expresa es idéntico, la diferencia entre ambos tipos de sexualidad se difumina» (264). La falta de diferenciación entre hombre y mujer que constituye la etiología homosexual de Ulrichs se expresa mediante la conocida fórmula latina con que denominó este fenómeno: *anima muliebris in corpore virili inclusa*, calificativo que supondría la noción de que el homosexual masculino era un «tercer sexo», un cuerpo masculino que oculta una realidad femenina más profunda. Como ha indicado John Marshall al referirse a la falta de un concepto que se refiriera a esta inversión, «For as long as the person in question could be conceptualized as a non-man, his "real" sexual identity could be interpreted as "female heterosexual" (in a male body) rather than "homosexual male"» (135-136). Por anticuadas que las teorías de Ulrichs nos parezcan en la actualidad, no cabe duda de que constituyeron una de las bases principales para las subsecuentes definiciones médicas de la homosexualidad. Como ha señalado Jeffrey Weeks, las teorías que proliferarían a finales del siglo xix y comienzos del xx acerca del sexo intermedio son lógicas elaboraciones de las ideas expuestas por Ulrichs: «Building on Ulrichs's belief that homosexuals were a third sex, a woman's soul in a man's body, Wesphal was able to invent the "contrary sexual feeling", Ellis the "invert" defined by a congenital anomaly, and Hirshfeld the "intermediate sex"; the sexological definitions, embodied in medical interventions, "created" the homosexual» (*Sexuality,* 93). Krafft-Ebing, autor de *Psychopathia Sexualis*, uno de los estudios más influyentes del período, como lo atestiguan las 12 ediciones que aparecieron entre 1886 y 1902, acepta la teoría congénita y prolonga de manera intacta la tipología homosexual introducida por Ulrichs, haciendo hincapié, como aquél, en la feminización mental del varón,

---

[15] Un ejemplo del esteretipo aquí comentado es el contenido en la descripción que Tarnowsky, sexólogo ruso y contemporáneo a Lorca, hace de la homosexualidad. Según lo expuso en sus escritos, el homosexual «shows a propensity for giving himself a feminine air, he likes to don woman's attire, to curl his hair to perfume himself, to apply powder and rouge, to paint his eyebrows, etc.». «Thus is produced a type of man with feminine allurements, who disgusts individuals of his own sex, whom women look upon with contempt, and who is at once recognized by his appearance» (según el comentario que Rivers hace de esta cita, «This is...», 19).

como lo evidencia al afirmar que: «It is purely a psychical anomaly, for the sexual instinct does in no wise correspond with the primary and secondary physical sexual characteristics. In spite of the fully differentiated sexual type, in spite of the normally developed and active sexual glands, man is drawn sexually to the man because he has, consciously or otherwise, the instinct of the female towards him, or vice versa» (35-36).

Esta conceptualización de la homosexualidad cobró en seguida carta de naturaleza en el discurso médico en España. Gregorio Marañón, influido como estaba por las teorías contemporáneas que le llegaban de Francia, Inglaterra y, sobre todo, de Alemania, como lo demuestran los estudios científicos que cita y reseña, entre los que figuran los nombres más prominentes de los últimos 50 años del siglo XIX en el campo de la la psiquiatría y la biología sexual en el país germano[16], observa acerca del hombre de atracción homosexual que «es lógico admitir que un hombre que se siente atraído por otro hombre está sometido a una influencia erótica de sentido femenino» (*OC,* VIII, 609). Su teoría no solamente supone una prolongación de las ideas introducidas por Ulrichs primero y Krafft-Ebing después, sino que, basándose en los testimonios médicos del alemán Magnus Hirschfeld, propulsor de la teoría de «los grados sexuales intermedios» que el mismo Marañón incorporaría a su estudio sobre la intersexualidad, procede a feminizar no sólo la mente, sino el cuerpo del varón también, clasificando bajo la categoría *homosexualidad* a toda una serie de características femeninas que van del esqueleto a la piel. Según el examen a que el conocido científico dice haber sometido a «un número considerable de homosexuales», en cuya inspección médica cabe ver lo

---

[16] Véase al respecto la bibliografía que cita al final del capítulo XIII, «La homosexualidad como estado intersexual», de su estudio *La evolución de la sexualidad y los estados intersexuales* (VIII, 632), publicado por primera vez en 1929 bajo el título *Los estados intersexuales en la especie humana.* La misma sintonía con las teorías de afuera se evidencia en los estudios de otros contemporáneos de Marañón en el campo de la criminalidad y la endocrinología, como, por ejemplo, el estudio de Mariano Ruiz Funes *Endocrinología y criminalidad* (1929), y los de Jiménez de Asúa, *Estudio de los delitos en particular,* donde se debate si los actos homosexuales deben o no ser objeto de sanción penal. Tanto un estudio como otro demuestran los amplios conocimientos de la situación penal en otros países europeos y los descubrimientos que la ciencia iba aportando y que en muchos casos era utilizada para abrogar por la abolición de la condición criminal de los actos homosexuales. Aunque Jiménez de Asúa afirma que «los pervertidos homosexuales no son delincuentes» y que «Nuestro Código —a diferencia del de Alemania e Inglaterra que cita como ejemplo— no ha castigado estos hechos» (281-283), Ruiz Funes comenta que «El actual sí los castiga, en los artículos 601, párrafo segundo, y 775, párrafo tercero. En éste, como en otros muchos puntos, el código actual está más atrasado que el anterior, a pesar de que lo separa de él cincuenta y ocho años de progreso en las ciencias de la criminalidad» (259, n. 2). Según Marañón, «Esta doctrina [la del Código penal de 1870] se modifica en el nuevo código penal aprobado este año por la llamada Asamblea Nacional (art. 759)» (VIII, 607).

que Foucault llama «el formidable "placer del análisis"» que derivaron dichas prácticas científicas *(Historia*, I, 90), dice Marañón en *La evolución de la sexualidad* que se ha podido comprobar en que «el esqueleto muestra [tendencias] (...) a la gracilidad femenina». De la boca dice que ha «comprobado la *disposición feminoide de los dientes* (...) El *sistema piloso* —añade— afecta la disposición feminoide en el 75 por 100 de los hombres homosexuales examinados por mí... La *voz*, es, con frecuencia, atenorada en el varón homosexual». Concluye el conocido endocrinólogo su lista de taxonomías homosexuales afirmando que «La *piel* del hombre homosexual suele ser delicada y feminoide» *(OC,* VIII, 609-611, cursiva en el original). Es un claro ejemplo del esfuerzo que hizo la ciencia por crear un soma que sirviera de reflejo de la constitución homosexual.

Por si no fuera suficiente feminizar el organismo somático homosexual, tratando de probar que el homosexual estaba caracterizado por cualidades físicas y biológicas propias del sexo opuesto, Marañón procede a categorizarlo según los grados de inversión que lo caracteriza. Es lo que lleva a cabo en un estudio donde describe los cuatro tipos con los que, según él, se puede definir a la homosexualidad. La primera categoría es «la homosexualidad completa», que divide en dos subtipos: la del «homosexual cínico» y la del «vergonzante». La primera de estas subdivisiones es definida del modo siguiente: «La actividad sexual de este grupo..., de categoría espiritual generalmente alta con respecto a los que forman los demás grupos, suele adoptar principalmente la forma de la amistad amorosa, muy cargada de elementos afectivos..., de sacrificio, de idealización de los afectos; quizá libre de verdaderas relaciones sexuales directas.» El segundo subtipo, el del «homosexual vergonzante», se diferencia del anterior, dice Marañón, «en que el sentimiento de culpabilidad le domina; o por lo menos un sentimiento de inseguridad para hacer frente, ante la sociedad, a su perversión». Predominan en él «las influencias inhibidoras... sobre la energía del instinto torcido». La segunda categoría es la del «Homosexual latente con brotes accidentales de su anomalía». Le sigue como tercera categoría «La homosexualidad de los prostituidos», cuyos representantes, según opina Marañón, «se encargan... de exagerar su intersexualidad con afeminada afectación intencionada de tocados, gestos, y vestidos. Su actividad sexual suele corresponder a la pederastia pasiva y demás formas directas y lamentables del contacto homosexual. Su tendencia al escándalo es extraordinaria.» La cuarta categoría, la de la «Homosexualidad falsa», es una categoría que no nos concierne por tratarse de una «neurosis sexual con complejo de homosexualidad» sufrida por «hombres que se creen homosexuales... y que, sin embargo, no lo son» *(Mi concepto biológico de la homosexualidad, OC,* I, 170-175). Si traigo a colación estas teorías es porque la clasificación médica que aquí se lleva a cabo, y que siete años antes había introducido de manera menos categórica en su estudio *Los estados intersexuales* (1929), reflejan de manera patente los conceptos vigentes en las primeras décadas del siglo xx. Son, además, distinciones que condicionan gran parte del tratamiento que la homosexualidad recibe en la pieza de Lorca, siendo el Director y los Hombres 2 y 3 una combinación oscilante entre la segunda y la tercera categoría, mientras que el Hombre 1 es el representativo de la primera por excelencia.

Como ha señalado Foucault en un estudio que, según se ha dicho, constituye «the principal theoretical discourses that have stimulated and shaped the new studies of sexuality» (Stanton, 21), «la categoría psicológica, psiquiátrica, médica de la homosexualidad se constituyó el día en que se caracterizó... no tanto por un tipo de relaciones sexuales como por cierta cualidad de la sensibilidad sexual, determinada manera de invertir en sí mismo lo masculino y lo femenino. La homosexualidad apareció como una de las figuras de la sexualidad cuando fue [traspuesta][17] de la práctica de la sodomía a una suerte de androginia interior, de hermafroditismo del alma. El sodomita era una aberración temporal, el homosexual es ahora una especie» *(Historia, I, 56-57)*. Aunque la teoría del filósofo francés concede a la ciencia de entre siglos, sobre todo al discurso sexológico del xix, un poder excesivo en su habilidad de crear y definir las categorías de «invertidos» y de «homosexuales», es un hecho innegable que «These discussions saturated European... psychiatric concerns, resulting in an epidemic of perversion that seemed to rival the recent cholera outbreak» (Davidson, «How to Do...», 258). Tanto psicólogos como biólogos, por falta de un concepto científico que definiera este fenómeno humano que iba adquiriendo mayor visibilidad, se concentraron en los aspectos «anormales», psicosomáticos, del individuo que se propusieron estudiar, creando y elaborando a la vez las categorías que la gente interiorizaría hasta pasar a formar parte del pensamiento actual sobre temas relativos al sexo y la sexualidad. Se deduce de todo ello que, mientras la homosexualidad había constituido anteriormente un acto dispar punible por la Iglesia, durante el primer tercio del siglo xx y parte del anterior, la categoría se extiende para incluir a la persona en su totalidad, convirtiéndola en la expresión de la esencia del ser. Lo mismo sucede con su cuerpo: mientras que había sido conceptualizado como un cuerpo masculino con las características mentales o espirituales del sexo femenino *(anima muliebris)* en la modernidad se convierte en una copia falsa de la feminidad. De este modo, la homosexualidad, con todas las con-

---

[17] En la versión castellana de la que cito, el término inglés «transposed» aparece traducido como «rebajada», traducción que me parece incorrecta y que paso a corregir.

notaciones feminoides que ha heredado del pasado, pasa a constituir una definición que abarca a la persona en su totalidad.

Puesto que la atracción de un hombre por otro es de consistencia femenina, según el legado científico y popular que el siglo xx hereda del anterior, es de esperar que la transgresión erótica entre dos hombres se exprese por medio de cualidades plásticas como son los símbolos femeninos con que aparecen revestidos el Hombre 2 y el Director. Este espíritu de mujer atrapado en cuerpo de hombre que se viene observando, además de insinuarse mediante los comentarios y reproches que, según ha quedado demostrado, se dirigen unos personajes a otros, se expresa también de manera visual por medio del travestismo con que se asocian los hombres de libido pasiva. Uno de los primeros ejemplos, el más prevalente de todos, es el constituido por el Director cuando pasa por el biombo revelador y aparece convertido en una actriz vestida de arlequín que, además, asume labores propiamente femeninas como bordar y usar carmín para los labios [«Los Hombres 2 y 3 empujan al Director. Éste pasa por detrás del biombo y aparece por el otro extremo un muchacho vestido de raso con una gola de raso blanco. Debe ser una actriz.»] (47). Al pasar tras el biombo delator, el aspecto masculino del Director se desvanece para dar lugar a la revelación de la verdad: el de la mujer que el cuerpo viril contiene, o sea, la identidad femenina de las «superficies» que el «volumen» ocultaba. Lo mismo sucede con el Hombre 2 quien, según se sugiere, incurre en prácticas parecidas a las del Director y, por lo tanto, aparece con las características femeninas que corresponden a su inversión. Según indica la acotación, el Hombre 2 lleva simbólicamente bajo sus atributos masculinos la barra de carmín que ofrece al Director [«Se saca el lápiz por debajo de la barba y se lo ofrece»]. Acto seguido el Director lo hace pasar por el mismo biombo para ponerlo en evidencia: [«El Director empuja bruscamente al Hombre 2 y aparece por el otro extremo del biombo una mujer vestida con pantalones de pijama negro y una corona de amapolas en la cabeza»] (49) (véase ilustración 2).

Estas revelaciones se vuelven a manifestar más de pleno en el tercer cuadro, cuando el Director se despoja del traje de arlequín[18] con que había aparecido antes y reaparece con «un sutilísimo traje

---

[18] Digno de destacar es el empleo del disfraz de arlequín para exteriorizar de forma visible la realidad oculta del Director. A diferencia del payaso, el arlequín para Lorca es, por sus orígenes en la Commedia dell' Arte, símbolo de estudiada falsedad a diferencia del payaso, asociado como está en su obra con lo trágico y privado que se convierte en espectáculo público. La identificación con la figura de Cristo que los dibujos de payaso establecen es evidente. Para un estudio que analiza la transición que va de la figura del arlequín a la del payaso véanse los artículos de Francis Haskell y Dora Panofsky.

Ilustración 2.—Hombre 1, el Director «vestido de raso blanco», el Hombre 2 convertido en «una mujer vestida con pantalones de pijama negro», Elena y los Caballos. Foto Miguel Zavala.

de bailarina», disfraz del que más tarde se despojará para reaparecer nuevamente «vestido con un *maillot* todo lleno de pequeños cascabeles» (111). Al cambio de vestimenta corresponde el cambio de identidad sexual que representa el nombre de Guillermina de los caballos con que se hace llamar primero y el de Dominga de los negritos que corresponde a su permutación en traje de *maillot* después. Es el mismo proceso por el que pasa el Hombre 2 al aparecer en este cuadro con el mismo disfraz de su primera metamorfosis, o sea, el de la mujer en pijama con la cabeza cubierta de amapolas. Según reza la acotación, después de haber sido tildado de «máscara», «escoba» y «perro débil de sofá», el Hombre 3 [«Lo desnuda violentamente, le quita el pijama, la peluca y aparece el Hombre 2 sin barba con el traje del primer cuadro»] (113). A esta identidad que simboliza la nueva vestimenta corresponde el nombre de «Maximiliana, emperatriz de Baviera» (49)[19].

Lo significativo de este vestir y desvestir el cuerpo masculino es que los disfraces femeninos con que aparecen el Director y el Hombre 2 se usan para simbolizar a la mujer oculta en la psique o en el cuerpo homosexual masculino. Son un emblema de la condición sexual que se denosta en esta cruzada moral que es *El público*, un mecanismo centrífugo que irradia del sujeto-interior al objeto-exterior con el fin de hacer visible lo invisible, las subjetividades repudiables que ocultan, pero, sobre todo, por llevar a la práctica los deseos sexuales y, al hacerlo, subvertir el *rol* masculino prescrito. Es un claro ejemplo de la tendencia en Lorca a sexualizar el deseo como si fuera un fenómeno somático. Es en este contexto donde se entiende la intervención del Caballo 1 en el primer cuadro cuando exclama «¡Abominable!», palabra que los Caballos 2, 3 y 4 repiten a la inversa «Blenamiboá» (37). La exclamación está íntimamente relacionada con lo antedicho ya que anticipa en sus dos sentidos lo que vemos que sucede en el resto de la obra. Como ya es bien sabido, se trata de una sentencia de origen bíblico que va dirigida a las transgresiones de tipo sexual y de género que se sancionan en el *Antiguo Testamento*. La primera de ellas aparece en el *Deuteronomio*: «La mujer no llevará artículo de hombre ni el hombre se vestirá con ropas de mujer, porque el que así obra es abominable para el Señor, tu Dios» (22: 5). La otra alusión, de significado exclusivamente sexual, es la sanción contenida en el *Levítico*: «No te acostarás con un hombre como con mujer. Es una

---

[19] En una entrevista que Lorca concedió a Pablo Suero en 1933 recordaba el entrevistado que «Un día estaba yo en mi casa de Granada y se me acercó de pronto una mujer del pueblo que vende encajes, muy popular allí y que me conoce desde niño... Se llama Maximiliana» (*OC*, III, 549). Es difícil saber si este personaje histórico tiene algo que ver con el literario; no obstante, el insistente intento de vulgarizar al Hombre 2 convirtiéndolo en una máxima reina y mujer de pueblo, no sería del todo accidental.

abominación» (18: 22)[20]. Aunque ésta no sea una práctica común en Lorca, la de recurrir a textos religiosos para revestir sus sentencias con mayor autoridad, en este caso se sirve de dichos precedentes bíblicos para formular juicios de valor acerca de comportamientos como la inversión sexual y de género que critica en estos dos personajes.

En cuanto al Hombre 3 se refiere, no es un hecho fortuito que sea quien queda eximido de estas permutaciones emasculadoras en el sentido de que no aparece con atributos femeninos. Según se puede comprobar en el episodio de los biombos, junto con el Hombre 1 es el único entre los ahí presentes que retiene su identidad masculina. Ello se debe a que no hay una «mujer» oculta que esté al acecho de un sujeto masculino porque, según se da a entender mediante el tipo de pareja que establece con los otros dos compañeros suyos, su libido es de tipo masculino, o sea, el agente dominante, activo y potencialmente cruel, lo cual le da un aura de mayor normalidad que lo sitúa por encima de sus otros dos acompañantes. Es lo que se infiere de la falta de parafernalia femenina que lo caracterice. Así y todo, sus relaciones libidinosas son motivo de escarnio. Nos enteramos de ellas por medio de la denuncia de Elena cuando lo acusa públicamente de haber tenido tratos íntimos con Dominga de los negritos, alias el Director: «*(Al Hombre 3)* ¡Vete con él! —dice Elena señalando al Director—. Y confiésame ya la verdad que me ocultas. No me importa que estuvieras borracho y que te quieras justificar, pero tú lo has besado y has dormido en la misma cama» (51). Estas actividades reprensivas explican que aparezca desprovisto de la barba. Según reza en la acotación que lo describe: *(Pasa rápidamente por detrás del biombo y aparece sin barba con la cara palidísima y un látigo en la mano. Lleva muñequeras con clavos dorados.)* (44)[21]. La indumentaria de connotaciones sadomasoquistas que lleva responde, además, a la misma finalidad que tenían los atributos femeninos en sus otros dos acompañantes: hacer visible realidades imperceptibles como las sugeridas por medio del «látigo» y de las «muñequeras con clavos dorados», que es, precisamente, lo que se confirma en su diálogo con el Hombre 2, alias Maximiliana, emperatriz de Baviera: «Si yo tengo un esclavo... —dice el Hombre 3—

---

[20] Para una interpretación sobre estas sanciones véase el estudio de John Boswell, *Christianity*, cap. IV, «The Scriptures».

[21] El uso simbólico de la barba como significativo de virilidad es de una larga tradición litreraria. Everett Rowson señala acerca de la poesía árabe que «The canons for beauty of boys are virtually the same as those for women, a fact underlined by the extraordinary prominence of the question of the beard in homosexual poetry and anecdotes» (58). Igualmente relevante por las estrechas connexiones que tiene con el texto de Lorca es lo que Rowson añade: «The public badge of a dominant male was his beard. In sexual terms he dominates as penetrator. Beardless non-men —women and boys— were his natural sexual partners» (65).

Es porque yo soy un esclavo», contesta el 2 (83). Lorca lo asocia a esta otra «perversión», el sadomasoquismo, por tratarse de una de las clasificaciones de la enfermedad del «instinto sexual» con que se asociaba también la homosexualidad en el discurso médico de la época[22]. Como sugiere Christopher Craft, lo que anteriormente había sido «a mere capacity of undiferentiated lust would in the late nineteenth century be hypostasized as pivotal sexual differences defining new types of individuals: the masochist, the transvestite, the fetishist, etc.». (5).

Como se puede comprobar, estamos un tanto alejados del significado subversivo que tradicionalmente ha tenido la metamorfosis sexual tras la cual se podía vislumbrar la risa burlona del transgresor (De Diego, 16), ya que, si los personajes metamorfoseados perciben como propias las características femeninas que sus vestido visualizan, esa apropiación no se lleva a cabo con la intención de subvertir los patrones sexuales establecidos, sino que tienen el propósito principal de hacer visible a la mujer que las prácticas sexuales de Enrique y el Hombre 2 emulan. Tanto uno como otro muestran haberse creído lo que la sociedad dice que deben ser los que no desean como se supone que se debe desear, con el resultado de que se ven a sí mismos como una mezcla de hombre y mujer. Esta tendencia a asumir atributos y hábitos femeninos es uno de los muchos aspectos que puede tomar la opresión internalizada, siendo el más pernicioso de ellos el que estos personajes hacen patente y que consiste en haberla interiorizado de tal modo que no se percibe como opresión. La teoría que ofrece Altman sobre este fenómeno explica muy bien el significado que el travestismo adquiere en *El público*: «the transvestite... and even more the transexual, seem the ultimate victim of our stigma, someone so conditioned into the male/female role dichotomy that the only way they can accept their own homosexuality is by denying their bodies» (146).

Como sucede en algunas de las obras donde se tiende a ridiculizar la inversión de género, Lorca se sirve del travestismo con un segundo propósito: como signo distintivo que ayuda a discernir entre lo que unos son y lo que el otro, el Hombre 1, no es. Cabe ver en estos símbolos ideoplásticos otra forma de visualizar los temores a la feminización que acecha al tipo de persona que representa el Hombre 1, tras el cual se agazapa en más de un sentido su propio creador. Visualizan inadvertidamente los temores

---

[22] La teoría había sido formulada por Ellis en su estudio *Love and Pain* de 1903: «The idea of being chained and fettered appears to be not uncommonly associated with pleasurable feelings, for I have met with numerous cases in both men and women, and it not infrequently coexists with a tendency to inversion» (*Studies in the Psychology of Sex*: I, ii, 156). Ya antes, en 1886, Kraft-Ebing había trazado esta equiparación entre inversión sexual y sadomasoquismo: «The individual of inverted sexuality may be a sadist as well as a masochist» (143).

que acosan al Hombre 1 si abdica a su poder masculino y se deja llevar por el temido deseo homosexual. Marjorie Garber ha definido este fenómeno como *transvestite panic:* «the fear on the part of some gay men today and some homosexuals earlier in the century that they will be coded, and dismissed, as effeminate —or worse, as "women". This transvestophobia from within gay culture reflects a division between "macho" or "butch" and "effeminate", that sometimes includes an uneasy intolerance of otherness within gay identity» (136). Irónicamente se trata de dos fenómenos, el travestismo y la homosexualidad, que no guardan ninguna relación entre sí, pero que, no obstante, han sido asociados a la homosexualidad en el imaginario colectivo a pesar de las distinciones que la ciencia trazó al dedicarse a su estudio. Como ha indicado John Marshall «the link between "true" homosexuality, effeminacy in men and cross-dressing... suggests that the distinction between homosexuality and transvestism had not yet been clearly articulated. Theoretically the distinction had been made by Hircshfeld as early as 1910... and it was later taken up by Ellis. However in terms of popular conceptions, it seems to have had little influence... and this, in fact, was encouraged by "third sex" theories» (146)[23]. Tal es la fuerza que adquieren los estereotipos que, una vez han arraigado en el subconsciente humano, hasta las personas con una sólida preparación e inteligencia continúan interpretando estas distorsiones como si se tratara de verdades irrebatibles. En este sentido Lorca gozaba de buena compañía si tenemos en cuenta la frecuencia con que el travestismo aparece asociado a la homosexualidad en la literatura de aquel entonces. Tal es el caso, por ejemplo, de *En busca del tiempo perdido* de Proust, una de las novelas que más contribuyó a la caracterización de la homosexualidad como una mutación femenina[24]. Lo mismo sucedió con la representación del lesbianismo como sinónimo de masculinidad en *The*

---

[23] Se trata del estudio de Hirschfeld titulado *Die Transvestiten* (1910) y del de Haveloc Ellis «Eonism» publicado en 1913 e incluido posteriormente en *Studies in the Psychology of Sex*. Véase al respecto el estudio de George Chauncey, según el cual «Ellis diferenció categóricamente la inversión sexual masculina del travestismo y de otros tipos de inversión sexual del carácter (fenómenos a los que denominó en un primer momento inversión estético-sexual y posteriormente eonismo), que a su juicio eran practicadas con frecuencia por varones heterosexuales... Ya antes había escrito que un hombre puede invertir su objeto y su comportamiento sexuales —convirtiéndose en compañero sexual "pasivo" o "femenino" de otro hombre— sin que ello implique una alteración de la masculinidad de sus hábitos no sexuales» (87). Marjory Garber estudia ampliamente el fenómeno del travestismo como un fenómeno predominantemente heterosexual.

[24] Así lo ha visto Rivers cuando afirma que «*A la recherche* has probably done more than any other work of literature or of science to spread what George Weinberg calls the misconception that because a man feels sexual desire for men he must fancy himself a woman» (190).

Well of Loneliness de la inglesa Radclyffe Hall, cuya publicación en 1928 dio lugar a un sonado juicio legal que terminó con su retirada de la circulación. Se une a ella la novela *El Ángel de Sodoma* (Madrid, 1928) del escritor cubano afincado en España Hernández Catá, quien también contribuyó a propagar el mito del homosexual afeminado. Se trata de tres obras donde se ven ejemplificados los estereotipos más reaccionarios de la homosexualidad y las teorías psicológicas y morfológicas que el siglo anterior había elaborado[25]. Conociendo la influencia que dichas teorías ejercieron en la creación de tales estereotipos, no es de extrañar que Marañón, a la hora de prologar *El Ángel de Sodoma* que su autor le había dedicado, elogiara las obras de Proust y las del cubano por la veracidad con que se presentan las inversiones sexuales: «Es grandísimo el número de novelas, dramas, etc., aparecidos en estos últimos años, en los que la homosexualidad es el tema principal, o uno de los importantes. Algunas de estas obras, como las de Proust, tienen un valor documental extraordinario. Entre la bibliografía española, es preciso citar la admirable novela de Hernández Catá» (*OC*, VIII, 625, n. 1)[26].

---

[25] Sobre todo la del ya citado Krafft-Ebing y la de su coetáneo francés Ambroise Tardieu (1818-1879), autor de un libro *Estudio médico-legal sobre los delitos contra la honestidad* (1878) de cierta popularidad en su época, donde se describe el aspecto del homosexual en los términos siguientes: «Los cabellos, rizados; la cara, maquillada; el cuello, al descubierto; el talle, oprimido para hacer resaltar las formas; los dedos, las orejas y el pecho, cargados de joyas; de toda su persona emanan los olores más penetrantes, y en la mano lleva un pañuelo, unas flores o algún trabajo de ganchillo. Tal es la fisonomía extraña, repugnante y equívoca que traiciona a los pederastas» (Fernández, 40). Para un estudio sobre estas teorías médicas consúltese el libro de Pollard, *André Gide: Homosexual Moralist*.

[26] José María Vélez-Gómara, quien muestra una división insondable entre sus impulsos sexuales y la incapacidad de reconciliarse con ellos a lo largo de la novela hasta que decide solucionar el dilema con el suicidio, es descrito con frases reveladoras del concepto de la intersexualidad que Marañón describe en sus obras: «No quería... por admiración al sexo del que había sido esclava feliz de haberse cumplido su destino de hembra, deshonrar la apariencia del hombre completo confiada a su responsabilidad» (68-69); «José María se detuvo lleno de un terror, infinito y delicioso, de mujer» (93); «le hizo vivir el gran milagro de hallarse ante un espejo cuya luna, en lugar de devolverle su imagen real, le diera la del ser risible y vil en que podía llegar a trocarse si dejaba libres sus instintos: un afeminado cínico, pintarrajeado, jacarandoso y repugnante... con una flor en la oreja» (134-135); «pertenecía a la funesta secta de las víctimas del error de Dios» (190). No es de extrañar que Oliver Brachfeld, autor de una devastadora crítica de *Los estados intersexuales en la especie humana* que publicó en 1931, al referirse al efecto dañino que las teorías de Marañón podrían tener en quien descubriera en sí mismo una «línea femenina» dijera que este individuo «no tendrá otro recurso que el que ha elegido el protagonista de un libro dedicado —sin malicia, naturalmente— a Marañón, prologado por él, un libro que, a pesar de sus buenas intenciones, que nos guardaremos de discutir a Hernández Catá ni a Marañón, seguimos considerando, lo mismo que la obra de nuestro autor, como una acción perniciosa» (561).

El significado que entraña este desfile de disfraces grotescos en *El público* va más allá de la mera sugerencia de la subjetividad femenina que acusa el hombre que expresa deseos por otro hombre y los lleva a la práctica. Lorca hace que estos trajes adquieran vida propia para mostrar el desajuste personal que experimentan sus ocupantes. Sugieren la pérdida de identidad que conlleva vivir una vida doble, fingiendo ser el que no se es, con lo cual se ratifica accidentalmente lo que Weinberg y Williams han definido como una de las características de la conciencia homosexual, «that of being "on stage", being unable to present themselves authentically and having to artificially manage their behavior and talk so as to maintain a pretence of heterosexuality» (177-178). Hay en *El público* un continuo esfuerzo por evitar la divulgación del secreto, por ocultar las debilidades asociadas con el estigma. Tanto Enrique como el Hombre 2 tienen que pretender ser lo que no son por el temor que sienten a este tipo de revelación y por las repercusiones sociales y profesionales que podría tener en ellos. Este continuo estar fingiendo la verdad desacreditable que existe en sus vidas privadas conduce a una especie de aniquilación de la idiosincrasia personal, lo cual resulta en la incapacidad psicológica de presentarse auténticamente por la mera razón de que no existe tal autenticidad. De ahí que la identidad asumida sea destruida para revelar otra igualmente insustancial. Es esto algo que se desprende de la insustancialidad de los vestidos que venimos viendo. Existen como trajes vacíos, o sea, como una negación de la existencia, trajes animados que contienen cuerpos sin vida, falsas entidades, no-seres que ambulan por las calles sumidos en el anonimato[27]. Son trajes «¡sin desnudo!», que dirá el protagonista del poema neoyorquino «1910 (Intermedio)»[28]. A esta misma falta de autenticidad y multiplicidad de yoes se refería el propio Lorca cuando escribía a su amigo Regino Sainz de la Maza diciéndole que ha hecho un balance vital de su pasado para darse cuenta de su falsa existencia: «Ahora he descubierto una cosa terrible (no se lo digas a nadie). *Yo no he nacido todavía*. El otro día observaba atentamente mi pasado... y ninguna de las horas muertas me pertenecía porque no era Yo el que las había vivido... Había mil Federicos Garcías Lorcas, tendidos para siempre en el desván del tiempo; y en el almacén del porvenir, contemplé otros mil Federicos Garcías Lorcas muy planchaditos, unos sobre otros, esperando quien los llenase de gas

---

[27] Es precisamente esta misma idea de vaciedad la que usa José María Vélez-Gómara en *El ángel de Sodoma* para describirse a sí mismo: «Soy un sepulcro mal blanqueado nada más» (175). Se trata, como ya se dijo anteriormente, de una de las novelas paradigmáticas de la homosexualidad tal y como era conceptualizada durante las primeras décadas del siglo anterior.

[28] «Hay un dolor de huecos por el aire / y en mis ojos criaturas vestidas ¡sin desnudo!» (I: 448).

para volar sin dirección... Yo vivo en prestado, lo que tengo dentro no es mío, veremos a ver si nazco» (*Epistolario*, 157-158, cursiva en el original). Son reflexiones que se hacen, cierto es, en 1922. Así y todo, si tenemos en cuenta la obsesiva presencia que el payaso adquiere en la obra pictórica (y dramática) que Lorca compone a lo largo de los años 20 y 30, no es improbable pensar que el problema sigue en pie en 1930-1931.

Es dentro de este contexto que se entiende también la vacuidad con que se topa el Hombre 1 cuando entra llamando a Enrique en el cuadro tres. Lo único que encuentra es un eco y el vacío de que son emblemáticos estos trajes sin cuerpo:

HOMBRE 1 (*Abrazando al Traje con violencia.*).—¡Enrique!
EL TRAJE DE ARLEQUÍN (*Con voz cada vez más débil.*).—Enrique...
EL TRAJE DE BAILARINA (*Con voz tenue.*).—Guillermina...
HOMBRE 1 (*Arrojando el traje al suelo y subiendo por las escaleras.*).—¡Enriqueee!
EL TRAJE DE ARLEQUÍN (*En el suelo y muy débilmente.*).—Enriqueeeee... (117-119).

Como sugiere el diagnóstico del psicoanalista George Devereux acerca de la fragmentación del ser, «such a fractioning of the self image occurs also in certain neuroses and other immaturity reactions and is technically designated by the term fractioning (or disruption) of the body image (or body ego), which is almost invariably linked with a defective sense of one's own identity, including one's sexual self identification» (87). La idea patológica que presupone este diagnóstico médico se expresa de manera contundente por medio de la identidad fragmentada que acabamos de ver, y también verbalmente mediante una especie de dislexia como la que evidencia el Traje de Bailarina cuando aparece invocando a Guillermina: «Gui-ller-guillermi-guillermina», nombre que se repite silábicamente a la inversa: «Na-nami-namiller-namillergui. Dejadme entrar o dejadme salir» (111). La misma incoherencia y falta de lógica se expresa por medio del Traje de Arlequín cuando exclama tres veces «Tengo frío. Luz eléctrica. Pan. Estaban quemando goma. (*Queda rígido.*)» (109). De ahí que el rostro mismo de la inautenticidad se convierta en una máscara en la que ha desaparecido todo rasgo facial y, consecuentemente, las huellas de la interioridad de la persona, como vemos que se insinúa cuando el Hombre 3 desnuda al 2 para asegurar a Julieta que su acompañante no es la amiga que sospechaba. Acto seguido el traje que llevaba el Hombre 2 adquiere vida, como vimos que sucedía con los del Director, mientras que su rostro es comparado a un huevo: (*Aparece el Traje de pijama con las amapolas. La cara de este personaje es blanca, lisa y comba como un huevo de avestruz. El traje se sienta en las escaleras y golpea lentamente su cara lisa con las manos,*

[45]

hasta el final.)» (115). Lo que representa esta nueva metamorfosis es la aniquilación de la idiosincrasia personal inducida por la conducta que se censura. Como ha sugerido Guy Hocquenghem en su perspicaz estudio del deseo homosexual, «Only the phallus dispenses identity; any social use of the anus, apart from its sublimated use, creates the risk of a loss of identity» (87). Poseer una identidad sexual bien definida para Lorca y para su álter ego el Hombre 1 supone «conservar deseos íntimos defendidos por una fachada intachable» (75-77). Equivale a no «dejarse arrastrar por los falsos deseos» que degradan a sus semejantes (77). Dichos deseos son «falsos» porque, en el sentido sartriano, surgen de una homosexualidad que, a diferencia de la del Hombre 1, no está basada en la impenetrabilidad masculina que éste representa, sino que consisten en prácticas libidinosas que la comprometen. Dentro de este contexto es fácil inferir que un hombre digno de ser hombre no puede dejar de serlo nunca, aun cuando su *ethos* erótico sea de signo intermasculino. Se puede amar a otro hombre, como se demuestra por medio del ejemplo de Romeo y Julieta que ofrece la obra, porque, de acuerdo con el modelo griego que la relación entre adulto y adolescente reproduce, dicho amor no compromete la identidad viril del sujeto. Entregarse sexualmente a otro hombre sí que la compromete, lo cual puede explicar la absoluta ausencia en *El público* del deseo que un hombre pueda sentir por un igual, por otro hombre que no haya sido reducido al papel de mujer ni al de un adolescente disfrazado de muchacha. De donde se infiere que lo auténtico en *El público* viene constituido por la identidad sexual y los *roles* a ella adscritos, en otras palabras, por un «volumen» sin «superficies». Y ello se debe a que en el imaginario sexual lorquiano la autenticidad o falta de ella se determina de acuerdo con la capacidad con que se satisfacen, reprimen o subliman los impulsos sexuales.

El valor intrínseco que se le atribuyó a la sexualidad durante el siglo xix y parte del xx, la cual fue vista como clave para descifrar la verdadera identidad del ser, es algo que indirectamente condiciona las representaciones que nos vienen ocupando. Se concibió el sexo como uno de los pilares de la identidad de la persona, algo que podía proporcionar la clave con que descifrar el enigma de su personalidad. Havelock Ellis, por ejemplo, observaba acerca de la sexualidad que «Sex penetrates the whole person; a man's sexual constitution is a part of his general constitution. There is considerable truth in the dictum: "A man is what his sex is"» (Weeks, *Sexuality*, 62). Como comenta Foucault con relación a esta idea, «el sexo en la modernidad se ha convertido en esa instancia que parece dominarnos y ese secreto que nos parece subyacente en todo lo que somos, ese punto que nos fascina por el poder que manifiesta y el sentido que esconde, al que pedimos que nos revele lo que somos» (*Historia*, I, 188). Si la persona, según el discurso médico de entre siglos, es lo que es su sexo, y la desviación de la norma sexual es vista como una psicopatía, un impulso que prevalece patológicamente en todos los niveles de la identidad, cabe deducir de este axioma que las desviaciones de lo «normal», «sano» y «verdadero», es decir, de la heterosexualidad, sean sintomáticas de una subjetividad patológica. Por lo que conviene ver estas fragmentaciones como extensiones del significado moral y médico que las organizaciones sociales dieron a la homosexualidad. Las «perversiones» que los personajes ejemplifican se convierten en una expresión quintaesenciada de una inautenticidad superficial y enajenada: una desviación de las normas establecidas censurable por la sociedad de su tiempo. Lorca, antes que revelar la inestabilidad y lo ficticio de los *roles* propios del sexo a que pertenece la persona, se sirve de estos recursos para subrayar el elemento «patológico» que las ciencias atribuyeron a la homosexualidad genitalizada. Está indicando las repercusiones que la tendencia homosexual tiene en la persona cuando se niega abiertamente y se satisface clandestinamente.

Ello se debe a que la homosexualidad actualizada tal como se representa en *El público* es vista como un disolvente de la identidad masculina, con lo cual se confirma que el deseo transgresor homoerótico para Lorca presupone una abdicación del ser esencial. No hay en la pieza indicio alguno que presente el deseo como una liberación de la persona, un medio de realizarse y reafirmarse en un nivel más profundo y auténtico. Hay amor pero no deseo. Lorca no reconoce al auténtico ser que yace en la esencia humana reprimida como lo ve Gide, por ejemplo, para quien la transgresión homosexual conduce a una nueva concepción del ser sobrentendido como una esencia individuada, presocial, natural, que yace oculta tras la mascarada social. La conceptualización de la autenticidad en Lorca se encuentra más cercana a la expuesta por Oscar Wilde, para quien el deseo transgresor conduce a una renuncia del ser esencial[29]. La manera en que la autenticidad y naturalidad del amor homosexual se reivindica en las páginas de *El público* es llevada a cabo mediante la sublimación de los apetitos y los placeres, en otras palabras, mediante el *ethos* erótico de origen platónico que ejemplifica el Hombre 1 y que comento más adelante. Es por esta misma razón que el Hombre 1 abomina de la máscara, porque no tiene nada que encubrir, porque ejerce una abstinencia total en sus manifestaciones amorosas a nivel sexual,

---

[29] Así lo ha visto Jonathan Dollimore cuando observa: «Whereas for Wilde transgressive desire leads to a relinquishing of the essencial self, for Gide it leads to its discovery, to the real self, a new self created from liberated desire» (*Sexual Dissidence*, 13). Para el estudio que contrasta el esencialismo y el antiesencialismo de estos dos autores véanse págs. 3-18 del citado estudio.

porque no renuncia, como hacen los otros tres, al prestigio y a los signos de la función viril. Es por ello que no experimenta ninguna transformación desencializadora, porque no invierte el *rol* propio del sexo a que pertenece, más aún, se identifica de pleno con él: «¿Es que un hombre puede dejar de serlo nunca?», se había preguntado retóricamente en otra ocasión (77). El Director y el Hombre 2, por el contrario, tienen mucho que ocultar debido a las sanciones sociales que pesan sobre la actividad libidinosa que los trajes femeninos denuncian, lo cual explica que tengan que camuflar su identidad sexual por el estigma que sus prácticas traen consigo. Explica por igual que este continuo estar fingiendo lleve a la disolución de la idiosincrasia personal.

Estamos leyendo un texto que Lorca no escribió si insistimos en ver el travestismo en que incurren estos personajes como un llamamiento a la disolución de los *roles* sexuales establecidos. Es una lectura que carece de evidencia textual que la sustente. Lorca no está disertando sobre la inestabilidad de la identidad humana, no está cuestionando las categorías «hombre» y «mujer» para poner en evidencia la fluidez de dichas categorías, como vemos que es el caso con Genet, por ejemplo. Tampoco está replanteando la esencia de las construcciones sociales al uso. Menos aún se trata de un intento de hacer que las «características del sexo contrario coexistan con las del sexo propio» (Feal, 133). No hay ningún intento por desbaratar las categorías establecidas ni de cuestionar la validez de los *roles* de género por la simple razón que Lorca se muestra un fiel guardián de las estructuras sexuales establecidas, sobre todo en lo tocante al sexo masculino, si no en su vida privada, sí en su obra, que es lo que, después de todo, aquí nos incumbe. De estar replanteando los *roles* sexuales al uso, el concepto de virilidad que representan las barbas y los bigotes postizos que se quitan y ponen algunos de estos personajes serviría para mostrar que la masculinidad que estos símbolos externos representan es algo de quita y pon, un *rol* que se puede dejar de representar con la misma facilidad que se representa, sin que con ello se menoscabe la propia identidad sexual. Este hipotético empleo de los simbólicos bigotes y barbas confirmaría que si, efectivamente, la fluidez de los *roles* propios del sexo a que pertenece la persona es tal que «cualquiera puede ser viril, basta con pegarse un bigote [o] apropiarse de los símbolos externos de la masculinidad» (De Diego, 90). Sin embargo, es muy otro el significado que estos mismos atributos adquieren en *El público*, porque su propósito es ridiculizar las pretensiones masculinas de unos «invertidos» sexuales cuya realidad verdadera es ser la «mujer» que los vestidos y demás parafernalia femenina ponen en evidencia, por lo que sería más convincente interpretar estas representaciones negativas como una invectiva más contra la práctica homosexual, un equivalente en *El público* a la arremetida que su autor hace contra los «maricas de las ciudades, / de carne tumefacta y pensamiento inmundo, / madres de lodo, arpías..., esclavos de la mujer, perras de sus tocadores» en la «Oda a Walt Whitman», donde Lorca muestra conocer muy bien el catálogo internacional de los insultos que se podían dirigir a esta estirpe de «indeseables» sociales (*OC*, 1, 531). Pero, volviendo a *El público*, lo que Lorca nos está diciendo es que una cosa es deseo erótico; otra muy diferente es práctica sexual. Dicho de otro modo, un hombre que transgrede los *roles* asignados a su sexo biológico y entra en relaciones sexuales con otro hombre es desencializador, porque la esencia *hombre* queda desvirtuada al incurrir en prácticas que no corresponden al *rol* que tradicionalmente se le ha asignado al hombre.

La evidencia que nos proporciona el texto nos lleva a afirmar que Lorca ve la sexualidad como fuente de identidad. Quiere decirse con ello que, lejos de lo que se ha venido creyendo, el texto mantiene la dicotomía de los *roles* sexuales, la «actitud natural» a que se refiere Shapiro cuando habla de la creencia general de que hay dos géneros, «that one's gender is invariant and permanent, that genitals are essential signs of gender, that there are no exceptions, that gender dichotomy and gender membership are natural» (257). La morfología sexual de la persona es sinónimo de identidad sexual, y esta identidad no se puede perder, siempre y cuando la persona, el varón en el caso de *El público*, haga uso debido de su cuerpo. No se puede tener la morfología genital masculina y asumir el *rol* pasivo en una relación sexual intermasculina porque supondría incurrrir voluntariamente en un menoscabo de la masculinidad, «the deepest violation of masculinity in our culture» (Pronger, 135). A esto mismo se refiere el diálogo que en el cuadro tres se entabla entre el Hombre 1 y el 3 cuando comenta lo que parece haber sido una entrega sexual, según se sugiere por medio del uso metafórico de la lucha. Como ha indicado Emmanuel Cooper en su estudio de las representaciones gays en las artes plásticas, «La imagen de dos hombres luchando hace pensar en una sexualidad que sólo se puede expresar sin peligro en el forcejeo físico» (263-264). Se trata del diálogo en que el Hombre 3 dice: «Debieron morir los dos», a lo que responde enérgicamente el 1: «Debieron vencer... Siendo hombres los dos y no dejándose arrastrar por los falsos deseos. Siendo íntegramente hombres. ¿Es que un hombre puede dejar de serlo nunca?» a lo que su interlocutor el Hombre 3 remata, «Ninguno de los dos era un hombre» (77). No lo son por incurrir en una práctica sexual que es vista como una traición a la masculinidad. Asimismo con los deseos. Son «falsos» porque lo natural, lo «auténtico», según se insinúa a lo largo del texto, es comportarse de acuerdo con el *rol* socialmente adscrito, al masculino en este caso. No hacerlo equivale a falsificar la esencia hombre, porque, al convertirse en seres pasivos, se traicionan las características «propias» del paradigma masculino que, como hombres, deberían ejemplificar, según lo ve el autor. Como dijo en otro contexto Simone de Beauvoir, «la anatomía es destino». Este concepto que condiciona las representaciones homosexuales en *El público* explica el hecho de que ni el Criado, ni el Emperador, ni el Centurión, ni Elena, ni Julieta, ni los Estudiantes, ni las Damas, experimenten metamorfosis alguna, porque, al igual que el Hombre 1, son personajes fieles a su identidad sexual en el sentido de que no invierten el *rol* a ellos adscrito como hace aquel triunvirato «perverso» que se deja llevar por «falsos deseos»: el Director y los Hombres 2 y 3. Es la misma razón por la que el Hombre 1, en su desdoblamiento como Figura de Pámpanos, aparece convertido en «un desnudo blanco de yeso», porque representa la pureza clásica, de sexualidad sublimada que Lorca viera ejemplificada en el *ethos* socrático que lo anima, y porque, a diferencia de sus acompañantes, no incurre en inversiones descentralizadoras de identidad sexual, con lo cual se pretende insinuar que lo «natural» y puro carece de encubrimientos, cosa que no logran demostrar sus homólogos porque son figuras de múltiples «superficies», trajes vacíos.

Aunque las representaciones negativas de la homosexualidad que contiene la obra pueden sorprender al lector moderno, sobre todo cuando proceden de un escritor cuyas relaciones sexuales y afectivas con otros hombres son bien conocidas gracias a la investigación esmerada de su biógrafo Ian Gibson, en realidad no resultan tan sorprendentes si tenemos en cuenta que Lorca está adoptando el discurso sexual del grupo dominante al reproducir lo que éste ha dicho de la homosexualidad. Para entender algo mejor la actitud ética que Lorca asume ante la homosexualidad, conviene volver a situar al autor en el contexto médico y literario de su época. Es éste un dato que suele ignorarse al disertar sobre la representación de la homosexualidad que contiene *El público*, creando con ello la confusión que existe frente a esta obra y que resulta de un querer verla desde los parámetros que nos ofrece una sociedad como la actual que ha mostrado ser algo más comprensiva y permisiva frente a estos fenómenos humanos. Se ha incurrido en la falacia de creer que, porque un autor determinado sea homosexual *ipso facto,* las representaciones autorreferenciales que su obra contenga han de ser positivas, sin tener presente las estrategias de negación en que puede incurrir la persona, a veces sin ser consciente de ello, máxime cuando las tendencias homoeróticas se manifiestan en un lugar y tiempo de máxima represión social, como fue el caso de la España del poeta.

Tan importante como las teorías científicas sobre el tercer sexo a que Ulrichs había dado lugar primero y las que se introdujeron después sobre la homosexualidad como una enfermedad degenerativa hereditaria, fue el famoso proceso de Oscar Wilde que tuvo lugar en 1895. Las repercusiones que el enjuiciamiento tuvo en lo que concierne a la consolidación de la identidad homosexual es algo en lo que han incidido unánimamente quienes se han ocupado de ello, desde el contemporáneo sexólogo inglés Havelock Ellis hasta los sociólogos e historiadores en la modernidad[30]. Fue a raíz de la publicidad que el incidente adquirió, la manera en que el caso se utilizó como ejemplo aleccionador de los comportamientos «perversos» e «inmorales» y el uso que se hizo del convicto para visualizar como chivo expiatorio la vergüenza de aquello que se practica en privado, por lo que las sexualidades heterodoxas pasaron a adquirir una presencia pública sin precedente. Asimismo, con el interés que los propulsores de los diferentes discursos sociales, legales, literarios y científicos mostraron en la indagación, penalización, literarización y medicalización de las patologías del instinto sexual que Wilde pasó a representar. Fue una especie de catarsis social, un rechazo expresivo de las perversiones que se habían venido manifestando en el seno de la sociedad desde tiempos inmemorables. Por una parte sirvió, y no accidentalmente, para demarcar mejor la distinción entre lo aceptable y lo repudiable, lo virtuoso y lo vicioso. La interpretación de que sería objeto Oscar Wilde y la relación entre causa y efecto que se trazó entre homosexualidad genitalizada y degeneración moral la ha resumido de manera sugestiva John Marshall cuando aclara que «The homosexual behaviour [of Wilde] was seen as part of his general moral decadence, and this was typical of the traditional conception of unnatural sexual behaviour... It therefore seems that the public image being presented here was not one of "homosexual man" but a much more generalized account of moral decline, unregulated male lust and contagious social disease» (140-141). El clima de rechazo y paranoia que creó su proceso judicial fue exacerbado por otros escándalos públicos en que se vieron sumidos personajes de cierto relieve social, político y cultural que conmovieron a toda Europa como, por ejemplo, el del oficial inglés Sir Hector Archibald Macdonald, el militar alemán Friedrich Alfred Krupp y su compatriota aristócrata el Príncipe Phillip Eulenburg, todos ellos acaecidos aproximadamente entre 10 y 20 años después del célebre proceso del escritor inglés[31]. Es un hecho consa-

---

[30] Como señaló Ellis en «Sexual Inversion in Men», «The Oscar Wilde trial... with its wide publicity, and the fundamental nature of the question it suggested, appears to have generally contributed to give... self consciousness to the manifestations of homosexuality and have aroused inverts to take up a definite attitude» (*Studies in the Psychology of Sex*, I, iv, 352). Eve Sedgwick ha señalado por su parte que «the figure of Wilde may have been the most formidable individual influence of turn-of-the-century Anglo-American homosexual definition and identity» (*Epistemology*, 213).

[31] Para un comentario de estos procesos y de las repercusiones que tuvieron en la literatura y política de la Europa de las primeras décadas de siglo véase el estudio de J. E. Rivers, págs. 118-130.

bido que las relaciones homosexuales a raíz de estos acontecimientos, se convirtieron en objeto de inquietud y escarnio. Como
ha señaldo Michael Bronski, «People were suspicious of any literature or art that was connected with Wilde or the aesthetic movement. A backlash developed, insisting upon conformity, strict
gender *roles*, class divisions and traditional values» (63).

Las repercusiones que este clima social tuvo en la incipiente
conciencia homosexual de su tiempo la ha comentado Jeffrey Weeks de manera pertinente cuando observa que «It appears likely
that it was in this developing context that some of those with homosexual inclinations began to perceive themselves as "inverts", "homosexuals", "Uranians", a crucial stage in the prolonged and uneven
process whereby homosexuality began to take on a recognizably modern configuration. And although the evidence cited here has been
largely British, this development was widespread also thoughout Western Europe and America» *(Nature,* 19). Las referencias que Marañón hace a este incidente histórico para ilustrar las teorías que analiza sobre la homosexualidad son un claro testimonio de las resonancias que el incidente continuaba teniendo transculturalmente en la
Europa occidental incluso 30 años después de haber acontecido[32].
Fue como el apogeo de los esfuerzos iniciados por las ciencias médicas del momento, una cristalización del proceso médico que, en
su intento por delimitar las distintas manifestaciones sexuales, hizo
del homosexual «un personaje, un pasado, una historia... una morfología, con una anatomía indiscreta y quizá misteriosa fisonomía»
(Foucault, *Historia,* I, 56), cosa que pudimos ver en las taxonomías que introdujo Marañón para diferenciar mejor al «perverso».

La introducción de esta nueva y denostada categoría sexual
junto con la paranoia, difamación y prohibición de la actividad homosexual que provocó el caso Wilde representó un cambio sumamente importante en uno de los momentos más determinantes de
la historia intelectual de la sexualidad de comienzos del siglo xx,
debido a que los nuevos discursos científicos y culturales sobre la
homosexualidad dieron lugar a un contradiscurso que se originó
dentro de los mismos ámbitos estigmatizados que tuvo como propósito principal contrarrestar el descrédito de la relación homosexual que el ejemplo de Wilde, entre otros, había divulgado. Di-

---

[32] Alude a dicho incidente para ilustrar la ferocidad con que se aplica la pena
contra la homosexualidad: «La ferocidad con que se aplica [la legislación en In-
glaterra] se hizo universalmente patente en el famoso proceso de Oscar Wilde, en
el que, ni aun la calidad reconocida de gloria nacional del inculpado, sirvió de ate-
nuante» (VIII, 607). Vuelve a referirse al escritor inglés para corroborar la teoría
que expone Marañón acerca de «la falta de ternura hacia los niños pequeños... El
absoluto olvido de Oscar Wilde respecto de sus hijos es enteramente típico» (620)
y, nuevamente, alude a Oscar Wilde con referencia a la carta que escribió a Lord
Alfred Douglas, *Epistola in carcere et vinculis,* con la cual Marañón ilustra su tesis sobre la distinción entre «lo puramente erótico y lo sexual» (638).

chos acontecimientos crearon los elementos de resistencia y de autodefinición a que se refiere Foucault cuando comenta que la aparición de toda una serie «de discursos sobre las especies y subespecies de homosexualidad... permitió un empuje muy pronunciado de los controles sociales en esta región de la "perversidad", pero permitió también la constitución de un discurso de "rechazo": la homosexualidad se puso a hablar de sí misma, a reivindicar su legitimidad o su "naturalidad"» (123-124). Hay una tendencia entre los escritores «uranistas» de las primeras décadas del siglo a reformular los paradigmas de la homosexualidad creando nuevas taxonomías que no giraran en torno al componente sexual de la relación intermasculina, concretamente a la sexualidad anal. Como ha observado Craft acerca de dos de los pioneros en los primeros movimientos en favor de los derechos homosexuales, los ingleses John Addington Symonds y Edward Carpenter, una de las características en la que se hace hincapié en esta nueva conceptualización de la homosexualidad, «the first tactical move in this refiguration of the sexual paradigm was the devaluation of the anus as the site of sexual signification; specifically this meant a denial of sodomy... as the definitive gay activity. As part of their polemic for the decriminalization of sodomy, Symonds and Carpenter stressed a crucial distinction: an invert was not a sodomite» (31-32)[33]. Pero sí es un hecho irrevocable que hay en varios de los intelectuales del momento, sobre todo en los círculos literarios, un esfuerzo consciente por superar las connotaciones negativas que la heterodoxia sexual había adquirido durante el proceso de consolidación por el que pasa a partir del último tercio del siglo xix y parte del xx. El nuevo propósito que animó a estos escritores fue formular una nueva taxonomía para las relaciones sexuales intermasculinas que permitiera articular el tema tabú de la homosexualidad sin el bagaje ético y despectivo que el término más divulgado, el de sodomía, traía consigo desde hacía siglos. Como observa Hocquenghem acerca de la percepción popular, «Homosexuality chiefly means anal homosexuality. It is always connected with the anus» (89). Hay un prurito por crear una nueva categoría que esté libre de las resonancias emocionales condicionadas por las asociaciones negativas con que venía cargada la cópula anal. Es un hecho conocido que, a pesar de las reformulaciones por las que pasan las sexualidades periféricas, dos de las características que perduran en relación al deseo intermasculino y que proceden del concepto tradicional del "invertido", son sus asociaciones con la feminidad, por una parte, y, por otra, la sodomía, «the central paradigm for

---

[33] Para mayor información acerca de los personajes más involucrados en la lucha a favor de los derechos homosexuales en la Europa de la segunda mitad del siglo xix y primeras décadas del xx véanse, además del citado libro de Craft, el resumen tan conciso como informativo de John Layritsen y David Thorstad.

[53]

same-sex relations in the west» (Craft, 30). Como se puede comprobar, hay un esfuerzo por reinterpretar estas categorías de la relación homosexual masculina neutralizando sus connotaciones negativas. Con esta creación de un nuevo concepto de la homosexualidad se pretendía negar lo desacreditable de la actividad genital intermasculina. Era una tendencia común entre los apologistas de la homosexualidad y Lorca no se sustrajo a esta tendencia reconfiguradora.

Son datos todos ellos que conviene conocer para una mayor comprensión del imaginario lorquiano, pues es, desde este trasfondo sociocultural, que se entiende mejor la actitud moral que observamos en *El público*, concretamente el rechazo que contiene del contacto íntimo intermasculino. Este criterio se pone de manifiesto en las numerosas referencias negativas a la sexualidad anal que se hacen a lo largo del texto de manera críptica unas veces, explícita otras. Una de las primeras en que conviene ocuparnos es la diatriba que Gonzalo lanza contra el coito posterior cuando se refiere al ano como la vergüenza del hombre: «Pero el ano es el castigo del hombre. El ano es el fracaso del hombre, es su vergüenza y su muerte. Los dos tenían ano y ninguno de los dos podía luchar con la belleza pura de los mármoles blancos» (75). Tal vuelve a ser el caso en la referencia excremental con que se inicia el diálogo entre la Figura de Pámpanos y la de Cascabeles cuando éste quiere tantear el terreno para ver cómo reaccionaría Pámpanos si le propusiera un comportamiento sexual pasivo: «¿Si yo me convirtiera en caca?», pregunta Cascabeles (55), a lo que Pámpanos responde: «yo te abriría con un cuchillo» (57)[34]. Algo parecido tenemos en el comentario ya citado que el Hombre 1 hace sobre la entrega sexual entre dos hombres que acaba de presenciar. Según su parecer, estos dos hombres debieron vencer «no dejándose arrastrar por los falsos deseos»; en otras palabras, no incurriendo en el tipo de comportamiento sexual que sentencia. Es, desde esta perspectiva ética, que se entiende también que en la «Oda a Walt Whitman», irónicamente considerada como la más elogiosa al amor homosexual, el poeta arremeta contra estos mismos deseos denostados, como cuando se refiere a los maricas «saliendo en racimos de las alcantarillas» (*OC*, I, 529). La incipiente analidad en esta invectiva es evidente, sobre todo si reparamos en la definición que el doctor Tardiue hace en 1857 del coito homosexual: «Su naturaleza [la del pederasta] lo asocia a los excrementos; busca el he-

---

[34] Como paso a comentar en el capítulo donde se analiza en detalle el significado metafórico de esta danza, veo en esta combinación entre el pez y la luna una fórmula metafórica con que se alude a la feminización del hombre, siendo el pez un símbolo fálico en la iconografía pagana y la luna una metáfora que en el mundo símbólico de Lorca aparece para referirse a la mujer.

dor de las letrinas» (Llamas, 281). El repudio que se expresa ante las prácticas homosexuales que no superan el ámbito erótico, además de los ya referidos vilipendios contra la cópula anal, se manifiesta por igual en la imagen con que Lorca se refiere a la práctica bucogenital en que incurren los atemorizados «maricas» en esta misma oda, a quienes describe «temblando entre las piernas de los *chauffeurs*» *(OC,* I, 529). Cabe aclarar que la actitud moral que estas alusiones e invectivas traicionan no se limita a la actividad sodomita, sino que se aplica por igual a cualquier tipo de deseo libidinoso que caiga dentro del ámbito genital-corporal-sexual intermasculino. Es en este contexto que se entiende el comentario del Hombre 1 en el tercer cuadro cuando ve que el Director y los otros dos Hombres tratan de justificarse heterosexualmente ante Julieta ocultando los verdaderos deseos que él conoce: «Yo sé la verdad, yo sé que no buscaban a Julieta y ocultan un deseo que me hiere y que leo en sus ojos» (103-105).

Todo lo anterior nos lleva a la exclamación que en el cuadro tercero hace el Caballo Negro cuando dice de los deseos que ocultan el Director y los Hombres 2 y 3 (que en este cuadro aparecen desdoblados en tres Caballos blancos que acuden a Julieta con las mismas ansias que anteriormente los había animado a invocar a Elena)[35] «¡Oh amor, amor, que necesitas pasar tu luz por los calores oscuros! ¡Oh mar apoyado en la penumbra y flor en el culo del muerto» (101). La idea, como ha sabido identificarla Nadal, proviene del tríptico de Bosch *El jardín de las delicias,* donde aparece un hombre arrodillado con dos flores en el ano y otro hombre al lado que le está insertando otras dos (véase ilustración 3)[36]. Se trata de la feminización del agente pasivo en la relación homosexual que se expresa de esta manera simbólica al combinar un objeto de connotaciones tradicionalmente femeninas, como son las flores, con el orificio cuya penetración equivale a la penetración vaginal. En Bosch se trata de un comentario moral que va encaminado a ilustrar el dogma de la iglesia avalado por la tradición teológica a que pertenecía el pintor y que condenaba toda transgresión sexual, sobre todo la sugerida mediante la terminología medieval del *pecatum illude horribile, inter christianos non nominatum.* Lorca se sirve de esta imagen para lanzar una sentencia vi-

---

[35] Ostentaciones heterosexuales que el Hombre 3, el mismo que había vehementemente pretendido a Elena en el cuadro uno, muestra cuando propone a Julieta pasar la noche con ella: «¿Y no pudiera quedarme a dormir en este sitio? / ¿Para qué?» —le pregunta Julieta—. «Para gozarte» —le responde (113).

[36] Aunque Nadal admite haber podido encontrar la fuente, si bien no el significado de la imagen, la breve interpretación que hace muestra cierta intuición del valor simbólico que su amigo Lorca le atribuye: «Tal vez sería arbitrario suponer que en el plano en que se mueve *El público,* la amoralidad es tal que, en principio, cualquier zona erotogénica es admisible» («Guía», 241).

Ilustración 3.—Flores de la sodomía: la feminización del homosexual pasivo. Detalle de *El jardín de las delicias*. De Jerónimo Bosch. Museo del Prado.

rulenta contra las prácticas sodomitas. Es la reacción que provoca una tradición virulentamente homófoba que se intensificó a raíz de los acontecimientos históricos comentados. La actitud que venimos observando en este paroxismo anal es más compleja de lo que a primera vista parece ya que, bien visto, y a modo de paréntesis, lo que irónicamente delatan estas diatribas contra el contacto genital intermasculino es la subconsciente atracción hacia lo que se repudia. Estas incursiones que van del deseo reprimido a la ansiedad anal y de ahí al repudio se entienden mucho mejor si las interpretamos como una complicada atracción subconsciente por lo que se está denunciando. Dicha complicación se aclara un tanto mejor cuando la sometemos al análisis psicoanalítico que Freud lleva a cabo en dos ensayos sobre el tema. Uno de ellos es el que trata del envilecimiento en la esfera del amor. Entre los instintos que se reprimen, dice Freud en «Sobre la más generalizada degradación de la vida amorosa» que publica en 1912, figuran, ante todo, «los elementos pulsionales coprófilos [que] demuestran ser incompatibles con nuestra cultura estética... Lo excrementicio forma con lo sexual una urdimbre demasiado íntima e inseparable, la posición de los genitales —*inter urinas et faeces*— sigue siendo el factor decisivo» (XI, 182-183). El segundo ensayo, que viene a corroborar lo antedicho, es el titulado «La represión», donde afirma que «en algún momento se encontrará en la desestimación por el juicio *(juicio adverso)* un buen recurso contra la moción pulsional» (XIV, 141). Se trata de una «moción pulsional» que en *El público* parece haber traumatizado al Hombre 1, álter ego de Lorca, aun cuando protesta contra ella. Tan repleto de libido reprimida están estas incursiones antisodomíticas que solamente se pueden entender como un deseo inconsciente hacia el mismo fenómeno que se reprocha. Como señala Ricardo Llamas, «En la condena del placer sodomítico hay también un componente vagamente mítico-imaginario: las fantasías y los fantasmas sobre la posibilidad de renuncia al poder, al control, a la actividad; la posibilidad de abandonarse al placer, de dejarse poseer, de llegar a un "éxtasis anorgásmico"..., de entregarse a un desarrollo ininterrumpido del sexo» (230). Si la observación de Dollimore es psicológicamente válida, la actitud del Hombre 1 podría confirmar el hecho de que «Negation is a way of taking cognizance of what is repressed, it is a lifting of the repression, though not, of course, an acceptance of what is repressed. Negation facilitates a controlled return of the repressed» (178).

Pero lo que se venía diciendo es que la erotofobia que se viene observando obedece a un esfuerzo consciente por redimir la homosexualidad de las connotaciones negativas que había adquirido en la mente popular, lo cual explica que, frente a todas estas invectivas en contra del problemático deseo homosexual, se yerga la imagen positiva que Lorca trata de reivindicar, la que representa el Hombre 1: una homosexualidad de idealización pura, varonil, caracterizada por la mitigación del acto sexual, libre de rasgos femeninos. Es la misma concepción del amor socrático que Lorca viera representado en *El banquete* de Platón, en la cual lo erótico (en el sentido clásico de la palabra) viene motivado por la admiración de la belleza masculina y no por los apetitos sexuales[37]. A esta representación homosexual se une la personificada por el «viejo hermoso Walt Whitman» que contiene la oda a su nombre. Como ha observado John Marshall, «numerous strategies exist to accomodate or neutralize ostensible homosexual acts by process of definition» (137). El Hombre 1 lo lleva a cabo sublimando el deseo y arremetiendo contra la homosexualidad pasiva y sumisa que representan los «volúmenes» con muchas «superficies» que tiene a su alrededor. Se puede concluir que estas incursiones antisodomitas obedecen a un esfuerzo por parte de Lorca de negar lo desacreditable de la relación homosexual creando nuevos referentes humanos que trasciendan la negatividad que había adquirido en su tiempo. Explica el espíritu moralizante que predomina a lo largo de *El público* y que comparte con otros contemporáneos suyos que pretendieron hacer de sus obras una llamada a la comprensión y a la naturalidad de los afectos y deseos no convencionales.

Aunque la actitud moral que observamos en *El público* tiene como una de sus metas conscientes mostrar que un homosexual no es *ipso facto* un sodomita, cabe ver la actitud virulenta que el Hombre 1 expresa hacia las «ignominias» homosexuales que tiene frente a sí un segundo propósito que viene prefigurado como un intento por distanciarse de ese «otro» que lleva dentro y que no quiere ver. «What was once internalized as self-disgust —dice Altman— now seeks a target outside the self» (143). Visto de otro modo, el carácter discriminatorio y punitivo que adquiere[38] la homosexualidad durante el primer cuarto de siglo pone en funcionamiento una dinámica psicológica que crea la necesidad de buscar chivos expiatorios que visualicen el oprobio del que se trata de eximir el estigmatizado. Este dato podría explicar el urgente imperativo que Gonzalo/Hombre 1 siente de establecer ante los demás su inexpugnable autenticidad viril. El Hombre 1 siente la necesidad de naturalizar su identidad masculina de una manera que requiere esta diferenciación interna que separa lo que no puede aceptar como propio. Se pone en práctica un mecanismo por me-

---

[37] Esta idea del amor sublimado la elaboro detalladamente en el capítulo que dedico al comentario del Emperador y de su búsqueda del uno.

[38] «The discourse related to male homosexuality itself became for the first time extremely public and highly ramified through medical, psychiatric, penal, literary, and other social institutions. (...) a new public discourse concerning homosexuality that was at the same time increasingly discriminant, increasingly punitive and increasingly trivialising and marginalizing» (*Epistemology*, 164).

dio del cual el Hombre 1 trata de situarse lo más lejos posible del estereotipo negativo que ha interiorizado y concebido como indeseable, y lo hace desplazando y sustituyendo las representaciones negativas que ve en los otros tres por otras más positivas como las hiperviriles y espiritualizadoras que propone de sí mismo. Recuérdese que es el único de los personajes masculinos que admite amar a otro hombre: «Te amo delante de los otros porque abomino de la máscara y porque ya he conseguido arrancártela» (107), admisión que se podría interpretar como una muestra del potencial sentimental que carcteriza al Hombre 1, pero que no comparte su amigo Enrique. Se exime del estigma que hace recaer en el otro, ratificando la teoría que Jonathan Dollimore expone en su libro *Sexual Dissidence* cuando dice que «At one level such encounters serve to siphon off the alienation of the writer/protagonist; authenticity is constituted negatively as that which is left after a projection onto the "inauthentic" of all the misery, alienation and sometimes self-hatred which leaves its trace even on the most "liberated" psyche. In effect such encounters project and construct an inauthentic other against whom the authentic self is defined» (56). El Hombre 1, «el menos invertido», fustiga a los que siguen siéndolo más. Lorca está dando expresión literaria a un fenómeno común en los grupos estigmatizados: la tendencia a delatar la «inversión» ajena para mostrarse a sí mismo como «normal». La idea la expresa de manera elocuente Proust en su famosa introducción a *Sodoma y Gomorra* cuando se refiere a los homosexuales como miembros de una estirpe cuyos representantes van «huyendo unos de otros... pero igualmente confinados con sus semejantes por el ostracismo que los condena, por el oprobio en que han caído, y así han acabado por adquirir, por una persecución semejante a la de Israel, los caracteres físicos y morales de una raza... encontrando un alivio (a pesar de todas las burlas con que el más mezclado, el mejor asimilado a la raza adversa y por ello relativamente menos invertido, en apariencia, fustiga al que sigue siéndolo más) en el trato de sus semejantes, y hasta un apoyo en su existencia, tanto que, aun negando que sean una raza... a los que llegan a ocultar que lo son los desenmascaran de buena gana, más que por perjudicarlos, lo que tampoco les disgusta, por disculparse, y así van a buscar la inversión como un médico la apendicitis» *(En busca,* IV, 26). La ironía que encontramos en la dinámica psicosexual del Hombre 1 está en que la liberación que este rechazo supone no es la de la persona que toma control de su identidad. El Hombre 1 afirma su autenticidad viril imitando el mundo dominante del heterosexual masculino. Lo imita reproduciendo paradójicamente las estructuras opresivas y los valores dominantes de la cultura que lo margina y oprime. Muestra lo que Gregg Blanchford define como la internalización y reproducción de los sistemas opresivos al uso: «The role-distancing from the image of the homosexual is not to a new role, but to the role of the very source of oppression that homosexuals suffer: masculine gender role» (203).

Ya concluyendo, resulta paradójico ver cómo lo que pretende ser una reivindicación de la legitimidad y naturalidad de la homosexualidad termina siendo una sutil negación del mismo fenómeno que se trata de defender. La ambivalencia que plasma la obra es un claro reflejo de las contradicciones de los discursos sexuales de su tiempo. Lorca tuvo que lidiar con las dificultades que la época presentaba a todo aquel que intentara articular abiertamente un discurso sobre el problemático deseo homosexual. Además, los referentes de identificación que tenía a su alcance eran predominantemente negativos, todo lo cual contribuyó a debilitar el discurso sexual que representa *El público*. No pueden descontarse las aspiraciones a la respetabilidad que debieron alentar la representación idealizada de la homosexualidad con que se identifica el autor mediante su álter ego el Hombre 1. Lorca no evocó el deseo proscrito en los términos que vemos porque fueran las únicas representaciones que tenía a su alcance, sino que las usó también para fines muy personales, pues no es difícil entrever en la obra un esfuerzo por distanciarse de ese «otro» denostado que llevaba inextricablemente dentro de sí. Del mismo modo que el Hombre 1 trata de protegerse mediante este desplazamiento de la abyección, Lorca trata de distanciarse imaginariamente de esas «malformaciones» sexuales para no verse reflejado en ellas. Dice C. A. Tripp en su estudio psicológico de la homosexualidad: «There are a few, always the most vociferous of the lot, who want to smite the homosexual dragon from without to keep from seeing it within» (240). Por lo que cabe ver *El público* como un ensayo de búsqueda, una mirada hacia sí mismo, hacia los conflictos irresueltos que, a pesar de los intentos por enfrentarse a ellos, seguían atenazando al autor. La escritura para el Lorca de *El público* fue una especie de catarsis, de autocrítica consciente, un deseo de liberación dificultado por las restricciones de la época en que le tocó vivir. Como observa Julián Marías, el hombre «no "realiza" pero sí "cumple" en otra dimensión, gracias al arte, ciertas posibilidades que no le es dado vivir en el sentido más pleno de la palabra, en el de nuestra vida individual afectiva; el arte tiene una irrenunciable función de sueño» (II, 313). A pesar de todo, *El público* no debiera verse como un intento frustrado, sino, más bien, como una evidencia más de la problemática intrínseca a los grupos marginales del momento en que se escribe la obra, quienes, en su intento por legitimar lo «ilegítimo», lo llevaron a cabo apropiándose de una ideología dominante que lo invalidaba. Ni siquiera la ciencia pudo librarse de estas contradicciones, pues, aun cuando la homosexualidad se puso a hablar de sí misma para reivindicar su naturalidad o su legitimidad, la defensa, según ha señalado Foucault, se hizo frecuentemente «incorporando... las categorías con que era médicamente descalificada» *(Historia,* I, 124). El tema es complicado y se presta para largas disertaciones. Con lo aquí dicho, solamente se ha querido señalar que leer *El público* como un llamamiento a la comprensión, aceptación o tolerancia de la homosexualidad equivale a no tomar en cuenta las contradicciones que el texto en toda su inconsciencia contiene.

Capítulo II

Dominio y sumisión en la danza de las Figuras de Pámpanos y Cascabeles

Como pudimos comprobar en los capítulos anteriores, *El público* es un intento por representar lo irrepresentable; es una dramatización de la conciencia marginada de sus personajes, sobre todo de las fuerzas psíquicas reprimidas que se ponen al descubierto mediante la introducción del «teatro bajo la arena». Hay un esfuerzo por dramatizar estas subjetividades recurriendo a las técnicas que los nuevos lenguajes artísticos iban incorporando. A la inversa de como es costumbre ver en el realismo clásico, la acción en esta pieza vanguardista aparece de manera fragmentada e incontinua y los personajes son sometidos a un proceso de desdoblamientos dobles y triples en los que aparecen presenciándose a sí mismos. En realidad podríamos hablar de estos desdoblamientos como refracciones del yo que yace oculto tras la apariencia de realidad del mundo consciente. Esta dramatización del subconsciente humano explica la multiplicidad de perspectivas y la variedad de estados de conciencia que configuran la obra. Es también la razón por la falta de contornos que ayuden a separar lo interno de lo externo, lo consciente de lo subconsciente, lo real de lo imaginario. Vimos también junto a estas estrategias de representación una dinámica psicológica que consiste en el enjuiciamiento de las prácticas ajenas y la autonegación de los propios impulsos sexuales.

Un corolario lógico de la dinámica psicosexual de los dos personajes principales y de las técnicas empleadas para la articulación de su subconsciente lo encontramos en la enigmática danza que las figuras de Pámpanos (desdoblamiento del Hombre 1, alias Gonzalo) y la Figura de Cascabeles (desdoblamiento del Director, alias Enrique) protagonizan en el cuadro subtitulado «Ruina romana» (véase ilustración 4), episodio que, como ha observado Gwynne Edwards, «ha desconcertado a muchos críticos» (97). Se trata del ritual en que ambos participantes aparecen fantaseando sobre una serie de transformaciones de claras connotaciones de dominio y sumisión que tiene que ver con la problemática sexual anteriormente anticipada en el Cuadro I. El propósito principal de este capítulo es mostrar que la danza en que incurren ambas figuras es la dramatización de un episodio sadomasoquista que Lorca introduce con la intención de exteriorizar realidades prácticamente invisibles como es la penumbra en que se hallan sumidos los deseos y las emociones de los cuatro hombres que se agrupan al comienzo de la pieza[1]. Como me propongo demostrar, el ritual parece seguir muy de cerca las teorías sobre el sadomasoquismo que han expuesto sus teorizantes, desde Freud hasta el deconstruccionismo psiquiátrico de Hocquenghem y Deleuze. Aunque esta idea se ha repetido con frecuencia entre los comentaristas que de la obra se han ocupado, hasta la fecha la complejidad de este diálogo todavía no ha sido estudiada con la amplitud y detalle que requiere[2].

---

[1] Según Martínez Nadal, la clave para entender este episodio está en la mitológica danza de Baco y Ciso de las *Metamorfosis* de Ovidio y en la *Teogonía* de Hesíodo que Góngora elabora en sus *Soledades* y Lorca comenta en su conferencia *La imagen poética de don Luis de Góngora*. Basándose en el comentario que de dicho mito hace Lorca, Martínez Nadal se pregunta retóricamente «¿No tenemos aquí la clave para entender el diálogo de la "Ruina Romana"? La figura totalmente cubierta de pámpanos —Hombre 1—parece derivada de esa visión de dios Baco, que "en pámpanos desmiente", como la figura de Cascabeles, desdoble del Director, se diría inspirada en Ciso... Para poder continuar la danza, Baco se convirtió en higuera, y las dos figuras de la Ruina sostienen una disputa sobre las posibles metamorfosis que por amor serían capaces de sufrir» (*'El público'. Amor y muerte...,* 91). Estas ideas las reincorporará Martínez Nadal en su posterior ensayo «Baco y Ciso» y en la ya citada «Guía del lector» que acompaña su edición de *El público*, especialmente en las páginas 241-242. La influencia que ha ejercido esta interpretación en los estudios que de la danza se han realizado es evidente. Paul Binding, por ejemplo, afirma que en el cuadro subtitulado «Ruina romana» tenemos «una conversación que parece ser el *ne plus ultra* de la preocupación de Lorca por la cuestión platónica por las transformaciones» (176). Partidaria de esta misma opinión es María Clementa Millán, quien observa en su edición de *El público* que «El juego amoroso de estos dos personajes (posibles encarnaciones del bailarín Ciso y el dios Baco, Martínez Nadal, pág. 24) vendrían a ser, a su vez, la ejemplificación y objetivación de las relaciones y sentimientos esbozados al final del cuadro anterior» (55-56, n 9).

[2] Entre los estudios que han observado las connotaciones sadomasoquistas de dicho episodio, figuran principalmente el de Carlos Feal Deibe, «El Lorca póstumo», y el de Julio Huélamo Kosma, «La influencia de Freud en Federico García Lorca». Aunque el estudio de este último toca más a fondo el tema sadomasoquista, tanto los ejemplos que su autor toma como las conclusiones a que llega son distintos a los que aquí se ofrecen.

Ilustración 4.—Danza de las Figuras de Pámpanos y Cascabeles con busto clásico al fondo. Foto Miguel Zavala.

Necesario es, pues, hacer un análisis detallado que desenmarañe los laberintos que nos permitan ver las relaciones que en un plano lingüístico, temático y psicológico existen entre este interludio y gran parte de la problemática sexual que configura la obra. Una vez analizada la ambigüedad sexual y la relación entre sexualidad y represión que ahí se manifiesta, se verá que la imagen de la homosexualidad que proyecta la obra está profundamente influida por los referentes negativos que la época tenía de ella y por la represión sistemática de que era objeto.

Como ya es sabido, *El público* comienza con un cuadro en el que se establece la destrucción de la identidad asumida y la revelación de otra verdadera que la máscara oprime. Una de las cosas que se pone de relieve tan pronto se alza el telón es la personalidad conflictiva del Director de teatro, a quien Lorca toma como ejemplo para indagar sobre la homosexualidad oculta y problematizada. Se unen a él la revelación de los otros dos hombres que lo acompañan, el Hombre 2 y el Hombre 3, cómplices del mismo encubrimiento que vemos en el Director, como se encargan de revelar los biombos «radiografiadores» por donde pasan los tres. Una vez se destruyen las falsas identidades que habían asumido los hombres ahí presentes y se revelan los seres medio ocultos que contienen, como, por ejemplo, la mujer dentro del hombre, el homosexual que finge querer a otra mujer, el que desea a otro hombre, el «hombre verdadero» y el que delata impulsos sadomasoquistas, el resto de la obra tiene como propósito exteriorizar de forma visible lo que pasa «en las sepulturas», metáfora que podría referirse a los fueros más íntimos de la persona, como también a las vidas muertas que estos seres tienen que vivir a causa de su temor a asumir públicamente su homosexualdiad. En el cuadro que nos ocupa, esta realidad íntima se pone en evidencia mediante las imágenes que, a modo de clave, usan alternativamente las Figuras de Pámpanos y la de Cascabeles para vivir sus fantasías. Se trata del desdoblamiento de los personajes que aparecen al comienzo de la obra quienes están contemplándose a sí mismos a medida que dramatizan sus temores y deseos más íntimos. Nada de lo que aquí sucede pertenece al ámbito real con que se inicia la obra por ser parte del subconsciente de los personajes en escena, según se da a entender con la inauguración del «teatro bajo la arena» a que han dado lugar los reproches y recriminaciones de los tres hombres que acuden al camarín del Director de escena (véase ilustración 5). Una de las cosas que sobresale en el ir y venir de preguntas y respuestas que estas dos figuras se hacen recíprocamente es la relación entre sumisión y dominio que van a tener los participantes del episodio. La danza comienza con una exposición hipotética de sus conversiones:

Fig. de Cascabeles.—¿Si yo me convirtiera en nube?
Fig. de Pámpanos.—Yo me convertiría en ojo.
Fig. de Cascabeles.—¿Si yo me convirtiera en caca?
Fig. de Pámpanos.—Yo me convertiría en mosca.
Fig. de Cascabeles.—¿Si yo me convirtiera en manzana?
Fig. de Pámpanos.—Yo me convertiría en beso.
Fig. de Cascabeles.—¿Si yo me convirtiera en pecho?
Fig. de Pámpanos.—Yo me convertiría en sábana blanca (55-57).

La relación que esta serie de metáforas sugiere entre una figura y otra podría interpretarse como un juego de *roles* en el que uno de sus participantes propone asumir la actitud pasiva y el otro la activa, siendo la Figura de Cascabeles la que más se identifica con la primera[3]. Así se infiere de la «nube», la «caca», la «manzana», en que fantasea convertirse, siendo la incipiente analidad que connota la «caca» y la trasgresión sexual que sugiere la «manzana» las que más apuntan a este significado[4]. Además, el género gramatical de los sustantivos que se emplean para aludir a estas conversiones tienen el común denominador de connotar lo femenino y, por ende, la pasividad con que la mujer ha estado tradicionalmente asociada. La Figura de Pámpanos-Hombre 1, que aparentemente no parece compartir las inhibiciones que caracterizan al otro, fantasea, por el contrario, con unas conversiones predominantemente de tipo masculino que concuerdan con la personalidad viril que de sí mismo proyecta, como se insinúa mediante sus hipotéticas conversiones en «ojo», «beso» y «cuchillo». Cuando no son explícitamente masculinas, sus conversiones son del tipo activo tradicionalmente asociado a dicho género: la «mosca» se posa sobre lo estático y el «cuchillo» *pene*tra el cuerpo ajeno. Sugieren también lo masculino si se contrapone al *rol* que la otra figura va a asumir, como sucede con la «sábana» en que desearía convertirse la Figura de Pámpanos y cuya función principal sería cubrir el «pecho» en que fantasea convertirse la de Cascabeles. El significado erótico que Lorca atribuye al verbo «cubrir» no es privativo a esta pieza, puesto que aparece también con claras connotaciones eróticas en el poema neoyorquino «Nocturno del hueco», cuando el hablante dice «Cuando busco en la cama los rumores del

---

[3] Según la interpretación de Paul J. Smith: «The Figure's spiral of autoaffection (autointerrogation) reveals a master and slave dialectic which precludes the survival of absolute knowledge. Cloud to eye; shit to fly; apple to kiss: the relation is one of pasivity to activity, which culminates in the contrast between the soft, yielding moonfish and the sharp incision of the knife» (*The Body Hispanic,* 133).

[4] «[La manzana] es símbolo de los deseos terrenales, de su desencadenamiento. La prohibición de comer la manzana venía por eso de la voz suprema que se opone a la exaltación de los deseos materiales» (Cirlot, 297).

Ilustración 5.—Llegada de los Hombres 1, 2 y 3 al camerino del Directror de escena. Foto Miguel Zavala.

hilo / has venido, amor mío, a cubrir mi tejado» *(OC,* I, 505)[5]. Aun cuando se trata de una relación entre seres del mismo sexo, Lorca aplica a ambas figuras los estereotipos convencionales sobre la masculinidad y femineidad que han prevalecido en nuestra cultura a lo largo de los siglos, según los cuales «the male is supposed to be dominant and aggressive sexually and the female reluctant or submissive» (Gebhard, 77)[6]. El texto retoma esta idea para sugerir la pasividad del Director, como más tarde pasará a corroborarlo al establecerse la relación entre anatomía y orientación sexual que en el tercer cuadro se sugiere con la indumentaria femenina del «traje de bailarina» en que aparecerá Enrique-Director. Es la manera explícita de sugerir que el Director es un afeminado, definición que, de acuerdo con su uso original en la Vulgata, es sinónimo del individuo homosexual que asume el *rol* pasivo en la relación sexual[7].

La fantaseada metamorfosis en «pez luna», que se menciona a continuación y que se repite en más de una ocasión a lo largo de la danza, es central a su significado, ya que se emplea también con la misma finalidad de sugerir la libido pasiva del Director-Figura de Cascabeles: «¿Y si yo me convirtiera en pez luna?» pregunta éste; «Yo me convertiría en cuchillo», contesta la Figura de Pámpanos (57). Para entender mejor el significado de estos dos símbolos convendrá referirnos al sistema metafórico lorquiano en el cual la luna, verdadero símbolo repleto de polivalencias en su obra, se asocia a la mujer en la pluralidad simbólica de mujer y muerte que adquiere en la literatura clásica y en la personal suya, como se demuestra en esta misma obra mediante la presencia de Elena, la mujer del profesor de retórica que el Estudiante 1 equipara a Selene (125)[8]. Se trata, mitológicamente hablando, de la «hija de Hiperión y de Tía que en la mitología griega pasa a per-

---

[5] Idea que se repite en *Bodas de sangre*: «Mi hijo la cubrirá bien. Es de buena simiente», dice la Madre al Padre de la Novia en el acto segundo *(OC,* II, 756). El antecedente mitológico que Lorca parece tener presente en el significado poético que da al «hilo» es el que procede del mito Griego de Teseo, quien, gracias al hilo que Ariadna le tendió pudo salvar su vida y unirse a ella tras salir del laberinto al que había entrado para matar al minotauro. Es, pues, símbolo de la conexión espiritual, biológica y amorosa que establece el ser.

[6] Esta estratificación ha llevado al autor de la cita a concluir que es una de las razones por las que «Sadomasochism is embedded in our culture since our culture operates on the basis of dominance-submission relationships, and aggression is socially valued» (77).

[7] «It is possible that the Vulgate has partly been responsible for the use of the term "sodomite" in the English version... But in other passages *effeminatus* is employed, and this word often serves as a synonym of *pathicus*, which denotes the male homosexual prostitute —one who plays the passive role in sodomy by permitting anal intromission, thus simulating the part of the woman in coitus» (Bailey, 50).

[8] Para un estudio esmerado sobre la multivalencia semántica de este símbolo en la obra de Lorca consúltese el estudio de Gustavo Correa.

sonificar la Luna»[9]. El pez, por su parte, ofrece la expresión simbólica de ser por su «movimiento penetrante» (Cirlot, 360) un símbolo genital masculino que aparece en varias ocasiones con este significado fálico en la simbología pagana[10], aunque luego más tarde pasara a convertirse en símbolo de fecundidad espiritual, según se deduce de las asociaciones crísticas que adquiere en el Nuevo Testamento. Una de las ilustraciones más gráficas de la asociación entre falo y pez es la recogida en una crátera ática donde aparece una mujer desnuda llevando un enorme falo en forma de pez, imagen que Eva Keuls describe como «A caricature of female phallic aggression» (ii) (véase ilustración 6). Al fusionarse con la luna, lo que era emblemático de masculinidad fálica se amplía para incluir, al mismo tiempo, la feminidad, no en el sentido andrógino que Lorca expondrá en otras ocasiones, sino en el sentido acusatorio de sugerir la emasculación de la persona, bien sea como medio de alusión al homosexual receptor, como es el caso del Director, o bien para aludir a la homosexualidad masculina en términos más generales, como sucede más tarde en la asociación que se establece entre el pez y el Hombre 1 en el último cuadro[11]. Me refiero, como es de suponer, a la aparición de la madre de Gonzalo-Hombre 1, quien irrumpe en escena reclamando a su hijo muerto. Los pescadores, quienes parecen haber descubierto la se-

---

[9] Según sigue la definición que de Selene dan Constantino Falcón, Emilio Fernández y Raquel López en su *Diccionario de la mitología clásica*, «Tenía gran importancia en los rituales de tipo mágico y era invocada por las mujeres durante el parto» (II, 563).

[10] Así se sugiere, por ejemplo, en *Amor de Don Perlimplín con Belisa en su jardín* cuando Belisa canta lánguidamente «¡Amor, amor! / Entre mis muslos cerrados, / nada como un pez el sol» (*OC*, II, 467).

[11] Ángel Valente toca el tema del pez luna de manera convincente cuando señala que «Por eso, el gran símbolo enigmático del eros extinguido y realizado es, en el universo poético de Lorca, la Luna. La luna en la que se inscribe un pez, elementos que, al cabo, constituyen o forman un animal de sustancia puramente mítica, el pez luna» (201). Piero Menarini discrepa de esta opinión al observar que «non credo que in questo contesto il pesce luna sia un simbolo erotico, bensì Cristo estesso. Da ciò il passaggio del simbolico pesce ad indicare anche l'Eucaristia, come documentano molti affreschi nelle catacombe romane» (105). Otro de los estudios que tratan del valor simbólico del «pez-luna» es el análisis que Antonio Monegal hace del guión cinematográfico *Viaje a la luna*. Según dicho autor, «Convertirse en *pez luna* es la alternativa que desata el conflicto en el diálogo que tiene lugar en el Cuadro Segundo entre la Figura de Cascabeles y la Figura de Pámpanos... A la luz de esta escena y de la interpretación de ambos elementos del par por separado *[pez luna]*, podemos asumir que el pez luna representa al homosexual, por lo que tiene de asimilación simultánea de las cargas respectivas de ambas metáforas» (248-249). Véase también sobre el particular el estudio de Millán, según el cual la aparición de este simbólico pez «muestra, una vez más, la íntima conexión entre los distintos personajes de la obra, expresando en este caso, la identidad entre Gonzalo y el Hombre 1. Los distintos juegos amorosos son iniciados cada vez por un personaje diferente, terminando todos ellos en el pez luna y en la imagen sangrienta del cuchillo» (65).

Ilustración 6.—Mujer desnuda con falo en forma de pez. Crátera, Antiken-sammlung, Staatliche Museen zu Berlin (Prussischer Kulturbesittz).

xualidad oculta del Hombre 1, se lo devuelven a la madre con el repudio que tradicionalmente ha tenido que experimentar el homosexual que se ha atrevido a hacer pública su inclinación sexual: se lo devuelven en la forma de «un enorme pez luna, pálido, descompuesto» y ensangrentado (161). Como observa Marie Laffranque, esto «podría explicar el que una muchedumbre conformista y ávida de sangre devuelva el cadáver de Gonzalo, bajo la forma simbólica de un pez luna, a esa madre cuya silueta arropada en velos negros sale al escenario para reclamar, muerto, un hijo al que nunca quiso reconocer plenamente como suyo» (32).

Es precisamente este mismo significado de ambivalencia sexual el que adquiere el hijo en la mente del hablante en «Iglesia abandonada» al metamorfosearse primero en hija y luego en pez luna y en mar: «¡Mi hijo! ¡Mi hijo! ¡Mi hijo! / Saqué una pata de gallina por detrás de la luna, y luego, / comprendí que mi niña era un pez /... Yo tenía una niña. / Yo tenía un pez muerto bajo la ceniza de los incensarios. / Yo tenía un mar» (*OC*, I, 464). La concordancia que en este contexto se establece entre mar, pez y luna, dada la influencia que en el primero ejerce el zodíaco lunar, es bien evidente, más aún cuando se toma en cuenta que dentro de la mitología oriental, que la grecolatina asimiló en más de una ocasión, la luna adquiere el significado de ser «the mysterious source of the dew which refreshes the earth at night... the controller of all fluids (the tides, menses, etc.)» y, consecuentemente, «the mystical source of soma and semen, the secret essence» (Dunne, 22).

Dado el sentido simbólico que en este contexto adquiere el pez luna, es fácil entender que la respuesta de la Figura de Pámpanos de transmutarse en cuchillo, o sea, en agente agresor, por consonante que sea con el concepto de masculinidad que de sí mismo tiene, no complazca del todo a su interlocutor, la Figura de Cascabeles, quien preferiría ver en él rasgos connotativos de ternura, como los femeninos sugeridos en la rectificación que su propia respuesta contiene: «Pero, ¿por qué? ¿Por qué me atormentas?... Si yo me convirtiera en pez luna tú te convertirías en ola de mar, o en alga... tú te convertirías en luna llena, ¡pero en cuchillo!» (57). Como se sugirió antes, es indicativo que Lorca haya escogido sustantivos de género tan ambiguo como el alga/la alga, el mar/la mar, para expresar los deseos de la Figura de Cascabeles en la conversión de la de Pámpanos. Sin embargo, esta asimilación del componente femenino que la Figura de Cascabeles-Director-Enrique desearía ver en la de Pámpanos provoca en éste una reacción defensiva al habérsele impuesto atributos que no admite por suponer un abandono de las características masculinas que él defiende a ultranza. De ahí que sienta la necesidad de reafirmar la masculinidad intachable que había quedado establecida mediante la impermutabilidad de la indumentaria masculina con que se singulariza en el anterior episodio de los biombos y en el resto de la obra. Dice la Figura de Pámpanos: «Si tú te convirtieras en pez luna yo te abriría con un cuchillo, porque soy un hombre, porque no soy nada más que eso, un hombre más hombre que Adán y quiero que tú seas más hombre que yo... Pero tú no eres un hombre» (58)[12]. La Figura de Cascabeles no es un hombre de acuerdo con su concepto de masculinidad porque la inversión sexual que sugiere su conversión en «pezluna» implica una alteración sexual y una debilitación que la Figura de Pámpanos encuentra inaceptable. Se reivindica de este modo una ideología sexual según la cual las características masculinas y los valores que con ella se asocian son los más apreciados. Es por esto que, cuando el conflicto entre uno y otro se acalora, la Figura de Pámpanos humilla a la de Cascabeles asociándolo de nuevo a una mujer, como se desprende del reproche que le dirige «Si yo no tuviera esta flauta te escaparías a la luna, a la luna cubierta de pañolitos de encaje y gotas de sangre de mujer» (57-59). La luna, que en el cosmos poético de Lorca engloba los significados femeninos que ya hemos visto y que aquí se subrayan mediante el encaje y las señales de menstruación que connota la sangre, aparece simbólicamente como refugio de la huida de Cascabeles. Más importante aún en lo que respecta a la humillación que se está llevando a cabo es la referencia que hace a la flauta, instrumento musical con el que se alude no sólo a una de las prácticas sexuales tradicionalmente vistas como humillantes, como es el acto bucogenital de succionar el pene, «the basest form of self-humiliation [for] it gets a kick out of supinely giving pleasure to another», según la ética sexual antigua a que se refiere Paul Veyne (31), sino que incluye también referencias a la prostitución femenina[13].

Dos cosas se pueden deducir de esta actitud acrimosa del Hombre 1. La primera es el concepto del hombre-mujer que se asocia con la homosexualidad pasiva que representa el Director-Enrique-Cascabeles, idea que la moral tradicional y la psicología popular han contribuido a prolongar hasta el presente[14]. Esta teoría ha cre-

[12] Millán interpreta esta falta de hombría como sintomática de la inseguridad de sentimientos de la Figura de Cascabeles: «Para la de Pámpanos, la inseguridad de los sentimientos de la de Cascabeles le hace apartarse de ser un verdadero hombre» (66).

[13] Según George Devereux, «in modern obscene speech (e. g., French) flute-playing = *fellatio*, may explain why flute-playing was despised by some (Arist. *Pol.* 4.7 1340 a 30; Plu. *Alc.*2)» (84). En su comentario al *Simposio* de Platón, David Halperin observa crípticamente que «at Agathon's... the customary orgy of intoxication and copulation has been ruled out from the start and the flute-girl has been sent off to pipe for herself» (*One Hundred Years*, 128). A esta misma forma de placer erótico se refiere John Winkler cuando comenta con relación a *Against Timarchos* de Aiskhines que «in his mania for erotic pleasure (with the most experienced flute-girls and *hetairai*, 75) and for all forms of self-indulgence he turned to consuming his paternal real estate (95-105)» (*The Constraints*, 56).

[14] Además de la fuente aquí citada, véanse sobre el particular los estudios de Greenberg, Tripp, Boswell y Rivers, autores que, desde una perspectiva u otra, es-

ado en el consciente colectivo la idea de que el homosexual masculino, debido a su idiosincrasia sexual, debe mostrar características propias del sexo contrario al suyo: «cuando un homosexual masculino siente atracción hacia otro hombre, está mostrando emociones "femeninas" y cuando tiene relaciones sexuales con ellos está revelando una conducta "femenina"» (Ruse, 115)[15]. Ya vimos en el capítulo anterior la influencia que ejercieron las ciencias sexuales en la introducción de dichas teorías. Aun cuando fisiológicamente los cuerpos que intervienen en la relación íntima entre dos hombres son diferentes al de los que intervienen en la heterosexual, la tendencia es ver la práctica de aquéllos en términos de éstos, al transformar a uno de sus participantes en un sustituto de la mujer, en una caricatura del objeto del deseo heterosexual, disolviendo así unas diferencias que sí existen, a la vez que se niega el reconocimiento de que dos seres del mismo sexo puedan sentirse sexualmente atraídos por sus cualidades viriles[16]. Así lo ha visto Sedgwick al señalar en otro contexto que «One vital impulse of this trope is the preservation of the essential heterosexuality of desire itself, through a particular reading of the homosexuality of persons: desire in this view by definition subsists in the current that runs between one male self and one female self, in whatever set of bodies these selves may be manifested» (*Epistemology*, 87). Se perpetúa de este modo la creencia de que la homosexualidad equivale a una atenuación de la masculinidad. Me detengo en estos pormenores porque para entender *El público* resulta del todo inevitable explicar algunas de las características psicológicas de la irresoluta problemática sexual que plasma la obra, máxime cuando es esto uno de sus condicionantes principales.

La segunda deducción que se puede inferir de la diatriba que el Hombre 1 lanza contra el Director es la apremiante necesidad de afirmar ante los demás su incuestionable masculinidad, aferrándose al concepto de hipervirilidad que de sí mismo tiene, a la vez que se confronta con la «degradación» sexual que lo afrenta[17].

---

tudian la evolución de los estereotipos sobre la homosexualidad creados por la Iglesia y la comunidad médica.

[15] Véase sobre el particular el Capítulo IV del estudio de Rivers sobre *Proust and the Art of Love* y el de Weinberg, *Society and the Healthy Homosexual* por Rivers citado.

[16] Dice Eve Sedgwick sobre este particular que «The virility of the homosexual orientation of male desire seemed as self-evident to the ancient Spartans, and perhaps to Whitman, as its effeminacy seems in contemporary popular culture» (*Between Men*, 26-27).

[17] Este sentimiento misógeno que se basa en la supuesta superioridad del género masculino y en el repudio de lo femenino como inferior es una idea de una larga tradición cultural que se remonta a la antigua Grecia, apoyada por las teorías de evolución de los sexos que expone Hipócrates, según el cual «If the bodies secreted by both parents are male ... they become men... brilliant in soul and strong

La manera de hacerlo, cree él, es exorcizando lo femenino, el fantasma de sus deseos homoeróticos, castigando al hombre débil que teme ser y que tiene ante sí, bien sea disfrazado de bailarina o bien pidiendo una barra de carmín y agujas para bordar. Es la manera de reaccionar negativa del homófobo que se confronta con el reflejo de lo que odia en sí mismo, por distorsionado que este reflejo esté. Existe la necesidad subconsciente de exteriorizar los conflictos propios para rechazarlos por inaceptables, sin reconocerlos conscientemente como propios[18]. Evidencias para corroborar este concepto que del «marica» tenía Lorca no escasean, ni en su poesía, como lo corrobora su «Canción del mariquita» de 1924, ni en los comentarios que personalmente hizo sobre el particular[19].

---

in body, unless damaged by after regiment... If, however, the body secreted by the male parent is male and that by the female female, and the male element proves the stronger... then men are produced less brilliant, indeed, than the preceding class, yet justly deserving of the name of "manly". And again, if the male parent secretes a female body and the female a male body and the latter proves the stronger, the male elements deteriorates and the men so produced are "effeminates"» (Bury, xxxii). Es uno de los conceptos más dominantes en los estudios que tratan de la homosexualidad debido a la equiparación que se ha establecido entre ésta y la femineidad. La misma idea se repite en Aristófanes, de quien se ha dicho que reservaba sus burlas más cáusticas para los hombres «que se someten a los deseos sexuales de otros» (Lewis, 145). Más recientemente el mismo tema ha sido objeto de contención entre sexólogos y psicólogos que de la cuestión se han ocupado. Kamel recientemente elabora esta idea para afirmar contrariamente que «The gay man, if only because of his homosexuality, has already redefined masculinity. He does not necessarilly "lose his maleness", or "wish to be a woman". Rather, maleness is understood not always in terms of dominance; it can be submissive, too» (163).

[18] Véase sobre el tema de la homofobia el estudio de McDonald y Moore, «Sex-Role Self Concepts of Homosexual Men and their Attitudes Toward Both Women and Male Homosexuals», de donde procede esta observación, así como el de Herek: «Beyond "Homophobia"», incluidos ambos en un número especial sobre la homofobia (*Journal of Homosexuality*, 1984), y los de Jaime Smith: «Psychopathology, Homosexuality, and Homophobia»; Malcolm E. Lumby: «Homophobia: The Quest for a Valid Scale»; Weinberg y Millham: «Attitudinal Homophobia and Support of Traditional Sex Roles»; además de los libros de Boswell, Greenberg y Tripp ya citados.

[19] «El mariquita organiza / los bucles de su cabeza. / ... El mariquita se adorna / con un jazmín sinvergüenza. El escándalo temblaba / rayado como una cebra». (*OC*, I, 333). En una conversación que Lorca mantuvo con Rivas Cherif, «no sabemos con qué exactitud», aclara Ian Gibson, Lorca le admitía a su interlocutor: «Sólo hombres he conocido; y sabes que el invertido, el marica, me da risa, me divierte con su prurito mujeril de lavar, planchar y coser, de pintarse, de vestirse de faldas, de hablar con gestos y ademanes afeminados. Pero no me gusta» (*Federico García Lorca*, II, 117). No hace falta señalar que este sentimiento personal de Lorca no es incongruente con las características notadas en el Hombre 1 ni tampoco con la teoría que mantiene que el individuo homosexual que se presenta a sí mismo en congruencia con las características tradicionales del género a que pertenece se muestra más intolerante ante la manifestación de la «inversión» del *rol* masculino, mientras que, según las teorías de Weinberg y Millham, «persons presenting themselves as incongruent with traditional gender characterizations (similar deviants) would be more accepting of deviations in traditional heterose-

La dinámica de la inversión de *roles* sexuales que se viene observando vuelve a reaparecer en la hipotética metamorfosis en «pez luna» que desean experimentar estas dos figuras. Esta vez, sin embargo, es la Figura de Pámpanos quien expresa la posibilidad de asumir el papel sumiso de la relación que se está imaginando y que el otro le coarta a que asuma:

FIG. DE CASCABELES *(Tímidamente.)*—¿Y si yo me convirtiera en hormiga?

FIG. DE PÁMPANOS *(Enérgico.)*—Yo me convertiría en tierra.

FIG. DE CASCABELES *(Más fuerte.)*—¿Y si yo me convirtiera en tierra?

FIG. DE PÁMPANOS *(Más débil.)*—Yo me convertiría en agua.

FIG. DE CASCABELES *(Vibrante.)*—¿Y si yo me convirtiera en agua?

FIG. DE PÁMPANOS *(Desfallecido.)*—Yo me convertiría en pez luna.

FIG. DE CASCABELES *(Tembloroso.)*—¿Y si yo me convirtiera en pez luna?

FIG. DE PÁMPANOS *(Levantándose.)*—Yo me convertiría en cuchillo. En un cuchillo afilado durante cuatro largas primaveras (59)

La clave para entender estas conversiones no se halla sólo en la ambigüedad sexual connotada por los sustantivos, sino en el grado de aquiescencia y rendición que delata Pámpanos al acceder a experimentar unas conversiones que, según se sugiere con el género de los sustantivos que utiliza, son de tipo femenino: «tierra», «agua» y el ambivalente «pez luna». El significado del diálogo se deriva también del tono de las preguntas y respuestas que se indica en las acotaciones[20], de las cuales se infiere que el deseo de dominio en la Figura de Cascabeles se va afirmando paulatinamente en el cambio que va de la timidez, «*(Tímidamente)*», a la firmeza del «*(Más fuerte)*», seguido de la afirmación de su autoridad en el «*(Vibrante)*» de la acotación. Sin embargo, se muestra «*(Tembloroso)*» porque teme perder el control que ha logrado sobre el otro, ya que el dominio que quiere ejercer sobre Pámpanos depende de la respuesta que obtenga de él al tocarse el punto débil de la conversión en «pez luna». Recuérdese que en la parte

---

xual male and female gender behavior and of deviations in sexual orientation» («Attitudinal Homophobia», 238).

[20] Como parte de la humillación verbal a que se someten los partícipes de esta práctica sexual, Kamel observa que «In addition, verbal activity includes dispensing of harsh-sounding commands and using terms or phrases that threaten the slave's well-being» (164).

introductoria del diálogo que se cita más arriba lo que provoca la iracundia de Cascabeles es la recalcitrancia de Pámpanos a dejarse llevar por él, negándose a convertirse en «pez luna», y preferir, contrariamente, la conversión del cuchillo. En el caso de la Figura de Pámpanos que ahora nos ocupa el cambio es a la inversa, según se manifiesta en el desarrollo que va del vigor implícito en el «*(Enérgico)*» con que empieza esta parte del diálogo a la debilidad del «*(Más débil)*» que se acusa más tarde, hasta llegar al decaimiento final del «*(Desfallecido)*». No obstante, al darse cuenta de su casi rendición, recupera su dominio y agresividad imponiéndose sobre el otro con el sugestivo «*(Levantándose)*» para asumir de nuevo el predilecto «cuchillo» de su conversión[21]. Los mecanismos defensivos son los mismos que había mostrado antes. Es como si, al darse cuenta del abandono de su *rol* activo, reaccionara defensivamente ante ello, frustrando así el deseo de dominio que sobre él quiere ejercer Cascabeles. El resto del diálogo merece ser reproducido porque en él vemos prolongarse el juego de actitudes activa y pasiva, dominio y sumisión, poder y debilidad que se viene dramatizando a lo largo de la danza. Esta vez, como se puede comprobar, es la Figura de Cascabeles-Director la que aparece ejerciendo el dominio imaginario sobre la Figura de Pámpanos, al convertirse en el agente agresor, en el látigo que puede usar para castigar al otro[22]. La Figura de Pámpanos, por su parte, aparece asumiendo el papel pasivo que anteriormente se había negado a asumir, pero que aquí no ha tenido más remedio que aceptar.

> FIG. DE PÁMPANOS (*Con voz débil.*)—No, no te vayas. ¿Y si yo me convirtiera en granito de arena?
> FIG. DE CASCABELES.—Yo me convertiría en látigo.
> FIG. DE PÁMPANOS.—¿Y si yo me convirtiera en una bolsa de huevas pequeñitas?
> FIG. DE CASCABELES.—Yo me convertiría en otro látigo. Un látigo hecho con cuerdas de guitarra.
> FIG. DE PÁMPANOS.—¡No me azotes!
> FIG. DE CASCABELES.—Un látigo hecho con maromas de barco.
> FIG. DE PÁMPANOS.—¡No me golpees el vientre!

---

[21] Este intercambio de papeles ha sido observado también por Edwards, al señalar que «El juego continúa y su carácter juguetón pasa —como en las obras dramáticas de Pinter— por un proceso alternativo de dominación-sumisión» (98).

[22] «The whip, for example, takes on a threatening meaning for the masochist, and when in the possession of the master, it signifies who is the boss. Even if used only lightly, the feel of the whip verifies or maintains their respective *roles*. The administration of pain is not defined as doing harm to another, but as dominating another» (Kamel, 167).

Fig. de Cascabeles.—Un látigo hecho con los estambres de una orquídea.

Fig. de Pámpanos.—¡Acabarás por dejarme ciego!

Fig. de Cascabeles.—Ciego porque no eres un hombre. Yo sí soy un hombre.

Fig. de Pámpanos.—Estoy esperando la noche... para poder arrastrarme a tus pies.

Fig. de Cascabeles.—No, no. ¿Por qué me dices eso? Eres tú quien me debes obligar a mí para que lo haga. ¿No eres tú un hombre más hombre que Adán?

Fig. de Pámpanos *(Cayendo al suelo.)*—¡Ay! ¡Ay!

Fig. de Cascabeles *(Acercándose en voz baja.)*—¿Y si yo me convirtiera en Capitel?

Fig. de Pámpanos.—¡Ay de mí!

Fig. de Cascabeles.—... Entonces yo me convertiría en pez luna y tú no serías ya nada más que una pequeña polvera que pasa de mano en mano (61-63).

El dominio que por fin consigue la Figura de Cascabeles sobre la de Pámpanos es absoluto ya que la degradación que presupone la conversión en una mujer manoseada, según se sugiere con «polvera», es total[23]. La Figura de Cascabeles, al asumir el *rol* dominante en la relación sexual que sugiere la actitud sádica que aquí se manifiesta logra dos fines: uno de ellos es negar su propia debilidad, ya que el hecho de privar al otro de su masculinidad permite que él mantenga la suya propia; el otro propósito es manipular el ego de la Figura de Pámpanos para hacer que adopte la actitud necesaria para la actualización del *rol* que le ha asignado y que consiste en su emasculación[24], tal y como se da a entender mediante las connotaciones de femineidad, sumisión y debilidad de los adjetivos y diminutivos que la Figura de Pámpanos usa para referirse a su propia conversión: «granito de arena» primero, con la ambigüedad sexual que connota el género de los dos sustantivos usados, y «bolsa de huevas pequeñitas», donde se sugiere una feminización completa[25]. Es la misma idea que se vuelve a repetir

---

[23] Es posible ver en el uso de este vocablo un doble significado que podría derivarse del habla obscena del español moderno al usarse para referirse al acto de fornicar: 'echar un polvo'.

[24] Aclara Kamel al teorizar sobre el sadomasoquismo que «Another strain of degradation, less common than verbal abuse, is demasculation and dehumanization» (165).

[25] Según Freud, «si se tiene la oportunidad de estudiar casos en que las fantasías masoquistas hayan experimentado un procesamiento particularmente rico, es fácil descubrir que ponen a la persona en una situación característica de la feminidad, vale decir, significan ser castrado, ser poseído sexualmente o parir» («El problema económico del masoquismo», XIX, 168). Aunque Weinberg al teorizar sobre el masoquista ha indicado que «It is the actor as a "child"... who is

en el cuadro tercero, cuando el Director le dice al Hombre 1 «Y tú serías una gran montaña china cubierta de vivas arpas diminutas», a lo que contesta defensivamente este último «No, no. Yo no sería entonces una montaña china. Yo sería un odre de vino antiguo» (83). Son juegos linguísticos que nos remiten al «ave» y al «mapa» que se aplicaban con anterioridad a Romeo y Julieta, respectivamente. Lo que se trata de subrayar es que el Director vive imaginariamente la destrucción del superhombre, del autor de las diatribas homófobas que le hicieron estar consciente de su propia sexualidad culpabilizada. Es precisamente este mismo poder que la Figura de Cascabeles está llevando a la práctica el que sabía que podía ejercer sobre la de Pámpanos cuando le había advertido anteriormente : «Sé la manera de dominarte... De dominarte tanto que si yo dijera "¿Si yo me convirtiera en pez luna?" tú me contestarías "Yo me convertiría en una bolsa de huevas pequeñitas"» (59). Queda de este modo establecido el triunfo del dominio que la Figura de Cascabeles ha tratado de ejercer sobre la de Pámpanos al subyugarlo y humillarlo. Como dice uno de los personajes de Dostoievski, «I had been humiliated, so I wanted to humiliate; I had been treated like a rag, so I wanted to show my power» (215).

Si aceptamos la explicación del episodio que se ha venido haciendo, pues necesario es formular alguna hipótesis cuando no ha habido todavía un intento por explicar satisfactoriamente su sentido, el oculto significado del torrente de metáforas que lo componen se nos hace algo más claro. Pero, aun cuando se haya llegado a ello, todavía queda por aclarar algunas de las características inherentes a este episodio como, por ejemplo, el temor, el cautiverio, la humillación, la función que desempeña la fantasía, la correlación que se observa entre deseo y dolor y el juego intercambiable de papeles de dominio y sumisión que se dramatiza a lo largo de este interludio «romano». Aunque los componentes aquí enumerados están íntimamente relacionados entre sí, no obstante será necesario considerar cada uno de ellos por separado para llegar a una mejor clarificación de su sentido. Las teorías que sobre el sadomasoquismo se han elaborado arrojan alguna luz que puede guiar nuestros pasos por estos linderos, sobre todo por tratarse de una manifestación erótica que, según mi teoría, es la que condiciona el episodio entero y parte de la acción que le sigue. Bajo este pretexto, necesario será servirse de las teorías que Freud expone en «El problema económico del masoquismo», y que, con algunas variantes, retoman Roy Baumeister, Gilles Deleuze, G. W. Levi Kamel y Thomas Weinberg.

---

being beaten, degraded, humiliated, and so forth, and not the person in his "actual social identity" as an adult male» (109), su teoría no es incompatible con la de Freud ni con su manifestación en el texto de Lorca, dados los diminutivos que utiliza.

Según se desprende de los estudios aquí enumerados, una de las características constitutivas del sadomasoquismo es el poder de ejercer temor en el otro, temor que se inculca no siempre por medio del sufrimiento físico en sí, sino de la amenaza de dolor y violencia. El sadomasoquista, antes que gozar del dolor por el mero hecho de gozarlo, prefiere actos como la humillación verbal o el abuso, el travestismo, el cautiverio, la agresión física y oral y el poder de inspirar temor en el otro: «Often it is the notion of being helpless and subject to the will of another that is sexually titillating. It is the illusion of violence, rather than violence itself, that is often arousing to both sadists and masochists. At the very core of sadomasochism is not pain but the idea of control-dominance and submission» (Weinberg y Kamel, «S&M: An Introduction», 20). Cuando la Figura de Cascabeles se queja de estar siendo atormentado y pregunta: «¿Por qué me atormentas?», su protesta se interpreta mejor como una alusión a este concepto del sufrimiento. Lo mismo sucede en el diálogo ya comentado de la humillación de Pámpanos, en las quejas que lanza ante la imaginaria flagelación: «¡No me azotes!... ¡No me golpees el vientre!», sensación que se reitera más tarde cuando Cascabeles le confiesa a Pámpanos: «Ayer estuve en casa del fundidor y encargué una cadena... Una cadena y estuve toda la noche llorando porque me dolían las muñecas y los tobillos y sin embargo no la tenía puesta» (61 y 65)[26]. Se imagina el dolor como si lo estuviera efectivamente padeciendo.

Además de las referencias a látigos y cadenas en que abunda este interludio, hay una serie de claves que connotan la ilusión de cautiverio propia también de esta práctica sexual, según ha sido definida por sus teóricos. La Figura de Cascabeles, consciente de las intenciones que ve en la de Pámpanos, le dice: «Ya sé lo que deseas, pero tengo tiempo de huir». Este deseo de huir de algo que le atemoriza es concedido por la Figura de Pámpanos cuando le responde: «Huye si quieres... Prueba a defenderte» (65), pero lo que se infiere de esta invitación a la huida dentro del marco en que se desarrolla es la certeza de la imposibilidad en el otro, al menos psicológicamente, de realizarla y liberarse del cautiverio en que ambos se recrean. Es, desde esta perspectiva, que se aclaran por igual las fantasías de cautiverio y libertad que comparten los Hombres 2 y 3: «Tendremos necesidad de separarlos», dice el Hombre 3 refiriéndose a la lucha que se está librando entre el Director y el Hombre 1, «Para que no se devoren», responde el Hombre 2, «Aunque yo encontraría mi libertad», añade el 3. El resto

---

[26] No obstante, aunque la ilusión de dolor es uno de los elementos constitutivos del sadomasoquismo, esto no impide que el dolor físico forme a veces parte del «juego». Aunque en la danza hay una invitación a la mutilación: «Toma un hacha y córtame las piernas», le dice la Figura de Pámpanos a la de Cascabeles (59), el dolor en sí no se manifiesta sino a nivel psicológico.

del diálogo, que conviene citar por lo relevante que es al tema que se viene analizando, se desarrolla de la siguiente manera:

HOMBRE 3.—Si yo tengo un esclavo...
HOMBRE 2.—Es porque yo soy un esclavo.
HOMBRE 3.—Pero esclavos los dos, de modo distinto podremos romper las cadenas... Podremos empujarlos *(A ENRIQUE y a GONZALO.)* y caerán al pozo. Así tú y yo quedaremos libres.
HOMBRE 2.—Tú libre. Yo, más esclavo todavía (83-85).

Este fantasear en un estado de sumisión es otra de las reglas del juego, pues, según observa Levi Kamel y Weinberg en su estudio sobre el tema, «Fantasy thus becomes the primary device restraining the slave, and he is made to feel that any attempt to leave the presence of his master would be in vain, and would only elicit more punishment» («Diversity», 164)[27].

Todo este episodio transcurre dentro de un marco en el cual la fantasía y la teatralidad juegan un papel primordial. Ello se debe a que «The masochist is obsessed; ritualistic activity is essential to him, since it epitomizes the world of fantasy» (Deleuze, 94). Todo lo que se incluye en la danza acontece dentro de un marco en el cual los participantes juegan a ser lo que no son. Es un comportamiento enmarcado, en el que todo se expresa por medio de un proceso de transformación definido como «keying», claves, o sea, por medio de una serie de convenciones «by which a given activity, one already meaningful in terms of some primary framework, is transformed into something patterned on this activity but seen by the participants to be something quite else» (Goffman, 43-44). Dichas claves pueden variar entre los que las utilizan: las que transforman algo simulado en una actividad que aparecería como un acto de violencia, las que marcan límites, las que tienen que ver con cambios de *rol* y de dominio, etc. (Weinberg, 106). Como ejemplo de esta definición, una lucha entre dos personas puede ser lo que aparentemente está pasando, y la introducción de claves puede ligeramente hacer variar lo que está sucediendo, pero, en realidad, a lo largo de la actividad y gracias a los códigos utilizados en ella sus participantes pueden decir que lo único que está

---

[27] En una de las confrontaciones del Hombre 3 con el Hombre 1 aquél dice «Sólo podría convenceros si tuviera mi látigo» (79). Igualmente reveladoras son las palabras que el Hombre 2 dirige al 3: «Ahora yo te serviré para siempre» (111). Poco después es el Hombre 3 quien ordena al 2, «Bésame la mano, besa la mano de tu protector» (113-114). Según ha observado Baumeister en otro contexto, «even the 19th century American slaveholders tended to regard (and treat) their slaves as less than human. In short, the essential meaning of slavery is *loss of personhood*» (79).

aconteciendo es un juego (Goffman, 44). Este sistema de claves es el que rige el comportamiento de las dos figuras lorquianas ya que es un entendimiento mutuo de este tipo lo que permite a la Figura de Cascabeles aclarar que «Todo entre nosotros era un juego. Jugábamos» (67). Ambas figuras están protagonizando una danza, un ritual en el cual cada gesto y palabra está codificado. Sin embargo, lo que aparenta ser una danza para la persona ajena al juego, para sus participantes, gracias al lenguaje codificado que ellos emplean, se transforma en un ritual simbólico de sus fantasías eróticas, lo cual explica que ambos partícipes recurran a imágenes que sólo adquieren significado para los partícipes de este ritual. Vinculado a esta codificación de deseo está lo que Gerald Storzer explica acerca del elemento ritualístico en Genet, que conviene citar por lo pertinente que resulta a lo que se viene comentando. Según aclara Storzer: «The ritual is a metamorphosis in which the self becomes other to exist as image beyond phenomenological time and space. That process is inextricably intertwined with the release of libidinal impulse. For the ritual —with its satisfaction of sexual desire, its spontaneous animalistic necessity, its ability to place one in contact with the deepest realms of the unconcious, and its momentary negation of the phenomenal self— must be defined... as a form of sexual activity» (203). Dentro de este contexto se entiende por qué se pone tanto énfasis en la danza ritualística, no por lo que es en sí (danza), sino por lo que representa (fantasía sexual), como vemos que sucede cuando la Figura de Cascabeles protesta porque la de Pámpanos ha interrumpido y alterado la secuencia del «guion» que están dramatizando, o sea, las transformaciones con que fantasean, y le dice: «Te gozas en interrumpir mi danza y danzando es la única manera que tengo de amarte» (57).

Esta declaración de amor nos lleva a la consideración de otro de los elementos constitutivos del sadomasoquismo: la mezcla de afecto y abuso que manifiestan sus participantes. Según aclaraciones de uno de los pioneros en el estudio de la sexualidad humana, el inglés Havelock Ellis, basándose en el ejemplo del Marqués de Sade, observaba que «The masochist desires to experience pain, but he generally desires that it should be inflicted in love; the sadist desires to inflict pain, but in some cases, if not in most, he desires that it should be felt as love» (*Studies,* I, ii, 160). Con esta observación en cuenta, se nos aclaran las referencias al amor que hacen ambas figuras, bien sea bajo una identidad u otra. En el acto primero el Hombre 1 se quejaba al Director de que «Me has hecho sufrir demasiado» (45). Aunque no se aclara la razón de este sufrimiento, cabe suponer que se debe a las repercusiones emocionales que en Gonzalo han tenido la frivolidad del Director y las actividades sexuales que lleva a cabo clandestinamente. A este mismo sentimiento se refiere más tarde el Director-Figura de Cascabeles cuando le dice a la de Pámpanos-Hombre 1 «¿Cómo no vienes conmigo si me amas hasta donde yo te lleve?» (57), sentimiento que esta vez se reitera por parte del Hombre 1 cuando le dice al Director, desdoblado en traje de Arlequín: «Tenías que volver para mí, para mi amor inagotable» (117). Se infiere de ello que el amor está en este caso intrínsecamente unido a la ilusión de dolor que se experimenta en el ritual del baile y en todo lo demás que dicho baile conlleva.

Este fantasear con el deseo sadomasoquista conlleva a menudo la humillación de la persona, bien sea de manera física o verbal. Este tipo de humillación incluye «the use of degrading name calling... in the attempt to satisfy his [el masoquista] desire to be humiliated» (Kamel, 164-165). La frecuencia con que ambas figuras se someten a dicha práctica no obedece a otro resorte psicológico más que al de querer situarse al nivel más bajo de la persona, al puramente físico-animal, donde no interviene el pensamiento, la razón represora del instinto sexual, según lo vio Freud[28], que en este caso es la que impide la libre y desinhibida gratificación del deseo homoerótico. Con la humillación se elimina el amor propio, imprescindible para la preservación de la imagen pública que tan celoso se muestra por mantener el Director del «teatro al aire libre». Con esta humillación se logra el mismo objetivo que se busca con el dolor: rehuir la conciencia de personalidad que se tiene. Así lo ha visto Baumeister al aclarar que «pain deconstructs awareness of the self, which is an important sweep in escaping from self» (75). La referencia escatológica con que comienza el ritual metamórfico es un indicio de ello: «¿Si yo me convirtiera en caca?», pregunta la figura de Cascabeles; «Yo me convertiría en mosca», contesta la de Pámpanos. En otra ocasión la Figura de Pámpanos desprecia a la de Cascabeles diciéndole «Te escupo» (59). Va esto seguido del sentimiento de humillación que expresa también la Figura de Pámpanos: «Estoy esperando la noche... para poder arrastrarme a tus pies», humillación que desearía compartir la Figura de Cascabeles cuando le responde: «Eres tú quien me debes obligar a mí para que lo haga» (63). Tanto amor como humillación vuelven a manifestarse en su unidad indisoluble en la lucha del cuadro III cuando el Hombre 1 le dice «(Luchando)» al Director: «Te amo» y éste, «(Luchando)» también, le contesta: «Te escupo» (107).

Bien sea en la actitud de temor, de cautiverio o de humillación, lo que se deduce de estas fantasías sadomasoquistas es que «the *same person* enjoys both undergoing pain and inflicting it, and imaginary points of turning back and turning around are ac-

---

[28] Así lo expone en el ya citado estudio sobre el masoquismo: «La reversión del sadismo hacia la persona propia ocurre regularmente a raíz de la *sofocación cultural de las pulsiones*, en virtud de la cual la persona se abstiene de aplicar en su vida buena parte de sus componentes pulsionales destructivos» (XIX, 175).

cordingly set up and applied to an extensive and ill-defined whole» (Deleuze, 132, cursiva en el original). Este complejo desdoblamiento de personalidades es otra de las claves para el entendimiento de la sexualidad subterránea que se ritualiza en el texto de Lorca. Como tal merece ser tomada en cuenta para entrar ya en la última de las características anteriormente enumeradas: el intercambio de papeles de dominio y sumisión.

Uno de los estudios que más profundiza en la dinámica de este complejo desdoblamiento es el del ya citado Roy Baumeister. La tesis de este sexólogo es que inicialmente lapersona desea asumir el papel del sádico, más que nada porque dicho papel asegura que el sujeto es capaz de comprender el placer del masoquista. Este individuo sádico puede gozar del *rol* de dominante porque así puede imaginar lo que el sumiso está experimentando. La persona deja de someterse directamente y, en lugar de ello, deriva el placer masoquista de imaginarse la experiencia sumisa de otros. Ser el dominante le permite estructurar y controlar la experiencia: «Initially, the person desires to submit as a masochist. If nothing else, this ensures that the person is quite capable of understanding the pleasures of masochism. Such an individual might enjoy the dominant role because it enables him or her to imagine what the submissive partner is experiencing. The person ceases to submit directly, and instead he or she derives masochistic pleasure from imagining the submissive experience of others. Being the dominant enables the person to structure and control the experience» (Baumeister, 182). Cuando tomamos en cuenta la evidencia textual que nos brinda *El público* y lo analizamos a la luz de este supuesto, se entiende algo mejor el cambio de *roles* que experimentan ambas figuras, según quedó ya demostrado. De entrambos, no obstante, es la Figura de Cascabeles quien delata impulsos más sádicos. Es, además, el que aparece con el látigo expiador con que finge castigar al otro, desexualizándolo mediante el impuesto afeminamiento del tropo del «pez luna» que ya vimos, castigándose en realidad a sí mismo a la vez que castiga al otro. De este modo siente el gozo de liberarse del otro y triunfar sobre él al convertirlo en una proyección de su yo conflictivo, humillándolo en la feminización a que lo somete. Se entabla, pues, una identificación entre el superego del yo sádico y la víctima externa sobre la cual vierte sus impulsos destructivos. Así se deduce de la tesis que expone Gilles Deleuze donde se aclara que «Insofar as the sadistic superego expels the ego and projects it into its victims, it is always faced with the task of destroying something outside itself again and again; insofar as it specifies or determines a peculiar "ego-ideal" —identification with its victims— it must add up and totalize all the partial processes in an attempt to transcend them toward an Idea of pure negation which constitutes the cold purity of thought in the superego» (127).

Habiendo establecido los puntos de contacto que se han notado, lícito es preguntarse el propósito que podría alentar en la equiparación que Lorca establece entre sadomasoquismo y homosexualidad. Hay rasgos en la personalidad del Director y del Hombre 1 que, llevados a un extremo, podrían verse como coherentes con los móviles psicológicos que se han señalado. En lo que atañe al Director, uno de los más evidentes es la represión sexual que se autoimpone debido mayormente al cargo de importancia y responsabilidad que desempeña como director de un teatro que, según él, no debe alejarse de la moral establecida. Entre sus aprensiones figura preeminentemente la vergüenza pública que representaría introducir el «teatro bajo la arena» que el Hombre 1 le insta a que inaugure. Dicho teatro supondría, entre otras cosas, «sacar la máscara a escena» (43), o sea, revelar la intimidad de los participantes en el drama de la vida, que en este caso incluiría los sentimientos homoeróticos que en él anidan y que trata de sofocar[29]. Del modo siguiente es como se introduce el pavor e incapacidad que el Director siente de revelar su intimidad: «Pero no puedo. Se hundiría todo. Sería dejar ciegos a mis hijos y luego... ¿Qué hago con el público? ¿Qué hago con el público si quito las barandas al puente?» (41), con lo cual se explica que el masoquismo haya sido visto como terapia, como medio de negar las responsabilidades y complejidades que asume la personalidad que se proyecta en público, ya que la degradación y la pérdida de posición social que conlleva la entrega sexual sadomasoquista sofocan, aunque sólo sea temporalmente, la identidad de la persona[30]. Teniendo presente los recelos y temores que acompañan al individuo de libido homosexual problematizada y las responsabilidades públicas que debe asumir el Director de escena a causa de su trabajo, de su posición social y de los principios éticos que se asocian con ambos, resultaría psicológicamente convincente que acusara las tendencias que se le atribuyen en su desdoblamiento como Figura de Cascabeles por tratarse de una práctica sexual que, como se ha dicho, elimina las inhibiciones que impiden la gratificación del deseo reprimido. Y es que, como dice el elocuente título del libro de Hocquenghem, *The Problem is not Homosexuality but the*

---

[29] Dice Eve Sedgwick en otro contexto que viene al caso citar: «The gay closet is not a feature only of the lives of gay people. But for many gay people it is still the fundamental feature of social life; and there can be few gay people, however courageous and forthright by habit, however fortunate in the support of their immediate communities, in whose lives the closet is not still a shaping presence» (*Epistemology of the Closet*, 68).

[30] «Identity refers to organized sets of self-perceptions and attached feelings that an individual holds about self with regard to some social category. It represents the synthesis of own self-perceptions with views of the self perceived to be held by others. Where self-perceptions and imagined other's view of self are in accord, then identity may be said to have developed» (Cass, 110).

Fear of Homosexual Desire. A lo que cabría añadir que, aun cuando se haya llegado a una reconciliación con dicho deseo, el miedo a las repercusiones que su revelación pública podría tener no desvanecen del todo. Lorca tenía muy presente este temor, como dejó testimoniado en la ya citada carta que escribió a su amigo Jorge Zalamea en 1928 cuando le confesaba los temores que sentía de que su estado se filtrara en su poesía, «porque ella te jugaría la trastada de abrir lo más puro tuyo ante las miradas de los que no deben *nunca* verlo» *(Epistolario,* 582, cursiva en el original), preocupación que disminuye tras su estancia en Nueva York, pero que no desaparece del todo. No es la intervención de su propia subjetividad y la posibilidad de que ésta empañe el mensaje poético lo que perturbaba el ánimo del poeta, sino el «también tú, Federico» que en un público incomprensivo suscitaría la revelación de uno de los componentes más estimables de su personalidad, su sexualidad, el medio de conocer íntimamente al objeto de su amor, «ese deseo que constituye para toda criatura el mayor gozo de vivir», según lo definiría Marcel Proust en *Sodoma y Gomorra (En busca,* IV, 24). A no otra necesidad se refería el grito contenido que el yo lírico de «Poema doble del lago Edén» lanza cuando exclama: «Quiero mi libertad. Mi amor humano, / en el rincón más oscuro de la brisa que nadie quiera. / Mi amor humano» *(OC,* I, 490).

Otra de las facetas importantes de la personalidad del Director es el sentimiento de culpa que manifiesta ante su sexualidad, la autonegación en que se ve atrapado y el asco que de su propia condición homosexual le hace sentir. En el cuadro III, cuando Gonzalo-Hombre 1 pone en evidencia los deseos homoeróticos del Hombre 3, el Director, hastiado de la situación en que se encuentra, contesta: «Es en un pantano podrido donde debemos estar, bajo el légamo donde se consumen las ranas muertas, y no aquí» (81). El odio a sí mismo es tan intenso, y el concepto que de su orientación sexual tiene tan negativo, que excluye toda posibilidad de autoestima y, por consiguiente, del sentimiento esencial para la preservación de la persona. Se corrobora de esta manera la teoría que mantiene que el sadomasoquista absorbe las actitudes de desprecio que hacia él dirige la sociedad para dirigirlas hacia sí mismo, denigrándose y castigándose para expiar el «pecado» de su sexualidad (Gebhard y Freud, «El problema económico del masoquismo»).

En cuanto al Hombre 1 se refiere, a pesar de mostrarse a favor del desenmascaramiento de las verdades que él conoce en los demás, a pesar de sus alardes de representar una masculinidad íntegra y pese a su deseo y orgullo de hacer público su amor homosexual, como cuando le dice al Director: «Te amo delante de los otros porque abomino de la máscara y porque ya he conseguido arrancártela» (107), a pesar del «desafío social» (Feal, «El Lorca póstumo», 47) que presupone su propio desenmascaramiento; a pesar de todo ello, en su más hondo sentir existe un conflicto irresuelto que es el provocador de la problemática que aflora en la situación analizada. Se trata, mayormente, de la postura ético-sexual que adopta frente a las manifestaciones sexuales que conoce en quienes lo rodean. Me refiero concretamente a la actitud que revela ante la actividad homosexual que convierte en objeto de desprecio y relega a los bajos fondos de lo nauseabundo que vimos antes. Se trata mayormente de la condena que lanza contra el ano al comentar lo que parece haber sido una entrega sexual entre dos hombres acaecida tras bastidores. Después de referirse a ellos como «Dos semidioses» y verse modificado por la intervención del Hombre 2, quien le dice «Dos semidioses si no tuvieran ano», el Hombre 1 le replica añadiendo: «Pero el ano es el castigo del hombre. El ano es el fracaso del hombre, es su vergüenza y su muerte. Los dos tenían ano y ninguno de los dos podía luchar con la belleza pura de los mármoles que brillaban conservando deseos íntimos defendidos por una superficie intachable» (75). Como observa Hocquenghem al comentar las teorías psicoanalíticas de Sandor Ferencsi, «the anal homosexual drive only has the right to emerge sublimated» (85). El repudio que el Hombre 1 expresa no es tanto el provocado por la función fisiológica que desempeña esta parte de la anatomía humana, sino por el significado erótico que se le ha asignado. Este significado y la relación con la homosexualidad que se ha establecido es lo que explica su aversión[31], pues, según se deduce del concepto teórico que Freud elabora sobre el particular, «como órgano de meta sexual pasiva se constituye ante todo la mucosa erógena del ano» (*Tres ensayos*, VII, 180, cursiva en el original)[32]. De ahí que, según ha señalado John Boswell, «en el Occidente cristiano las normas más hostiles relativas al comportamiento sexual se han dirigido concretamente contra la relación anal homosexual» («Hacia un enfoque...», 71). Más revelador aún es la represión que traicionan sus reproches contra el deseo y el placer, el temor a la pasividad, la obsesión por la

---

[31] Una interpretación diferente a la aquí expuesta es la que ofrece Paul Binding, quien opina que «[e]stas palabras sombrías [se refiere a la «perdición», «vergüenza» y «muerte»] no pretenden ser un rechazo del sexo anal como parecerían a un principio; defecación y penetración (con su liberación de semilla) pueden suponer vergüenza, humillación, dolor... El culo constituye así un *momento mori [sic]*» (179).

[32] «Hacia la época de la vida que es lícito designar como "período de latencia sexual", desde el quinto año cumplido hasta las primeras exteriorizaciones de la pubertad (en torno del undécimo año), se crean en la vida anímica, a expensas de estas excitaciones brindadas por las zonas erógenas, unas formaciones reactivas, unos poderes contrarios, como la vergüenza, el asco y la moral, que a modo de unos diques se contraponen al posterior quehacer de las pulsiones sexuales. Ahora bien: el erotismo anal es uno de estos componentes de la pulsión que en el curso del desarrollo y en el sentido de nuestra actual educación cultural se vuelven inaplicables para metas sexuales» (IX, 154).

penetración y la posesión sexual, todo lo cual revela el deseo de lo que se rechaza; a lo que cabe añadir las inquietudes ante su propia virilidad y ante el poder que connota y que no es sino una defensa psicológica creada por aquellos temores y por la conciencia de sus propios impulsos sexuales. Si tenemos en cuenta que la inhibición excesiva de lo deseado comporta el odio de aquello que se ha inhibido y que el odio es un componente básico en la relación sadomasoquista, si se tiene presente todo lo antedicho, resulta psicológicamente convincente que manifieste las tendencias que se le han venido atribuyendo. Son fantasías que, al no poder satisfacerse en la realidad, encuentran su satisfacción en un nivel imaginario. Como se ha dicho sobre este fenómeno, «An important psychological consequence of sublimated (civilized) desire may be a suicidal melancholy. In our sublimation, our desires never die. But the endless repetition of desires suppressed by guilt and angry frustration ultimately leads to the fantasy of death as the ultimate pleasure... The repeated refusal to confess our desires gives them a kind of criminally immortal activity which only the definitive inmobility of death might rescue us» (Bersani, *A Future*, 6)[33]. Es ésta una teoría que se corrobora más tarde en la crucifixión a que lleva esta «melancolía suicida» que siente el Hombre 1 (véase ilustración 7). En esta esfera de lo irreal se puede lograr la satisfacción de las fuerzas instintivas que anteriormente se había negado. Y se puede llevar a cabo sin poner nada en peligro. Es ésta una de las teorías que expone Theodore Reik en su estudio sobre el masoquismo: «the offense producing the need for punishment has only been committed in imagination. The proverb *Nulla poena sine crimene* is correct, but in the psychology... of the masochist character it includes thought-offenses and imagined crimes» (403-404). La negación en la realidad favorece la actualización en el escenario imaginario. Dicho de otro modo, el desprecio que muestra hacia la delectación física intermasculina, la represión que traduce y la culpabilidad que la conciencia moral crea en él hace que los impulsos reprimidos encuentren la gratificación imaginaria que se obtiene mediante estos juegos sadomasoquistas. Es por esto que conviene interpretar el cuadro como una revelación del subconsciente del Director y del Hombre 1, puesto que todo lo que acontece en esta danza es una visualización de las fantasías de sus participantes. El gozo en el dolor que vimos en dicha práctica es atribuible a sentimientos inconscientes de culpa que son la consecuencia de tentaciones inextinguibles. «Every profound remorse —dice Reik— all

---

[33] Para un estudio tan esmerado como perspicaz de este paralelismo entre Desnudo Rojo y Jesucristo véase el ya citado trabajo de Menarini, donde se estudian las correspondencias entre la Pasión de Cristo y la agonía de su atávico emulador.

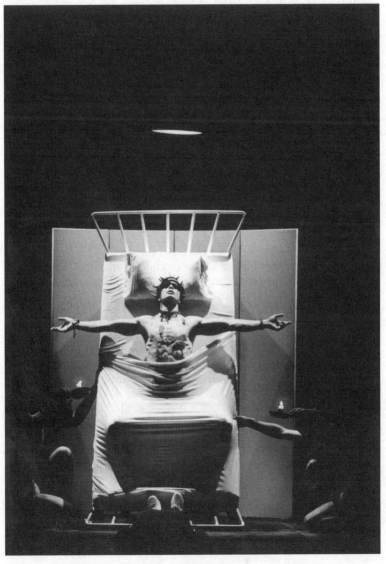

Ilustración 7.—Crucifixión del Hombre 1/Romeo.

oppressing guilt-feeling, brings back to imagination the reproduction of the crime with all its horrors, but with all its pleasures as well, hidden excitement» (405). Dada la aversión que el Hombre 1 manifiesta ante todo lo que connote pasividad o femineidad en el hombre, y se tiene en cuenta la equiparación que en su mente establece entre libido homosexual e ignominia, se entiende la actitud condenatoria que se viene notando. Como se ha dicho de semejantes mecanismos, «Nadie pide tanta severidad contra los homosexuales ni enarbolar el estandarte de la represión como el que no está en paz consigo mismo» (Fernández, 40).

Cabe añadir a lo aquí dicho la ecuación entre violencia y unión carnal, dominio y sumisión, que está relacionada con las estructuras de poder y con la estratificación de los sexos que existe en nuestra cultura. Igualmente significativo es la represión del instinto sexual que los imperativos sociales ejercen en la persona. Se trata de un fenómeno psíquico de amplias repercusiones, sea cual sea la orientación sexual de la persona, que hace que toda manifestación erótica no encaminada a la procreación sea vista como incompatible con los principios morales de nuestra cultura. Así lo afirmaba Freud al declarar que «la primera renuncia de lo pulsional es arrancada por poderes exteriores, y es ella la que crea la eticidad, que se expresa en la conciencia moral y reclama nuevas renuncias de lo pulsional» («El problema económico del masoquismo», XIX, 176)[34]. De nuevo, la incompatibilidad aquí aludida se maximiza cuando intervienen los mecanismos represivos de una conciencia que no puede aceptar los instintos sexuales por lo que son.

Lo revelador del caso es que, aun cuando las prácticas que sugiere la danza son coherentes con los resortes psíquicos que acabamos de destacar en sus personajes, es evidente que Lorca no pretende servirse de estas indagaciones como pretexto para explicar las fantasías eróticas de sus participantes, cosa que parecía anticiparse con la irrupción de los caballos tocando trompetas al comienzo de la obra, si es que interpretamos las trompetas como alusivas al día de la revelación y a los caballos como símbolo de los impulsos sexuales masculinos. No pretende explorar las ramificaciones psicológicas de la represión sexual y el abuso erótico a que ésta puede conducir. No hay ningún intento por mostrar al homosexual como víctima de sus conflictos interiores. Menos aún se trata de presentar las prácticas que se dramatizan como una solución a la problemática pasivo/activo que puede presentar la actividad sexual entre dos hombres, según sugiere Foucault cuando comenta que «La mayoría cree que el papel pasivo es, en cierta

---

[34] Véase sobre el tema el estudio de Jonathan Dollimore donde se analiza el hecho que «the clear implication is that civilization actually depends upon that which is usually thought to be incompatible with it» (179).

medida, humillante. En realidad, las relaciones Amo/Esclavo han venido a mitigar algo ese problema» («Opción sexual», 33). Esto supondría un reconocimiento de la relación homosexual que sí estaría a tono en la obra de Genet, donde se busca el placer en lo clandestino y abyecto y se reclama la ignominia como parte de la panoplia defensiva que adopta el autor, pero no en el caso de Lorca, quien hace un esfuerzo sobrehumano para ahogar públicamente estas manifestaciones sexuales denostadas. Lorca se sirve de las malformaciones eróticas del sadomasoquismo —por llamarlas de algún modo, sin querer con ello hacer juicios de valor alguno— con el expreso propósito de sancionar públicamente una manifestación sexual con la que no pudo enteramente reconciliarse, menos aún en la vertiente afeminada que manifiesta el Director. Y lo hace elaborando otro de los estereotipos que, junto al tropos del hombre-mujer, ha servido tradicionalmente para difamar la homosexualidad. Lo importante es librarse del estigma que sobre ella pesa, aun cuando se es miembro de la estirpe que se flagela. La imagen que las páginas de *El público* proyectan de su autor es la de un ser que parece encontrarse encerrado en una negación de sí mismo, cosa que se infiere por igual de las obras que tocan el tema homosexual. Habiendo dicho lo cual, no es de extrañar que se identificara con la persecución de los gitanos, con la opresión de la mujer y de los negros, pero no con la opresión de que ha sido sujeto el homosexual; al contrario, lo flageló despiadadamente.

Poco importa que Lorca hubiera tenido relaciones íntimas y duraderas con algunos de sus amigos más allegados, ni que durante su estancia en Nueva York y en La Habana se aprovechara de la libertad sexual que ambas ciudades le ofrecieran. Ni una cosa ni la otra contradicen lo aquí dicho, ya que las experiencias sexuales que una persona puede tener no son incompatibles con la actitud de negación y mal-estar psicológico que pueden provocar. Es muy probable que los desengaños que cosechó Lorca de sus relaciones con otros hombres que amó poco antes de embarcarse para Nueva York, según sugiere Gibson, condicionaran la acrimosidad que la obra recoge[35]. Así y todo, cabe aclarar que la pro-

---

[35] Así opina Gibson cuando comenta que «[e]s difícil no ver en *El público*, así como en varios poemas del ciclo neoyorquino, el reflejo de la angustia en la cual se vio sumido el poeta a raíz de su imposible relación amorosa, primero con Dalí y luego con Aladrén, así como del hecho de tener que sobrellevar a consecuencia de su homosexualidad una vida doble... En las recriminaciones que se lanzan los personajes de *El público*, en las envidias que los atormentan... tal vez sea lícito ver el trasunto de los atormentados amores del autor» (Federico García Lorca, II, 113). Belamich comparte esta misma opinión cuando comenta: «Sospecho que en *El público* hay muchas reminiscencias de este drama personal [la ruptura con Aladrén] y que Gonzalo (el Primer Hombre) es una transposición heroica e idealizada del poeta, sincero y audaz, mientras que Enrique (el Director) sería la caricatura del amado infiel, caprichoso, afeminado y lujurioso» (109).

blemática tiene raíces más hondas que las anecdóticas si se tiene en cuenta que el ser humano se siente creado por la apreciación ajena y que, cuando dicha apreciación es negativa, las repercusiones imprevistas que tiene sobre la autoconcepción de la persona y sobre su propia vida instintiva son profundas. En el caso de Lorca, las ramificaciones que ello tiene se manifiestan cada vez que toca el tema de la homosexualidad en su obra, como vemos que sucede de nuevo en un poema bien conocido e irónicamente considerado como la muestra más elogiosa al amor homosexual. Me refiero a la «Oda a Walt Whitman», donde Lorca celebra la virginidad apolónica de su alabado Whitman, deificándolo como «Apolo virginal» y equiparándolo a un «Adán de sangre» prototípico de «hermosura viril» (I, 529), a la vez que fustiga a los «maricas de las ciudades», calificándolos de «madres de lodo», «arpías», «esclavos de la mujer» (OC, I, 531). Difícilmente se encontrarán en la obra de este autor diatribas tan feroces como las que lanzó contra esta estirpe denostada, ni cuando los tilda de degenerados ni cuando equipara su deseo erótico al sadomasoquismo. Como había aclarado Freud al referirse a los mecanismos que la represión pone en funcionamiento, «se comprende también que los objetos predilectos de los hombres, sus ideales, provengan de las mismas percepciones y vivencias que los más aborrecidos por ellos, y en el origen se distingan unos de otros sólo por ínfimas modificaciones. Y aún puede ocurrir, según hallamos en la génesis del fetiche, que la agencia originaria representante de pulsión se haya descompuesto en dos fragmentos; de ellos uno sufrió la represión, al paso que el restante, precisamente a causa de este íntimo enlace, experimentó el destino de la idealización» («La represión», XIV, 145). Dinámica psicosexual que explica también que entre los que Lorca exime de sus diatribas sean el «niño que escribe / nombre de niña en su almohada»; el «muchacho que se viste de novia / en la oscuridad del ropero» y «los hombres de mirada verde / que aman al hombre y queman sus labios en silencio» (I: 531). Los exculpa por tratarse de una homosexualidad inconsciente, clandestina o reprimida, siendo el común denominador la atenuación o, más bien, la abstinencia del placer que el contacto sexual con una persona del mismo sexo podría producir. Está bién tener una orientación homosexual, pero no que se lleve a la práctica. He ahí la paradoja en que incurre la homosexualidad según la visión de la época que Lorca refleja: en que sólo absteniéndose del deseo homoerótico, o sea, sublimándose, puede la persona adquirir una imagen positiva de sí misma ante la sociedad.

Se trata, después de todo, de una contradicción característica del discurso sexual en que se construye la homosexualidad en los últimos cien años y que puede definirse como un intento por legitimar el deseo heterodoxo al mismo tiempo que se niega su articulación. Como ha observado Eric Bentley con relación a Walt

Whitman: «Whitman may have made the calculation that in his time, one could only glorify the homosexual mentality while denying that any physical activity followed in its wake. Nineteenth-century men could not but be entangled in nineteenth-century contradictions» (131). La realidad social y cultural de la España del primer tercio de siglo, a pesar de lo que opinara Marañón, era diferente a la de medio siglo antes en América o en el resto de Europa, como también lo era el concepto que de la homosexualidad se tenía. Las variaciones que este concepto puede mostrar a lo largo de la historia, geografía y cultura lo ha indicado Jonathan Katz al observar que «All homosexuality is situational, influenced and given meaning and character by its location in time and social space» (7)[36]. Así y todo, conviene aclarar que las diferencias no son tan notables si se reconoce que los promotores de la cultura patriarcal, la causante de la ideología homófoba que ha afligido al homosexual de los últimos cien años, no ha cambiado tanto desde Whitman a Genet, como ha sugerido Thomas Yingling respecto a Hart Crane (232), menos en un país como España donde la influencia de la Iglesia, el concepto de honor familiar y la tradición machista que la caracterizan han ejercido un poder excepcional. La presión que todo ello ejerce para que el individuo oculte su orientación homosexual es algo de que difícilmente podía evadirse Lorca. Como ejemplo ahí está *El público*, donde trata el tema lo suficientemente a fondo como para delatar la naturaleza de su propia enajenación y el sufrimiento que las posturas de autonegación causaron en su mente y espíritu. Ni estas repercusiones deben ser minimizadas ni atenuado el reflejo que su texto recoge.

Está en lo cierto Gwynne Edwards cuando dice ver en el Lorca de *El público* una actitud ética hacia la homosexualidad. Según afirma dicho crítico, Lorca siente la necesidad de censurar públicamente las prácticas que se asocian con «los homosexuales degenerados y corrompidos, esos maricones que envilecen los sentimientos del amor auténtico» (89). Pero el que adopte esta postura no es tan revelador como el por qué de su adopción. Si se me permite el inciso, la asiduidad con que Luis Buñuel asistía a los prostíbulos (de la cual se enorgullece en su autobiografía), junto con los encomios que reservó a la obra del Marqués de Sade (de la que dice que ejerció en él «una influencia considerable» [213] y a la

---

[36] Según opinión que el endocrinólogo español expresa en 1936 en «Mi concepto biológico de la homosexualidad»: «En nada se parecen los amores de Dafnis y Cloe a los de una pareja de novios en Nueva York... Pero, en cambio, el homosexual de las eras bíblicas es el mismo que nos descubre Ribeiro [autor del libro que reseña] en el siglo xx, o el que hemos estudiado sus contemporáneos en Europa; y el mismo en el mundo culto que en los pueblos de civilización primitiva» (*OC*, I, 178).

que parece haber estado predispuesto ya desde bien joven como persona y como cineasta, según cuenta él mismo)[37], dichas idiosincrasias no son menos conducentes a envilecer «los sentimientos del amor auténtico» que motivan la indignación de Lorca, según Edwards. Sin embargo, no parece haber habido la más mínima intención por parte del célebre cineasta de adoptar una postura ética como la que vemos que adopta Lorca. Más irónico aún es que, sin demérito alguno por los valores artísticos incuestionables de su labor cinematográfica, haya sido, entre otros, la crudeza de su temática sexual uno de los motivos por el cual su cine ha llegado a adquirir la popularidad que ha alcanzado, característica que comparte con la obra pictórica de Dalí, como Rafael Santos Torroella ha dejado testimoniado acerca del pintor catalán (213). Lorca adopta la actitud ética que venimos observando porque tuvo que luchar contra sus propias tendencias sexuales de una manera que la persona de orientación heterosexual no tiene que hacerlo con las suyas, porque, al parecer, sentía una necesidad subconsciente de distanciarse públicamente del espectro homosexual buscando cualidades que lo diferenciaran. Es en la internalización de ese repudio hacia la homosexualidad, en el pavor a ser reducido a una aberración, a un vicio y a una vergüenza donde debiera ir a buscarse la razón de la severa denuncia que del deseo homoerótico contiene *El público*. Lorca tenía dentro de sí al enemigo de su propia naturaleza, y la tragedia está en que la huida no se le hacía posible. Por heroica que fuera la lucha que este san Jorge lidiara contra su dragón, el temor era superior a sus fuerzas, y fue ese mismo temor lo que lo llevó a flagelar a su reflejo para no verse a sí mismo. A no otra cosa se refiere esa bestia fabulosa que camina rampante e indomable por los dibujos neoyorquinos del poeta que tan persuasivamente ha sabido comentar Mario Hernández[38]. Es en el pavor a la feminización, a la pérdida del prestigio y de la autoridad masculina lo que lleva a sus personajes dramáticos, concretamente al Hombre 1, a castrar, metafóricamente hablando, a los que teme que lo castren: los semihombres que pululan por las páginas de *El público* invirtiendo continuamente el modelo de masculinidad dominante con el que se identifica el autor. Es una maniobra defensiva que tiene como objeto convencerse

---

[37] Cuenta el propio Buñuel al recordar una autopsia que presenció en sus años de mocedad: «La autopsia tuvo lugar en la capilla del cementerio, realizada por el médico del pueblo... Estaban allí también cuatro o cinco personas, amigos del médico como espectadores, y yo conseguí mezclarme entre ellas. Las rondas de aguardiente menudeaban y en ellas participé ansiosamente para conservar el valor que comenzaba a flaquear al oír el ruido de la sierra abriendo el cráneo o el chasquido sordo de las costillas al romperlas. Mi embriaguez fue sensacional. Tuvieron que llevarme a casa, donde mi padre me castigó por ebrio y por *sádico*» (Sánchez Vidal, 29).

[38] Dicho animal, aclara Hernández, «alude a la libido del propio poeta y al ámbito de la homosexualidad con que se siente en dolorosa pugna» (96).

y convencer a los demás de que no es ninguno de esos semihombres que denosta. Como ha señalado Elisabeth Badinter, «Nos definimos a partir de parecernos a unos y de ser distintos a otros. El sentido de identidad sexual obedece también a estos procesos» (45). Este mismo deseo de parecerse a unos y distanciarse de otros, de hacer valer su identidad masculina, explica el miedo que el Hombre 1, a quien Belamich, como ya vimos, define, creo que convincentemente, como sujeto autobiográfico del propio autor, siente de la pasividad. Explica también el índice de negación y rechazo que comporta su alejamiento de todo cuanto adolezca de afeminamiento[39]. Su actitud se entiende también como resultado del ambiente homófobo que promueven los regímenes de la sexualidad, equipados como están para inhibir la predisposición homosexual o el instinto incierto.

La condena y exaltación en que oscila la obra y que refleja la danza comentada, reitero, no se puede explicar exclusivamente bajo preceptiva ética alguna. Antes obedece a la compleja asimilación del discurso homófobo y a la escisión entre la persona pública y la privada que aquél produjo en el autor. Por una parte, el Lorca real, el que se ufanó de su homosexualidad (si es que vamos a creer el testimonio algo dudoso de su amigo José María García Carrillo que Agustín Penón recogió en sus apuntes) y se rodeó de célebres amigos afines cuya amistad, en varios casos, cultivó durante su estancia en Madrid y en sus viajes a Nueva York, La Habana y Buenos Aires, entre los que cabría destacar Hart Crane, Ricardo Molinari, Luis Cernuda, Salvador Novo y Salvador Dalí, con quienes mostró su capacidad de desarrollar relaciones de cierta intensidad emocional y, por otro lado, el Lorca literario dispuesto a lanzar en letras de molde las diatribas más feroces contra las mismas prácticas en que debió incurrir[40]. Dos personalidades que se reflejan en la dualidad discursiva y en la contradicción en que in-

---

[39] Otra característica que Tripp señala en el homosexual y que merece traerse a colación es que «The psychology of a high ranking homosexual's antihomosexuality can be quite complex. Although he sometimes seems motivated by a simple desire to protect his own position, he more often exercises a complicated morality in which he justifies his own preferences by publicly attacking nearby variations as outrageous» (188).

[40] «Sus compañeros de colegio», dice Gibson, «se reían cruelmente del chico de Fuente Vaqueros, llamándole... "Federica", y negándose a jugar con él porque le consideraban afeminado» (*Federico García Lorca*, I, 95). Recordando sus días de juventud Roca informa a Agustín Penón que «Federico era un muchacho extraño, marcadamente afeminado. Los otros chicos le tomaban el pelo porque era de un pueblo llamado Asquerosa. "¡Federico viene de Asqueroooooosa!", decían, dando al nombre del pueblo una entonación ridícula y afeminada» (Gibson, *Agustín Penón*, 101-102). El testimonio que José María García Carrillo ofrece de la desinhibición sexual de su amigo Federico, cuyas aventuras sexuales dice haber compartido con el poeta, es también digna de notar. Véanse especialmente los capítulos XV y XXI del citado libro.

curre el texto: por una parte el llamamiento a la comprensión del amor homosexual y la idealización del sentimiento amoroso entre dos hombres, y por otra, la dura denuncia de su deseo; por una parte, la defensa del hecho que «Romeo y Julieta [no] tienen que ser necesariamente un hombre y una mujer para que la escena del sepulcro se produzca de manera viva y desgarradora» (131) y, por otra, el repudio del reflejo; por una parte, una fascinación con el dolor y una equiparación obsesiva entre amor y sufrimiento y, por otra, la cáustica denuncia de la inversión del código sexual masculino y su correspondiente equiparación a las malformaciones eróticas que esta escena revela. Y así sucesivamente[41]. Por lo que cabe admitir que leer *El público* como un llamamiento a la comprensión, aceptación o tolerancia de la homosexualidad equivale a no tomar en cuenta la negación y condena que de su práctica contiene el texto.

Lo aquí expuesto no pretende ser la solución a la problemática de este enigmático cuadro y menos de la obra en general ya que todavía quedan preguntas por responder y componentes por explicar. Como dice Anthony Geist al referirse a *Poeta en Nueva York*, después de más de 40 años de su publicación, «los poemas de García Lorca continúan hoy día probando la perplejidad en sus lectores a ambas orillas del Atlántico» (547). *El público*, en este sentido, no es diferente. No en vano la había calificado su propio autor de irrepresentable, aduciendo que «no se ha estrenado ni se estrenará nunca porque "no se puede" estrenar» *(OC*, III, 527)[42]. Como ya es sabido, la pieza se estrenó[43], pese a lo que de ella pensara su autor, y se ha realizado de manera tan efectiva que incluso dio motivo a que la hermana del poeta, Isabel García Lorca

[41] La presencia que el dolor adquiere en la obra de Lorca y la identificación que con él se establece es un tema que desarrollo más de pleno en otro estudio de próxima aparición que dedico al análisis de la identificación con Cristo en la obra del poeta.

[42] «Las comedias irrepresentables que van a ser representadas». En «Charla amable con Federico García Lorca» de José R. Serna. Entrevista aparecida en *Heraldo de Madrid* el 11 de julio de 1933.

[43] Fue estrenada bajo la dirección de Lluis Pasqual el 12 de diciembre de 1986 en el Piccolo Studio de Teatro de Milán, por el Centro Dramático Nacional, en coproducción con el Piccolo Teatro di Milán y elTheatre de l'Europe de París. Su estreno español tuvo efecto en el María Guerrero de Madrid de 1987. Posteriormente se representó en París en 1988, año en que también se estrena en el Theatre Royal, Stratford East, de Londres, bajo la dirección de Gerard Murphy. Cabe mencionar también la versión de Óscar Araiz del Ballet del Gran Teatro de la Comedia (Ginebra) representada en Madrid en 1986, de donde proceden las ilustraciones aquí reproducidas. Otros estrenos a cargo de grupos universitarios incluye el de la Universidad de Puerto Rico en 1972 y, más recientemente, en 1993 por el Departamento de Lenguas Románicas de la Universidad de Ohio bajo la dirección de José Delgado.

admitiera que era «lo mejor de los dramas de Federico»[44]. No se podía estrenar, creía el autor, por los obstáculos formidables que su audacia técnica representaban para el director de escena de su tiempo. A lo que cabe añadir lo escabroso del tema y lo incomprensible que a primera vista parece la obra. Así y todo, cabe insistir que lo que la pieza no es, por inconclusa que esté, es indescifrable, siendo la transparencia de la temática homosexual, con todas las complejidades que revistió en la época del autor, lo que nos permite difuminar muchas de sus complejidades.

Ya concluyendo, no cabe duda de que *El público*, dentro de lo posible, es el más claro intento de Lorca por expresarse libremente con relación a la homosexualidad y su más atrevido esfuerzo por confrontar el prevalente prejuicio que sobre ella pesa. Como ha señalado Martínez Nadal, «cuando quiere Lorca defender la legitimidad del amor homosexual escribe la "Oda a Walt Whitman" o *El público*» («Guía», 122). Aunque la obra se publicara fragmentariamente[45], hay que reconocer que, para hablar de un tema como el que aborda la obra y en los tiempos que le tocó vivir, significaba tomar un riesgo que pocos contemporáneos suyos estaban dispuestos a asumir. Dice Lluis Pasqual acerca del conocido cineasta italiano, Pier Paolo Pasolini: «No es casualidad que las gentes que han llegado tan lejos en terrenos prohibidos hayan encontrado la muerte. Es el caso de Pasolini, quien pagó con la muerte el atrevimiento de hacer *Saló*» (137). Así y todo, hay que reconocer que, a pesar del intento por parte de Lorca de derribar las barreras que encierran el comportamiento homosexual y de buscar la justificación social que contiene la obra, cuando cae el telón y se llega al final de la galería de máscaras con que se encubre el deseo homoerótico, la irrebatible realidad que contiene *El público* es que el tipo de sexualidad que el autor pretendía reivindicar y elevar al nivel de la relación heterosexual continúa siendo la causa de una construcción social e ideológica producida por unos prejuicios que Lorca no pudo más que compartir con sus contemporáneos.

---

[44] Según correspondencia mantenida con Leslie Stainton, quien presenció la obra en compañía de doña Isabel y tuvo la amabilidad de compartir conmigo esta información.

[45] Como ya es sabido, aunque la pieza se compuso en 1930, durante la estancia de Lorca en Nueva York y en la Habana, no se hizo pública y de manera fragmentada hasta 1933, año en que solamente aparecieron los cuadros dos y cinco en la revista *Los cuatro vientos*.

Capítulo III

La homosexualidad sublimada: el Emperador y la unidad primordial platónica en el Cuadro II

Entre la pluralidad de fuentes que configuran la obra de García Lorca quizá sean las clásicas las que aparecen de manera más reiterada y las que adquieren una entidad de primer rango. Vemos su presencia de manera muy marcada en los primeros textos que escribió el autor. En su obra juvenil, por ejemplo, Sócrates es tema de una pieza de teatro inconclusa que Lorca tituló *Sombras*. Esta misma figura vuelve a aparecer en diálogo con Safo en una de las *místicas* que escribió durante esos años de aprendizaje literario. Hay a lo largo de su obra en verso continuas referencias a Apolo, Júpiter, Dionisio, Cupido y Pegaso, entre otros. En uno de sus poemas, «La religión del porvenir», Lorca se refiere explícitamente a la *Teogonía* de Hesíodo elogiando «la cálida Grecia» y su «celeste religión» (*Poesía inédita*, 101-102). Incluso en su obra más vanguardista el mundo clásico no deja de desempeñar un papel importante como es el caso con la evocación de las tres Parcas que aparecen transformadas en tres jóvenes jugadores de cartas que vienen a reclamar la vida del Joven al final de *Así que pasen cinco años*. Las *Metamorfosis* de Ovidio, cuya lectura García Lorca recomendó a la hermana de Salvador Dalí, figuran como una de las fuentes más presentes en su teatro y poesía. Hay conflictos entre el amor carnal y el espiritual, entre cuerpo y alma, que se expresan mediante la evocación de figuras míticas como son Dionisio y Apolo. Los caballos, quienes aparecen reiteradamente en su teatro y en su poesía, a menudo adquieren multiplicidad de acepciones que tienen unas veces significación erótica; otras veces aparecen como portadores de vida o muerte de acuerdo a los mundos ctónico y uránico que simbolizan en la mitología griega. Como se puede comprobar, las resonancias que el mundo clásico tiene en la obra de García Lorca son demasiado amplias para ser enumeradas.

Una de las características de estos préstamos clásicos es el significado original que adquieren en el texto receptor al ser empleados, bien sea de manera directa o alusiva, para dar salida a las complejidades íntimas del autor, arraigadas como estaban a la problemática sexual que le afligió y en torno a la cual no dejarían de girar obsesivamente sus obras. Sócrates, por ejemplo, aparece en *Sombras* con características cristológicas que tienen el propósito de simbolizar la persecución psicológica con que se identificó el mismo autor a raíz de su sexualidad heterodoxa. Pegaso, símbolo del «poder ascensional de las fuerzas naturales» (Cirlot) adquiere el valor de simbolizar la imposibilidad, tan presente en la obra del autor, de dar libre expresión a sentimientos eróticos poscritos, a «la lucha interior que el poeta mantiene consigo mismo respecto a la opción sexual que su naturaleza le reclama» (Vallejo Forés, 604). Apolo, Júpiter y Adriano, asociados como están a Hiacinto, Ganimedes y Antínoo, con quienes mantuvieron relaciones afectivas y eróticas, los emplea García Lorca para evocar vivencias que no podía expresar dadas las circunstancias constrictivas que la época impuso sobre afectos y deseos no ortodoxos. Constituyen recursos, figuras, símbolos que el poeta elabora con el expreso propósito de establecer referentes positivos sobre sus afectos y deseos al mismo tiempo que se pone de relieve la realidad opresiva en que vive. Las alusiones son de una opacidad típica de ese «querer decir sin decir del todo, de ese susurrar que requiere un esfuerzo especial de atención e interpretación» que Ricardo Llamas ve como característico de la escritura que versa en torno a temas controvertidos y que se realiza bajo regímenes opresivos (81).

Existen libros enteros consagrados al estudio de ciertos mitos, pero son escasísimos los estudios que se han realizado sobre la presencia clásica en la obra de García Lorca. Si excluimos los análisis que Rafael Martínez Nadal e Ignacio Rodríguez Alfagure han dedicado al mito de Baco y Ciso y el que más recientemente ha publicado Guillermo Vallejo Forés sobre el de Pegaso[1], el resto de contribuciones puede resumirse en referencias marginales que aluden simplemente al interés que García Lorca había mostrado por

---

[1] Véanse «Ecos clásicos en las obras de Federico García Lorca y Luis Cernuda» de Martínez Nadal, «Baco, Ciso y la hiedra: apuntes para la historia de un tópico literario» de Rodríguez Alfagure y «Sublimación mitológica del amor en clave lorquiana» de Vallejo Forés.

la mitología clásica. A pesar de que estos mundos mitológicos se prestan a interpretaciones simbólicas, si exceptuamos el análisis de Vallejo Forés, no ha habido hasta el momento un estudio que analice las alusiones clásicas en la obra de García Lorca como táctica de evasión, como recurso con que aludir a categorías sexuales estigmatizadas en nuestra sociedad pero exentas de problematización alguna en la época en que se ubican. A pesar del creciente interés analítico que ha recibido la obra del poeta, quedan todavía por analizar los vínculos personales que se establecen entre autor y mito, así como el empleo de estos mundos como recurso con que dar expresión a los conflictos interiores del autor.

Al analizar su obra póstuma *El público* no es de sorprender que el mundo clásico haga acto de presencia en más de una ocasión. Dicha presencia es de esperar en una obra que está íntimamente relacionada con el *ethos* erótico que la antigüedad grecorromana simboliza para el autor. Encontramos evocaciones de ese mundo de la antigüedad clásica en personajes de clara procedencia griega como es Elena. Vuelve a aparecer de manera más directa en el cuadro subtitulado «Ruina romana», donde tiene lugar la danza entre las Figuras de Pámpanos y la de Cascabeles cuyo origen parece haber sido el mito ovidiano de Baco y Ciso (Martínez Nadal). De claras resonancias clásicas es también el ejemplo del Emperador que me propongo estudiar en este capítulo. Como bien es sabido, se trata de un personaje que aparece acompañado de su Centurión a mitad de este mismo cuadro romano. Dos de las características que más sobresalen en su aparición es la enigmática búsqueda del «uno» que lo anima y las cualidades de pureza física y espiritualidad que su semblante evoca. Su presencia es de un enigma casi indescifrable, puesto que no guarda ninguna relación evidente con lo que viene antes o después. Estamos frente a ese «constante escamoteo de los referentes» a que se refiere Cifuentes en su comentario de *El público*, obra que, según la ve él, abunda en «alusiones aisladas y fragmentadas [que se hacen] a un número creciente de "órdenes posibles" que en ningún momento se presta a la construcción» (285). Lo que planteo a continuación es que la figura del Emperador fue influida por los conocimientos que Lorca tenía de los diálogos de Platón, sobre todo de uno de los mitos más antiguos y universales del pensamiento filosófico griego: el deseo de unión que Aristófanes describe en su encomio al dios Eros en el *Symposio*[2]. Hay asociaciones conceptuales y re-

---

[2] Martínez Nadal ha aludido marginalmente a esta idea al observar, «Si recordamos... que el Emperador vaga por el mundo en constante busca de *uno*, que no encuentra, podríamos ver en él un símbolo de la quimérica unión de dos mitades y del ansia de un amor total» («Guía», 209). No parece haber sido la intención de Nadal elaborar su acertado comentario.

sonancias filosóficas en el personaje de Lorca lo bastante evidentes como para probar que la idea de unión primordial que el Emperador ejemplifica deriva directamente del mito que el comediógrafo griego elabora en la obra de Platón y del *ethos* sexual griego al que se incorpora. Estos ecos intertextuales que derivan de la literatura y filosofía de la antigüedad griega tienen el propósito explícito de ennoblecer el tipo de amor que se asocia con el Hombre 1 y que viene caracterizado por la unión espiritual y sentimentalmente perfecta.

La tesis que a continuación planteo es que la presencia de este mundo clásico obedece a un esfuerzo por dignificar las relaciones intermasculinas que una larga tradición homófoba había poscrito y tergiversado. Lorca trata de ennoblecer las relaciones homoeróticas poniendo énfasis en el potencial afetivo que entrañan y que vio ejemplificadas en la lejanía cultural grecorromana, mundo en el cual las relaciones amorosas intermasculinas carecían del estigma que adquieren en la actualidad. Este esfuerzo ennoblecedor se entiende mejor cuando lo situamos en el período de transición por el que pasa la homosexualidad durante las últimas décadas del siglo XIX y las primeras del XX, cuando las ciencias médicas y la psiquiatría se aúnan para estudiar la etiología de la homosexualidad creando nuevas categorías con que definirla, gracias a las cuales la homosexualidad, de ser una categoría moral y criminal, pasa a ser definida como una patología o una inversión del instinto sexual. Como ha señalado Linda Dowling en el estudio que realiza del helenismo y la homosexualidad en la Inglaterra victoriana, «Such terms as "inverted sexual instinct" or "homosexuality" or "male sexual morbidity", for all their useful neutrality, possessed their own autonomous discursive life, projecting new theoretical models of pathology and abnormality which would become... no less crippling for the individual lives formulated within them than the religious and social models of sin and vice currently being repudiated by "science"» (131). Lo mismo cabe decir del uso de dicha terminología en España, según se infiere de los estudios médicos de Marañón. Hay ahora un intento de dignificar las relaciones intermasculinas rescatándolas de las connotaciones negativas que habían estado adquiriendo durante su reformulación decimonona, negatividad que, como vimos antes, fue intensificada tras los escándalos públicos a que dieron lugar el juicio de Oscar Wilde y otros igualmente ventolados por la prensa. Todo ello obedece a un querer nombrar lo que anteriormente había permanecido impronunciable («el amor que no se atreve a decir su nombre»). Estas nuevas estrategias representacionales tienen como otro de sus propósitos principales invalidar el actual ordenamiento de los placeres prohibidos, asociados como han estado en el imaginario machista con el afeminamiento y la promiscuidad sexual. Es aquí que adquiere sentido la presencia en *El público* de la doctrina platónica de un eros filosófico como el que contiene el *Symposio*, «donde vemos formularse el principio de una "abstención indefinida", el ideal de una renuncia de lo que Sócrates, por su resistencia sin falta a la tentación [de Alcibíades], da el modelo, y el tema de que esta renuncia detenta por sí misma un alto valor espiritual» (Foucault, *Historia*, 2, 225). El episodio merece un estudio detallado, en parte por tratarse de una figura que, a pesar de su inopinada, breve y aparentemente inconexa aparición, juega un papel primordial en la articulación de varios de los temas principales de la pieza, y en parte también porque no parece haber suscitado el interés analítico de que han sido objeto otros episodios. Pero, antes de dedicarme a su detallada consideración, necesario será comentar brevemente el núcleo central del discurso de Aristófanes para luego trazar las debidas correspondencias con el texto de Lorca.

El tema principal de su encomio es que originalmente había tres tipos de seres humanos compuestos cada uno de ellos del doble de piernas y brazos que ahora poseen. Unos eran varones, otros hembras y otros andróginos. Estos seres primarios concibieron «la atrevida idea de escalar el cielo, y combatir con los dioses» (*Symposio*, 288). Como medio de retribución Zeus decidió dividir a cada uno de ellos en dos. Desde entonces cada mitad ha estado buscando su otra mitad correspondiente. La mitad de lo que originalmente era hombre ama a otro hombre; la mitad de lo que era mujer ama a otra mujer, mientras que las mitades de la especie andrógina buscan el amor heterosexual. Según lo explica el propio Aristófanes, «cada uno de nosotros no es más que una mitad de hombre, que ha sido separado de su todo como se divide una hoja en dos. Estas mitades buscan siempre sus mitades. Los hombres que provienen de la separación de estos seres compuestos, que se llaman andróginos aman a las mujeres... así como también las mujeres que aman a los hombres y violan las leyes del himeneo. Pero a las mujeres que provienen de la separación de las mujeres primitivas, no les llaman la atención los hombres y se inclinan más a las mujeres... Del mismo modo los hombres que provienen de la separación de los hombres primitivos, buscan el sexo masculino» (291). Lo ideal sería que cada individuo encontrara la otra mitad complementaria, puesto que, según aclara, «es aquí donde yace la felicidad de la raza humana: en la restitución de la unidad primaria». Mientras que esto no ocurra, la humanidad no tiene más remedio que seguir el tipo de amor que le sea natural y rogar a los dioses en caso de que los vuelvan a dividir (292-293).

Son varias las deducciones que se pueden sacar de este discurso tan cómico como profundo[3]. La primera de ellas es la fuerza

---

[3] Las ideas resumidas en este párrafo son las elaboradas de una manera u otra en los trabajos de filología y filosofía clásica que aparecen citados en la bibliografía. No hay intención de arrogarme originalidad alguna en este campo.

misteriosa y profunda que Eros ejerce en la persona. Es la fuerza motriz que anima al ser la que lo incita a *re*unirse y restablecerse en su «antigua perfección» (290). La segunda deducción es que el amor homosexual aparece equiparado al heterosexual[4]. Ello se debe a que la unión sexual es un deseo que va más allá de ser un fin en sí: es antes que nada un instinto que busca fusionarse con la otra mitad complementaria, bien sea del mismo sexo o del contrario. El sexo de la persona que puede saciar el «deseo de estar unido y confundido con el objeto amado» (292) no depende tanto de selección moral alguna, sino, más bien, del sexo constitutivo de la unidad original[5]. Se sugiere con ello que la persona nace polarizada hacia su propio sexo o hacia el contrario. Una tercera inferencia de este encomio a Eros es el componente trágico del anhelo por poseer algo que el ser necesita, algo de que se sabe deficiente por sentir su condición actual como imperfecta: «it communicates the power of our conviction that we can be made whole only through relation to another, a particular other whom

---

[4] Hablar de la "heterosexualidad" y "homosexualidad" con relación al mundo grecorromano representa más un obstáculo que una aclaración. Ello se debe a que la palabra nos ha llegado a la modernidad imbuida de un contenido ideológico que no tenía en las culturas premodernas. Las categorías sexuales de la antigüedad no obedecían a la dicotomía que los términos sugieren en la actualidad. Como ha indicado Dover, «The Greeks were aware that individuals differ in their sexual preferences, but their language has no nouns corresponding to the English noun "homosexual" and "heterosexual", since they assumed that (...) virtually everyone responds at different times both to homosexual and heterosexual stimuli» (*Greek Homosexuality*, 1). El neologismo no aparece en el léxico europeo hasta la tercera mitad del siglo XIX a raíz del nuevo interés por definir psicológica y médicamente lo que anteriormente se había conocido como pederastia o sodomía. Así lo explica Foucault al observar que «No hay que olvidar que la categoría psicológica, psiquiátrica, médica, de la homosexualidad se constituyó el día en que se la caracterizó... (1870) no tanto por un tipo de relaciones sexuales, como por... determinada manera de invertir en sí mismo lo masculino y lo femenino. La homosexualidad apareció como una de las figuras de la sexualidad cuando fue rebajada de la práctica de la sodomía a una suerte de androginia interior, de hermafroditismo del alma [se refiere a las teorías del sexólogo Ulrich, quien introdujo la definición de la homosexualidad como *anima muliebris in corpore virile inclusa*]. El sodomita era un relapso, el homosexual es ahora una especie» (*Historia*, I, 56-57). A pesar de que se ha dicho que «our greatest mistake in studying a culture that had no specific word for homosexuality is to focus on homosexuality» (Ungaretti, 15), el término no tiene sustitutos adecuados, por lo que seguiré empleándolo para referirme a la relación sexual y afectiva intermasculina tanto en la modernidad como en la época clásica. El lector interesado en el tema, además de los estudios citados, puede consultar los de Halperin, *One Hundred Years*, 15-40; Sedgwick, *Epistemology*, 2, 10, 158 y 188; Weeks, *Against Nature* 16 y 19; Boswell, *Christianity*, 42-43 y 45 y los estudios compilados por Kenneth Plummer, *The Making of the Modern Homosexual*.

[5] «His tale offers no criteria for our choice of beloved beyond that powerful source of recognition. The mysterious compulsive power of sexual attraction is beautifully rendered, but the moral choices involved in our erotic life are obscured» (Downing, 245).

we recognize as uniquely akin» (Downing, 224). Impulsado por este deseo de coalición y del sentimiento de nostalgia que la pérdida del estado de perfección original ha causado, el ser subordina su vida a la búsqueda del objeto de su deseo. Este elemento trágico del amor, con el que entramos en la cuarta y última deducción, es que el estado desdichado de la persona deviene del desarrollo de sucesos que le han hecho diferente de su ser primordial.

Aunque el discurso de Aristófanes ha sido considerado como puramente cómico, otros intérpretes han visto en él un elemento serio, e incluso trágico, de la condición humana por tocar uno de los resortes más íntimos y misteriosos del ser, la necesidad de amar[6]. La resonancia que el mito ha tenido a lo largo de los siglos no necesita ser reiterada. Su influencia es conmensurable a la fascinación que ha suscitado, como lo atestigua la tendencia popular a ver a la persona amada como la otra mitad de una unidad fundamental, o bien a verla románticamente como la otra mitad que anda vagando por el mundo y que anhelamos encontrar algún día para completarnos y realizarnos. Su reconocida fama se evidencia por un igual en el concepto de «ansiedad de separación» universal que, con algunas diferencias, elaboran Kierkegaard y psicólogos como Otto Rank y Eric Fromm (Gould, 33). Se manifiesta, sobre todo, en la fascinación que Freud sintió por este mismo mito que comentó y elaboró para ilustrar su teoría del instinto del placer en su influyente trabajo de 1920 *Más allá del principio del placer,* como más tarde se pasará a demostrar. Se trata, después de todo, de un relato que, como ha indicado A. E. Taylor, «To the general reader... is perhaps the best known section of the whole dialogue, and one of the best-known passages in the whole of Plato» (219).

Cuando consideramos la pieza de Lorca y apuramos el análisis de la aparición del Emperador, no se tarda en observar que, además de simbolizar muchas de las características propias del pensamiento filosófico griego que evoca, uno de los rasgos que más lo singularizan es, precisamente, el deseo de únión que su búsqueda obstinada representa. Como ya es sabido, me refiero a la reiterada idea del *uno* que el Centurión y el mismo Emperador expresan ante las Figuras de Pámpanos y de Cascabeles con que se encuentran.

---

[6] «That speech is a masterpiece of grotesque fantasy worthy of Rabelais», dice Bury; no obstante, no deja de reconocer que «This thought, which is the final outcome of the speech is not without depth and beauty» (xxx). Jaeger lo define como «This amusing but profoundly meaningful fantasy» (184), opinión que comparte Grube al afirmar que «It would be vain to look for any deep meaning in this very amusing piece of writing, but the general conviction it leaves with one is the realization of the tremendous depth and power of the instinct of love» (98). Taylor opina contrariamente que «the brilliance of this fanciful speech must not blind us to the fact that it is in the main comedy» (219).

Una de las primeras observaciones que el Centurión hace es que «El Emperador busca a uno», búsqueda que, según añade, ha emprendido desde hace tiempo «por los caminos» (69) (véase ilustración 8). Tanto la Figura de Pámpanos como la de Cascabeles responden unánimamente al llamamiento del Centurión identificándose como tal: «Uno soy yo» (67). No obstante, a pesar de esta doble identificación, es el deseo de unión que expresa Pámpanos el que se cumple, no el de Cascabeles. Así lo corrobora el Emperador cuando, tras una breve ausencia, vuelve a entrar en escena y, al preguntar «¿Cuál de los dos es uno?», la Figura de Pámpanos inmediatamente se identifica como tal. El Emperador, quien cree haber llegado a la anhelada reconciliación que buscaba, se dirige a Pámpanos y «*(Abrazándolo)*» le dice: «Uno es uno» (71). El cuadro concluye con este simbólico abrazo evocador que Aristófanes describe en el drama original de sus figuras mitológicas: «cada mitad hacía esfuerzos para encontrar la otra mitad de que había sido separada; y cuando se encontraban ambas, se abrazaban y se unían, llevadas del deseo de entrar en su antigua unidad... no queriendo hacer nada la una sin la otra» (290). Tanto el Emperador como la Figura de Pámpanos buscan la unión de sus vidas fragmentadas porque sienten con igual fuerza la necesidad de completarse con otro ser que les restituya el estado de unidad primaria que anhelan y que el mito de Aristófanes ejemplifica, unidad que, como ha observado Jaeger acerca del relato de Aristófanes, «We must take to mean not a chance individual but the true self» (189).

Las concordancias con el pensamiento platónico se manifiestan con una pluralidad tan significativa como reveladora, como vemos que sucede también en la apelación al reconocimiento que hace la Figura de Pámpanos cuando le dice al Emperador: «Tú me conoces. Tú sabes quién soy» (71). La posibilidad de que estas dos figuras se conocieran de antemano es algo que la falta de evidencia textual nos impide asumir, por lo que el hecho debe interpretarse desde un punto de vista filosófico antes que literario. Cuando se analiza desde esta perspectiva, no se tarda en ver la apelación al reconocimiento que hace el Emperador como un eco de la epistemología del recuerdo que Sócrates expone en el *Fedro* de Platón y que constituye una parte fundamental de la escala de ascensión de su sistema filosófico. Me refiero al relato en que Sócrates, apoyándose en su teoría de la inmortalidad del alma, de las Formas y los distintos grados de recuerdo de ellas, describe dos tipos de amor, el delirio erótico divino y el humano. El discurso merece ser citado por su pertinencia a lo que se viene ilustrando: «El alma que no tiene un recuerdo reciente de los misterios divinos, o que se ha abandonado a las corrupciones de la tierra, tiene dificultad en elevarse de las cosas de este mundo hasta la perfecta belleza por la contemplación de los objetos terrestres, que llevan su nombre; antes bien, en vez de sentirse movida por el respeto hacia ella, se deja dominar por el

Ilustración 8.—Emperador, Figura de Pámpanos y el Centurión en un primer plano. Figura de Cascabeles a la izquierda y los Caballos al fondo. Foto Miguel Zavala.

atractivo del placer y, como una bestia salvaje... se abandona a un deseo brurtal, y... no se avergüenza de consumir un placer contra la naturaleza[7]. *Pero el hombre* que ha sido *perfectamente iniciado,* que contempló en otro tiempo el mayor número de esencias, *cuando ve un semblante que remeda la belleza celeste o un cuerpo que él recuerda por sus formas la esencia de la belleza, siente* por lo pronto *como un temblor...* y, fijando después sus miradas en el objeto amable, *le respeta como a un dios»* (382, la cursiva es mía). La Figura de Pámpanos, en consonancia con la idea aquí expuesta, tiene la memoria adecuada de la belleza, y se siente atraído hacia ella cuando se le manifiesta su semblante terreste por considerarse a sí mismo entre los iniciados al culto de Eros. Se trata de una locura perfectamente racional, motivada por el deseo de inmortalidad que provoca la atracción por el cuerpo que se contempla y que, a un nivel superior, se manifiesta en la creación artística y filosofía de que es capaz el espíritu humano. Como ha señalado Dover, «the response of a male to the beauty of another male is treated as the starting-point of a co-operative philosophical effort to understand ideal beauty» (*Greek Homosexuality,* 81). La importancia que el cuerpo adquiere en esta doctrina socrática es cabal, en parte porque Platón consideró que «our response to visual beauty is the clearest glimpse of eternity that our senses afford us» (Dover, «Introduction», 5) y también porque la intensidad de la pasión racional depende de la intensidad con que se siente la atracción erótica que la belleza masculina provoca[8]. Se infiere que es, de acuerdo con la teoría platónica del *anamnesis,* que la Figura de Pámpanos apela al conocimiento del Emperador, porque, según dicha teoría, cada descubrimiento es un redescubrir lo descubierto, o sea, un reconocimiento del conocimiento que tuvimos en nuestro estado prenatal. Tanto el Emperador como Pámpanos forman parte de ese grupo de iniciados a quie-

---

[7] La idea apuntada aquí por Platón sobre lo que es natural o no ha sido tema de polémica que ha continuado hasta la actualidad. Según Paul Veyne, «when an ancient says that something is unnatural, he does not mean that it is disgraceful, but that it does not conform with the rules of society» (26-27). John J. Winkler observa por su parte que «Anthropologists, historians, and other students of culture (rather than of nature) are sharply aware that almost any imaginable configuration of pleasure can be institutionalized as conventional and perceived by its participants as natural. Indeed, what "natural" means in many such contexts is precisely "conventional" and "proper"» (171).

[8] La identificación mutua que aquí se manifiesta está de acuerdo con las características de la época que Boswell ha señalado cuando aclara que «los patrones de belleza se basan con frecuencia en arquetipos masculinos (Adonis, Apollo, Ganymede, Antinous), y la belleza de los hombres se considera un bien fundamental para los individuos y para la sociedad a que pertenecen... Las manifestaciones de admiración e incluso de atracción por la belleza masculina serán tan habituales que no suscitarán sorpresa ni exigirán ser catalogadas en una categoría especial» («Hacia un enfoque amplio», 65 y 66).

nes les es dado presenciar los remedos de las Formas, reconocimiento que, además, sólo se hace perceptible mediante «el más sutil de todos los órganos del cuerpo»: la vista (*Fedro*, 382). Experiencias parecidas las pudo Lorca haber visto evocadas en su admirado Whitman y en Thomas Mann, autores que, inspirados en el modelo platónico de las mitades, evocan encuentros fortuitos que, como el que nos ocupa aquí, dan la impresión de un pleno e instantáneo conocimiento mutuo. Es la misma teoría que Platón había expuesto ya al afirmar que «Cada hombre escoge un amor según su carácter» *(Fedro,* 384), y que siglos después elaboraría Freud al explicar que cada persona selecciona al ser querido, al objeto del amor, de acuerdo con el ideal de su ego (Santas, 71)[9].

Con esta hipótesis platónica en mente se nos aclara otro de los elementos configuradores de la Figura de Pámpanos como, por ejemplo, el semblante de atributos físicos que lo asimilan al Emperador. Cuando éste se deshace de los guantes que lleva, una de las cualidades que se destaca es la blancura de sus manos: «aparecen sus manos de una blancura clásica» (69). Cuando, por su parte, la Figura de Pámpanos se despoja del ropaje con que se cubre, de nuevo la revelación que sigue es la del «desnudo blanco de yeso» que exhibe (71). Tanto en un caso como en el otro Lorca está evocando un mundo paradigmático de pureza clásica: el de los dioses olímpicos que las estatuas blancas del panteón romano simbolizan y las marmóreas de emperadores emulan[10]. El proceso asimilativo que venimos observando no es una libertad poética, sino que es perfectamente congruente con la tendencia en el mundo grecorromano a humanizar a los dioses atribuyéndoles apelativos imperiales como *augustus* o bien a deificar a los emperadores tributándoles títulos divinos como el de *Deo Aureliano*[11]. Lorca lo lleva a cabo atribuyendo a ambos personajes un semblante que, debido a la blancura con que se revisten, «remeda la belleza celeste» que cada uno de ellos identifica en el otro, según la teoría del recuerdo de que hablaba Sócrates. El proceso de asociación divina que se

---

[9] Véanse sobre el particular los trabajos de Freud titulados *Psicología de las masas* (XVIII, 63-136) y «Sobre un tipo particular de elección de objeto en el hombre» (XI, 159-169).

[10] Fue precisamente mediante el uso metonímico de los «mármoles griegos» que Oscar Wilde alude a los placeres y afectos no convencionales cuando alega al juez que la carta que había escrito a su amigo Alfred Douglas solamente podía ser entendida por otros espíritus afines al suyo: «by those who have read the *Symposium* of Plato, or caught the spirit of a certain grave mood made beautiful for us in Greek marbles» (Dowling, 149). Es ésta una idea que Óscar Araiz evoca mediante el busto que aparece en su escenificación, como se puede comprobar en las Ilustraciones 4, 8, 9 y 10.

[11] Así lo ha observado Marc Mayer al afirmar que «La influència del culte imperial es tan gran que les mateixes divinitats, els déus del panteo tradicional romà —Apol.lo, Minerva, Diana, Mercuri— reben l'apel.latiu d'augustes» (*Roma a Catalunya*, 115).

establece en el Hombre 1-Figura de Pámpanos tiene el propósito de incluirlo entre los iniciados al culto de purificación que la unión del uno ejemplifica.

Antes de proseguir hay un detalle aparentemente insignificante en el *Symposio* que conviene comentar por lo pertinente que resulta a lo que se viene observando, un detalle que Lorca parece haber tenido en cuenta al referirse a las manos del Emperador. Se trata de la comparación que hace la profetisa Diotima entre la belleza física, perceptible a los sentidos, y «la eterna, increada e imperceptible». Los ejemplos que toma para describir la primera es, precisamente, «el semblante o las manos»[12]. De modo que, como vimos que sucedía con el cuerpo y el semblante, las manos adquieren la cualidad de ser signo transparente de una belleza invisible e intangible, o sea, una muestra sensible de «las bellezas inferiores» que sirve de comienzo para la ascensión que ha de llevar «hasta la belleza suprema». Es posible que este eco sea una mera coincidencia, aunque la referencia que más tarde hace el Director a las manos de Elena para aludir a su belleza parece indicar lo contrario[13]. Además, el hecho de que las califique de blancas y de clásicas, dadas las connotaciones que la blancura adquiere, parece indicar que el significante no es otro más que la pureza asociada con el eros griego que el Emperador personifica.

La pregunta que se nos plantea a continuación y que conviene responder es la que concierne al deseo de muerte que expresa la Figura de Pámpanos cuando le dice al Emperador «Si me besas yo abriré la boca para clavarme después tu espada en el cuello» (71). Es difícil no pensar en las palabras que Perlimplín pronuncia unos años antes cuando se refiere a un momento de máxima intensidad amorosa que, como suele ser el caso en Lorca, va asociada al dolor: «Y entonces fue cuando sentí el amor ¡entonces! como un hondo corte de lanceta en mi garganta» *(OC,* II, 471). Una posible explicación a esta enigmática declaración, quizá la más plausible, es la de ver el deseo autoinmolador de Pámpanos como una reelaboración del concepto filosófico que ve el eros y la muerte como dos fuerzas que van inseparable y necesariamente unidas en-

---

[12] «El que en los misterios del amor se haya elevado hasta el punto en que estamos, después de haber recorrido en orden conveniente todos los grados de lo bello... percibirá como un relámpago una belleza maravillosa...: belleza eterna, increada e imperecible...; *belleza que no tiene nada de sensible como el semblante o las manos,* y nada de corporal..., sino que existe eterna y absolutamente por sí misma y en sí misma... Cuando de las bellezas inferiores se ha elevado, mediante un amor bien entendido de los jóvenes, hasta la belleza perfecta, y se comienza a entreverla, se llega casi al término; porque el camino recto del amor... es comenzar por las bellezas inferiores y elevarse hasta la belleza suprema..». *(Symposio,* 320; la cursiva es mía).

[13] «Director *(Al Hombre 1.).*—Pero tú no sabes que Elena puede pulir sus manos dentro del fósforo y la cal viva» *(OC,* II, 625).

tre sí. Gilles Deleuze, filósofo francés, así lo interpreta en el comentario que hace de la teoría freudiana acerca del instinto de la muerte. Si Eros, dice, «is what makes possible the establishment of the empirical pleasure principle, it is always necessarily and inseparably linked with Thanatos. Neither Eros nor Thanatos can be given in experience; all that is given are combinations of both —the role of Eros being to bring the energy of Thanatos and to subject these combinations to the pleasure principle in the id». Por eso, prosigue Deleuze, «Thanatos, the ground-less, supported and brought to the surface by Eros... is always presented as the other side of a construction, as an instinctual drive which is necessarily combined with Eros» (115-116). Amor y muerte vienen así a formar parte de una misma construcción binaria mediante la cual se busca la restitución de la unidad primaria que el instinto sexual anhela y la muerte facilita[14]. Es la teoría que, desde una perspectiva diferente expone Freud en *Más allá del principio del placer* al hablar de los instintos que tienden a la destrucción y al amor: el de la muerte que busca disolver la sustancia animada y el sexual que aspira a reunir de nuevo las partículas de la fragmentación que sufrió la sustancia viva al ser animada, teoría que irónicamente ilustra recurriendo al mito de Aristófanes, por ser «tan poco lo que la ciencia nos dice acerca de la génesis de la sexualidad» (XVIII, 55-56). La idea parece haber ocupado la mente de más de un contemporáneo de Lorca, como lo atestigua este verso de *La destrucción o el amor* que Aleixandre publicó por esos años, sorprendentemente reminiscente del concepto lorquiano que venimos analizando: «luz o espada mortal que sobre mi cuello amenaza» («Unidad en ella»). En Lorca, como Concha Zardoya dice de Aleixandre, «amor es destrucción y muerte. La muerte es también amor. El hombre comete este acto de autofagia, y sólo por él renace de nuevo» (67). El intento de reunificar lo que fue uno, no obstante, es un intento predestinado al fracaso por tratarse de un eterno inalcanzable, una fusión imposible de la que Pámpanos parece estar consciente cuando dice, con referencia al «uno» que cree haber encontrado el Emperador: «Lo tiene porque nunca lo podrá tener» (71). Se trata de la misma imposibilidad de fusión que se infiere del mito de Aristófanes, del que se deduce que la persona estará siempre impulsada por un deseo de unión que nunca llegará a realizar. Así es como lo ha interpretado Jaeger al observar que: «Eros is born from man's metaphysical yearning after the wholeness which is

---

[14] Edwards interpreta la declaración de la Figura de Pámpanos como un medio de vengarse de la humillación a que Cascabeles lo había sometido en la danza: «La Figura de Pámpanos, dominada antes por la Figura de Cascabeles, busca la revancha valiéndose ahora del Emperador; pero al hacerlo, se somete a su vez a la dominación de este último: "Si me besas yo abriré la boca para clavarme después tu espada en el cuello"» (99).

for ever impossible to the individual nature. That yearning shows man to be merely a fragment, always striving to be reunited with its appropiate other half as long as he exists in helpless separation» (184).

No incompatible con la interpretación ofrecida es la que ve en la demarcación que hace Sócrates entre eros divino y humano una posible explicación al deseo autoinmolador que expresa la figura lorquiana. Se trata de la locura racional que puede provocar la contemplación de «un cuerpo que... recuerda por sus formas la esencia de la belleza». La intensidad erótica que sienten los inspirados por el eros divino es tal que, «si no temiesen ver tratado su entusiasmo de locura, inmolarían víctimas al objeto de su pasión, como a un ídolo, como a un dios» (*Fedro*, 382). Así lo sugiere Dover cuando comenta que «It is clear that a homosexual lover was thought capable of all the obsessive longing, despair, self abasement and devoted self sacrifice which our most romantic literature associates with heterosexual love» («Introduction», 3). La voluntad de muerte de la Figura de Pámpanos podría verse, pues, como un acto de autoinmolación, una experiencia seudorreligiosa que requiere un sacrificio total de los que participan en este culto «divino».

Otro de los aspectos por examinar en esta escena tan breve como simbólica es el significado que adquiere el Centurión. Su aparición es perfectamente consonante con elcarácter romano del cuadro en que aparece y con el emperador que lo acompaña. Lo que deja a uno perplejo es lo exabrupto de su intervención. Me refiero a la revelación pública que hace de su exuberante procreatividad cuando se encuentra con las Figuras de Pámpanos y de Cascabeles y les dice: «Mi mujer es hermosa como una montaña. Pare por cuatro o cinco sitios a la vez... Yo tengo doscientos hijos. Y tendré todavía muchos más» (69)[15]. El papel que desempeña este centurión responde a una marcada intención por parte del au-

---

[15] Valente ve en este personaje una actitud sarcástica del tema de la fecundación en Lorca: «El tema se manifiesta con insistencia, a veces desde actitudes contradictorias. Puede fluctuar hacia los límites del sarcasmo, como en el parlamento del Centurión, grotesco modelo de superseminalidad» (195). Millán opina, por su parte, que el Emperador «encarna la sexualidad impuesta desde el poder» mientras que el Centurión «representa la visión grotesca de la potencia masculina, que tiene una mujer que "pare por cuatro o cinco sitios"» (57). Conviene tener en cuenta la propensidad con que Lorca recurría a la hipérbole, como vemos que sucede en «Grito hacia Roma»: «No hay más que un millón de herreros / forjando cadenas para los niños que han de venir. / No hay más que un millón de carpinteros / que hacen ataúdes sin cruz» (*OC*, I, 525). Aparece también en «New York. Oficina y denuncia»: «Todos los días se matan en Nueva York / cuatro millones de patos, / cinco millones de cerdos, / dos mil palomas...» (*OC*, I, 517). Por lo que cabría ver el parlamemto del Centurión como otro ejemplo de esta tendencia hiperbólica en Lorca.

tor, sobre todo cuando se trata del único personaje en la obra que representa una sexualidad fecundadora. El texto de Platón, que tan obviamente parece condicionar el episodio entero, puede servirnos para aclarar nuevamente el significado que entraña. Se trata, en particular, de la idea de procreación que Diotima introduce cuando se refiere a la sed de inmortalidad que anima a todos los seres y que se satisface mediante la fecundación del cuerpo o bien del espíritu: «Todos los hombres... son capaces de engendrar mediante el cuerpo y mediante el alma», dice Diotima, la extranjera de Mantinea *(Symposio,* 313). «Los que son fecundos con relación al cuerpo —añade— aman a las mujeres, y se inclinan con preferencia a ellas, creyendo asegurar, mediante la procreación de los hijos, la inmortalidad, la perpetuidad de su nombre y la felicidad que se imaginan en el curso de los tiempos» (316-317). Habiendo dicho lo cual, es posible ver al Centurión como símbolo de la perpetuidad que se logra fecundando el cuerpo y que Lorca yuxtapone a la de signo contrario que tiene ante sí. Lo revelador del caso es que el alarde de procreatividad exuberante que hace se lleva a cabo incriminando a la sexualidad de tipo no genesíaco que representan las Figuras que maldice, como vemos que sucede tan pronto se encuentra con ellas y lleno de ira les dice, «¡Malditos seáis todos los de vuestra casta! Por vuestra culpa estoy corriendo caminos y durmiendo sobre la arena» (69)[16] (véase ilustración 9). Los maldice por la fobia que siente hacia los que no ajustan sus prácticas eróticas al modelo heterosexual que él representa al tratarse de un tipo de amor tan incomprensible como contrario al que él practica, y también por las repercusiones que su existencia ha tenido en su propia vida, pues tanto el Emperador al que sirve como la Figura con quien habla son los responsables de haberlo llevado «corriendo caminos y durmiendo sobre la arena», alejado de su esposa e hijos para tener que acompañar al Emperador en su búsqueda del «uno». Aparece como la imagen de agresividad masculina, un tipo de falocracia que arremete contra el homosexual para descargar el odio que le permite reafirmarse como hombre. Lo que en la antigüedad griega había sido una alternativa erótica y un medio de alcanzar otro tipo de inmortalidad en la actualidad se reviste de las hostilidades propias del discurso homófobo que la heterosexualidad necesita para reafirmarse como una sexualidad no problematizada. Así lo afirma Jeffrey Weeks cuando observa que «Masculinity or the male identity is achieved by the constant process of warding off threats to it. It is precariously achieved by the rejection of femininity and of homose-

---

[16] Sahuquillo ha visto acertadamente en esta maldición ecos de la que se lanza en la Primera Parte de *Sodoma y Gomorra* de Proust conocida como «La raza maldita» (119-120).

Ilustración 9.—El Centurión increpando a la figura de Cascabeles. A la derecha, Elena como símbolo de maternidad frustrada. Foto Miguel Zavala.

xuality... The taboo against male homosexuality may... be understood as effects of this fragile sense of identity, rooted... in the historical norms which have defined male identity as counterposed to the moral chaos of homosexuality» (*Sexuality*, 190).

Este tipo de sexualidad fecundadora que representa el Centurión aparece yuxtapuesta a la de tipo no genesíaco que personifican el Emperador que lo acompaña y el Hombre 1/Figura de Pámpanos que abraza, los no «fecundos con relación al cuerpo» que diría Diotima (316). Según lo explica ella en su discurso, «Pero los que son fecundos con relación al espíritu... las cosas que al espíritu toca producir [son] la sabiduría y las demás virtudes que han nacido de los poetas y de todos los artistas dotados del genio de invención» (316-317). Igualmente pertinente a lo que se trata de ilustrar es cuando Diotima aclara que «La sabiduría más alta y más bella es la que preside al *gobierno de los estados* y de las familias humanas. Cuando un *mortal divino* lleva en su alma desde la infancia el germen de estas virtudes... *va de un lado para otro* buscando la belleza, en que podrá engendrar» (317, la cursiva mía). Es indicativo que la figura de Lorca aparezca con el título de emperador, jefe supremo del gobierno de un pueblo y que, además haya andado de un lado para otro, «por los caminos», según dice el Centurión, buscando ese «uno» que le permitirá engendrar «aquello cuyo germen se encuentra ya en sí»: la virtud y la sabiduría de que es emblema su blancura y su título imperial. Como ha observado Jaeger, «All great poets and artists are begetters and creators of that type; and most of all those who organize states and communities» (191). Igualmente sugestivo es que dicho Emperador aparezca como símbolo de hipervirilidad clásica, de energía marcial y de poder, cualidades que en el mundo clásico que evoca eran consideradas como motivo de atracción homoerótica[17]. Tenemos un caso en el que la sexualidad fecundadora se reafirma a fin de hacer resaltar el eros racional y espiritualizado que personifican el Emperador y la Figura a que se une.

---

[17] Son numerosos los ejemplos que de esta atracción nos brinda la literatura clásica y las artes visuales de la antigua Grecia: «The peculiar features of Achilles' devotion to Patroklos, as portrayed in the *Iliad*, were not only the insane extravagance of his grief at Patroklo's death but his decision to stay on at Troy and avenge Patroklos even though he knew that by so doing he doomed himself to an early death... Timarkhos's relations with his lovers were similar in kind to the great homosexual loves of history and legend» (Dover, *Greek Homosexuality*, 41). De Esparta dice Grube que «Though it is true that at Sparta the wife was more openly respected, at Sparta also homosexuality was, in the full sense of the word, more common than at Athens —due possibly to the excessive military life lead by the men» (88). Como ha observado Sedgwick, «The virility of the homosexual orientation of male desire seemed as self-evident to the ancient Spartans, and perhaps to Whitman, as its effeminacy seems in contemporary popular culture» (*Between Men*, 26-27).

[115]

Ilustración 10.—El emperador tomando en sus brazos al niño que desciende del techo. Foto Miguel Zavala.

En esta escena tan repleta de valor simbólico Lorca no se limita simplemente a reelaborar las fuentes literarias, mitológicas o filosóficas que pudieron haberle servido de inspiración poética. Su propósito no era moldear una idea rigurosamente exacta, de implicaciones filosóficas, sino que se propuso apropiarse de ellas para modificarlas y acuñarles un sello inconfundiblemente personal que se está refiriendo continuamente a su peripecia íntima. Uno de los ejemplos que viene al caso comentar es el de la paternidad frustrada que de manera reiterada aparece a lo largo de su obra literaria. En *El público* el tema viene representado con el niño que desciende del techo y anuncia la llegada del Emperador. Según indica el texto, «*(Suena un silbato. Del techo cae un niño vestido con una malla roja.)*» y dice: «¡El Emperador! ¡El Emperador! ¡El Emperador!» (65). Son las únicas palabras que dicho niño pronuncia en su breve intervención. Tan pronto aparece la figura anunciada, «El niño se dirige al Emperador. Éste lo toma en sus brazos y se pierden en los capiteles» (67). Su desaparición va seguida de «Un grito largo y sostenido [que] se oye detrás de las columnas». Inmediatamente después, según señala la acotación, «Aparece el Emperador limpiándose la frente. Se quita unos guantes negros, después unos guantes rojos y aparecen sus manos de una blancura clásica» (69). Antes de ocuparme del significado temático que adquiere este niño conviene aclarar que resulta difícil ver su muerte como símbolo de un acto sodomizador perpetrado por un Emperador que, tras haber abusado sexualmente de él, lo mata, como ha sido el caso con la interpretación que del episodio hizo Lluís Pasqual en el Centro Dramático Nacional de Madrid al presentarlo con marcadas características de degenerado. Es cierto y bien conocido por todos que la ética sexual griega experimentó un cambio radical que va del hedonismo a la disipación en el período romano. Se inicia este deterioro en las postrimerías de la Roma republicana y culmina en la imperial. Como ha observado Churchill, «For a time, the Greek model was followed, and many educated Romans imitated Greek paederastia. Hellenized affairs of this sort continued among certain educated elements until the adoption of Christianity. But it was always difficult for the Romans to maintain a philosophical approach towards any aspects of life. More often than not, homosexual relation-ships were crude affairs that could hardly be imagined to satisfy any requirements other than those dictated by lust» (151). La lista de emperadores que se asocian con esta disipación es numerosa. Boswell, por ejemplo, aclara que «In a now famous remark, Edward Gibbons observed that "of the first fifteen emperors Claudius was the only one whose taste in love was entirely correct", meaning heterosexual. If Gibbon was right, The Roman Empire was ruled for almost 200 consecutive years by men whose homosexual interests, if not exclusive, were sufficiently noteworthy to be recorded for posterity» *(Christianity,* 61). El poder que en algunos casos adquirían dichos emperadores era poder obtenido «by submitting to the advances of the preceding ruler» (ibíd., 80). Esta imagen decadente, que es la que ha perdurado a lo largo de los siglos en la mente popular, pudo fácilmente haber condicionado la interpretación de Pasqual. Lo verdaderamente problemático de ella es que resulta incompatible con el papel que el niño desempeña a lo largo de la obra de Lorca, el trato que en ella recibe y el concepto que de la niñez tenía el poeta. Hay que tener presente también que el emperador aparece en Lorca como referente de valores positivos, como sucede en «San Gabriel» donde sirve de punto de referencia para hacer resaltar las cualidades que quiere destacar en el santo: «En la ribera del mar / no hay palma que se le iguale, / ni emperador coronado / ni lucero caminante» *(OC,* I, 414).

En lo que se refiere a la crítica literaria, el incidente no ha recibido gran atención entre los estudiosos que se han dedicado al estudio de *El público.* Una excepción es la pregunta retórica que formula Marie Laffranque cuando dice si «¿Será el asesinato de este Niño el contrapunto, como atroz sustitución, del rito homosexual al que alude José Ángel Valente, en el que, sobre un fondo de sangre, un hombre da a luz a una estatuilla, como reparación o consagración del sacrificio genérico?» (32). No cabe duda de que la desaparición del niño en brazos del Emperador y el grito que le sigue sugieren que ha sido asesinado. Igualmente cierto es la costumbre, no inusitada entre civilizaciones aborígenes y entre algunos dioses de la mitología griega, que un hombre o un dios, y no precisamente del tipo que en la modernidad se consideraría como homosexual, participara en rituales seudoprocreativos y se arrogara a sí mismo las funciones de dar a luz, propias de la mujer, como se ha dicho de las culturas «primitivas» de Nueva Guinea y como fue el caso con Zeus y su alumbramiento de Dionisio[18]. Así y todo, mi interpretación difiere de la citada en tanto

---

[18] Según comenta Eva Keuls, «Athena's birth... was the result of one of Zeus' great feats of male pregnancy and parturition, the other being the god Dionysus. Athena was born, highly symbolically, from her father's head —that is, out of patriarchal male fantasy... Hephaestus split Zeus' head open with an ax and out sprang Athena...». Respecto a Dionisio dice Keuls, «Zeus impregnates a mortal woman, Semele; when her pregnancy is well advanced, he destroys her with his thunderbolt, removes the fetus from her body, and sews it into his thigh. From there the young god is born» (40-41). En cuanto a su manifestación social en la Grecia clásica, véase el estudio de David Halperin, *One Hundred Years of Homosexuality.* Halperin, refiriéndose a la tesis del helenista E. Bethe, observa que «classical Greeks inherited from their Dorian invaders and conquerors... a ritual practice of initiation in which older males passed on luminous powers (chiefly military and moral vitality) to the generation of younger males by injecting them, through homosexual copulation, with the magical potency thought to reside in their semen» (56). En este mismo estudio comenta el autor que «The most elaborate deployment of male pseudo-procreative imagery often occur in a paederastic context... (best studied in New Guinea)... [where] ritual paederasty represents the procreation of ma-

que veo la muerte del niño como una metáfora con que se expresa la incapacidad reproductiva del eros homosexual que Lorca frecuentemente equipara a la muerte y que en *El público* viene evocado mediante el encuentro de estos dos personajes. Se llega a esta conclusión considerando, primero, el valor simbólico que en varias ocasiones adquiere el niño en la obra del poeta, y, luego, analizando el simbolismo cromático que adquieren los guantes que se quita el Emperador.

En cuanto al primero se refiere, es un hecho conocido que una de las funciones principales que adquiere el niño en la obra de Lorca, la más persistente quizá, es la de simbolizar la inocencia, la candidez y, sobre todo, la progenie[19]. No obstante, cuando está relacionado a la muerte el proceso asociativo invariablemente tiene la función de significar la paternidad frustrada, casi siempre por razones biológicas. Lorca lo expresa por medio de lo que Freud define como «la identificación con el objeto resignado o perdido, en sustitución de él, y la introyección de este objeto en el yo» *(Psicología de las masas y análisis del yo,* XVIII, 102). Como ejemplo cabría pensar en el parricidio con que comienza su relativamente temprana obra *El paseo de Buster Keaton,* donde aparece el protagonista homónimo asesinando uno por uno a sus cuatro hijos. La alusión velada que a su homosexualidad se hace en la obra no está desvinculada de la *de*generación simbólica que representa la exterminación de su progenie[20]. La misma idea apa-

---

les by males: after boys have been born, physically, and reared by women, they must be born a second time, culturally, and introduced into the symbolic order of "masculinity" by men. The processes by which one generation of males gives birth to the succeeding one are explicitly thematized as female reproductive functions: ritual nose-bleeding, ear piercing, scarification of the tongue, or penile incision signifies male menstruation, for example, and the oral insemination of youths by older males is represented as breast feeding» (143).

[19] Un dato informativo que viene al caso citar respecto a la inocencia que simboliza el niño es el que nos brinda Fairchild en su libro *The Noble Savage:* «The wave of "illusioned naturalism" which begins to rise about the middle of the XVIII century includes not only the cult of the scenery but the cult of the child, the peasant and the savage. A Noble savage is any free and wild being who draws directly from nature virtues which raise doubts as to the value of civilization. The term may even be applied metaphorically to romantic peasants and children when a comparison between their innocent greatness and that of the savage illumines the thought of the period» (1-2). El ejemplo más pertinente que encontramos en Lorca es la referencia que al niño se hace en los versos catalécticos de la «Oda a Walt Whitman», donde se establece el hecho de que ha de ser un niño el que anuncie el nuevo mundo que deberá sustituir el constatado por el hombre blanco, que en este poema se asocia con la decadencia social del Nuevo Mundo: «Duerme: no queda nada... / Quiero que... / un niño negro anuncie a los blancos del oro / la llegada del reino de la espiga» *(OC,* I, 532).

[20] «(*Sale* Buster Keaton *con sus cuatro hijos de la mano)... (Saca un puñal de madera y los mata).* Pobres hijos míos», dice Keaton *(OC,* II, 278). Es un hecho ya reconocido que a lo largo del texto hay veladas alusiones a la homosexualidad del protagonista, sobre todo en el diálogo que entabla con la Americana. Para

rece de nuevo en *Yerma*, obra que el propio Lorca definió como «la imagen de la fecundidad castigada a la esterilidad»[21]. Me refiero concretamente al grito con que la protagonista anuncia simbólicamente el vacío y el pavor de la existencia estéril a que se ha resignado al final de la pieza: «he matado a mi hijo, yo misma he matado a mi hijo» *(OC,* II, 880). Se reitera la idea a lo largo de su producción neoyorquina, tanto en su poesía como en su teatro, bien sea mediante el deseo de paternidad que atosiga al Joven en *Así que pasen cinco años,* cuya imposibilidad se ejemplifica con el niño muerto de la portera[22], o bien en la alusión críptica que en la «Oda a Walt Whitman» se hace al acto sexual no generativo del verso «pantano oscurísimo donde sumergen a los niños», con el que se alude a la inseminación anal (sumersión en «pantano oscuro»), y a la muerte simbólica que presupone la emisión del «"humor vivificante" que es el esperma» (Foucault, *Historia,* 3, 115) en un lugar no conducente a la fertilidad[23]. Análoga alusión la encontramos en la exclamación quejumbrosa del significativamente llamado Caballo Negro en *El público* cuando dice «¡Oh amor, amor, que necesitas pasar tu luz por los calores oscuros!» (101). Que esta equivalencia entre sexualidad no genesíaca y muerte es lo que Lorca tenía en mente cada vez que aludía a la cópula intermasculina lo cerciora de nuevo la invectiva que en la oda ya citada lanza contra los homosexuales que llevan a la práctica su deseo sexual: «Contra vosotros siempre, que dais a los muchachos / gotas de sucia muerte con amargo veneno» *(OC,* I, 531).

Como tantas otras de las ideas que se vienen analizando, la equiparación que en la mente del poeta se establece entre sexua-

---

un estudio detallado de esta obra véase mi artículo «García Lorca y *El paseo de Buster Keaton».*

[21] Dice Lorca en la entrevista que le concedió Alfredo Muñiz poco antes del estreno de *Yerma*: «Yo he querido hacer, de hecho, a través de la línea muerta de lo infecundo, el poema vivo de la fecundidad. Y es de ahí, del contraste de lo estéril y lo vivificante, de donde extraigo el perfil trágico de la obra» *(OC,* III, 616-617). El significado oculto que contiene la declaración no pasó desapercibido a Robert Brustein cuando observa en su comentario de la escenificación de la obra en Londres en 1973 que «En Yerma [Lorca] tiene a mano por primera vez los materiales para una genuina tragedia homosexual» (Valente, 199).

[22] Como ha señalado Valente en un estudio tan sugestivo como perspicaz, «En efecto, en *Así que pasen cinco años,* el llanto por el niño muerto va acompañado de su contrapunto absoluto, el llanto por el niño no engendrado» (194). Son varios los estudiosos que han tocado el tema del niño, aunque desde una perspectiva diferente a la expuesta por Valente. Entre ellos cabe mencionar el de Martínez Nadal incorporado en su tercera edición de «*El público»: Amor y muerte,* 257-275, y el de María Zambrano, «El viaje: infancia y muerte».

[23] Una interpretación muy diferente a la aquí ofrecida es la que hace Paul Ilie cuando señala que «el sexo requiere compañía y ésta es la causa de que se lo represente por la imagen de los bares y alcantarillas. Incluso sus corrupciones tienen lugar cerca del agua, "en el pantano oscurísimo donde sumergen a los niños". Los instintos naturales de los niños están ahogados en esta escena de agua quieta y estancamiento eventual» (128).

lidad no reproductiva y muerte es de una larga tradición cultural, literaria y científica. La vemos reiterada en Proust, en la descripción que hace de la masturbación en *En busca del tiempo perdido*: «iba abriendo en el interior de mi propio ser un camino desconocido, y que yo creía mortal hasta el momento en que una señal de vida natural, como un caracol se superponía a las hojas del grosellero salvaje que llegaban hasta donde yo estaba» (I, 191). Aparece en Hart Crane y en Walt Whitman y en otros escritores igualmente incapaces de sustraerse a los condicionantes culturales que construyeron la homosexualidad como equivalente a esterilidad[24]. La tradición cultural a que me refiero la resume negativamente George Devereux cuando comenta en su estudio «Greek Pseudo-Homosexuality and the "Greek Miracle"» que *only conjugal love* can rob the grave, be it but in dreams. By contrast, perverted "love" cannot do this: perversions, and especially anal eroticism (Freud), imply incestuous fixations and *destructive* drives; they are moreover sterile. If sex exists in Hades, seen psychologically it *must* be incestuous, anal, and sterile» (86). A lo que debiera añadirse también el orgasmo no fecundante de la prostitución a que se refiere Artemidoro[25]. Son ideas que se introducen ya en la literatura clásica, concretamente en la conceptualización que de esta sexualidad no genesíaca se expresa en las páginas de Platón, esta vez en *Las leyes*, donde se propone legislar contra la copulación homosexual por no participar en la procreación humana. Ello se debe, según aduce el legislador ateniense, a que se mata deliberadamente la progenie al plantar en rocas y piedras una semilla que nunca arraigará ni crecerá: «yo mismo he dicho, que tenía un medio para hacer pasar la ley que obliga a los ciudadanos a conformarse con la Naturaleza en la unión de los dos sexos destinados a la generación; que prohíbe a los varones todo comercio con los varones, y les veda trabajar con intención premeditada en extinguir la especie humana y arrojar entre piedras y rocas una semilla, que no puede ni arraigar ni fructificar allí» (172). La inusitada asiduidad con que Lorca recurre a minerales para referirse simbólicamente

---

[24] Según señala Thomas Yingling, «Homosexual desire is often repressed and signified as death in Whitman's autobiographical pieces ("Out of the Cradle", for instance), and this seems to have been the irreconcilable contradiction that Crane experienced as his homosexuality» (185). Más tarde añade en este mismo texto «That reading of homosexuality, which sees the male desire for anal pleasure as linked to the death drive, can be seeen in explicit (if reductive) Freudian readings of Crane such as Wallace Fowlie's, and was no doubt active in Crane's imagination from Lawrence's reading of homosexuality as death in *Calamus*» (242, n 23). En lo que toca a Proust, véase el estudio de Rivers.

[25] Según la interpretación que de los sueños hace el adivino griego, «el gasto vano de esperma, su desperdicio, sin el provecho de la descendencia que la esposa por su parte puede asegurar», se presta a ser interpretado como una de las razones por las que «ir con las prostitutas puede en el ensueño pronosticar la muerte» (Foucault, *Historia*, III, 22).

al amor infecundo es tan revelador como significativo. Se evidencia en uno de los versos de su «Oda a Walt Whitman»: «Mañana los amores serán rocas y el Tiempo / Una brisa que viene dormida por las ramas» *(OC,* I, 531). Lo volvemos a encontrar en su *Llanto por la muerte de Ignacio Sánchez Mejías:* «Porque la piedra coge simientes y nublados, / esqueletos de alondras y lobos de penumbra; / pero no da sonidos», o sea, signos de vida *(OC,* I, 556). Es la misma idea que mucho antes se había anticipado ya en su poema «Adán», cuando dice: «Adán sueña en la fiebre de la arcilla / un niño que se acerca galopando... / Pero otro Adán oscuro está soñando neutra luna de piedra sin semilla / donde el niño de luz se irá quemando» *(OC,* I, 264). La idea es demasiado persistente para seguir enumerando ejemplos. Son ejemplos todos ellos que sirven para confirmar la equiparación que en la mente del poeta se establece entre sexualidad no procreativa y muerte.

La interpretación que de la muerte del niño se viene ofreciendo queda doblemente ratificada por medio del simbolismo cromático de los guantes que el Emperador se quita: negros primero, rojos después. No es necesario aclarar que Lorca rara vez emplea el color de manera gratuita ni que los esquemas policromáticos casi siempre son tradicionales en su valor asociativo, incluso cuando el color aparece liberado de la función tradicional de describir los objetos a que se asocia. El blanco, por ejemplo, es el color que «simboliza el estado celeste» y es «asimilado a la deidad» (Cirlot, 101). Lo mismo sucede con el rojo, que tiene el valor emocional de significar amor, pasión, vida e instintos humanos, y así también con el negro que, junto con sus derivados como noche, sombra y oscuridad, es sinónimo de muerte[26]. Lo que es inusitado en el poeta es que el negro y el rojo aparezcan combinados en la misma persona, por difícil que se haga la unión amorosa que anhelan. La combinación de vida y muerte que simbolizan los guantes del Emperador, entendidos como formulación de sentimientos, obedece a una marcada intención por parte del autor que encaja con lo anteriormente dicho acerca de la equiparación entre muerte y eros homosexual. De modo que, si la pureza erótica de que es símbolo la «blancura clásica» de sus manos es motivo de atracción e idealización, la naturaleza instintiva que simbolizan los sanguinolentos guantes rojos que la cubren no lo es, ya que estos instintos van a converger en la muerte, en la «*de*genera-

---

[26] Simbolismo cromático que se anticipa ya en los inicios poéticos de Lorca, como sucede en *Primeras canciones,* ese «libro de adolescencia —según lo llamó Altolaguirre— importantísimo para el ulterior desarrollo de su mundo poético» (Hernández, «Notas al texto», *OC,* I, 1142). Me refiero a versos como los siguientes de «Remansillo»: «Me miré en tus ojos / pensando en tu alma. / *Adelfa blanca.* / Me miré en tus ojos / pensando en tu boca. / *Adelfa roja.* / Me miré en tus ojos. / Pero estabas muerta. / *Adelfa negra*» *(OC,* I, 248, cursiva en el original). *Bodas de sangre* y *La casa de Bernarda Alba* son dos ejemplos donde el color adquiere las mismas dimensiones significativas.

ción» que se simboliza mediante el homicidio del niño y de los guantes negros que se quita, emblemáticos como son del «amor oscuro» que servirá de tema central en los sonetos que a este amor dedicará más tarde el poeta. El eros griego que se trata de reconceptualizar adquiere inevitablemente las connotaciones trágicas del mundo que lo reconstruye, que es, ineludiblemente, el de la modernidad en que se inscribe el poeta, a través de cuyo prisma analiza su propia realidad. El resultado es que lo que anteriormente había sido un comportamiento desinhibido abierto a todo sujeto deseante se convierte en una patología de repercusiones biológicas como las que vemos prefiguradas en el episodio que nos ocupa. El poeta lo expresa sutilmente mediante una adecuada simbiosis típicamente expresionista entre drama interior y expresión simbólica.

Las complejas resonancias anímicas que esta realidad tuvo en el poeta y que condiciona gran parte de su estética personal es una realidad vivencial que comparte con otros poetas de idéntica orientación sexual a la suya. Un ejemplo que viene al caso citar es el lamento confesional que, según Catherin Stimpson, aparece repetidamente en la obra de Ginsberg cuando deplora el «vacío de pesadilla de Algún Día cuando muera sin haber dejado detrás ningún Yo, ningún hijo que puedan ser plenamente hermanas o hijos para el futuro...» *(sic,* 265-266). Lo vemos expresado por igual en *Maurice* de E. M. Forster[27] y en tantos otros escritores que, como Lorca, vieron el deseo homosexual con la carga moral que la sexología moderna le había atribuido. La conceptualización a que me refiero la sintetiza sucintamente Hocquenghem cuando aclara que «Homosexual desire is the ungenerating-ungenerated terror of the family, because it produces itself without reproducing. Every homosexual must thus see himself as the end of a species, the termination of a process for which he is not responsible and which must stop at himself» (93). La sexualidad no procreativa de la persona puede ser un factor significante cuando se siente «la necesidad de engendrar o reengendrarse, la necesidad de no morir» (Valente, 196), que es lo que determina el caso de Lorca.

Si la interpretación que hasta aquí se ha venido ofreciendo es válida, necesario es preguntarse cómo justificar las alusiones aparentemente contradictorias que en este mismo cuadro se hacen al Emperador. La primera aparece cuando el Hombre 1 le dice al Hombre 3: «Ahí detrás en la última parte del festín, está el Emperador. ¿Por qué no sales y lo estrangulas?» (77). ¿Cómo inter-

---

[27] Se trata de la novela más explícita que Forster escribió sobre la homosexualidad. Según observa el narrador: «Maurice was silent. It had not occurred to him before that neither he nor his friend would leave life behind them... He and the beloved [Clive] would vanish utterly... They had won past the conventions, but nature still faced them, saying with even voice, "Very well, you are thus; I blame none of my children. But you must go the way of all sterility"» (96-97).

pretar esta invitación al asesinato del Emperador? La explicación que ofrece Martínez Nadal parece aclarar parte del enigma cuando observa que, si el Emperador «al menos en cierto sentido, tal vez sea encarnación del amor homosexual», matar al Emperador sería «la prueba más concluyente de odio al homosexualismo» (209). Las muestras de homofobia interiorizada que contiene esta obra son demasiado recurrentes para enumerarlas aquí. Paradójicamente, es la que condiciona gran parte de la dinámica psicosexual que delatan sus personajes, por contrarios que fueran los intentos del autor. El ritual sadomasoquista que en forma de danza precede a este episodio no hace más que ratificar lo dicho, sólo que el odio que en esta cita se expresa es el que siente el Hombre 3 a los que le hacen estar consciente de su condición estigmatizada, como sucede también con las revelaciones públicas que de él hacen el Director y el Hombre 1. De modo que la invitación homicida podría verse como un reto a que el Hombre 3 consuma el asco que siente y que en más de una ocasión expresa públicamente[28]. Al no responder al reto, el mismo Hombre 1 se ofrece verbalmente a matarlo. De este modo se pondrá fin a la contienda y a los celos que la aparición del Emperador ha provocado entre los que aspiraban también a su unión[29], pero que han sido excluidos por no contar entre los iniciados en los ritos de que participaban los aspirantes al «uno». Le privan de ello los deseos «falsos» que el Hombre 3 oculta a los demás[30], como se lo reprocha el Hombre 1 cuando dice públicamente ante los demás: «Ése es el hombre que ama al Emperador en silencio y lo busca en las tabernas de los puertos» (79). Amar al Emperador en este caso no significa lo mismo que significaba para los iniciados al *ethos* erótico que ejemplificó el Hombre 1-Gonzalo. Amar al Emperador con relación al Hombre 3 es sinónimo a reconocer públicamente su identidad sexual, los deseos eróticos que oculta a los demás, pero que satisface subrepticiamente por la noche buscando encuentros anónimos en lugares poco reputables. El temor que siente a la revelación pública explica que el Hombre 3 se tape la cara cuando el Director pone en evidencia

---

[28] Recuérdese que en el primer acto, cuando el Hombre 3 pasa por detrás de los biombos, dos de los atributos con que aparece son «un látigo en la mano» y «muñequeras con clavos» (51), con lo cual se establece una relación con el sadomasoquismo perfectamente consistente con el odio que siente y proyecta sobre los demás. Es el mismo Hombre que en el cuadro tres fulmina contra sus acompañantes reprochándoles sentir asco de su compañía: «Estoy asqueado de vuestra compañía» (77).

[29] «HOMBRE 1.—Pero ahora yo voy a matar al Emperador. Sin cuchillo, con estas manos quebradizas que me envidian todas las mujeres» (79).

[30] Elena pone en evidencia dichos deseos al reprocharle públicamente las relaciones sexuales que ha tenido con el Director: «(*Al Hombre 3.*)— ¡Vete con él [el Director]! Y confiésame la verdad que me ocultas. No me importa que estuvieras borracho y que te quieras justificar, pero tú lo has besado y has dormido en la misma cama» (51).

su hipocresía: «*(El Hombre 3 se tapa la cara con las manos.)*» (79). Matizando la observación de Nadal, sí es plausible ver al Emperador como una «encarnación del amor homosexual» sólo que en su doble capacidad de suscitar, por una parte, el delirio divino, el que siente el Hombre 1, o el humano, o sea, el carnal, el que no va más allá de la materia, que es el que sienten los no iniciados en los misterios de eros: el Director y los Hombres 2 y 3. Su poder inspirador depende, pues, de la habilidad perceptiva y de la capacidad moral del contemplador[31]. Claro que, por debajo de todo ello, lo que se está delatando de manera inconsciente es la necesidad imperante en la mente del Hombre 1 de distanciarse de sus semejantes a fin de proclamar públicamente su autenticidad viril y ejemplaridad espiritual. Identificación y repudio pueden coexistir en la misma persona, el uno dependiendo del otro para reafirmar lo que no se es. De ahí que la pureza con que se identifica al ver al Emperador aparezca revestida de atributos irresistiblemente eróticos, en parte porque las cualidades espirituales que se asocian a la pureza en este contexto forman parte del sistema platónico que se elabora, pero, sobre todo, porque con ello se hace resaltar la integridad propia vis a vis la «falsedad» de los deseos que imputa a los demás. Como ha sugerido Dollimore en otro contexto, «purity is invested with such a tremendous erotic charge [that] fears of "impurity" remained insistent and corrosive» (270).

Habiendo analizado en lo posible el valor simbólico del Emperador, queda por aclarar la razón de la selección de un personaje con el título de soberano imperial y no de otra figura menos destacada procedente del mismo mundo clásico. La interrogación que se hace Martínez Nadal al preguntarse el por qué Lorca «personificaría estas ideas [anhelo de unión, manifestación de un amor ideal] en un emperador romano» es una pregunta que ha quedado parcialmente en pie desde que fue formulada. La aclaración es importante, en parte porque la necesidad de llegar a una explicación convincente se hace cada vez más apremiante, sobre todo cuando no ha habido hasta la fecha un intento por explicar detallada y satisfactoriamente el sentido que entraña. Y en parte también porque no existe pormenor gratuito alguno en nada de lo que escribió este consumado poeta que no esté vinculado a una de las ideas principales de la obra. Por lo tanto convendrá reformularla para encontrarle posibles explicaciones.

Uno de los propósitos más consistentes con el referente temático de la obra, el más evidente, es el de evocar un mundo y un

---

[31] *Moral* en el sentido que Halperin da a la palabra: «Greek morality doesn't concern itself so much with the forbidden as with the voluntary (in principle at least): morality is therefore not a matter of obedience to specific prescriptions but a regulated usage, or *chêrsis*, of morally unrestricted pleasures» *(One Hundred,* 68-69).

momento histórico, el único que sepamos, que hizo del componente erótico de la atracción intermasculina la base principal de su pensamiento filosófico. Esta característica, que es la que singularizó la cultura grecorromana de futuras civilizaciones en asuntos de ética sexual, se manifiesta a todos los niveles, en el militar, en el político y en el mitológico, como se desprende de la atribución que de la práctica homoerótica se hacía a los dioses: «Like the Egyptians, [the Greeks] attributed homosexual propensities to the gods in their myths. Such an attribution usually indicates [that] the practice is regarded in high steem» (Churchill, 126)[32]. El mundo grecorromano era sinónimo de amor masculino para Lorca, como lo expresa en el juego de letras de uno de sus dibujos donde la palabra *ROMA* aparece a la inversa reflejada como *AMOR*, juego lingüístico que, para mayor expresividad, está asociado a un marinero, símbolo del amor libre de trabas morales y sociales[33]. Por

---

[32] Característica que Kenneth Dover ha resumido al comentar que «Greek culture differed from our own in its readiness to recognise the alteration of homosexual and heterosexual preferences in the same individual, its implicit denial that such alteration or coexistence created peculiar problems for the individual or for society, its sympathetic response to the open expression of homosexual desire in words and behaviour, and its taste for the uninhibited treatment of homosexual subjects in literature and the visual arts» (*Greek Homosexuality,* 1).

[33] El dibujo aparece reproducido en el estudio de Mario Hernández, *Federico García Lorca. Dibujos,* pág. 184, con el título «El marinero borracho», fechado en 1934. El por qué fue Roma y no Grecia la que adquirió este significado para Lorca es una pregunta que nos podemos lícitamente formular, aunque debe aclararse que el hecho de que el cuadro esté subtitulado «Ruina romana» no representa ninguna contradicción a lo que se viene observando del fenómeno griego. Sabido es por todos que durante los tres últimos siglos anteriores a la era cristiana las culturas romana y la griega, a raíz de la incorporación de Grecia al Imperio romano (146 a.C.), se amalgamaron y se influyeron de tal modo que las aportaciones culturales de aquélla fueron apropiadas, asimiladas y modificadas por el creciente imperio romano hasta el punto de pasar a formar parte de su sistema político, legal, lingüístico, filosófico y ético. Así lo afirma Churchill al comentar que «Romans, like us, developed no original ethical concept of homosexual love. In the later days of the Republic and throughout the period of the Empire, they did, however, import and adopt the Greek attitude towards this phenomenon, just as they imported and adopted many other elements of Greek philosophy and culture» (142). En cuanto a su manifestación literaria, Paul Veyne observa que «Classical authors allow themselves just as many allusions to homosexuality as they do to any ribald topic. There is no difference between Greek and Latin writers, and the love that tends to be called Greek might equally be called Roman... Rome did not have to wait for hellenization to allow various forms of love between males. One of the earliest relics of Latin literature, the plays of Plautus, which predate the craze for things Greek, are full of homosexual allusions of a very native character» (28-29). La misma palabra *homosexual,* etimológicamente hablando, según notó Havelock Ellis «is a barbarous neologism sprung from a monstrous mingling of Greek and Latin stock» (Halperin, *One Hundred Years,* 17). Como ha señalado Dover, «"Hellenistic" can be applied to the Greeks right down to the end of paganism, but it is usual to apply it in a more restricted sense, denoting the last three centuries B. C., and to refer thereafter to the "Roman" or "imperial" period» (*Greek Homosexuality,* 4).

lo que se desprende que la necesidad de encontrar precursores dignos de ejemplificar positivamente el tipo de amor que trataba de ennoblecer lo llevaran lejos de la tradición filosófico-religiosa occidental. Como ha señalado Robert Martin acerca de Whitman, «The notion of the ideal companion as the other half of an incomplete self gave a kind of legitimacy to homosexual love and placed it alongside the Western tradition of idealized heterosexual love» (79). Lo mismo cabe decir de España durante la época de composición de *El público*. Dentro de este contexto cabe señalar que la observación de Martínez Nadal es especialmente sugestiva cuando dice «que el posible modelo [del Emperador] no es otro que Adriano, enamorado de Antínoo» (209). Se trata del emperador «whose life takes the cult of the perfect young male body and of ideal male pedagogical erotic friendship», según lo define una novelista contemporánea de Lorca: Yourcenar, en su novela *Mémoires d'Hadrien* (DeJean, 297). El origen hispano-bético de este emperador (117-138 a.C.), el renombrado primor intelectual por el que pasó a ser conocido en la historia, la identificación y admiración que sintió por la cultura helenista y que lo singularizó entre sus precursores y sucesores romanos sin duda hizo de él un precursor más que oportuno para ejemplificar las cualidades que Lorca quería resaltar. A lo que hay que añadir la extraordinaria devoción que sintió hacia su amado y llorado Antínoo, por cuyo fervor también pasó a distinguirse en la historia. La clave que nos ofrece *El público* para llegar a esta conclusión es la contenida en el deseo de muerte del Hombre 1 cuando le dice al Emperador «Y deja mi cabeza de amor en la ruina, la cabeza de uno que fue siempre uno» (71). La alusión a Antínoo parece estar avalada por el conocido hecho histórico de que, tras su muerte, Adriano hizo edificar estatuas y bustos a lo largo de su vasto imperio con el fin de inmortalizar a su joven amado elevándolo al nivel de un dios[34]. Hay en esta figura histórica una serie de resonancias sentimentales que encajan en el contexto de la relación anhelada entre la Figura de Pámpanos y el Emperador.

Otra de las razones, quizá la más importante, por la que Lorca personificaría estas ideas por medio de un emperador sería para mostrar mejor el principio de autodominio que Sócrates ejemplifica y que Platón incorpora como una de las partes fundamentales de su sistema filosófico. En la obra de Lorca el Emperador apa-

---

[34] Según lo describe Churchill, «During the reign of Hadrian (a Spanish Roman by birth and early education), Greek enlightenment shone upon the Empire with renewed vigor. This rare Roman was passionately grecophile... He admired scholarship, philosophy and the arts. The Greek youth, Antinous, became the object of his love and favor... At the death of his idol the grief of the Emperor was great... He deified the dead boy and had statutes of him erected throughout the Empire» (150-151).

rece como una versión idealizada de las funciones que desempeñaba la *paiderastia* en la antigua Grecia como transmisora de valores marciales, de una idea filosófica de vida noble y de una metafísica del Bien, de la Belleza y de la Verdad. Además, es bien conocida la idea en Platón de asimilar la virtud individual a un gobierno que debe estructurarse, mientras que los deseos quedan asociados «a un pueblo bajo que se agita y busca siempre rebelarse» (Foucault, *Historia*, 2, 70). A ello se refería Diotima cuando dice que «la sabiduría más alta y más bella es la que preside al gobierno de los estados» (317). La persona que ejemplificaría mejor el autodominio encomiado es la que podía tomar a un ejército bajo su mando y controlar las presiones que surgieran de sus subordinados, de las circunstancias o de sus propias necesidades (Winkler, *The Constraints*, 56). Perder este control, dejarse dominar por los placeres de los sentidos es, por el contrario, rebajarse al nivel animal[35]. Como ha señalado Foucault, la virtud «no se concibe como un estado de integridad, sino como una relación de dominación, una relación de mando: lo que muestran los términos utilizados... para definir la templanza: "dominar los deseos y los placeres", "ejercer el poder sobre ellos", "mandar en ellos" *(kratein, aechein)*» *(Historia,* 2, 68). Son precisamente los mismos principios que ejemplifica Sócrates en el *Symposio*, «That Platonic paragon of rationality and self-control» (Santas, 69), bien sea en el autodominio que muestra en su relación con Alcibíades o en la imagen que de él nos llega en la *Memorabilia* de Jenofonte[36]. Se elogia el autodominio porque la relación sexual y la relación social van inseparablemente unidas en la estructura política, en el pensamiento filosófico y la ética socio-sexual del mundo que se evoca[37]. Son precisamente las cualidades que celebraba el Hombre 1

---

[35] Martínez Nadal observa al comentar el episodio que «ese Hombre 1 está concebido como buscador de una belleza ideal, desprovista de toda relación carnal, aun cuando el camino sea un hundirse en la carne» («Guía», 207). Binding parece compartir la opinión de Martínez Nadal cuando afirma que «Ni a la Figura de Cascabeles ni a la de Pámpanos se les ocurre dar otro significado a estas palabras ["El Emperador busca a uno"] que el sexual... Y es la Figura de Pámpanos..., quien ha sido más consistente con su sexualidad, el que es premiado con el abrazo del Emperador, para disgusto del Director» (180). Difícilmente se encontrará evidencia alguna en *El público* que muestre el contacto genital homogéneo como fuente de gozo y de placer, y menos como medio de llegar al fin noble que le adscriben Martínez Nadal y Binding.

[36] «"Miserable wretch", said Sokrates, "are you reckoning what will happen to you if you kiss a beautiful youth: instantly *[autika mala]* to be a slave instead of a free person...?"» La cita la transcribe Winkler para ilustrar la idea de que «Whether choosing a general to save the city or a bailiff to manage the farm... one wants a man who is the honourable master of his pleasures» («Laying Down the Law», 182).

[37] «For the "sexuality" of the classical Athenians, far from being independent and detached from politics... was constituted by the very principles on which Athenian public life was organized. In fact, the correspondences in classical Athens

cuando equipara la hombría con el autodominio en la alusión que hace a la lucha que han presenciado: «Debieron vencer... Siendo hombres los dos y no dejándose arrastrar por los falsos deseos. Siendo íntegramente hombres» (77). Defensor como es de los valores propugnados por el *ethos* homosexual griego a que él aspira y el Emperador ejemplifica, vencer para él significa no dejarse «arrastrar por los falsos deseos» a que se han entregado los vencidos en la lucha[38]. Dejarse dominar por los impulsos sexuales, en lugar de «luchar con la belleza pura de los mármoles que brillaban conservando deseos íntimos», equivale a rendirse al agresor, abdicar a la autonomía masculina, peor aún «constituye la negación ética por excelencia» (Foucault, *Historia,* 2, 83). No es de extrañar que las diatribas más feroces que Lorca lanza en *El público* y en la «Oda a Walt Whitman» vayan dirigidas contra los «maricas» que no han podido sublimar su deseo, mientras que la virtud que más laudatoriamente elogia es la que asimila al poeta norteamericano a un «Apolo virginal», inscribiéndole así dentro del panteón de «los puros» y «los clásicos» que admira[39]. Es la paradoja que observa Hocquenghem cuando afirma irónicamente al comentar el libro de Corrazé que «"Practicing" homosexuals are, in a sense, people who have failed their sublimation; they are "incapable of fully assuming the demands which nature and culture may impose on individuals"» (97).

Bien sea en el impulso hedonista hacia la belleza, en el concepto de eros que la acompaña, en el de la virtud, autodominio o en el de la espiritualidad, la presencia del pensamiento plató-

---

between sexual norms and social practices were so strict that an inquiry into Athenian sexuality *per se* would be nonsensical» (Halperin, *One Hundred,* 31).

[38] Para Carlos Feal: «Los deseos falsos son aquí los deseos íntimos, y Lorca y sus criaturas oscilan entre la actitud consciente en proclamar esos deseos —exhibirlos al aire libre— y la actitud contraria: ocultarlos en aras a principios establecidos» («El Lorca póstumo», 46). Si la polaridad con que se concibe el deseo en la mente del Hombre 1 varía entre el deseo puro (es decir, auténtico) de la homosexualidad sublimada que él representa y los falsos (es decir, inauténticos) de los que los satisfacen, es posible interpretar el calificativo de «falsos» como un intento por parte del Hombre 1 de librarse del estigma que hace recaer sobre los demás. Las motivaciones que lo empujan a ello las resume sucintamente Altman cuando afirma: «What was once internalized into self-disgust now seeks a target outside the self» (143). El Hombre 1 es el auténtico por no sentir los deseos físicos que imputa a los demás. La observación que en otro contexto hace Dollimore es especialmente pertinente a lo que se viene aclarando: «the charge of inauthenticity extends to one's own kind, or rather... precisely distinguishes associated others as not properly of one's kind». Ello se debe a que «authenticity is constituted negatively as that which is left after a projection onto the «inauthentic» of all the misery, alienation, and sometimes self-hatred which leaves its trace even on the most «liberated» psyche» (55-56).

[39] Es significativo que para Lorca el ideal del ego homosexual venga representado metonímicamente por Apolo, dios de la moderación, de la ley y del orden, de la inteligencia y la conciencia, el lado de la personalidad «[that] looks at the cosmos with the cold glance of intellect» (Keuls, 350).

nico se manifiesta en todos los niveles de la obra. Es un indicio de que el tipo de amor por el que Lorca clamaba una mejor comprensión estaba fuertemente influido por la pedagogía que vio ejemplificada en la obra de Platón, lo cual me lleva al siguiente punto que propongo abordar: su familiarización con la obra del filósofo y la evidencia que nos brinda para apoyar lo antedicho. Sabemos, gracias al testimonio del hermano del poeta, que «Federico estaba entusiasmado con los diálogos de Platón, que leía en ediciones de la biblioteca del propio don Fernando [de los Ríos]» (99)[40]. Las piezas que escribe durante los años de formación literaria que Eutimio Martín ha comentado ya reflejan de manera fehaciente el aludido entusiasmo por la literatura pagana, como se desprende de la influencia léxica y de la presencia del mismo Sócrates en el poema dramático de 1920 (?) que tituló primero *Banquete final* y cambió luego a *Sombras*. Igualmente revelador es que en otro texto inédito de 1922 titulado «Árbol de sorpresas. Sócrates», Lorca hace referencia al discípulo Lisis que sirvió de título a otro de los diálogos de Platón, con lo que se demuestra que el poeta tenía plenos conocimientos de los diálogos del filósofo griego, y no precisamente de los más divulgados. Más revelador aún es que Sócrates aparezca lleno de las asociaciones cristológicas que más tarde adquirirá el Hombre 1 en *El público*[41], de donde se infiere que la homosexualidad espiritualizada de Sócrates, su sacrificio y el que sufrió Cristo cuatro siglos después se asocia y se confunde en la mente del poeta al crear la escena culminante de la pasión del Hombre 1-Desnudo Rojo que se representa en el Cuadro Quinto. Indica también que los valores que Lorca vio ejemplificados en sus lecturas platónicas eran ideas que tenía presente durante la gestación de *El público*.

Es de esperar, dadas sus idiosincrasias personales, que Lorca estuviera anímicamente predispuesto a sintonizar emocional y psicológicamente con la obra del filósofo griego, y que sus revelaciones tuvieran complejas repercusiones anímicas en aquellos años de confusión e interrogaciones en torno a su identidad sexual. Revelaciones de este tipo no son infrecuentes cuando se trata de los velos que la cultura occidental corre en torno a la homosexualidad, como se desprende del joven paciente de dieciocho años que

---

[40] Junto a las comedias de Aristófanes en dos volúmenes fechados por el mismo Lorca con el 12-12-1918, los diálogos de Platón integran el fondo bibliotecológico del poeta. Agradezco a Manuel Fernández Montesinos el acceso que me facilitó a los textos que pude consultar en la Fundación Federico García Lorca, sede de la colección bibliotecaria del poeta y de su hermano Francisco.

[41] Según el texto inédito que reproduce Eutimio Martín, «una culebrilla roja le iluminó todo el pecho, como un hachazo de sangre, como una *llaga reflejada*». La observación que hace Martín es que «Este reflejo no puede proceder sino del Gólgota, convirtiendo al filósofo griego en una especie de prefiguración del crucificado» (242-243).

Havelock Ellis comenta como caso de homosexualidad latente. Dice este pionero en el estudio de la sexualidad humana: «an event occurred which he regards as decisive in his development. He read the *Phaedrus* and *Symposium* of Plato. A new world opened, and he felt that a new nature had been revealed» («Sexual Inversion», 139)[42]. Por lo que no debiera verse como aventurada la hipótesis, que Lorca experimentara una revelación similar, y menos que la sometiera a una elaboración artística parecida a la que experimentan otras fuentes literarias que incorporó a su estética personal, sobre todo cuando se tiene en cuenta que toda labor creadora tiene momentos en que una sola intuición basta para integrar muchos elementos en un todo[43]. En lo que toca al discurso de Aristófanes, se trata además de uno de los relatos más evocados y comentados de todos los discursos que configuran la obra de Platón, «the only speech in the *Symposium* which strikes the modern reader as founded on observable reality» (Dover, «Commentary», 113).

En lo que se refiere al encomio de Aristófanes en concreto, fue, como ya se ha indicado, un relato comentado por una de las mentes científicas más influenciales del momento, Sigmund Freud, quien recurrió a este mismo mito para ilustrar su teoría sobre «la génesis de la sexualidad» *(Más allá, XVIII, 56)*. Tampoco debiera minimizarse la valoración que del relato hace Marañón al ilustrar su teoría sobre el androginismo, muy posiblemente influenciado por la lectura del trabajo de Freud[44]. Lorca cohabitaba el ambiente cultural que giraba en torno a tamaña figura omnipresente y omnipotente en la cultura y en la ciencia española, por lo que es muy probable que estuviera familiarizado con contribuciones como las

---

[42] Compárese este incidente con el narrado por E. M. Forster en *Maurice*: «The boy had always been a scholar, awake to the printed word, and the horrors the Bible had evoked for him were to be laid by Plato. Never could he forget his emotion at first reading the *Phaedrus*. He saw there his malady described exquisitely, calmly, as a passion which we can direct, like any other, toward good or bad» (70).

[43] Decía Francisco Umbral en cierta ocasión que «en el creador puro es asombroso ver cómo se alimenta de la nada, cómo transforma y enriquece materiales escasos. Esto es exactamente lo que ocurre con Lorca» (224). A esta opinión se une la de otros amigos que conocieron personalmente al poeta, Ángel del Río entre ellos, quien, al referirse al poeta, decía, «Lorca lo asimilaba todo de manera prodigiosa. Penetraba en el secreto de un autor, sin conocerlo, oyendo hablar a sus amigos, viendo rápidamente un libro» (197).

[44] «Los mitos antiguos —dice Marañón— están llenos de esta idea. El andrógino surge en el arte y en la literatura a cada instante; y ya en fábulas remotas se habla de un tercer sexo. Recordemos no más el discurso de Aristófanes en *El banquete*, de Platón. Para él, como es sabido, los hombres eran primitivamente dobles y de tres categorías... Júpiter, para castigar su audacia, los hendió, como huevo —dice Platón— cortado por un hilo... Estos mitos tendían, por lo tanto, a dar una categoría fisiológica, de cosa normal, al ser medio hombre y medio mujer, a diferencia de los naturalistas, de los sociólogos y de los médicos, que consideraban como una aberración monstruosa toda infracción de la pureza de los tipos y de los instintos sexuales» *(Ensayos sobre la vida sexual, VIII, 326)*.

del endocrinólogo español, máxime cuando tocaba temas tan inmediatos a él como el de la homosexualidad; asimismo en lo referente a Freud, cuyas teorías psicoanalistas Luis López-Ballesteros estaba traduciendo en 1922 para Biblioteca Nueva después de haber sido presentadas en España en la temprana fecha de 1911 por Ortega y Gasset, gran entusiasta del científico vienés, de quien dijo con merecido entusiasmo: «es un profeta, un descubridor de ciertos secretos humanos, cuya patentización ha de ejercer una profunda influencia reformadora no sólo en la terapéutica de los neuróticos, sino en la psicología general... en la crítica artística, en la estética...». (Sahuquillo, 231). Como ya ha dejado constatado Huélamo Kosta en «La influencia de Freud», las teorías del vienés estaban bien presentes en el ambiente cultural que Lorca vivió en la Residencia de Estudiantes.

El discurso de Aristófanes debió tocar además algunos de los resortes psicológicos del poeta, como los que obedecen a fuerzas subconscientes relacionadas con la idea de reconciliación inicial que se expone reiteradamente en su obra poética y dramática. Se trata del retorno a una integridad anterior, del deseo de regresión a la niñez que se manifiesta ya en uno de esos poemas juveniles tan premonitorios de lo que ha de plasmar su obra venidera, en los versos de la «Balada de la placeta»: «y yo me iré muy lejos /... para pedirle a Cristo / Señor que me devuelva / mi alma antigua de niño» (*OC*, I, 98). Es la misma idea que se repite en «Oración», donde se hace más explícita la huida hacia la infancia mediante la cual se evitará un enfrentamiento con lo que Maurer define como «los acuciantes problemas de la sexualidad adolescente: "Que la copa del semen / se derrame del todo. / Que no queme en mi carne / ni sangre ni calor. / Quiero ser como un niño"» («Introducción», 265). Esta niñez añorada e igualmente idealizada aparece por igual en su obra neoyorquina *Así que pasen cinco años*, en la nostalgia con que el Amigo 2 recuerda una niñez que contrapone a un presente caracterizado por la inautenticidad de las caretas: «Yo era tierno y cantaba, y ahora hay un hombre, un señor *(Al Viejo.)* como usted, que anda por dentro de mí con dos o tres caretas preparadas... Pero todavía no, todavía me veo subido en los cerezos... con aquel traje gris... Un traje que tenía unas anclas de plata» *(OC*, II, 528). La relación que existe entre nostalgia por la niñez perdida, idealización del pasado y el mito de Aristófanes la ha señalado un conocido filósofo de la ciencia, Karl Popper, al observar que «It is perhaps not too far-fetched to connect the latter or even both [the idealization of the past and the fear of innovation], with the idealization of one's childhood, one's home, one's parents, and with the nostalgic wish to return to these early stages of one's life, to one's origin. There are many passages in Plato in which he takes it for granted that the original state of affairs, or original nature is a state of blessedness. I refer only to the speech of Aristophanes in the *Symposium*» (218, nota 4). En Lorca encontramos este deseo de retorno con una persistencia parecida a la del amor frustrado por estar igualmente relacionado y condicionado por su peripecia sexual, ya que la nostalgia que expresa por el estado de inocencia asociado a la existencia presexual es otra de las alternativas con que se trata de evadir la confrontación con la problemática que atosiga al poeta. Temores de este mismo tipo los compartieron otros autores contemporáneos a él, autores que tampoco pudieron totalmente reconciliarse con su realidad vivencial[45].

Después de haber analizado los vínculos temáticos que unen el episodio romano con la obra de Platón, no se tarda en observar la paradoja resultante de la combinación de la pedagogía erótica que trae Lorca a su defensa. Me refiero concretamente al declarado intento por parte del autor de reivindicar la naturalidad de la homosexualidad trayendo a su defensa un sistema ideológico cuya característica era precisamente desexualizar la sexualidad, asignando al amor entre seres del mismo sexo una causa final libre de todo elemento físico: la contemplación de la belleza inmutable. Como ha señalado Gerosimos Santas «Far from sexualizing all love, it looks as though, in making eros proper a species of generic eros, [Plato] was trying to desexualize even sexual love. The Platonic lover is not driven by sexual desire, but pulled, attracted by inmortality, beauty and the good» (172). La respuesta es que Lorca no podía sustraerse a las contradicciones propias de una época que en su intento por crear nuevos referentes positivos con que referirse a la homosexualidad lo hizo reproduciendo irónicamente las mismas estructuras represivas que trataba de subvertir. ¿De qué otro modo podía hablar dignamente de una sexualidad difamada a lo largo de los siglos; en un momento histórico de condiciones ideológicas adversas a ello[46]; desde el forzado irreconocimiento propio que la situación crea en el sujeto; con formas de expresión carentes de imáge-

---

[45] Thomas Yingling, en su estudio ya citado sobre Hart Crane, se pregunta retóricamente «why the presexual holds such an appeal for a gay man in Crane's era, and how it can function as a figure for unalienated identity (Sharon O'Brien suggests that in Willa Cather the idealization of childhood as a pregendered and therefore unalienated autobiographical space is directly related to her alienation as a sexual adult)» (135). Más pertinente a lo que se viene diciendo de Lorca es el comentario que hace Yingling del poeta norteamericano Matthiesen: «One sees here how the pastoral and the detail of the children, which is at once suggestive of the progenitive and the innocent, serves to distance Matthiessen from his former [sexual] activities. Evident in this passage as well is an internalized homophobia that expresses itself not only in his fear and censure of other homosexuals but also in the barely concealed nostalgia for a nonsexual existence, for a state of being where one is not torn by and subject to the differences of this particular desire» (75).

[46] «It is unlikely that at any time in Western history have gay people been the victims of more widespread and vehement intolerance than during the first half of the twentieth century» (Boswell, *Christianity,* 23).

nes positivas con que proyectarla y con el lenguaje difamatorio que una tradición predominantemente homófoba le había legado? La respuesta es bien evidente: recurriendo a mundos lejanos pero no represivos, en los que las relaciones afectivas entre seres del mismo sexo eran objeto de encomio. Eran los códigos de respetabilidad sexual que Lorca tenía a su alcance, como también lo fueron para Walt Whitman y para otros escritores como John Addington Symonds, Oscar Wilde y Hart Crane, quienes también movilizaron la tradición uranista apelando a lo que Sedgwick llama «la autoridad virilizante de los griegos» *(Between,* 208)[47]. Para pasar a la defensa que Lorca quería lanzar, era necesario que el amor homosexual se sometiera a un proceso alquímico que lo depurase del componente físico que lo homosexualiza, para que luego, al purificarse y espiritualizarse, se ennobleciera y redimiera de la condición homo*sexual* que lo degradaba. Sólo así, suprimiendo su componente físico, podía la homosexualidad equipararse a la heterosexualidad y demostrar efectivamente que dos personas del mismo sexo pueden compartir sentimientos comparables a los que expresa la malograda pareja de amantes en *Romeo y Julieta* que Lorca toma como ejemplo del amor imposible en *El público.* Pero para ello era necesario mostrar primero que no había contacto genital en la relación que se idealiza, nada homosexual que la condene, puesto que, al desaparecer el deseo, fuente de toda atracción sexual, desaparece el problema. Eran precisamente las mismas contradicciones que prevalecían en la España del poeta, según se desprende de las páginas del acreditado endocrinólogo Gregorio Marañón, quien mantenía que la homosexualidad se puede dividir en dos categorías: la representada por el tipo vergonzante que considera «escandaloso o inútil el citar ejemplos de esta variedad cínica de la homosexualidad» y, por otro lado, la homosexualidad «de categoría espiritual generalmente alta... [que] suele adoptar principalmente la forma de la amistad amorosa, muy cargada de elementos afectivos, de "protección", de sacrificio, de idealización de los afectos; quizá libre de verdaderas relaciones sexuales directas» («Mi concepto biológico de la homosexualidad», *OC,* I, 172). Irónicamente fue esta modalidad de amor intermasculino, más idealista que realista, lo que pasaría a ser rechazado por una vanguardia más desinhibida y menos pacata de la que representaba *El público,* la constituida por el grupo Bloomsbury, concretamente por Lytton Strachey, quien se refirió a esta modalidad erótica como una «sodomía superior». Como ha señalado Dowling:

---

[47] Así lo ha afirmado Eric Bentley al comentar que «Whitman may well have made the calculation that, in his time, one could only glorify the homosexual mentality while denying that any physical activity followed in its wake» (131). Para un estudio de lo que Craft llama «this topos of self-recognition via Platonic texts» (45) en la obra de Symonds y Wilde véase el estudio ya citado de Dowling.

«even as its ideals of spiritual procreancy and nongenital erotism went on silently expanding the dimensions of intentionality and inwardness necessary to constitute "homosexuality" as a positive social identity, the Uranian ideal could in the early years of the twentieth century be contemptuously dismissed by such influential voices as that of Lytton Strachey as nothing more than a weak attempt to deny that physical desire now pronounced by Freud and others to be universal and all pervasive —as, in short, nothing more that "the higher sodomy"» (134-135).

Como se viene demostrando, *El público* deja traducir el carácter represivo de la época en que se concibió. Igualmente cierto es que la obra estuvo condicionada también por las contradicciones íntimas del autor suscitadas por problemas eróticos que no llegó a resolver del todo. Si tomamos al Hombre 1 como una «transposición heroica e idealizada del poeta» (Belamich, 109), como efectivamente parece ser el caso, es fácil ver la identificación que se establece entre Pámpanos/Hombre 1 y Emperador como un pretexto para celebrar un homoerotismo viril que se distancia de las otras manifestaciones denostadas que representan el Director y los otros dos Hombres que lo acompañan, identificados como vienen con la actividad genital, la pasividad sexual y el afeminamiento. Son hombres que han traicionado el ideal viril que el Hombre 1 y el Emperador ejemplifican. El episodio parece estar concebido para contrastar la «abstención indefinida» que el Hombre 1 ejemplifica con la consumación de los apetitos sexuales de sus acompañantes. Obedece a un esfuerzo por parte de Lorca de ennoblecer su propia homosexualidad. El poeta se sirve de este episodio para recalcar la masculinidad radiante de quien sabe sublimar su erotismo, proponiendo irónicamente subjetividades que sólo pueden llevar a la autorrepresión. Es una manera de dar salida a la necesidad de crear ideales difícilmente alcanzables en la realidad pero a los que, no obstante, se aspira en la imaginación del autor. Mirémoslo por donde lo miremos, *El público* es una obra tan contradictoria como difícil de descifrar, una puesta en discurso de la sexualidad reprimida cuyos únicos paliativos que se ofrecen son la sublimación o la muerte. Es la paradoja en que incurre una ideología que basa la aceptación de la homosexualidad en el grado de intensidad con que se niega el deseo, bien sea mediante su sublimación y purificación, o bien por medio de la autodestrucción redentiva que encontramos en la escena de la crucifixión al final de la obra. De modo que lo que no se consigue plenamente aspirando a la unión platónica se consuma en el sacrificio. Cristianismo y platonismo, después de todo, no están tan reñidos según lo vio Nietzsche[48]. Platón, Emperador y Hombre 1; Cristo, Hombre 1-Desnudo Rojo: el paralelismo

---

[48] «But the struggle against Plato, or, to express it more plainly and for "the people", the struggle against the Christian-ecclesiastical pressure of millennia —

es lo bastante sugestivo como para corroborar que, efectivamente, «Homosexuality is redeemed by the absolute gift —the total sacrifice, where pleasure is what is prohibited» (Hocquenghem, 70).

Se infiere de todo ello que Lorca no fue sincero consigo mismo a la hora de crear estas representaciones de la homosexualidad. Hay estrategias de negación que delatan una inconsciente connivencia y complicidad con los discursos de poder, los mismos mecanismos responsables por su opresión, por lo que sus esfuerzos de liberación gay no pueden más que verse limitados. Es el mismo problema que Luis Cernuda supo ver de manera perspicaz en la «Oda a Walt Whitman», donde se vislumbran las mismas estrategias de negación que encontramos en *El público*: «puede lamentarse que ese poema sea tan confuso, a pesar de su fuerza expresiva; pero el autor no quiso advertir que, asumiendo ahí una actitud contradictoria consigo mismo y con sus propias emociones, el poema resultaría contraproducente. Para quien conociese bien a Lorca, el efecto de "Oda a Walt Whitman" es de ciertas esculturas inacabadas porque el bloque de mármol encerraba una grieta» *(OC,* II, 211-212). Es difícil no pensar en otra reflexión sobre «grietas» parecidas como la que André Gide, buen conocedor de estas estrategias y muy al corriente de las actividades de quien las usaba, Marcel Proust supo ver en *Sodoma y Gomorra* al escribir en su diario la indignación que había causado en él la imagen negativa de la homosexualidad que proyectan las páginas del conocido autor y que obedecen a un intento de fingir lo que no era: «Sabiendo lo que piensa y cómo es, sólo puedo ver en eso un fingimiento, un deseo de protegerse, un disfraz sumamente hábil, desde luego, pues a nadie puede convenir denunciarlo. Hay más: este atentado a la verdad agradará tal vez a todos: a los heterosexuales, cuyas prevenciones justifica y cuyas repugnancias halaga; y a los otros, que se aprovecharán de la coartada y de su poco parecido con los que Proust describe» (616). Contradicciones de este tipo las encontramos dondequiera Lorca toque explícitamente el tema de la homosexualidad: el Lorca que, por una parte, exalta el amor homosexual mostrando que puede suscitar los mismos sentimientos nobles y desinteresados que el heterosexual y el que, por otra parte, condena sus manifestaciones físicas; el que encuentra alivio y felicidad en este modo de amar y el que se siente traumatizado por los sentimientos de culpa que le causan; el que ridiculiza al mariquita en el poema de este mismo nombre y el que irónicamente dedica el libro en que viene integrado dicho poema a su amigo más homófobo, Luis Buñuel; el poeta que idealiza la pureza virginal de Whitman y el que relega la homosexualidad a un mundo de «alcantarillas», el homosexual moralista que dictamina

---

for Christianity of Platonism for the people— has created in Europe a magnificent tension of the spirit such as has never existed on earth before» (*Beyond Good and Evil*, Sedgwick, *Epistemology,* 139).

lo que es aceptable o no en prácticas sexuales («el ano es el fracaso del hombre... su vergüenza y su muerte» [75]) y el Lorca que no pudo sofocar el grito de la carne durante sus días liberadores en Nueva York y en La Habana (Gibson, *Federico García Lorca*, II, 61-64 y 104-118), conflictos muchos de ellos que, según se ha dicho, eran comunes en la época[49]. Por lo que no es de extrañar que ambas fuerzas antagónicas se manifiesten de manera conflictiva en la vida y obra del poeta[50].

Ya concluyendo, el episodio del Emperador no es sólo una reintrepretación del mito de Aristófanes y del pensamiento platónico en que se inscribe, sino que es también una interpretación de las resonancias psicológicas, anímicas y sociales que la homosexualidad, en toda su inconsciencia, tuvo para el poeta. El intento de afrentar los prejuicios que impedían la fruición de los afectos y placeres denostados no pudo sustraerse a las contradicciones en que incurrió el discurso cultural de su época, por lo que cabe concluir que *El público* es mucho más que un intento de explicar la homosexualidad, de proclamar el derecho en la persona «a amar según las exigencias más profundas de su individualidad» (Gibson, *Federico García Lorca*, II, 114). Es también un reflejo de las contradicciones en que incurre una época y un autor que a la hora de buscar nuevos referentes positivos con que, referirse a la homosexualidad, no pudo sino reproducir las mismas estructuras represivas que trataba de subvertir.

---

[49] Así lo ha indicado Robert Martin en el comentario que hace de Hart Crane, poeta que, como es sabido, Lorca conoció en Nueva York: «in the majority of his poems Crane was tormented by the belief that he was split apart by his sexuality, that it was virtually impossible to reconcile the spiritual self of the poet and the physical self of the unfulfilled lover. Such self-hatred was common in homosexuals of Crane's time, who could find no way of fulfilling their desires without violating the image of the ideal, spiritual relationship which had been constructed for homosexual love. This was the "trap" of Platonism. Homosexuality was "higher" than heterosexuality because more spiritual and less physical; the assertion of a homosexual identity was then at odds with the fullfilment of a homosexual desire» (121-122).

[50] En cuanto a la primera, su correspondencia está salpicada de frases que sugieren una constante problemática personal. En 1925, cuando el poeta contaba veinticinco años, se lamentaba reiteradamente de que «atravieso una de las crisis más fuertes que he tenido» (293); «Yo he pasado una malísima temporada turbia de profundidades sentimentales, contra las cuales no ha podido luchar mi lírica ni mi alegría innata» (299); «voy entrando en problemas que hace tiempo debí plantearme» (302). Tres años más tarde vuelve a referirse a esos mismos problemas que no parece haber resuelto: «me asaltan constantemente varios conflictos sentimentales opuestos y dificilísimos, que desde hace dos o tres años tengo en pie» (543). Es ésta una crisis que continúa afligiéndole a lo largo de ese mismo año de 1928: «He atravesado (estoy atravesando) una de las crisis más hondas de mi vida. Ahora estoy lleno de desesperanza, sin ganas de nada, tullido» (573); «Estoy atravesando una gran crisis *sentimental* (así es) de la que espero salir curado» (576); «Estoy muy *baqueteado* y maltratado de pasiones que tengo que vencer» (579); «Y teniendo conflictos de sentimientos muy graves y estando *transido* de amor, de suciedad, de cosas feas» (581), hasta que en 1931, aludiendo a su condición de incomprendido, afirma estar «acostumbrado a sufrir por cosas que la gente no comprende ni sospecha» (*Epistolario completo*, 713).

CAPÍTULO IV

Duplicidades ideológicas
y reivindicaciones problemáticas.
La configuración heterosexual del deseo
en el *Romeo y Julieta* «bajo la arena»

El experimento dramático que el Director de escena lleva a cabo con la obra de Shakespeare en el cuadro quinto constituye, sin lugar a dudas, el episodio más importante de *El público*, aun cuando se trata de una representación a la que, según el texto que nos ha llegado, no tenemos acceso visual al realizarse entre bastidores, siendo los Estudiantes y las Damas que irrumpen en escena quienes nos informan acerca de lo acaecido. Su importancia estriba en ser el incidente al que van a converger temas introducidos con anterioridad y del que parten otros que tienen implicaciones serias en la obra. Por ejemplo, es el incidente que pone de relieve los extremos a que puede llegar el miedo a la diferencia sexual, según se desprende de la furia de un público sanguinario que lincha y acuchilla a muerte a los dos protagonistas de un amor que desafía las normas comunes. La intransigencia y la incomprensión del público enfurecido, que se erige con violencia ante el espectáculo que ha presenciado, básicamente sirve para hacer patente las repercusiones que podría tener la revelación pública de las intimidades de seres que no se ajustan a los modelos heterosexuales que la sociedad reconoce. En realidad, el episodio y, por extensión, la obra en general, si lo analizamos desde la perspectiva que nos ofrece el final trágico que encuentran los transgresores de la moral sexual establecida, podría muy bien interpretarse como una glosa del dilema que, por una parte, representa permanecer oculto para protegerse de las críticas y descalificaciones sociales y profesionales que supondría el hecho desacreditable de admitir una sexualidad réproba y, por otra, los peligros que conlleva su declaración en un *milieu* hostil como el que representa el público que presencia el «dificilísimo juego poético» que lleva a la práctica el Director (157). De esta manera se pone de relieve a las instancias sociales que perpetúan el asesinato, las que vencen. Como señala Llamas en su estudio de la teoría gay y lesbiana, «el homosexual asesinado define la instancia que sobrevive, que vence, la instancia más fuerte» que en este caso es la misma que se ampara en la legalidad establecida que sanciona la violencia y el homicidio que se perpetra (144).

Otro de los propósitos que animan al truco del Director es el de servir de pretexto para abordar, si bien de manera indirecta y disfrazada, el tema de la homosexualidad en un momento histórico que hacía difícil su expresión pública. No se trata simplemente de romper los tabúes que han impedido su representación. La elección de este drama de amor trágico obedece, sobre todo, a la necesidad por parte del autor de crear referentes positivos sobre los afectos que pueden desarrollarse entre dos personas del mismo sexo, el compromiso y lealtad que los puede unir. Sirve, además, para dar un ejemplo de la existencia precaria que mantienen estas relaciones denostadas y de los obstáculos que se anteponen a toda unión sentimental que se aparte de la norma establecida. Es una manera de dejar traslucir el carácter represivo de la sociedad moderna al mostrarnos que la atracción que estos dos amantes homosexuales sienten entre sí sólo puede tener repercusiones trágicas dadas las circunstancias homófobas en que se ha de desarrollar[1]. Habiendo dicho esto, se entiende que la selección del texto shakesperiano resulte tan eficaz y apropiada: porque ilustra de manera patente el predicamento existencial que representan estos dos hombres sumidos en un mundo intransigente e incomprensible que aniquila el amor, pero condona la violencia y el asesinato. Es precisamente el mismo ejemplo que Proust escoge como punto de comparación para ilustrar los impedimentos que estos amores tienen que vencer. Como se deduce del comentario que el narrador hace del Barón de Charlus en la introducción a *Sodoma y Gomorra*: «Para hombres como monsieur de Charlus... el amor mutuo, además de las dificultades tan grandes, a veces insuperables, que encuentra en la generalidad de los seres, les suma otras tan especiales que lo que es siempre muy raro para todo el mundo resulta para ellos casi imposible, y que, si se produce un encuentro verdaderamente

---

[1] Derek Harris lo ha visto como una burla al observar que «En el fondo de la obra yace una amarga burla: el tema fundamental es la imposibilidad de representar el tema fundamental» («Introducción», 33).

afortunado para ellos o que la naturaleza les hace verlo afortunado, su dicha, mucho más que la del enamorado normal, tiene algo de extraordinario, de selecto, de profundamente necesario. El odio entre los capuletos y los montescos no era nada al lado de los impedimentos de todo orden que ha habido que vencer» (*En busca del tiempo perdido*, IV, 38).

Esta forma de conceptualizar los amores que se desvían del recto camino, la verdad sea dicha, tiene la desventaja de promocionar el *rol* de víctima que las representaciones de la homosexualidad ponen de manifiesto cada vez que se les da expresión pública. Es lo que Llamas califica «pervivencia del imaginario desdichado» (87). Es como si el texto estuviera insinuando que la única manera de representar las relaciones homoafectivas es mediante el *rol* de víctima que asumen, como si nos estuviera diciendo que el destino trágico que encuentra esta pareja de enamorados es parte consustancial de las realidades homosexuales, victimización que se vuelve a sugerir al final de la obra con la crucifixión del Hombre 1/ Romeo. Así y todo, cabe reconocer que su representación explica la inaccesibilidad por parte del autor a cualquier representación no trágica de las realidades homosexuales.

No obstante, lo que interesa analizar en este capítulo no es tanto el componente trágico del experimento «bajo la arena». Lo que motiva mi interés en el presente capítulo es el análisis deconstructivo de los problemáticos significados ocultos que encierra esta representacion travestista que ha provocado el furor del público. Hay en esta ocurrencia del Director, concretamente la de servirse de un modelo heterosexual como el constituido por la pareja shakesperiana, una irónica reafirmación de los prejuicios y estereotipos más simplistas, y reaccionarios, con que tradicionalmente se ha definido la homosexualidad: la de ser una imitación de los parámetros heterosexuales que la determinan y que presuponen que «all sexuality is hetero and that same-sex relations are versions of male/female ones» (Goldberg, 111). Se infiere de ello que la atracción hacia el mismo sexo debe ser representada como una atracción hacia la diferencia, la diferencia siendo obviamente «a species or version, however displaced, of the feminine» (Craft, 77). El efebo aparece como sustituto de la mujer y el deseo que hacia él se expresa es un deseo teleológicamente heterosexual, con lo cual se debilita un tanto el propósito principal de la obra. El otro aspecto de este *Romeo y Julieta* que me propongo estudiar es el que viene constituido por la reacción homófoba de la sala al descubrir que Julieta era, en realidad, un muchacho disfrazado de mujer. Veo en esta reacción una maniobra defensiva que encubre motivos imprevistos por el autor y que están relacionados con los temores subconscientes que siente la sociedad ante la diferencia sexual.

Primero convendrá detenernos en el análisis de este último aspecto del experimento para entender mejor la sublevación de los espectadores. Lo que de buen principio conviene recalcar es que el truco del Director de escena no se debe a un deliberado intento de replantear los *roles* sexuales, no se trata de una subversión deliberadamente politizada animada por el afán de trastocar los *roles* tradicionales, ya que, de ser así, la estrategia representacional de *Romeo y Julieta* hubiera prescindido del disfraz con que la presenta el Director. De ser así, Julieta hubiera tenido la función de mostrar que con un poco de práctica y esmero el hombre puede pasar por una mujer ejemplar. Lo que es más importante es que la relación homosexual no aparecería como una *liaison* heterosexual en la que, tal como nos la presenta Lorca, un hombre se enamora apasionadamente de una mujer creada por un hombre que, por si fuera poco, no ha completado su determinación sexual por la temprana edad que le atribuye su creador. Al presentarse mediante un acto de travestismo camuflado, que hubiera pasado desapercibido a no ser por el chivatazo de Selene, lo que podría ser un replanteamiento provocador de los *roles* sexuales establecidos se convierte en una tímida reconstitución del deseo homosexual como mnemotécnica heterosexual (Craft, 43). Es éste, quizá, uno de los llamamientos más irónicos de la representación, el de replantear la homosexualidad desde una perspectiva estereotipada que, al mismo tiempo que ratifica la manera en que es vista por la mirada heterosexual dominante, contiene irónicamenete un discurso implícito que hace patente un pacto con el régimen de sexualidad que ratifica los mismos valores que trata de subvertir. Más irónico aún es que los efectos revolucionarios que el experimento dramático tiene no corresponden a los intentos del Director, quien se había limitado a realizar un experimento que básicamente consistía en dar gato por liebre: presentar el amor homosexual bajo capa heterosexual, de manera camuflada, buscando el modo de realizarlo sin que nadie se percatara de ello. Como observa el Estudiante 2, «El Director de escena evitó de manera genial que la masa de espectadores se enterase de esto, pero los Caballos y la revolución han destruido sus planes» (139), idea que reitera el propio Director al admitir que «Mis amigos y yo abrimos el túnel bajo la arena sin que lo notara la gente de la ciudad» (153), por lo que cabe afirmar que Lorca no presenta una visión que cuestione lo atribuido al hombre y a la mujer, cultural y sexualmente hablando. No está poniendo en tela de juicio las convenciones más arraigadas sobre la sexualidad que a primera vista parece sugerir el texto por la evidente razón de que el muchacho no se apropia de las características femeninas para provocar al público a que piense en lo que pasa cuando un hombre adopta las características de una mujer. Es fácil reconocer que Lorca está reproduciendo los ejemplos travestistas como los cultivados por el teatro renacentista de Inglaterra donde la representación femenina por hombres era una práctica común. Eran prácticas que carecían de intención subversiva como también carecen de ellas las que se dan en la Ópera de Pekín donde el mérito de la imitación está en el «ideal» de mujer que el hombre proyecta[2]. Ni en un caso ni en el otro se trata de representaciones que impliquen una crítica de los *roles* sexuales como categoría ni una ilustración de la inestabilidad de la identidad humana. Son significados que se infieren filosóficamente de la representación. Lo mismo sucede en el caso del *Romeo y Julieta* «bajo la arena» donde el énfasis que se pone está en los sentimientos apasionados que un actor siente por el otro.

Si se trata de un incidente cuyo resultado no se había previsto ni era la intención del Director provocarlo, ¿por qué reacciona el público de la manera que vemos? La razón más obvia es que se siente indignado al ver que se ha desacralizado uno de los mitos más tiernos y conmovedores de amor heterosexual, insulto que ha sido provocado al homosexualizar los sentimientos que unen a los amantes shakesperianos. La otra razón, la que más incumbe para efectos de este análisis y que está implícita en la estrategia representacional que emplea Lorca, es la que nos ofrece un acercamiento filosófico, deconstruccionista, de la epistemología del género. Son significados muchos de ellos que se deben inferir del comportamiento de los espectadores porque se hallan de manera elíptica, invisibles, silenciados, posiblemente por falta de una tradición que ayudara al autor a delimitar mejor los contornos de lo que quería expresar y también por los propios prejuicios cara a la inversión de *roles* sexuales que Lorca no llegó a resolver del todo.

Bien visto, el episodio está grabado sobre un palimpsesto que disimula un conflicto verdadero entre la fijeza de la sexualidad humana y la fluidez de los *roles* a ella adscritos; las alternativas sexuales disruptivas que, por una parte, se introducen disimuladamente en el escenario y, por otra, la ortodoxia sexual dominante que las castiga. Son aspectos que merecen ser analizados por separado, en parte porque representan problemas conceptuales fundamentales que pueden ser imperceptiblemente pasados por alto sin que se aclaren las contradicciones que entraña el incidente, y también porque su significado más completo se recupera mejor cuando relacionamos el inconsciente del texto, «that of which it is not, and cannot be, aware» a las intenciones conscientes del autor (Eagleton, 89). Pero antes será conveniente analizar la reacción que tiene el público ante el «juego poético» del Director de escena para luego ocuparme de las contradicciones que contiene la visión estereotipada que representa el truco del Director.

---

[2] «The emphasis on the male-to-female transvestism of the Pekin Opera... is on "ideal" and transcended womanhood, an abstraction politically inflected and sexually aestheticized so that it can only be conceptualized and embodied by men» (Garber, 245).

Uno de los aspectos que requieren mayor atención por lo significativo que es cara a las complejas relaciones que la homosexualidad tiene con los valores sexuales establecidos y éstos con la homosexualidad es el acto de transferir la indumentaria femenina a un hombre, según se demuestra tras descubrir que el papel de Julieta lo había desempeñado un joven varón. Aunque no se trata más que de un experimento dramático que en teoría no debiera ir más allá del ámbito teatral al que se circunscribe, no obstante es el acto catalizador de la furia que el público descarga sobre los actores. Las razones son múltiples ya que el travestismo plantea problemas serios que no se pueden reducir a una sola explicación. Una de las muchas interpretaciones, la más evidente, está relacionada con la equiparación que tradicionalmente se ha establecido entre homosexualidad, travestismo y feminidad, debido a lo cual en la mente popular el hombre que se viste de mujer representa una abdicación al prestigio masculino y al poder que dicho prestigio conlleva. Por eso, cualquier hombre cuyo comportamiento social indique que ha renunciado a su propia virilidad inevitablemente produce una gran inquietud a los demás[3]. Un claro ejemplo de ello es el que viene constituido por la exclamación que hace la Dama 2. Me refiero, en concreto, a la angustia que delata cuando el Muchacho aclara que los pies de Julieta eran «pies inventados por un hombre» y exclama «¡Qué horror!» (127). Se horroriza ante la posibilidad de que las normas demarcadoras de las diferencias entre un sexo y otro se puedan invertir de manera casi imperceptible como suele suceder con el travestismo. No en vano se trata del personaje más identificado con los valores tradicionales y con el orden existente. El público se subleva por estas mismas razones: porque ve a los protagonistas de la infracción como traidores a su propio sexo, como un símbolo de la degradación a la que puede conducir la abdicación de las prerrogativas del sexo supuestamente superior, «this perpetual challenging of masculinity by a symbolic femininity and of the latter by the secret femininity which is the truth of all masculinity» (Sartre, 658-659). Relativo a estas preocupaciones está el hecho de que el travestismo, equiparado como está a la homosexualidad, borra los contornos que delimitan las diferencias sexuales entre hombre y mujer o, expresándolo con mayor precisión, los *roles* que tradicionalmente nuestra cultura ha asignado a los dos sexos. Lo más serio es que la alteración del sistema sexual que implica el incidente travestista inevitablememte pone en entredicho la firmeza de las ideologías con que se justifica la supuesta superioridad de un sexo sobre otro.

---

[3] Véase al respecto el estudio de George Chauncey, «De la inversión sexual a la homosexualidad», donde se traza de manera detallada los cambios por los que pasa la terminología médica relacionada con los *roles* sexuales a que alude el fenómeno travestista en el texto de Lorca.

Jean Howard lo ha expuesto de manera pertinente cuando se pregunta con relación a semejantes prácticas del teatro isabelino inglés, que *El público* imita, «If a boy can so successfully personate the voice, gait and manner of a woman, how stable are those boundaries separating one sexual kind from another, and thus how secure are those powers and privileges assigned to the hierarchically superior sex which depends upon notions of differences to justify its dominance» (435). Si el público se subleva es a raíz de lo afrentado que se siente al ver puestos en entredicho los valores sociales y culturales en que ha venido creyendo desde hace siglos, porque la obliteración de las diferencias sexuales representa la posibilidad peligrosamente liberadora de deshacer las estructuras de dominio y explotación en que se basa la oposición sexual binaria que mantiene el sistema. Como observa Marjorie Garber en su estudio sobre el travestismo: «This is the scandal of transvestism —that transvestism tells the truth about gender. Which is why... we cannot look it in the face (250-251). La diferencia se acepta siempre y cuando no presuponga una amenaza social, por lo que podríamos ver la contraofensiva de la Dama 2 como una maniobra defensiva que tiene la intención de reafirmar la ortodoxia sexual.

La reacción apasionada que la transgresión despierta en el público no se debe simplemente al caso de homosexualidad ofensiva que accidentalmente ha tenido que confrontar al descubrir que el verdadero amor de Romeo no era una mujer, sino un hombre vestido de mujer. Va más allá de lo que a primera vista parece ya que pone en entredicho la autenticidad biológica del *rol* sexual prescrito que aquí se subvierte. Si un hombre puede asumir el *rol* de una mujer, como es el caso con el actor que hace el papel de Julieta, y con ello perder su indumentaria masculina al apropiarse de los atuendos y demás rasgos que definen la identidad social femenina, sin que nadie salvo Selene, accidentalmente, se percate del engaño...; si los nuevos atributos femeninos de que se apropia pueden provocar incluso la admiración y los deseos de otros hombres, como sucede con los estudiantes que lo comentan, concretamente el Estudiante 5..., la pregunta a que inevitablemente da lugar el travestismo del joven actor es ¿hasta qué punto son auténticos los *roles* sexuales que las ciencias y la tradición han vinculado a sus respectivos sexos biológicos? Los presupuestos y convicciones culturales acerca de la identidad sexual quedan suspendidos al poner en entredicho las diferencias que demarca el sistema de sexualidad. Las ansiedades que ello provoca calan hondo por lo mucho que se pone en juego cuando se subvierte la identidad masculina que esta «Julieta» inadvertidamente está llevando a cabo[4].

---

[4] Fueron precisamente ansiedades de este tipo, reflejadas con anterioridad en la condena bíblica que decía que «The woman shall not wear that which pertai-

Así lo ha dejado expuesto Judith Butler con su habitual perspicacia cuando observa en su estudio sobre el género, «Inasmuch as "identity" is assured through the stability concept of sex, gender and sexuality, the very notion of "the person" is called into question by the cultural emergence of those "incoherent" or "discontinuous" gendered beings who appear to be persons but who fail to conform to the gendered norms of cultural intelligibility by which persons are defined... Their persistence and proliferation, however, provide critical opportunities to expose the limits and regulatory aims of that domain of intelligibility...» (17).

Como podemos ver, el incidente transgresor, según lo interpretan sus espectadores, va más allá del mero cuestionamiento de la fijeza de los *roles* sexuales, sus diferencias y tipografía, ya que, además de desestabilizar los presupuestos sexuales del público y de la sociedad que éste representa, nos alerta acerca de la artificialidad de la identidad sexual de la persona; nos advierte que «All gender ontology is reducible to the play of appearance» (Butler, 44), dando a entender con la disonancia que se crea entre sexo biológico y *roles* sexuales a él asignados que el género de la persona es fundamentalmente una construcción social que depende del ropaje con que se cubre y no de la ley inmutable e incuestionable en que estamos acostumbrados a creer. Más perturbador aún es que, según observa Julia Epstein en su estudio sobre la ambigüedad sexual, «the transvestite gesture signals the possibilities that the social body is as fluid as the private body's draperies and that the gender definitions regulating the social order may shift and mutate» (100). El joven varón se convierte en el arquetipo de lo que lleva, en este caso en una mujer ejemplar, confundiéndose el individuo con el arquetipo, la apariencia con la realidad, la imitación con lo imitado. Es un caso en el cual, efectivamente, el hábito hace al monje. Es como si la

---

neth unto man, neither shall a man put on a woman's garment, for all that do so are abomination unto the Lord thy God» (*Deuteronomy,* 22:5), las que llevaron a los detractores del teatro isabelino en la Inglaterra del siglo XVII a promover su clausura, en parte porque, según la tesis de Phyllis Rackin, las inversiones sexuales en que se incurría con la práctica de representar a hombres disfrazados de mujer socavaban la creciente hegemonía masculina que se estaba consolidando por los mismos años en que se cerraron los teatros. Relacionado con ello están las inquietudes que delataban los tratadistas puritanos, según los cuales el teatro afemina la mente del espectador al provocar deseos que causan la pérdida de la identidad masculina, porque el acto de travestirse hace del hombre una mujer. Es ésta precisamente la tesis del estudio de Laura Levine cuando dice «Antitheatricalists' fear that gender difference is ever under threat of breakdown and, more generally, their fear that under the costume there is really nothing there or, alternatively, that what is there is something foreign, something terrifying and essentially other» (23). Para una visión resumida de las diferentes interpretaciones que el fenómeno inglés ha recibido, véase el comentario que al respecto contiene la nota 3 del estudio de Jane Howard (419).

ropa y la teatralidad fueran el significador sexual de una femineidad (o masculinidad) que se puede transferir de un sexo a otro, retando así «the ontological foundation of a world in which representations themselves are only copies and the things they represent are "real"» (Levine, 112).

Si, como se viene observando, la imitación del sexo contrario tiene la capacidad de convertir a un hombre en «mujer», lo que ello presupone es que la acción y los signos en sí son constitutivos, una idea que implica que no hay nada fijo tras la apariencia. Es éste otro de los elementos desestabilizadores que adquiere el acto travestista que escandaliza a la sala en *El público*, porque, como ha señalado Esther Newton al disertar sobre el género en su estudio *Mother Camp: Female Impersonators in America*, «At its most complex [drag] is a double inversion that says "appearance is an illusion". Drag says "my *outside* appearance is feminine, but my essence *inside* [the body] is masculine". At the same time it symbolizes the opposite inversion: "my appearance *outside* [my body, my gender] is masculine but my essence *inside* [myself] is feminine"» (Butler, 137). La ansiedad y desorientación que esta confusión provoca en un público acostumbrado a dar por consabido la fijeza y la estabilidad del ser y a equiparar biología con *rol* sexual y social es absoluta. Lorca lo expresa hiperbólicamente mediante el asesinato de los protagonistas del engaño y el de la «verdadera» Julieta, como se desprende de los comentarios que hacen los estudiantes 4 y 1:

ESTUDIANTE 4.—Lo que es inadmisible es que los hayan asesinado.
ESTUDIANTE 1.—Y que hayan asesinado también a la verdadera Julieta que gemía debajo de las butacas.
ESTUDIANTE 4.—Por pura curiosidad, para ver lo que tenían dentro.
ESTUDIANTE 3.—¿Y qué han sacado en claro? Un racimo de heridas y una desorientación absoluta (139).

El contragolpe que da el público al verse afrentado con divergencias sexuales de este tipo es sumamente indicativo, ya que demuestra lo resbaladizo del terreno, lo peligroso que es todo intento por desestabilizar el sistema binario sexual sobre el que se basan las estructuras jerárquicas sociales. Julia Epstein lo ha resumido de manera pertinente cuando afirma que, «When efforts at taxonomy yield ambiguity, they fail: ambiguity must be officially erased in order to defeat the threat of rule breaking, boundary crossing, and anarchy that occurs if gender-indeterminate individuals are permitted to marry at their own discretion, to form legal bonds in which the sexes of the partners may be the same or ambiguous and therefore potentially the same. The threat here comes from all sides; if we digress from the absoluteness of the binary gender opposition, we will have a state in which bourgeois hegemony is threatened because homosexuality may claim sanctions, and social and legal control over the body (...) will thereby be surrendered» (129). En asuntos de índole sexual, el público quiere la certidumbre. No tolera la indeterminación, aun cuando sea necesario llegar al extremo a que llega para salir de dudas. Hay que conocer las anomalías sexuales de la otra persona para conocerla mejor y, contra mejores sean los conocimientos que adquiramos de sus características, más fácil será localizar al pervertido y, de este modo, prevenirse mejor de la amenaza social que representa. Les permitirá salir de dudas en cuanto a la fisiología, la identidad sexual y la desorientación que su inversión ha causado. El propósito principal es poder identificar y localizar al pervertido sexual[5]. Como señala Marjorie Garber, «If there's a difference (between gay and straight), we want to be able to *see* it, and if we see a difference (a man in women's clothes), we want to be able to *interpret* it. In both cases, the conflation is fueled by a desire to *tell the difference*, to guard aginst a difference that might otherwise put the identity of one's own position in question» (Garber, 130). A no otro fin se encaminaba el prurito clasificador, supuestamente científico, que ocupó a Marañón al ver el pelo, los dientes, la piel... del homosexual como reflejo de su condición.

Es ésta la razón por la que se pone un interés inusitado a lo largo de la pieza en el acto de ver, de inspeccionar, bien sea a través de las ventanas que aparecen como radiografías al comienzo de la pieza, de los biombos reveladores de las intimidades de quienes pasan tras ellos, del «ojo enorme» del Cuadro final, o del Muchacho 1 que entra con una linterna alumbrando la cara muerta del Hombre 1 en el Cuadro V. Y ello se debe a que el acto de mirar que se cristaliza en este deseo de inspeccionar los cuerpos sospechosos, y del que se hacen cómplices incluso los seres más inocentes («hasta los niños llevan navajitas para rasgar los telones», dirá el Director en su diálogo con el Prestidigitador [151]), permitirá extraer la clave del enigma que inquieta a estos observadores. En este sentido el texto ilustra de manera sutil uno de los placeres procedentes del uso represivo a que, según Foucault, se sometieron las ciencias sexuales de la segunda mitad de la era victoriana y la primera del siglo xx al sentir el afán que mostraron por categorizar lo normal a fin de definir mejor lo anormal, derivando placer a expensas de lo sexual: «el placer de ejercer un poder que pregunta,

---

[5] Pertinente a lo que aquí se viene señalando es el temor que en cierta ocasión expresó Lorca a que la gente indagara en su intimidad. Me refiero a la carta que mandó a su amigo Zalamea donde le decía: «Quiero y requetequiero mi intimidad. Si le temo a la *fama estúpida* es por esto precisamente. El hombre famoso tiene la amargura de llevar el pecho frío y traspasado por linternas sordas que dirigen sobre él *los otros*» (*Epistolario*, 577).

vigila, acecha, espía, escava, palpa, saca a luz» *(Historia,* I, 59); exigiendo, en consonancia con las estrategias principales de conocimiento y poder, que el sexo diga la verdad de nuestra existencia, «le pedimos que diga la verdad profundamnete enterrada de esa verdad de nosotros mismos que creemos poseer en la inmediatez de la conciencia» (ibíd., 88). Después de todo, se trata de la misma escena que habrá de repetirse ante la presencia del juez, con lo cual se muestra, por una parte, que la censura engendra efectos más escandalosos que lo censurado y, por otra, la hipocresía implícita en el placer «voyeurista» en que incurre un público que quiere gozar del espectáculo al mismo tiempo que lo condena. El núcleo de todo ello lo expone Freud en una de sus conferencias de introducción al psicoanálisis (1916-1917) cuando teoriza sobre lo aterrador y detestable de las perversiones sexuales y aclara que su manifestación ejerce un atractivo irresistible, «como si nadie pudiera olvidar que no son sólo algo abominable, sino también algo monstruoso, peligroso; como si se las juzgara seductoras y en el fondo hubiera que refrenar una secreta envidia hacia quienes las gozan» (XVI, 293)[6].

Esto nos lleva a otros temas que también aparecen de manera implícita en la obra y tienen que ver con la realidad ontológica de los *roles* sexuales cuya inversión es causa del motín que conocemos. Lo verdaderamente subversivo del acto travestista es que delata la artificialidad de los actos y del comportamiento ortodoxo masculino como una mera fabricación, como uno de los mecanismos «through which the social construction of gender takes place» (Butler, 137). Esta identidad social masculina, se ha dicho ya, no está constituida, sino que es constitutiva, o sea, no está constituida por los órganos genitales configuradores de la identidad sexual de la persona, sino que es constitutiva de un proceso complicado de interpretación de un guion que varía de cultura a cultura y que depende de cierta manera de hablar, gesticular, andar; depende del repertorio de la conversación que uno entabla, del vestuario que lleva, las amistades que escoge y del tipo de lectura con que se distrae. Como señala Nietzsche en otro lugar, «There is no *being* behind doing, effecting, becoming; *the doer* is merely a fiction added to the deed —the deed is everything» (Butler, 25), afirmación con la que Sartre inadvertidamente estaría de acuerdo cuando señala acerca de *Las criadas,* de Genet, de manera igualmente pertinente de *El público,*

---

[6] Es pertinente citar la definición científica que ofrece Freud en otra de estas conferencias introductorias acerca de lo que constituye una perversión: «llamamos perversa a una práctica sexual cuando ha renunciado a dicha meta [la de las reproducción] y persigue la ganancia de placer como meta autónoma... Todo lo que acontece antes de ese viraje, y de igual modo todo lo que se ha sustraido a él, lo que sólo sirve a la ganancia de placer, es tildado con el infamante nombre de "perverso" y es proscrito como tal» (XVI, 289).

que «being is revealed to be nothing...[since] the pantomime of a young male who pretends to be a woman *seems to him* [Genet] *to be the truth*» (668). El muchacho que hace el papel de Julieta y deslumbra al público con su arsenal de belleza femenina se impone como más real que la «verdadera» Julieta, «aquella muchacha llena de polvo» que desagrada al Estudiante 5 (141), porque, según los presupuestos filosóficos que Lorca inadvertidamente está ratificando *avant la lettre*, al asumir un papel se recrea el ser y la artificialidad que conlleva su creación se hace más evidente cuando el ser creado se destruye para revelar la vacuidad de que surgió. Es ésta otra de las razones por las que el episodio provoca la reacción que vemos, porque, entre otras cosas, pone de relieve la insustancialidad de los *roles* preasignados que el muchacho está imitando, y ello se debe a que «The replication of heterosexual constructs in non heterosexual frames brings into relief the utterly constructed status of the so-called heterosexual original. Thus, gay is to straight *not* as copy is to original, but, rather, as copy is to copy. The parodic repetition of "the original" reveals the original to be nothing other than a parody of the idea of the natural and the original» (Butler, 31).

Si, como se viene indicando, los papeles asignados al sexo biológico de la persona dependen de la habilidad con que se desempeñan, de lo bien o lo mal que se adhieren al papel que la sociedad prescribe, eso equivale a decir que «No one seems to have any inherent identity and everyone can be converted into something else» (Levine, 15), tanto actores como espectadores. La creencia de que una persona pueda convertirse en otra cosa básicamente es otra versión de la idea mágica que Lorca admiró en *Sueño de una noche de verano*, de Shakespeare. Me refiero, como es sabido, al carácter fortuito del amor que se dramatiza en la obra del poeta inglés y a la que el Prestidigitador alude cuando dice, «Si el amor es pura casualidad y Titania, reina de los Silfos, se enamora de un asno, nada de particular tendría que, por el mismo procedimiento, Gonzalo bebiera en el "music hall" con un muchacho vestido de blanco sentado en las rodillas» (153)[7]. La idea queda ilustrada de manera sutil al convertir a un joven adolescente en una Julieta ejemplar, haciendo de sus pies un motivo de atracción estética y erótica comparable a los de una mujer, como se de-

---

[7] La idea estuvo viva en la mente del autor, desde la exortación que hace el silfo del prólogo de *El maleficio de la mariposa*: «di, poeta, a los hombres que el amor nace con la misma intensidad en todos los planos de la vida... dile al hombre que sea humilde, ¡todo es igual en la Naturaleza!» (*OC*, II, 6), hasta el comentario que 16 años después Lorca le hizo a Martínez Nadal, según cuenta éste, sobre la escena rústica de *Sueño de una noche de verano*: «Lo que Shakespeare nos está diciendo... es que el amor no depende del individuo y que se impone con igual fuerza en todos los planos. Lo que pasa en el bosque es lo que pasa a todos los personajes dentro y fuera del mundo mágico de las hadas» («Guía», 234).

muestra mediante las reacciones que provocan en los jóvenes que los admiran. Me refiero, en concreto, a la descripción que primero hace el Muchacho 1 cuando dice que los «pies de Julieta eran pequeñísimos... Eran demasiado perfectos y demasiado femeninos. Eran pies de hombre, pies inventados por un hombre» (127)[8], descripción que explicará el entusiasmo que más tarde revela el Estudiante 5 cuando entra alegrísimo de haber conseguido un zapato de esta Julieta, «la que estaba en el escenario, la que tenía los pies más bellos del mundo» y, a pesar de que el Estudiante 4 le advierte de que eran pies de un joven disfrazado de mujer[9], insiste en su admiración: «¡Pues me gusta! —responde refiriéndose al joven Julieta—. Parecía muy hermosa y si era un joven disfrazado no me importa nada; en cambio no habría recogido el zapato de aquella muchacha llena de polvo que gemía por debajo de las sillas» (141). Lo significativo de estas reacciones es que responden al estímulo de la belleza erótica *per se*, totalmente desvinculada de la fisiología sexual del cuerpo al que pertenece lo elogiado[10].

Como diría Sartre de Jean Genet años después, Lorca, en este caso, «is trying to present to us femininity without woman» (656). Está llevando a cabo un experimento que ilustra irónicamente la manera en que «Shorn of its texture and purified, femininity becomes a heraldic sign, a cipher. As long as it was natural, the feminine blazon remained embedded in woman. Spiritualized, it becomes a category of the imagination, a device for generating reveries. Anything can be a woman: a flower, an animal, an inkwell» (ibíd., 655). Todo, cabe añadir, salvo la realidad imitada, o sea, la mujer, puesto que si la femineidad, o la masculinidad, es, como se viene observando, una elaboración cultural, «*fabrications* manufactured and sustained through corporeal signs and other discursive means» (Butler, 136), se infiere de la filosofía sartriana, que el texto de Lorca inadvertidamente corrobora, que «A real woman can only be herself, but a man, because he is presenting an idealisation, can aspire to the idea of the perfect woman» (Garber, 246). Contra más artificial sea la imitación, más real es lo imitado. Los ejemplos de los travestidos más sobresalientes que ha conocido la historia, y que podrían servir para corroborar lo dicho, son múltiples,

---

[8] Descripción que concuerda con la exortación que el Est. 2 hace cuando anima a los demás a contemplar a esta Julieta ejemplarmente femenina: «Vamos a ver la última Julieta *verdaderamente femenina* que se verá en el teatro» (133, la cursiva es mía).

[9] «*(Con asombro.)* ¿Pero no te has dado cuenta que la Julieta que estaba en el sepulcro era un joven disfrazado» (141).

[10] Andrew Anderson interpreta el truco travestista desde otra perspectiva al afirmar que «the idea obviously derives in part from the Elizabethan practice of casting boys in all the female *roles* of a play, but Lorca switches the tables on any suggestions of titillating transvestism by asserting the real love in the homosexual relationship» («Some Shakespearean», 196).

como es el caso de Edward Kynaston, «Restoration actor... who specialyzed in female *roles* at a time when the "boy actor" was going out of style, [and] was praised by one critic as a "Compleat Female Stage Beauty"» (Garber, 246), cosa que se le está vedada a la mujer por no tener la capacidad de extraer lo esencial del grupo al que pertenece: «sólo hay algo más femenino que una mujer y más masculino que un hombre, su esencia, sus rasgos sobresalientes, y a menudo el individuo dentro de un determinado grupo no tiene la capacidad de extraer lo esencial por pertenecer a él» (De Diego, 19). Un segundo ejemplo igualmente revelador es el de Francis Leon, actor del siglo XIX de cuya mímica femenina se dijo encomiosamente: «He is more womanly in his by-play and mannerism than the most charming female imaginable» (ibíd., 276), elogios que se reiterarían un siglo después al ser dirigidos a un imitador de Judy Garland de quien se dijo, de una manera que nos remite a la reacción del personaje lorquiano, «he's no Garland, but he is prettier» (ibíd., 149)[11]. Son ejemplos todos ellos que, además de mostrar que se trata de una ambigüedad que va más allá de la fase adolescente en que se encuentra el joven actor que encarna a Julieta, corroboran de manera inequívoca la idea que el texto ilustra accidentalmente sobre la realidad de la imitación y la ficción de la realidad o, dicho de otro modo, la artificialidad de los *roles* asignados.

Lorca sabía de esta mutabilidad y fluidez que revela el cuadro. Lo podía muy bien haber inferido de los espectáculos que durante su estancia en Nueva York veía asiduamente en su predilecto lugar de diversión, el Small's Paradise, una de las muchas salas del Harlem subversivo y liberador de los años 20 que pasó a ser conocida por los espectáculos travestis que ofrecía y que atraían mayormente a un público predominantemente homosexual y negro, según dejó testimoniado su amigo Amero[12]. La confusión sexual

---

[11] El fenómeno, por su naturaleza universal, trasciende límites geográficos y culturales, para incluir el lejano Oriente, donde «The emphasis on the male-to-female transvestism of the Peking Opera... is on "ideal" and transcendent womanhood, an abstraction politically inflected and sexually aestheticized so that it can only be conceptualized and embodied by men» (Garber, 245). Lo mismo se aplica a la inversa en casos de travestismo de mujer a hombre, aunque los motivos son diferentes, como lo indica Annette Kuhnn en su estudio «Sexual Disguise and Cinema» cuando dice que «in certain circumstances crossdressing intensifies, rather than blurs, sexual difference, sometimes by calling attention to the woman's failure to perform the masculine role signified by her dress» (Howard, 434).

[12] Dice Amero que Lorca «enjoyed going to the theatre, enjoyed speaking Spanish all day long with anybody. Gabriel García Maroto, Lorca and I often used to go over and visit Small's Paradise, the dance hall, for Lorca loved Negroes, Negro music, jazz...». (Diers, 28). Según las investigaciones del autor de *Gay New York*, «Many of the gay-oriented clubs were located in the area between Fifth and Seventh Avenue... where most of Harlem's best-known clubs were clustered... A handful of clubs catered to lesbians and gay men, including the Hobby Horse, Tillie's

que llegó a caracterizar a estos bailes ha quedado constatada por un observador de la época, el escritor afroamericano Bruce Nugent, cuando comentó acerca de los concursos celebrados en una de dichas salas que «the famous Hamilton Lodge "drag" balls were becoming more and more notorious and gender more and more conjectural» (Chauncey, *Gay NY*, 252). Pero lo que conviene aclarar es que, aun cuando no fuera su propósito mostrar la elusividad referida y, según la evidencia que el texto nos brinda, no lo fue, la mera *re*presentación de la homosexualidad que el cuadro contiene en sí ya conlleva un cuestionamiento de la identidad social y sexual de la persona[13], no tanto por razones inherentes a la homosexualidad, sino por lo intrínsecamente problematizados que de por sí ya están los patrones heterosexuales que imita. Dollimore lo ha señalado de manera contumaz cuando comenta, «If this subculture imitates the dominant from below, it also thereby employs a strategy which embarrasses the dominant itself. Inversion becomes a kind of transgre-ssive mimesis: the subculture, even as it imitates, reproducing itself in terms of its exclusion, also demystifies, producing a knowledge of the dominant which excludes it, this being a knowledge which the dominant has to suppress in order to rule» (287). De ahí que el público actúe de la manera que vemos.

Hasta aquí se puede entender la causa de la reacción violenta del público que asiste al espectáculo transgresor, lo que provoca la ira que acaba con la vida de los protagonistas. Sin embargo, si nos detenemos en el estudio de la representación homosexual que configura el experimento del Director, vemos que lo que parecía ser uno de los actos más provocadores del drama es, en realidad, una elaboración de los criterios más reaccionarios que se tiene de la homosexualidad. Como se puede comprobar, el truco travestista en *El público* representa un intento atrevido en la representación de los afectos homosexuales. No obstante, ello no quiere decir que el autor haya superado del todo sus propios prejuicios. Como hombre de su tiempo, al que difícilmente podía sustraerse, Lorca reproduce el discurso heterosexual que define la homosexualidad de acuerdo con la ideología sexual dominante. La manera en que esto se evidencia es sutil pero contundente, y viene representada mediante la elaboración de los estereotipos que han presentado a la homosexualidad como una variante femenina. Es precisamente lo

---

Kitchen... and other well known clubs, including Small's Paradise, welcomed their presence» (Chauncey, *Gay NY,* 252).

[13] Así lo han expuesto los editores de *Hidden from History*, Martin Duberman, Martha Vicinus y George Chauncey, cuando observan que «gay history has necessarily engaged profound philosophical questions concerning the definition and constitution of the self; it has become an important vehicle for exploring issues concerning the origins and character of both individual and communal identity» (7).

que se infiere al presentar al objeto de atención de la libido de Romeo como otro hombre con características femeninas. Es cierto que el muchacho travestido difiere de los demás personajes disfrazados de mujer que ya hemos visto en el sentido de que no está concebido en términos de una patología sexual, o sea, su feminidad, al menos desde la perspectiva del autor y del Director, no adquiere el valor simbólico de designar los fracasos masculinos de que puede ser sinónima la homosexualidad cuando ésta lleva a la satisfacción del deseo. Después de todo, es el tipo de homosexualidad que en la «Oda a Walt Whitman» Lorca excluye de las diatribas que reserva para otras manifestaciones sexuales de este tipo: «Por eso no levanto mi voz... / ... contra el muchacho que se viste de novia / en la oscuridad del ropero» *(OC,* I, 531). Con todo, lo que se desprende del comportamiento de este joven andrógeno que imita tan hábilmente las supuestas prerrogativas de la mujer, como el pudor, la pasividad, sumisión y los atractivos femeninos del prototipo histórico-literario que encarna, es que se trata de la fiel adaptación de un comportamiento homosexual a modelos heterosexuales, lo que Butler define como «an uncritical appropriation of sex-role stereotyping from within the practice of heterosexuality» (137). Ello explica que el objeto erótico del que procede la atracción que supuestamente siente Romeo se asocie a la feminidad y no a otro cuerpo igualmente masculino que haya completado su determinación sexual, una relación de igual a igual. Si, por otra parte, se trata de una relación pederasta a la manera en que se practicaba en la antigüedad griega que Freud describe y Lorca emula[14], según se puede inferir de la relación existente entre mayor y menor y la dinámica de dependencia que ello implica, la emulación invalida su propósito ya que, como ha observado Valerie Traub en otro contexto, «To take pederasty and "effeminacy" as the primary models of homoerotic desire, to posit all homoerotic desire as organized around poles of activity and passivity, and then to conflate male-male interactions with male-female encounters reduces the complexity of homoerotic identifications, styles and *roles* —in Shakespeare's times and in ours» (83). Es como si se presentara la pederastia como algo no realmente homosexual, como si la atribución de características poco viriles al objeto de la libido homosexual permitiera al sujeto activo reafirmar su esencialidad masculina, arrogándose el privilegio de asumir *roles* que no llevan a la pérdida de prestigio que experimenta el sustituto «femenino». El propósito principal de la estrategia es rescatar la

---

[14] Según observa el psicoanalista, «Entre los griegos, donde los hombres más viriles se contaban entre los invertidos, es claro que lo que despertaba el amor del hombre por el efebo no era su carácter *masculino*, sino su semejanza psicológica a la mujer, así como sus propiedades anímicas femeninas: pusilaminidad, timidez, necesidad de enseñanza y de ayuda» *(Tres ensayos,* VII, 131).

masculinidad de las imputaciones feminoides, emasculadoras que representa la homosexualidad. Jonathan Goldberg hace un comentario muy oportuno al señalar, en relación con semejantes prácticas escénicas del teatro inglés, que *El público* evoca: «masculinity has often been attached to the phallus, not the anus, penetrator and penetrated have been hierarchized, man and boy, master and servant. The assumption is particularly easy to make if it is assumed that the boy is wearing women's clothing, for then the hierarchy also involves one that structures invidiously the difference between man and woman in any number of western discourses» (121). Como ha observado Jeffrey Weeks en un contexto muy diferente, «such an approach does not, in the end, challenge sexist assumptions, but helps to reinforce them» (63-64).

El problema se debe a que Lorca está reconstruyendo, deliberadamente o no, el paradigma homosexual en que se basa el discurso científico de los sexólogos de finales del siglo xix y comienzos del xx, según los cuales el hombre que manifiesta deseos por su propio sexo revela características propias de una mujer. Está replanteando los estereotipos generados por la ciencia en lugar de romper contra la norma. Me refiero, concretamente, a los estereotipos más simplistas del pasado, como los recogidos en las páginas de Krafft-Ebing, respetado psicólogo vienés y autor de *Psychopathia Sexualis* (1877), uno de los estudios de medicina forense más influyentes de su época, donde se mantiene que la homosexualidad es básicamente «a psychical anomaly, for the sexual instinct does in no wise correspond with the primary and secondary physical sexual characteristics. In spite of the fully differentiated sexual type, in spite of the normally developed and active sexual glands, man is drawn sexually to the man because he has, consciously or otherwise, the instinct of the female towards him, or vice versa» (35-36)[15]. Es el pensamiento científico del que parten las primeras teorías sobre la sexualidad humana que introduce Freud a comienzos de siglo, como lo son también las que en España elaboraría Marañón en *La evolución de la sexualidad y los estados intertextuales* de 1929 cuando afirmaba que «es lógico ad-

---

[15] Creencia que en la actualidad continúa prevaleciendo, según se ve afirmada en el análisis de Huélamo Kosma cuando afirma que «la mujer puede erigirse en el ideal máximo de la tendencia femenina que anida en la psicología homosexual, de modo que el individuo querría ser plenamente como ella» (158). La teoría está basada en un presupuesto erróneo que ve la sexualidad como un sismógrafo de nuestra subjetividad, como índice de lo que la persona es o siente (Foucault «Sexuality and Solitude) y, aunque puede ser descriptivamente cierto, lo es sólo porque el homosexual en algunos casos ha interiorizado la imagen negativa de ellos ha creado una profesión que admitió, con más ironía de la que su autor podía sospechar, que «la mayoría de los temas de este sector de la ciencia han sido temas exclusivamente literarios hasta hace poco tiempo, y por ello toda la ciencia sexual moderna se nutre, en parte, inevitablemente, de literatura» (Marañón, «El problema de la intersexualidad», *OC*, I, 460).

mitir que un hombre que se siente atraído por otro hombre está sometido a una influencia erótica de sentido femenino» (VIII, 609). El común denominador de estas definiciones médicas lo resume Craft de una manera pertinente cuando atribuye la feminización del homosexual a lo que él llama «the essentially homophobic metaphorics of sexual inversion, of *anima muliebris virili corpore inclusa»*, de donde se infiere que «sexual inversion explains homosexual desire as a physiologically misplaced heterosexuality; a principle of gender dimorphism is insinuated within desire in order to distantiate the sameness of bodies. A male's desire for another male, according to this account, is a priori assumed to be a feminine desire referable not to the sex of the body *(virili corpore)* but rather to a psychologized sexual center characterized by the "opposite" gender *(anima muliebris)»* (77).

No es sólo el ejemplo de Romeo y Julieta «bajo la arena» el que ratifica «the essentially homophobic metaphorics of sexual inversion» que inconscientemente el texto reproduce. La tendencia a presentar la homosexualidad de manera que consolida irónicamente las normas heterosexuales lo corrobora por igual la dinámica que se manifiesta entre los Estudiantes 1 y 5. Como indico en el capítulo siguiente, la decisión de huir con su nuevo amigo para desarrollar la relación que se insinúa entre ellos es de por sí un acto suficientemente subversivo como para tomarlo en serio, a pesar del tono humorístico con que lo reviste el autor. Así y todo, la dinámica entre dichos estudiantes no deja de traslucir ambigüedades parecidas a la que vemos presente en el Romeo y Julieta del Director. Me refiero, concretamente, a la pregunta que el Estudiante 1 dirige al 5: «¿Y si yo quiero enamorarme de ti?» y éste responde «*(Arrojándole el zapato.)* Te enamoras también. Yo te dejo» (143). Enamorarse de un hombre, a no ser que sea un caso andrógeno, no puede ser un sentimiento masculino, según la fórmula metafórica del *anima muliebris* que venimos observando. Ser amado sí puede serlo, de ahí que el Estudiante 5 *permita* al 1 enamorarse, porque, de este modo, podrá eximirse de la responsabilidad de tomar iniciativas que podrían menoscabar la masculinidad que, acto seguido, deja claramente establecida para evitar posibles malentendidos. Me refiero al comentario que de sí mismo hace cuando admite no sentirse inhibido ante fenómenos de este tipo: «a mí que subo dos veces todos los días a la montaña y guardo, cuando terminan mis estudios, un enorme rebaño de toros con los que tengo que luchar y vencer a cada instante, no me queda tiempo para pensar si es hombre o mujer o niño, sino para ver que me gusta con alegrísimo deseo» (141). Lo revelador de la admisión que hace de sus deseos es que debe ir acompañada por otra que deje bien establecida la virilidad de la que se enorgullece, como es la bravura abrumadora que se atribuye a sí mismo y que nos recuerda la que Lorca atribuye a aquel otro dechado de virilidad que vio ejemplificado en Whitman[16]. La elocuente omisión de las características físicas del 1, quien estaba dispuesto a enamorarse de su compañero, es tan sospechosa como sugestiva. Al definir la identidad sexual en términos casi exclusivos de deseo sexual, se cae en la contradicción que encontramos en el texto y que Lorca no resuelve[17].

Es esto precisamente lo que nos lleva al siguiente punto, que tiene que ver con el travestismo del muchacho. El acto desestabilizador de travestirse no se afirma como tal, sino como camuflaje, como un atrevimiento escénico que sí confunde las categorías sexuales, pero sólo involuntaria y accidentalmente, por lo que deja de adquirir el carácter subversivo que tendría si se presentara como tal, como una parodia de la asignación de *roles* sexuales, como «a provoker of category crisis» (Garber, 90). El cambio que va de masculino a femenino sirve, paradójicamente, para ratificar las superimposiciones heterosexuales sobre las normas homosexuales que encontramos en el texto, equiparando accidentalmente homosexualidad a travestismo y vestuario a *rol* sexual. Irónicamente el incidente reproduce «the homophobia that sees sodomy as a travesty and as a transvestite version of heterosexuality» (Goldberg, 136). Incluso cuando Lorca quiere presentar un contradiscurso al discurso sexual dominante, lo lleva a cabo incidiendo en su negatividad.

Las contradicciones textuales se complican por igual cuando se trata de la reacción erótica que «Julieta» provoca en los estudiantes, ya que no queda del todo claro si la atracción va dirigida hacia la incipiente virilidad del muchacho, en cuyo caso se trataría de una atracción homoerótica que, tras algunos rodeos, conduce a la consumación de su deseo, o si es suscitada por la feminidad del muchacho actor que su travestismo provoca, o sea, por la sexualidad provocadoramente erótica que puede resultar cuando las características de ambos sexos se confunden deliberadamente[18]. En este otro caso la atracción consistiría en una situación homosexual

---

[16] No es de extrañar que en la mente del autor este personaje estuviera confundido con el Hombre, supuestamente el 1, que sugiere la sustitución que hace en el manuscrito: «[H]Es 5 *(Huyendo por los arcos con el Es. 1.)*» (142). Ambos personajes aparecen como prototipos del mismo concepto de masculinidad inviolable.

[17] Paul Julian Smith ofrece una interpretación muy diferente, si no opuesta, a la que vengo exponiendo. Para él «the difference in object choice does not imply a difference in subjectivity» (*The Body,* 130).

[18] Como sucede con uno de los símbolos sexuales más provocadores para la libido heterosexual masculina como es el de Marlene Dietrich fumando con boquilla, vestida de frac y con sombrero de copa, a quien se pueden unir por igual las mujeres vestidas de sultán que Garber comenta al afirmar que «In effect, women of the 1950's donned "Turkish habits" to offer men the illusion of themseves as sultans» (313). Son casos que ejemplifican la fuerza atractiva y seductiva que adquiere la mujer cuando se apodera y hace suyas características propias del sexo masculino.

que lleva a la satisfacción de una necesidad heterosexual, como sucedía con la popularidad que los *castrati* adquirieron en determinados momentos de la historia (De Diego, 22) o, más pertinentemente, con la conocida práctica escénica del teatro shakesperiano en la cual «"Playing the woman's part" —male effeminacy— is an act for a male audience's appreciation. An object of male erotic attention» (Jardine, 31)[19]. La atracción que recibe este joven actor, mirémoslo por donde lo miremos, es sumamente ambigua ya que el interés erótico que se expresa ronda entre el heterosexual y el homosexual por tratarse de un actor andrógeno que representa a una adolescente sumisa y dependiente que es admirado/a por un joven que, por otra parte, acepta alegremente la propuesta amorosa que le hace su compañero pero que lo hace aludiendo simbólicamente al *rol* sexual que asumirá para que la relación no comprometa la fijeza ortodoxa masculina con la que se identifica. Son contradicciones propias del intento por articular el deseo homoerótico en la literatura del momento, que no se dan exclusivamente en *El público*, sino que son comunes a otros autores contemporáneos a Lorca, autores que en algunos casos él leía, como sucedió con Proust[20]. Las dificultades a que nos referimos las ha resumido Dollimore de manera pertinente cuando observa en otro contexto que «Interestingly, homosexuality has hardly ever been rehabilitated as a positive difference within and by those heterosexual discourses which have hitherto constructed it as negative other. Put bluntly, to be identified positively, homosexuality usually has to be dissolved into the androgynous» (332), aun cuando andrógínea y homosexualidad son tan diferentes como los genitales y la psique[21].

---

[19] Fueron, después de todo, deseos sexuales de este tipo los que suscitaron las ansiedades de los puritanos propulsores del cierre de los teatros en la Inglaterra del siglo XVII, en parte porque, según creían los tratadistas de la época, la costumbre de ver a muchachos disfrazados de mujer afemina al actor y provoca en el espectador el deseo de lo imaginado. Así se desprende de las advertencias de John Rainoldes, tratadista de la época, cuando dice: «Beware of beautiful boyes transformed into women by putting on their raiment, their feature, lookes and facions (...) because a women's garment being put on a man doeth vehemently touch and moue him with the remembrance and imagination of a woman; and the imagination of a thing desirable doth stir up the desire» (Garber, 29). Igualmente pertinente es la aclaración que Laura Levine hace sobre el particular: «At the heart of the anti-theatrical "position" is the conviction that the person with allusions to both sexes will elicit the really powerful homosexual response by providing a screen and a pretext for homosexual impulses to mask themselves behind» (96).

[20] Según ha quedado testimoniado por el hermano del poeta, Francisco García Lorca, al referirse al grupo «rinconcillista» del que formaba parte el poeta, «También privaba entonces entre nosotros la novela y el cuento ruso... y algo más tarde, Proust—*A la sombra de las muchachas en flor*— Strindberg y la *Balada de la cárcel de Reading*» (143).

[21] Comparación que Davidson hace cuando se refiere a la confusión epistemológica de que ha sido objeto la homosexualidad: «any attempt to write a uni-

Como ya quedó dicho, en este cuadro Lorca ha dado un gigantesco paso adelante al presentar la homosexualidad exenta de las características peyorativas con que la había presentado en cuadros anteriores. Ha llevado a cabo el «dificilísimo juego poético» de afirmar el potencial afectivo que él mismo debió de conocer. Sin embargo, no ha podido evadirse de los subterfugios lingüísticos, las elipsis y ofuscaciones con que se refiere a ella; menos aún de las contradicciones y ambigüedades que contiene su representación. De ahí que la manera en que se estructura el deseo homoerótico y la defensa que de él se hace se divida en dos: la constituida por un discurso consciente que intenta replantear las normas sexuales establecidas y, por otro lado, la praxis de otro discurso, cuyos parámetros confirman la ortodoxia sexual dominante. Lo que esta duplicidad ideológica revela es, entre otras cosas, las complejas relaciones que la homosexualidad tiene con el poder establecido, o sea, con la masculinidad ortodoxa y con los discursos supuestamente científicos que se dejaron subordinar a fines políticos y sociales antes que a clínicos. Es la misma duplicidad que revelan las teorías médico-sexuales del momento que Freud protagonizaría y Marañón reiteraría casi *verbatim* en España, a pesar del poco entusiasmo que, como endocrinólogo, sentía hacia las teorías psicógenas del vienés. Me refiero en particular a las ambigüedades intrínsecas a un discurso psicoanalítico que reconoció el componente homosexual inherente a toda persona[22], la coexistencia de elementos masculinos y femeninos en un ser intrínsecamente bisexual[23] y abogó por un replanteamiento del concepto tradicional sobre el instinto y objeto sexual, algo que, como ha señalado Arnold Davidson, representó «a conceptually devastating blow to the entire structure of nineteenth century theories of sexual psychopat-

fied history that passed from hermaphroditism to homosexuality would solder together figures that an adequate historical epistemology must keep separate. The hermaphrodite and the homosexual are as different as the genitalia and the psyche» («Sex and the Emergence...», 23).

[22] Así lo afirmaba en *Puntualizaciones psicoanalíticas sobre un caso de paranoia* (1911 [1910]) cuando aclaraba acerca de la ambivalencia sexual que «En general, el ser humano oscila a lo largo de su vida entre un sentir heterosexual y uno homosexual, y una frustración o un desengaño en un lado suele esforzarlo hacia el otro» (XII, 43), idea que Ellis había introducido con cierta anterioridad cuando afirmaba que «Looking at the phenomena generally... we seem bound to recognize that there is a wide-spread natural instinct impelling men toward homosexual relationships..». *(Studies,* I, iv, 8). En lo que respecta a Marañón, en cierta ocasión se preguntaba: «¿Cómo podría en absoluto negarse la existencia de ésta [la intersexualidad morfológica] si sabemos que el soma orgánico es siempre bisexual, y que todo individuo, hombre o mujer, por perfecto que sexualmente sea, en la forma y en los impulsos, conserva latentes, soterrados quizá en hondas profundidades, vestigios del sexo contrario?» («Mi concepto biológico de la homosexualidad», I, 176).

[23] Véase Capítulo III, nota 36.

hology» («How to do the History», 265)[24], pero que, a pesar de todo, continuó considerando la homosexualidad como una perversión patológica, una sexualidad regresiva, cuyo desarrollo ha sido detenido, a diferencia de la heterosexual, que ha llegado a su madurez mediante la elección debida del sexo apropiado. Valerie Traub lo ha resumido sucintamente cuando señala que «Freud implicitly recognized the possibility of conflict between biological inheritance, gender role behaviour, and erotic identification. And yet... in practice Freud continued to conflate gender and sexuality, and to link both to biological inheritance. Despite his well known disclaimer that passivity is not the exclusive province of women, nor aggressivity the sole prerrogative of men, Freud reproduced precisely these gender determinisms to connote erotic positioning and style... Despite the gender of the persons involved, Freud's concept of homoeroticism (like the concept of heterosexuality) is based on a gender model of "masculine" activity and "feminine" passivity» (86-87)[25].

Es ésta precisamente la misma contradicción que encontramos en las estrategias representacionales que Lorca emplea para hablar de la homosexualidad en *El público*, según lo acabamos de ver, actitud que riñe con la propuesta disolución de los paradigmas sexuales que se insinúa mediante la idea de que «Romeo puede ser un ave y Julieta puede ser una piedra. Romeo puede ser un grano de sal y Julieta puede ser un mapa. ¿Qué le importa esto al público?» (129)[26]. Se sugiere con ello que puede haber personalidades e individuos incompatibles con las pautas sexuales prevalentes, cuerpos fisiológicamente masculinos con deseos y sentimientos en disonancia con las expectativas del *rol* que la sociedad ha

---

[24] Según añade dicho autor, «Since the nature of the instinct, according to Freud, has no special bond with any particular kind of object, we seem forced to conclude that the supposed deviation of inversion is no more than a mere difference. ... that cases of inversion can no longer be considered pathologically abnormal» (ibíd.).

[25] Según Mosse, «Freud's attitude towards homosexuality was part of his attempt to adjust men and women to existing society, to try to meet society's discontent —an effort that became increasingly urgent after the First World War» (39), aunque Davidson opina que sus hallazgos eran demasiado avanzados para su época, «a bridge ready to collapse because in need of completion» (276).

[26] Dado el papel que la imaginación juega en esta aclaración del Estudiante y la comprensión a que está apelando el autor, es difícil no pensar en las palabras de Teseo en *Sueño de una noche de verano*, texto que Lorca elogió y evocó en más de una ocasión en su vida y obra. Me refiero a la crítica que Hipólita hace y la respuesta que de su esposo recibe cuando dice de los rústicos representantes de *Píramo y Tisbea*:

Hip.—This is the silliest stuff that ever I heard.
The.—The best in this kind are but shadows, and the worst are no worse if imagination amend them.
Hip.—It must be your imagination then, and not theirs.
The.—If we imagine no worse of them than they of themselves, they may pass for excellent men (V, i, 207-215).

asignado a su anatomía, y eso a la gente no debiera incumbirle porque la elección sexual es arbitraria y el papel que la imaginación juega en la selección de cualquier objeto de deseo es inexplicable. En otras palabras, está insinuando que la biología es una cosa; la sexualidad, otra y ambas pueden ir por separado si así se desea. De ahí la imprecisión sexual que connota la epicena «ave» y la coexistencia ambigua de lo masculino y lo femenino del «grano de sal» con que el Estudiante 1 se refiere a Romeo. Y, en el caso de Julieta, a través del neutro «mapa» con que la define, etimológicamente hablando. Está sugiriendo mediante estos juegos lingüísticos, que por cierto han recibido interpretaciones tan dispares desde que Martínez Nadal aventuró la tesis de verlo como ejemplo de la obsesión lorquiana «con las metamorfosis mitológicas» (244-245), que la persona es capaz de comportamientos sexuales insospechados, de sentir lo que Valerie Traub denomina «the polymorphous potential of desire itself» (101) una vez se liberan las ataduras que en la mente conservadora ligan la sexualidad a la biología[27]. Pero son postulados teóricos que la práctica contradice, ya que la dinámica psicosexual que caracteriza al *Romeo y Julieta* «bajo la arena» continúa equiparando inversión sexual a feminidad. Si las teorías que el Estudiante 5, y el Hombre 1 antes que él, defienden se llevaran a la práctica, *El público* sería un texto bien distinto al que tenemos. Por ejemplo, el paradigma de masculinidad que representa Gonzalo/Hombre 1, en lugar de imponerse como la solución definitiva al menoscabo viril que la homosexualidad representa para él, aparecería como parodia de sí mismo, como la copia de una copia que pone al descubierto la mentira de su realidad, como sucede con la feminidad en el caso del muchacho convertido en «la última Julieta verdaderamente femenina que se verá en el teatro» (133). El ano, en lugar de ser «el castigo del Hombre... su vergüenza y su muerte» (75) posiblemente sería celebrado como su orgullo, y la pasividad sexual que su uso pudiera connotar sería vista como un modo de mortificar lo que Bersani llama «the masculine ideal... of proud subjectivity» («Is the Rectum», 222). Los rasgos femeninos que se atribuyen a los Hombres 2, 3 y al Director como índice de sus deseos y prácticas sexuales coexistirían con los atributos que sirven para rubricar la masculinidad, como son el bigote y la barba del Hombre 2 a que me refería en el segundo capítulo, y no como símbolo de la difamación que supone

---

[27] Idea que Lorca ya había expresado en los poemas más introspectivos que escribió durante su estancia en Vermont, cuando pide vehementemente ser despojado de las categorías «hombre», «poeta» y «hoja» que lo limitan para sustituirlas por otras más amplias que definan la imprecisión liberadora que anhela y que viene connotada por la «rosa» (= amor), el «niño» (= inocencia) y el «abeto» (= naturalidad no cultivada); de este modo podrá ser visto como un ser con sentimientos («hombre de sangre») y no como el objeto de insultos en que su diferencia sexual lo convierte, «la sugestión del vocablo» («Poema doble del lago Eden», *OC*, I, 490).

invertir el *rol* asignado a la masculinidad que sugiere *El público*. Estaríamos frente a una retoma de los símbolos masculinos que tendría como posible objetivo releerlos para hacer de ellos una parodia *camp* de la masculinidad. Todo ello equivaldría a afirmar que, efectivamente, «if it is possible to speak of a "man" with masculine attributes and to understand that attribute as an accidental feature of that man, then it is also possible to speak of a man with a feminine attribute but still to maintain the integrity of the gender» (Butler, 23). Pero ésta es una posibilidad que el texto niega repetidamente al presentar al hombre invertido como una caricatura femenina, como un hombre medio mujer. Es ésta precisamente la raíz del problema que el texto no ataja: la de dejar intacta la ideología machista causante de la opresión que critica, el falocentrismo como adjudicador de identidades sexuales, «the great phallic signifier, which dominates us constantly both in the small-scale hierarchies of the family and in the great social hierarchies» (Hocquenghem, 89).

Una de las razones que se pueden aducir es la identificación plena con el culto viril que el autor celebra e imita, aun cuando, irónicamente, es el responsable por la opresión que lo aflige. Quizá sea por esto mismo, porque la idiosincrasia homosexual impide que el sujeto ocupe el lugar privilegiado que tradicionalmente ha ocupado la masculinidad ortodoxa: el lugar céntrico que «corresponde» a la masculinidad en su vertiente heterosexual, a diferencia de «otras» sexualidades «menos» importantes consideradas como inferiores y relegadas a la periferia, a un lugar excéntrico. El deseo de recuperar lugares privilegiados genera un modo de pensar jerárquico equivalente al centrismo que el marginado imita y con el cual trata de reparar la dislocación que ha experimentado. Es ésta la paradoja en que incurre el llamamiento a la legitimidad del deseo homoerótico que lanza *El público*: por una parte, el conocimiento de la fluidez de la sexualidad, lo inherentemente inestable de la identidad sexual de la persona, lo socialmente influida que está por estructuras culturales preexistentes; por otra parte, la equiparación de la homosexualidad receptiva con la mujer y la necesidad en el agente activo de reafirmar su esencia masculina asumiendo las actitudes heterosexuales más convencionales a fin de no perder el prestigio que la homosexualidad menoscaba. Es la misma contradicción que encontramos en el intento de Freud por aflojar las amarras que atan identidad sexual a órganos genitales, pero que se lleva a cabo desde una postura inflexiblemente falocéntrica que termina dejando intactas «the microstructural heterosexual attitudes» que construyen el deseo intrínsecamente como heterosexual y masculino (Craft, 32). Es un caso de curiosa y reveladora ironía que lo caprichoso que para Lorca es la elección del objeto amoroso haga más urgente la identificación con la fijeza ortodoxa masculina[28].

---

[28] Dinámica que Joseph Boone ha identificado en la estructuración del deseo en *Alexandria Quartet* de Lawrence Durrell (100).

Dice Louis Althusser al disertar sobre el arte en un pasaje harto conocido que «the peculiarity of art is to "make us see", "make us perceive", "make us feel" something that *alludes* to reality... What art makes us *see*... is the ideology from which it is born, in which it bathes, from which it detaches itself as art, and to which it *alludes*...» (204). *El público*, lo hemos visto ya, articula un buen número de puntos importantes acerca de la ideología bajo la cual se configura el deseo homoerótico. Si se toman en cuenta el carácter represivo de la época y la confusión y contradicción de los discursos sexuales en que se incuba, era de esperar que el intento de eliminar las barreras que encerraban al deseo y afecto homoerótico y la conciencia cultural que sobre ellos se tenía se viera parcialmente logrado. La obra trasluce conflictos irresolubles entre el inconsciente del texto y los objetivos conscientes del autor. Es ésta, quizá, una de las ironías más sobresalientes del llamamiento que hace Lorca con *El público* y la actualidad que le vaticinaba cuando se refería a ella como una obra a ser comprendida «dentro de muchos años»[29], insinuando con ello que había que dejar pasar la centuria para entender la radicalidad de sus propuestas. La hora ha llegado. Hemos adquirido nuevos conocimientos científicos sobre la sexualidad humana que Lorca no tenía a su alcance. Los métodos de análisis literario que tenemos a nustra disposición se han ampliado y sofisticado desde que se introdujeron los pioneros estudios psicoanalíticos de Freud. Y lo que vemos al caer el telón con que concluye la pieza es que contiene conclusiones más innovadoras y revolucionarias de las que era capaz de reconocer su propio autor, sobre todo por lo revelador que el inconsciente del texto resultaría para la posteridad cara al discurso homófobo que en varias ocasiones critica y reproduce.

---

[29] Comentario recogido por Marcelle Auclair al describir la consternación que la obra causó entre los amigos del poeta que la oyeron por primera vez en Madrid: «Carlos y Bebé [Morla Lynch], incómodos desde las primeras réplicas... dejaron que Federico leyera su pieza del princio al fin sin pronunciar ni una palabra. Al terminar, Bebé casi lloraba, pero no de emoción, sino de horror. "¡Federico! ¡No pretenderás que se represente eso! ¡Es imposible! ¡Aparte del escándalo, es irrepresentable!"... Lorca no intentó defender la obra. Ya en la calle, le dijo a Rafael [Martínez Nadal]: "Es teatro para dentro de treinta años. Mientras tanto, mejor no hablemos más de ello"» (199-200). Consternación e incomprensión que delatarían por igual los amigos de Cuba a quienes Lorca tuvo como público en la primera lectura de la pieza. Véase sobre el particular Gibson, *Federico García Lorca*, II, 114.

CAPÍTULO V

Hacia una exegesis foucaultiana del Cuadro V

No hay lugar a dudas de que la ofuscación semiótica de *El público*, el escaso nexo lógico que existe entre los cuadros que la constituyen, la falta de explicación racional que nos ayude a desentrañar los significados que oculta la obra, la discontinuidad del tema dramático, la fragmentación de la persona con la consecuente multiplicidad de yoes que encontramos en el desdoblamiento que experimentan los personajes, junto con la desorientación que todo ello crea en el espectador, está relacionado con el interés que Lorca mostró en los avances vanguardistas que se iban introduciendo en España a lo largo de los años 20, tanto en las artes visuales como en las escénicas. La teoría según la cual *Poeta en Nueva York* fue escrito como pretexto para mostrar a sus amigos, especialmente a Dalí y Buñuel, lo lejos que podía llegar con sus atrevimientos vanguardistas podría aplicarse igualmente a *El público*. Es cierto también que las características arriba destacadas sirvieron para articular algunos aspectos importantes de la ideología dominante bajo la cual se concibió la obra. Es mi teoría que *El público* debería leerse no solamente como ejemplo del teatro vanguardista con el que Lorca estaba experimentando a raíz de su reciente visita a Nueva York, sino como una dramatización de las frustraciones personales y artísticas que sintió dentro de un sistema social y cultural predispuesto a reaccionar hostilmente frente a cualquier manifestación homosexual. La incoherencia de la obra y la falta de armonía estética, tan característica de su teatro más conocido, debiera interpretarse como reflejo de las inquietudes estéticas del autor, pero también como ejemplo de las tensiones que el sujeto homosexual experimentó en un sistema social y político que impedía la existencia y articulación sincera de la homosexualidad. Es, desde esta perspectiva, que debiera interperetarse el intento frustrado de crear armonía en la obra. *El público*, después de todo, debe su existencia al ostracismo que su autor sintió como homosexual y a los prejuicios e injusticias con que tuvo que hacer frente a la sociedad. Está motivada por igual por los conflictos internos e irresueltos que todo ello creó en el ánimo del autor. Los estudios analíticos que se han publicado sobre la obra, salvo en muy pocas excepciones, han tendido a atenuar el contenido homoerótico que la caracteriza, con lo cual se ha atenuado por igual, y no por razones accidentales, el significado político que dicho contenido entraña. Dicha tendencia no ha ayudado a explicar una obra cuya comprensión depende, en sumo grado, del reconocimiento que se haga de la ideología sexual de la época y de la problemática personal en torno a la cual no deja de girar la obra del poeta. Como ha mostrado Paul Julian Smith en su reciente análisis de la escenificación que Lluís Pasqual hizo de *El público* en 1986 en Madrid, uno de los éxitos de la representación devino principalmente de la manera en que el director escénico logró disipar «las complejidades conceptuales de la obra» gracias a la sinceridad con que se comunicaron «las ideas de García Lorca sobre el teatro y la homosexualidad sin disculpas ni explicaciones» («The Theatre», 125).

Entre los cinco cuadros configuradores de la obra, quizá sea el quinto el que mejor ejemplifica la compleja dialética que Lorca mantuvo con los discursos de poder de su tiempo. Es donde se dramatiza la lucha que debieron librar las sexualidades disidentes a fin de hacerse visibles y clamar por su legitimidad. A excepción de las breves y crípticas apariciones de Helena, el Centurión y la Julieta histórica de Verona, es la primera vez en el texto que las intimidades homosexuales que acaban de preesenciar se comentan abiertamente por un púbico heterosexual, lo cual hace que podamos ver el cuadro como un *locus* de discursos contestatarios sin precedente. De interés especial en este contexto es la intervención de los cinco Estudiantes que entran en escena hablando de la conmoción que ha causado la representación homosexual de *Romeo y Julieta* y los méritos estéticos y morales que ellos ven en el experimento del Director. Su conversación es interrumpida con la aparición de tres Damas que comentan lo chocante que les ha resultado ver que el papel de Julieta había sido desempeñado por un muchacho. La función simbólica de este segundo grupo de espectadores es de valor especial puesto que representa los sectores sociales más reacios e intransigentes ante las transgresiones sexuales y afectivas que han presenciado, lo que Eve Sedgwick llama «the psychosis that makes graphic the mechanism of homophobia» (*Between Men*, 91). La Dama 2, en particular, si excluimos al juez que no interviene directamente en el texto, es, como ya vimos, la que más perturbada se siente y la que mejor representa a los sectores sociales menos sensibles y más sentenciosos del amor homosexual cuyas manifestaciones ha presenciado. Su función simbólica es significativa, ya que fue precisamente esta clase social burguesa la que, tras su consolidación a comienzos del pasado siglo, creó las condiciones que hicieron posible los nuevos métodos de raciocinio sobre la sexualidad. Según observa Foucault en uno de los capítulos de su *Historia de la sexualidad,* significativamente titulado «Nosotros, los otros victorianos»: «fue en primer término en la familia "burguesa" o "aristocrática" donde se problematizó la sexualidad de los niños y adolescentes, donde se medicalizó la sexualidad femenina; y donde se alertó sobre la posibilidad patológica del sexo, la urgente necesidad de vigilarlo y de inventar una tecnología racional de corrección» (I, 146). Su modo de implantarlo se llevó a cabo poniendo en funcionamiento todo un aparato generador de discursos represivos que contribuyeron a la creación de tipos como «la mujer histérica, el niño masturbador, la pareja malthusiana, el adulto perverso» (I, 128). El propósito de estas taxonomías, como se ocupa de ilustrar la sentencia judicial que sobre los actores cae en el texto de Lorca, es, entre otros, delimitar con mayor fuerza y claridad los parámetros de lo admisible a fin de distinguir y castigar lo inadmisible, esas disidencias sexuales que podrían desestabilizar el poder social y sexual que la ideología dominante consolida. A ello se refiere Mary McIntosh cuando señala, respecto a la creación de la homosexualidad como categoría, que «The creation of a specialized, despised and punished role of homosexual keeps the bulk of society pure in rather the same way that the similar treatment of some kinds of criminals helps keep the rest of society law-abiding» (32). A esto cabe añadir que no es sólo el deseo de reprimir las perversiones sexuales que su castigo implica lo que ponen en funcionamiento dichos mecanismos represivos, sino también el deseo de mantenerse en poder, haciendo de la sexualidad un instrumento de acceso a dicho poder. De nuevo, las palabras de Foucault son esclarecedoras de esta duplicidad cuando observa que «Más que de una represión del sexo de las clases explotables, se trató del cuerpo, del vigor, de la longevidad, de la progenitura y de la descendencia de las clases "dominantes". Allí fue establecido, en primera instancia, el dispositivo de sexualidad... como medio de control económico y subjeción política» *(Historia,* I, 149).

Son varios los ejemplos que el texto nos ofrece de este régimen de poder/conocimiento responsable por la sentencia que cae sobre los actores. Uno de ellos es el constituido por la protesta de la Dama 2 cuando se queja de las intimidades que involuntariamente ha tenido que presenciar: «¿Qué necesidad teníamos de lamer los esqueletos?» (127). Siente que su mirada ha sido arrastrada hacia un mundo que no quiere ver. La protesta se entiende mejor si se analiza desde la ideología que sus intervenciones articulan, las mismas que, curiosamente, Foucault ha expuesto de manera pertinente en el texto ya citado cuando habla de la asociación negativa entre poder y sexo y del carácter jurídico-discursivo de su modo de acción: «El poder no aplicaría al sexo más que una ley de prohibición. Su objetivo: que el sexo renuncie a sí mismo. Su instrumento: la amenaza de un castigo que consistiría en suprimirlo. Renuncia a ti mismo so pena de ser suprimido; no aparezcas si no quieres desaparecer. Tu existencia no será mantenida sino al precio de tu anulación» *(Historia,* I, 102). Los mecanismos que caracterizan la censura, continúa el historiador filósofo, consisten en que no se debe hablar de lo que está prohibido «hasta que esté anulado en la realidad; lo inexistente no tiene derecho a ninguna manifestación, ni siquiera en el orden de la palabra que enuncia su inexistencia; y lo que se debe callar se encuentra proscrito de lo real como lo que está prohibido por excelencia» (ibíd., 103). Es la transgresión de este silencio y la infracción de las prohibiciones que gravitan sobre esta sexualidad denostada lo que enerva al público, en parte porque la eficacia del discurso homófobo que ellos representan depende mayormente del mutis conspiratorial y de la invisibilidad de lo que ellos querrían dar por inexistente, y en parte también porque dicho silencio, sobre todo en lo tocante a sus manifestaciones más positivas, permite que sigan vigentes los estereotipos más simplistas y reaccionarios de que ha sido tradicionalmente objeto la homosexualidad. Su visibilidad y articulación desestabilizan un discurso homófobo que, contrariamente a lo que se ha venido pensando, no se debe tanto a ignorancia sino a un esfuerzo político bien orquestado que trasluce lo que Leo Bersani define como «a political anxiety about the subversive, revolutionary, social rearrangenment that gays may be trying out... [an] anxiety about a threat to the way people are expected to relate to one another» (Halperin, *Saint Foucault,* 121-122).

Las ansiedades que este tipo de transgresión provoca en el público dentro de la obra son tan variadas como lo son los motivos que actúan en colusión con los mecanismos represivos que el texto ejemplifica. Entre ellos figura el horror a descubrir que la atracción sentimental que se está dramatizando adquiera corporeidad y se imponga proclamando su existencia y naturalidad. Es lo que se desprende de la protesta que hace la Dama 2 cuando se queja diciendo que «Las voces estaban vivas y sus apariencias también» (127), con lo que da a entender que los sentimientos de los dos actores eran reales, como también lo era la relación de que es metonimia la vestimenta que llevaban. La observación es importante porque es lo que da lugar a los comentarios que hacen los estudiantes. Pero lo que resulta particularmente revelador es lo defensivo que el público se muestra al linchar a muerte a estos disidentes sexuales cuando descubren que no sólo se trataba de dos hombres que manifestaban una atracción mutua que desafía las reglas comunes, sino, lo que es más serio, que se amaban verdaderamente, sentimiento que, según se da a entender con su reacción, un sector mayoritario del público no puede tolerar[1]. Los ejemplos que nos brinda el texto son varios y, aunque parecen contradecirse, en realidad están ratificando el carácter intrínsecamente incoherente de la homofobia, lo que David Halperin ha calificado como «the logical contradictions internal to homophobic discurses» *(Saint Foucault*, 34). Las explicaciones que se dan del motín son indicio de ello. Según opina el Estudiante 4, el que muestra mayor recalcitrancia moral entre el grupo, «el tumulto comenzó cuando vieron que Romeo y Julieta se amaban de verdad» (127), o sea, cuando descubrieron que Julieta no sólo era un muchacho disfrazado de mujer, sino, lo que es más ofensivo, que siendo varón amara de verdad a Romeo: «El público tiene sagacidad para descubrirlo todo y por eso protestó». Se refiere con el eufemístico «todo» a la relación homosexual que se acaba de descubrir y al carácter no procreativo que la determina, como lo corrobora más adelante cuando aclara que «El Director de escena abrió los escotillones y la gente pudo ver cómo el veneno de las venas falsas había causado la muerte de muchos niños» (127-131). Las venas, con que se designa metonímicamente a la sangre y, por extensión, al semen, según las teorías médicas de la antigüedad que perduran en la mente popular[2] y en los textos de Lorca, son falsas porque lo auténtico para el sector social del que se hace portavoz el Estudiante 4 está basado en un predicado que equipara actividad sexual a procreación. Lo contrario equivale a «causar la muerte de muchos niños», o sea, no dar lugar a la procreación, como vimos que sucedía con la muerte simbólica del niño en manos del Emperador. De ahí que defina los fluidos vitales que se desvían de su supuesto objetivo como «veneno», sustantivo que, como vimos en el Capítulo III, Lorca usará con idénticas connotaciones de esterilidad en contextos donde se aluda a la homosexualidad[3].

---

[1] El sentimiento de odio que la sociedad siente hacia el homosexual ha sido comentado ya por Ian Gibson al observar que «El odio contra los homosexuales se refleja... en la histérica reacción de los espectadores ante el descubrimiento no sólo de que representa a Julieta un muchacho de quince años sino de que éste y el actor que desempeña el papel de Romeo... forman una pareja de homosexuales que se aman de veras» *(Federico García Lorca*, II, 113).

[2] Galeno, entre ellos, mantenía que «as warmth and pleasure build up and diffuse, the increasingly violent movement of the whole man causes the finest part of the blood to be concocted into semen, a kind of foam that finally bursts forth powerfully and uncontrollably» (cit. Laqueur, *The Making*, 7). Véase el estudio de Greenblatt, *Shakespearean Negotiations* (85) para una explicación de esta teoría médica que, según su tesis, sigue predominando en la Inglaterra del siglo XVII. La ecuación semen = sangre que establecieron las ciencias biológicas y la cultura popular del siglo XIX y comienzos del XX se halla someramente analizada en *Evil Sisters,* de Bram Dijkstra, especialmente en el capítulo intitulado «For the Blood is the Life».

[3] Cabe pensar, por ejemplo, en la alusión velada que la Americana hace a la ambigüedad sexual de Keaton en *El paseo de Buster Keaton* cuando le pregunta sarcásticamente, «¿Tiene usted un anillo con la piedra envenenada?» *(OC*, II, 279).

Contrapuesta a esta opinión se sitúa la del Estudiante 2 quien, al mismo tiempo que muestra estar de acuerdo con la explicación de su interlocutor 4, no obstante siente la necesidad de puntualizarla aclarando de manera irónica que el «tumulto comenzó cuando observaron que no se amaban, que no podían amarse nunca». Quiere decir con ello que, si el público se indignó, fue porque vio que se trataba de dos hombres que, según la percepción popular, no podrían amarse nunca de la manera que se amarían dos seres que formaran una pareja convencional. Es un ejemplo de lo que David Halperin ha denominado como «the homophobic logic that ineluctably constructs "love" in exclusively heterosexual terms» («Historicizing», 241). Es esta autenticidad sentimental la que este mismo personaje recalca cuando añade de manera más directa que el público protestó porque vio que los actores se amaban de verdad, en lo más íntimo y perdurable del ser: «se amaban los esqueletos y estaban amarillos de llama», o sea, de pasión que quema (129), mientras que no sucedía lo mismo con lo superpuesto, «pero no se amaban los trajes», los signos denotadores del presunto amor convencional que sugiere el vestuario de hombre y mujer que llevan y que habría recibido el beneplácito del público, aun cuando se hubiera tratado de pura teatralidad, de simulacro, precisamente lo que tratan de evitar los detractores del teatro «al aire libre» que el Hombre 1, sobre todo, representa. Es éste un aspecto de la obra que recibe mayor atención analítica en el último capítulo del presente estudio. Los sentimientos que delatan los dos actores del teatro «bajo la arena» son para este público conservador algo intolerable, algo que no quieren ni imaginárselo por verlo como la difamación de una exclusiva supuestamente heterosexual.

A este repudio se refiere elípticamente el mismo Estudiante 4 cuando aclara que lo que sí vio varias veces el público fue «la cola de Julieta cubierta de pequeños sapitos de asco» (129). El valor simbólico que el sapo adquiere en este contexto es sumamente significativo por tratarse de un anfibio que la tradición ética cristiana ha usado para denunciar el artificio demoníaco de la lujuria, que vieron simbolizada en el cuerpo de la mujer[4]. Muestra de ello se encuentra en la pintura ético-religiosa de El Bosco, donde el sapo aparece como símil de lascivia al quedar asociado a los genitales femeninos sobre los que se posa. Así sucede en *Los siete pecados capitales* y *El carro de heno*, significado que vuelve a adquirir en *Jardín de las delicias*, aunque, en el caso de este último cuadro, son los pechos de la mujer los que simbolizan idénticas pre-

---

[4] Según observa Dollimore de manera pertinente a la dialéctica que se viene observando, «woman was once (and may still be) feared in a way in which the homosexual now is —feared, that is, not so much, or only, because of a radical otherness, as because of an inferior resemblance presuposing a certain proximity» (253).

ocupaciones (véanse ilustraciones 11 y 12). Además de estar reconocido como un símbolo de aspiraciones diabólicas, es un animal al que se le atribuyen propiedades venenosas y, lo que es más pertinente para el caso que nos ocupa, está asociado a las impurezas fecales. Lorca, que debió conocer estos cuadros que forman parte de la colección del Prado[5], reelabora este símbolo plurivalente para connotar sus múltiples significados y expresar, a la vez, los sentimientos de aversión que para este público suscita la homosexualidad, fenómeno humano que en la mente popular, científica y religiosa ha estado asociado a conductas delectivas, a la prostitución o bien ha sido vista como sinónimo de promiscuidad desenfrenada: «men who prostitute their bodies to lust and forget what they are born to be, contending with women in passivity», según lo expondría un religioso medieval que Boswell cita en su libro sobre el cristianismo y la homosexualidad (349). Es esta manipulación de las sexualidades marginales un hecho que obedece a un esfuerzo claramente político que tiene como objetivo principal favorecer el régimen de sexualidad establecido y dificultar la representación positiva de las relaciones homoeróticas. Como observó Foucault en una entrevista que concedió a *Le Gai Pied* en 1981, se difaman las relaciones intermasculinas con el fin de evitar «everything that can possibly be upsetting about affection, tenderness, friendship, faithfulness, comradeship, companionship for which a fairly controlled society cannot make room without fearing that alliances might be formed, that unexpected lines of force might appear» (Halperin, *Saint Foucault,* 98). Para este público que insiste en ver un contenido sexual que, aunque sí estaba implícito, en este caso no estaba visible, la homosexualidad se convierte en una depravación que nulifica lo que sí estaba explícitamente manifiesto: la nobleza del espíritu humano, una relación en la cual el sentimiento amoroso logra «one of its most perfect forms —a form in which from the necessities of the situation the sensuous element, though present, is exquisitely subordinated to the spiritual»[6].

---

[5] El sapo con las connotaciones aquí atribuidas aparece frecuentemente en la obra de Lorca, como vemos que sucede en las Exposiciones 31 y 32 de *Viaje a la luna,* así como en «Iglesia abandonada» y «Nacimiento de Cristo» en *Poeta en Nueva York.* La imagen, o mejor dicho, su correlativo zoomórfico, aparece con esta misma carga simbólica en dos otras ocasiones en *El público*: en la autodeprecación que hace el Director: «Es en un pantano podrido donde debemos estar, bajo el légamo donde se consumen las ranas muertas» (81) y, luego, en el sentido diametralmente opuesto que deviene del júbilo de superar los tabúes que representa: «Estudiante 1.—¡Alegría! ¡Alegría de los muchachos y las muchachas, y de las ranas y de los pequeños taruguitos de madera!» (143).

[6] Palabras que Edward Carpenter, pionero entre los exégetas de la homosexualidad de la Inglaterra contemporánea a Lorca, usaría para referirse al amor homógeneo. Sobre el particular véase el erudito estudio de Christopher Craft, de donde procede la cita (32).

Ilustración 11.—Rana como símbolo de lujuria. Detalle de *El carro de heno*, de Jerónimo Bosch. Museo del Prado.

Ilustración 12.—Rana como símbolo de lujuria. Detalle de *El jardín de las delicias*, de Jerónimo Bosch. Museo del Prado.

El bloqueo mental que manifiesta el público escandalizado es absoluto al mostrarse incapaz de comprender que la atracción que muestran estos dos actores puede incluir el afecto y la amistad, a diferencia de lo que la ideología de la época, influida por una larga tradición de sentimientos hostiles, les había dado a entender. Ejemplifica de manera patente el dilema existencial que, incluso en su vertiente heterosexual, encuentra el amor ante el deseo, la necesidad de elevar aquél por encima de éste y la futilidad de su empeño, sólo que, en el caso del amor denostado que nos ocupa, el dilema se intensifica debido a las dificultades inherentes a todo intento por objetivar de manera positiva «the moral implications of a homosexual personality when they could by the definition of the time point to that personality as immoral» (Yingling, 66). Es éste un dilema al cual el texto no trata de buscarle solución. Su interés principal estriba en plantearlo tal y como lo ve el autor, como un sistema en que el disidente sexual será castigado y enajenado, bien sea por razones sexuales o no. David Halperin lo ha resumido de manera pertinente cuando se refiere a la peculiaridad oportunista e indeterminada del discurso homófobo y señala: «Homophobic discourses contain no fixed propositional content. They are composed of a potentially infinite number of different functionally interchangeable assertions, such that whenever any one assertion is falsified or disqualified, ano-ther one —even one with a content exactly contrary to the original one— can be neatly and effectively substituted by it» *(Saint Foucault,* 33).

El reto que supone este tipo de relación para los fundamentos del sistema patriarcal que determinan las relaciones sociales lo ha señalado Foucault en la ya citada entrevista cuando comenta: «Imagining a sexual act that does not conform to the law or to nature, that's not what upsets people. But that individuals might begin to love each other, that's the problem. That goes against the grain of social institutions: they are already crisscrossed by emotional intensities which both hold them in place and fill them with turmoil» (Halperin, *Saint Foucault,* 98). No representa ningún problema, cabe aclarar, siempre y cuando sea reducible a un mero contacto sexual. Pero, si se incita a la identificación emocional, y la relación sexual implícita va accompañada de un deseo igualmente implícito por redefinir el sistema jerárquico que la excluye, cuando ambos motivos se combinan, que es precisamente lo que el público infiere, el resultado es diferente. Por eso conviene minimizar la dimensión afectiva desviando la atención a otras realidades, las sexuales. De ahí también la necesidad de buscar un pretexto socialmente sancionado que justifique la furia que la sociedad descarga sobre manifestaciones de este tipo.

Habiendo dicho lo anterior, no es de extrañar que Lorca se mostrara un tanto dudoso al reflexionar sobre la representabilidad de *El público* cuando comentaba en una entrevista que se trataba de una obra que no pretendía estrenar, en parte porque, según creía él, no había «compañía que se anime a llevarla a escena ni público que la tolerase sin indignarse». La razón, añade el autor, es «porque es el espejo del público. Es decir, haciendo desfilar en escena los dramas propios que cada uno de los espectadores está pensando, mientras está mirando, muchas veces sin fijarse, la representación. Y como el drama de cada uno a veces es muy punzante y generalmente nada honroso, pues los espectadores en seguida se levantarían indignados e impedirían que continuara la representación... es "Un poema para silbarlo"» *(OC,* III, 557)[7]. El odio militante que provoca la puesta en solfa de la hipocresía social y moral de un público desalmado que, según sugiere el texto, desconoce el verdadero sentido del amor que literalmente han sepultado, es parte de ello. La otra razón que se infiere de su protesta es más perturbadora por implicar temores de identificación que la mente humana siente acerca de ciertos comportamientos sexuales y afectivos, nociones soterradas que la persona no trata de resolver por lo hondamente contradictorias que son[8]. C. A. Tripp lo ha explicado de manera acertada y persuasiva cuando observa que «Part of what needs to be accounted for is the fact that murder, graft and a host of other violent crimes, though strongly taboo, fail to stir the intensely personalized emotions that can still be aroused by the homosexual... Thus, for most people, one of the most disturbing images in homosexuality is that of two men kissing, for it is easily imagined and sharply at odds with what is expected. The same thing is apparent in sex practices, too: Every kind of "penis use" as well as every expression of affection in homosexuality so duplicates an equivalent in heterosexuality as to be brought home to people in much stronger ways than some crime of violence which, however repugnant, contains actions unfamiliar enough to remain at a more comfortable distance» (241).

Lo que resulta igualmente perturbador de la realidad sentimental desvelada, según los efectos que en el público ha tenido, es que pone en evidencia aspectos de la vida que los espectadores prefieren no reconocer, como, por ejemplo, la carencia de amor y

---

[7] Idea que repetiría en 1933 al ser entrevistado por José S. Serna: «Y *El público,* que no se ha estrenado ni ha de estrenarse nunca, porque *no se puede* estrenar» *(OC,* III, 527).

[8] Como ha señalado Eve Sedgwick respecto a la comprensión moderna de la homosexualidad: «It holds the minoritizing view that there is a distinct population of persons who "really are" gay; at the same time, it holds the universalizing views that sexual desire is an unpredictably powerful solvent of stable identities; that apparently heterosexual persons and object choices are strongly marked by same-sex influences and desires, and vice versa for apparently homosexual ones; and that at least male heterosexual identity and modern masculinist culture may require for their maintenance the scapegoating crystallization of a same-sex male desire that is widespread and in the first place internal» *(Epistemology,* 85).

la falsa moral sexual que este mismo público comparte, así como la vacuidad de los arreglos sociales a que sucumben. A lo que cabe añadir la dinámica enmascaradora que las estructuras vigentes fomentan en unos seres que, sin percatarse de ello, están sacrificando su autenticidad personal al vivir social que los rodea. En este caso, el experimento teatral asume una función moralmente correctiva análoga a la que Hamlet dice debe asumir el teatro: «to hold, as 'twere, the mirror up to nature; to show virtue her own feature, scorn her own image, and the very age and body of the time his form and pressure» (III, ii, 23-27). El ejemplo más palmario de la vacuidad de los arreglos sociales y la falta de sentimientos que los caracteriza, es el que viene representado por el profesor de retórica y su esposa Elena/Selene, símbolo esta última de «la unión sin amor entre hombre y mujer», según lo ha visto Laffranque (32). Me refiero en particular al diálogo que los estudiantes 2 y 4 mantienen cuando se enteran de los efectos devastadores que ha tenido la revolución:

ESTUDIANTE 4.—La primera bomba de la revolución barrió la cabeza del profesor de retórica.
ESTUDIANTE 2.—Con gran alegría para su mujer, que ahora trabajará tanto que tendrá que ponerse dos grifos en las tetas (125).

La metáfora vanguardista[9] de los grifos con que se refiere a los pechos de Selene no es un capricho grotesco por parte del autor, sino que se trata, más bien, de una alusión velada a la falta de satisfacción erótica que ha caracterizado su relación conyugal, frustración que subrepticiamente compensaba con las escapadas nocturnas que hacía, según los rumores que corren y que comenta el Estudiante 3: «Dicen que por la noche subía un caballo con ella a la terraza» (125)[10], sólo que ahora podrá hacerlo alegremente tras

---

[9] Como ha señalado Michel Carrouges, «la transposition de l'érotisme en fonctionnement d'un appareil purement mécanique ne traduit nullement une négation de tout l'érotism; elle l'affirme, au contraire, en tant qu'il est un pur processus mécanique. Sa signification réside, en revanche, en ce qu'elle le réduit à ce processus et le sépare de tout élément de participation biologique et spirituel» (*Les machines célibataires*, 37). Es ésta una de las características comunes entre las artes de vanguardia, el hacer uso de los descubrimientos de las ciencias o de objetos más ordinarios y disparatados para aludir lúdicamente a la sexualidad humana. «El vidrio», de Duchamp, las bicicletas y los trenes que aparecen en los dibujos de Jarry que Carrouges comenta, así como sucede también en los cuadros de Dalí en lo que toca a velocípedos, son un ejemplo de ello.

[10] El significado que el caballo adquiere en la obra de Lorca ha quedado expuesto ya por Martínez Nadal en el apartado III de su estudio «*El Público»: Amor y muerte en la obra de Federico García Lorca*, quien los ve como la «personificación de los instintos más ocultos que arrastran al hombre, energía sexual y locura» (234).

la libertad sexual que el aniquilamiento de su esposo le va a conceder. Eros queda expuesto como un acto mecánico que se satisface tan pronto se liberan las trabas institucionales que lo contenían y que, irónicamente, lo hacían permanecer intrínsecamente impuro a pesar de la supuesta monogamia y los fines procreativos a que estaba dirigido. Pero lo revelador del caso, que merece ser enfatizado por el valor irónico que le atribuye el autor, es que la Selene que expone a la vergüenza pública el secreto amoroso que ha descubierto en los protagonistas del experimento teatral es el mismo personaje cuyo matrimonio queda aireado grotescamente como una falacia, mostrando de paso que las perversiones de que participa son fuente de placer más intenso que los medios aprobados para la satisfacción sexual[11]. Habiendo dicho lo cual, es fácil ver a Selene como un ejemplo perifrástico de la inautenticidad del ser que las convenciones sociales fomentan y los paradigmas homosexuales ponen de relieve[12]. Es uno de los muchos ejemplos que muestra la manera en que «the paradoxical nature of the perverse endangers the very metaphysics which employ it» (Dollimore, 126), puesto que lo normalmente definido como crimen, todo aquello que no se ajusta a las convenciones y los valores morales impuestos por la sociedad, queda sometido a un nuevo escrutinio cuando sus acusadores participan en transgresiones del tipo aludido. Se trata de la simbolización de una clase dirigente cuya represión sexual, provocada irónicamente por los sistemas inhibidores que ella misma construyó, se manifiesta en la dialéctica social que va, del temor histérico ante cualquier tema relacionado con la sexualidad, a la proliferación de prostíbulos, adulterios y otras manifestaciones sexuales en las que el placer y el castigo se unen imprecedentemente para satisfacer el deseo y la culpa que esta moral represiva fomenta. Las ciencias psicoanalíticas y las médico-sexuales

---

La imagen del tejado la interpreta Huélamo Kosma como un recinto amoroso al referirse a la invitación que el Director hace al Hombre 1: «y me gustaría verte dormir en el tejado» (47), significado que Kosma ve implícito en los versos de «1910: (Intermedio)» del poemario neoyorquino que él cita: «en los tejados del amor, con gemidos y frescas manos» (170).

[11] Según la teoría que Freud expone en *El malestar de la cultura*: «El sentimiento de dicha provocado por la satisfacción de una pulsión silvestre, no domeñada por el yo es incomparablemente más intenso que el obtenido a raíz de la saciedad de una pulsión enfrenada. Aquí encuentra una explicación económica el carácter incoercible de los impulsos perversos, y acaso también el atractivo de lo prohibido como tal» (XXI, 79).

[12] Así lo ha visto Storzer al mostrar que «The social self is a form of nonbeing... Even love and sexuality can be "socialized", Love can be feigned and added as an accoutrement to the mask... Sexuality is relegated to the confines of limited social *roles* or becomes a conquest for social ends» (191-192). Para Yingling «nonhomosexual identities also exhibit a dynamic of masking and loss through "deep" and "surface" structures, but the instance of homosexuality makes this apparent in different cultural registers and sites» (29).

del siglo XIX y parte del XX llevarían a cabo hallazgos tan pertur-
badores como reveladores al ser motivo de una polémica desenfrenada que, cuando no los consideró como pornográficos, los
retiró de la circulación[13].

La imagen que la obra proyecta de la clase social que venimos
analizando se entiende un tanto mejor cuando la situamos en el
contexto biográfico que requiere. Al hacerlo es fácil ver que las
críticas que Lorca lanzó contra la burguesía en especial son numerosas y no pueden limitarse a estos ejemplos que nos ocupan,
afirmación que se puede comprobar si reparamos en los prólogos
y las piezas dramáticas donde toca el tema. Pero lo que resulta oportuno señalar es que la predisposición adversa a estos estamentos
sociales es algo que ya a los diecinueve años ocupaba la mente del
incipiente escritor, como se desprende de las diatribas, casi obse-
sivas, que contra ellos lanza cuando se refiere a «las maldades...,
la hipocresía ruin..., el amor muerto por la reunión ridícula y grotesca de los hombres» que hacen la vida imposible a «los espíritus altos» que aman de verdad y sufren en virtud de ello *(Prosa
inédita,* 85). La enemistad la sintió a fondo, como sucedió también con el conflicto que esta moral provocó en él, como se desprende de la frustración que transmiten las preguntas retóricas que
se formularía y la maldición que lanzaría contra los que no per-
mitieron que amara libremente según los dictámenes de su propia
naturaleza: «¿Por qué no me puedes pertenecer? ¿Por qué tu
cuerpo no puede dormir junto al mío, si lo quisieras así? ¿Por qué
tú me amas con locura y no nos podemos amar? La sociedad es
cruel, absurda y sanguinaria. ¡Maldita sea! Caiga sobre ella, que
no nos deja amarnos libremente, nuestra maldición» (ibíd., 172).
Bien visto se trata de la misma hostilidad que, por una razón u
otra, pasaría a ser una constante entre los intelectuales de su
tiempo, si nos atenemos a los ejemplos de su amigo cineasta Luis
Buñuel y al de otros escritores de su misma generación, Rafael Alberti y Vicente Aleixandre entre ellos, sólo que, en el caso de Lorca,
se intensifica a raíz del problema que estos mismos prejuicios pro-
vocaron en él. De ahí *El público,* donde se cristaliza de manera
patente el odio silenciado que la ideología homófoba, promovida
mayormente por esta clase social y las instituciones en que se
apoya, había fomentado en él y los años transcurridos intensifi-
cado. Se trata, después de todo, de la misma raíz social que con-

---

[13] Ejemplo de ello es el estudio de Havelock Ellis, *Studies in the Psychology
of Sex,* publicado en alemán en 1897 por estar prohibido en Inglaterra. El comentario que sobre dicho estudio hace Marañón es igualmente indicativo cuando
en 1929 se refiere a él diciendo que «El más desvergonzoso de los opúsculos libertinos que se venden a hurtadillas, no iguala en información pecaminosa a un volumen de Havelock Ellis; como toda la iconografía pornográfica es superada por las
vitrinas de un museo de anatomía» («El problema de la intersexualidad», I, 463).

diciona las críticas que su teatro convencional había lanzado más explícitamente, sólo que en esta pieza se expresan mediante un lenguaje simbólico, denso, casi indescifrable, tan enigmático que obstaculiza su comprensión[14], y ello se debe a que la premisa sexual desde la que lanza estas críticas es muy diferente y las repercusiones mucho más serias. Habiendo dicho lo cual, la observación de Martínez Nadal no podía estar más alejada de la evidencia palpable que el texto nos brinda cuando dice de *El público* que se trata de «una obra cuya gestación difiere tan radicalmente de la que caracteriza al resto de su obra teatral» («Guía», 169).

Hasta ahora hemos estado viendo la manera en que la homosexualidad inflama la más incontrolable de las pasiones, revelando a la vez la manera en que los discursos homófobos «have structured their subjects and objects, how they participate in the legitimation of opressive social practice» (Halperin, *Saint Foucault*, 34). Otro de los medios con que el texto muestra los mecanismos aludidos es mediante el componente intelectual que representan los estudiantes. Su intervención es sumamente importante porque, con ella, el autor está mostrando la reacción de un grupo de jóvenes que comparten características afines como son la edad, clase social y preparación intelectual pero que, no obstante, expresan opiniones opuestas: las que, por un lado, vienen representadas por un raciocinio inmune a las conveniencias y prejuicios sociales y las que, por otro, corresponden a una ideología de tipo más conservador que se supedita a las convenciones sociales. El Estudiante 4, sin duda, es el mayor exponente de la segunda categoría. Es, por un igual, el que más interés suscita al presentarse como detractor de los conceptos ideológicos que caracterizan a los otros cuatro componentes del grupo. Un detalle en el que conviene detenernos es la observación que hace cuando asevera que «la revolución estalló cuando se encontraron a la verdadera Julieta amordazada bajo las butacas y cubierta de algodones para que no gritase» (129). Lo significativo de su afirmación es que interpreta la humillación de que es sujeta la «verdadera» Julieta como una afrenta a los valores heterosexuales que representa y, por lo tanto, una osadía que justifica la condena que sobre los culpables ha caído. El haber sido hallada de la manera en que la describe, cabe aclarar, no representa ningún deseo por parte del autor de restar los méritos que a este paradigma de ternura y fidelidad amorosa se le han tradicionalmente reconocido. La sensibilidad humana que Lorca mostró ante cualquier infortunio amoroso, bien se tratara de un Perlimplín o de una Doña Rosita, es más que conocido. Lo que el Director está

---

[14] Así lo ha señalado Francisco Ruiz Ramón cuando dice de *Así que pasen cinco años* y *El público* que «son estas dos piezas las de más complejo simbolismo y difícil comprensión del teatro lorquiano» (187).

llevando a cabo es un «dificilísimo juego poético» mediante el cual trata de silenciar, aunque sólo sea momentáneamente, el amor que en su vertiente heterosexual representa la «verdadera» Julieta para ceder la palabra al tipo de amor que trata de defender, un amor auténtico, pero que no ha conocido más que la persecución, el silencio o el oprobio. De ahí que éste aparezca articulado en un primer plano mientras que aquél se halle amordazado y arrinconado, privado de la palabra, pero no del gemido. La historia de la realidad social en que se basa el experimento y que, a su manera, el Director trata de reivindicar es, después de todo, «one long struggle to reverse the discursive positioning of homosexuality and heterosexuality... to shift homosexuality from the position of an object of power/knowledge to a position of legitimate subjective agency —from the status of that which is spoken about while remaining silent to the status of that which speaks» (Halperin, *Saint Foucault,* 57). El resultado de semejante afán liberador lo expone el Director en su diálogo con el Prestidigitador, emisario de la muerte que ha venido a recobrar la víctima simbólica que deviene de la osadía de declarar públicamente amores que la sociedad castiga: «Si yo pasé tres días luchando con las raíces y los golpes de agua fue para destruir el teatro... Y demostrar que si Romeo y Julieta agonizan y mueren para despertar sonriendo cuando cae el telón, mis personajes, en cambio, queman la cortina y mueren de verdad en presencia de los espectadores» (155). Pero es precisamente el atrevimiento del truco lo que enerva al Estudiante 4 y al público del que se hace portavoz. Se trata, después de todo, del mismo personaje que significativamente se había negado a admitir la posibilidad liberadora que simbolizaba el juego lingüístico con que el Estudiante 1 sugería las nuevas prácticas eróticas de que es capaz la persona[15]; el mismo que había calificado la reacción del público como justa y eficaz cuando decía aprobatoriamente: «Romeo era un hombre de treinta años y Julieta un muchacho de quince. La denuncia del público ha sido eficaz» (139)[16],

---

[15] Me refiero a la protesta que hace cuando dice: «Pero un ave no puede ser un gato, ni una piedra puede ser un golpe de mar» (129), con lo que da a entender que lo sexualmente definido como masculino, «gato», no puede incluir imprecisiones sexuales como las contenidas en la epicena «ave», como tampoco puede suceder con lo claramente femenino, «una piedra», cara a las ambivalencias masculinas y femeninas que contiene el ambiguo «un golpe de mar», máxime cuando lo que agrede («un golpe») es lo masculino.

[16] El comentario «La actitud del público ha sido detestable» (136), que en el manuscrito aparece finalmente atribuido al Estudiante 4, resulta ser inconsistente con la actitud que este mismo personaje manifiesta a lo largo de la conversación. El manuscrito en que se basa la edición de Martínez Nadal delata cierta oscilación entre el Estudiante 1, a quien originalmente y de manera más convincente se le atribuía dicha intervención, y el 4. El caráccter inconcluso del texto, y la saga del único manuscrito que tenemos a nuestro alcance, sin duda es responsable por estas contradicciones e indecisiones.

con lo cual da a entender que hay que frustar todo intento de poner al descubierto los mecanismos homófobos que el poder pone en funcionamiento, «the mechanism for regulating the behavior of the many by the specific oppresion of a few» (Sedgwick, *Between Men,* 88).

Sin duda es en el debate a que se somete la sexualidad procreativa donde se aclaran los móviles ético-políticos que justifican el discurso homófobo que él y sus semejantes ideológicos representan. Aunque reconoce que «indudablemente se amaban con un amor incalculable» (139), no obstante se muestra incapaz de justificar esta forma de amar por razones biológicas, por tratarse de una relación sexual no encaminada a la procreación, como lo demuestra cuando protesta *«(Irritado.)* Entonces que se paren las máquinas y arrojad los granos de trigo sobre un campo de acero» (131). Se trata de la respuesta que da a su Compañero 1 cuando éste defiende la posibilidad de que dos hombres se pueden amar con la misma intensidad que singularizó a la pareja shakespeariana que están representando, independientemente de la estructura anatómica de los órganos genitales que los define. El significado que adquieren «las máquinas», junto a la esterilidad que simboliza la siembra de un vegetal germinativo en un campo yermo, «de acero», se aclara de manera pertinente en el estudio marxista-psicoanalítico de Herbert Marcuse cuando se refiere a la manera en que la homosexualidad es percibida por una cultura práctica y productiva que valora la sexualidad por su finalidad útil: «Against a society which employs sexuality as a means for a useful end, the perversions uphold sexuality as an end in itself; they thus place themselves outside the dominion of the performance principle and challenge its very foundations. They establish libidinal relationships which society must ostracize because they threaten to reverse the process of civilization which turned the organism into an instrument of work» *(Eros,* 50). El Estudiante 4 se hace portavoz de una concepción puramente biológica que ve en la necesidad sexual tan sólo el fin procreativo y perpetuador de la especie, un representante masculino del concepto sexual que pocos años después encarnaría Yerma[17]; mientras que la homosexualidad se le antoja como un obstáculo y una amenaza al orden procreador que él defiende y que garantiza las instituciones sociales. Esta idea la rebate el Estudiante 2 cuando se proclama defensor de una sexualidad que va más allá de su fin genesíaco: «Se sabe lo que alimenta un grano de trigo y se ignora lo que alimenta un hongo (131)»[18]. El trigo, que crece a la luz del

---

[17] Véase sobre el particular el reciente estudio de Brian Morris «Yerma, abandonada e incompleta», donde el autor habla de la «incapacidad [de Yerma] para sentir más allá de los límites que le pusieron, y que ella mantiene» (41).

[18] La metáfora del trigo con el significado que aquí adquiere es algo que aparece ya en la obra temprana de Lorca, por ejemplo, «Espigas» del *Libro de poe-*

sol, se cultiva, germina y alimenta, se contrapone a otro vegetal que no requiere ser cultivado, sino que crece de manera natural y espontánea en lugares oscuros, húmedos y retirados pero que a pesar de ello tiene ciertas propiedades nutritivas además de agradar al paladar. Rebate de este modo la creencia tradicional que mantiene que la única práctica sexual natural es la que tiene como objetivo la reproducción de la especie humana, al mismo tiempo que reconoce la intensidad de que puede ser capaz un amor sincero no ligado a convenciones, conformismos ni conveniencias, una relación humana menos propensa a ser devaluada por intereses materiales, sociales o profesionales[19]: «Pasaría que vendrían los hongos, y los latidos se harían quizás más intensos y apasionantes» (131), o sea, el amor oscuro al que se alude elípticamente por medio de los «hongos» se manifestaría con un vigor y sinceridad no sospechada. A esta intensidad misma se referiría Aleixandre años después al exclamar asombrado de los sentimientos que Lorca había transmitido a sus *Sonetos del amor oscuro*: «Federico, ¡qué corazón! Cuánto has tenido que amar, cuánto que sufrir» (76).

Es como si el autor hubiera querido representar por medio del Estudiante 4 el intelecto en su aspecto más inflexible, incapaz de cuestionar las fuerzas que se aúnan para forjar sistemas de poder cuyo propósito principal es promover el conformismo que mantiene a la mayoría dentro de un sistema sexual utópico. El significado simbólico que este grupo de estudiantes adquiere en la obra se aclara mejor si lo situamos frente a las convicciones que el propio autor tenía sobre la educación. El interés que Lorca mostró en la teoría y en la práctica por instruir a la persona, promoviendo la cultura como medio de liberarla de los modos normativos de pensar que dificultan el autoconocimiento, son bien conocidos, como lo ha dejado constatado su biógrafo Ian Gibson. Lorca ve la cultura como un medio de encontrar la individualidad propia, entre ellas la emotiva, como se infiere de un incidente anecdótico que ratifica lo dicho. Me refiero a la exclamación que el granadino hizo a los vecinos de Fuente Vaqueros con motivo de la biblioteca pública que acababan de inaugurar: «¡Libros, libros! He aquí una palabra mágica que equivale a decir "amor, amor"» (*Federico García Lorca,* II, 155). Aunque el Estudiante 4 no es ejemplo de esta equiparación en su sentido más amplio, sí lo son sus Compañeros 1, 2, 3 y 5, quienes representan un intelecto que no se deja influir por mecanismos de poder ni permite, consecuente-

---

mas: «Brotáis para alimento de los hombres. / ¡Pero mirad las blancas margaritas / y los lirios que nacen *porque sí*! / (...) La flor silvestre nace para el sueño / y vosotras nacéis para la vida» (*OC,* I, 121).

[19] Idea que expresaría Altman en su estudio sobre la opresión homosexual cuando observa que «homosexual relationships are in themselves an existential assertion, less easily corrupted by convenience and conformity than straight relationships» (30).

mente, que la sexualidad ni el amor sean condicionados por imperativos sociales de tipo alguno. Así y todo, no sería en absoluto aleatorio aventurar la hipótesis de ver a esta minoría intelectual, despierta, abierta a cambios que podrían aliviar el sufrimiento innecesario de unos pocos, como símbolo de la impotencia político-social que representa frente a esa otra ideología conservadora que, pese a estar desproporcionalmente representada entre este mismo grupo intelectual, tiene el respaldo de las instituciones sociales más poderosas e intransigentes[20].

A pesar de sus limitaciones, dichos personajes representan la única voz disidente que contiene el texto; son los únicos que expresan un deseo evidente de replantear lo establecido, apuntando a las instituciones que sustentan los discursos que se critican. Entre ellas aparece la Iglesia, aludida mediante el misal al que se refiere el Estudiante 5 cuando exclama alegremente «Y quemaremos el libro donde los sacerdotes leen la misa» (143). La intransigencia que los dogmas católicos han mostrado ante todo tipo de sexualidad no procreativa es bien conocida; cuando se trata de la homosexualidad, el tratamiento que ha recibido ha sido de los menos benignos, como lo corrobora la percepción que de ella expresan los latines con que la Iglesia solía aludir a la homosexualidad: *peccatum illud horribile, inter christianos non nominatum*. El efecto que dicha intransigencia tiene en la obra, y en la vida del autor, lo ha dejado constatado Javier Herrero de manera contundente, y es debido a dicha hostilidad que aparece como uno de los blancos de las críticas más virulentas que salieron de la pluma del autor[21]. A esta institución se une la universidad, representada en el texto por un personaje significativamente vinculado al mundo del teatro, el Traspunte, quien aparece haciendo un llamamiento a los estudiantes para que acudan a las aulas de instrucción: «Señores, clase de geometría descriptiva» (143), llamamiento que los Estudiantes 1 y 5 desoyen al fugarse, pero que alude simbólicamente a la esquematización del ser que vive en una «sociedad hecha desde su geometrismo antihumano [que] presiona nuestro ser con sus con-

---

[20] La divergencia de opiniones que expresan las cuatro damas que comentan el incidente, y que van de la reacción más favorable, como la de la Dama 1, quien opina que «Era un drama delicioso y la revolución no tiene derecho a profanar las tumbas» (127), a las imparciales de las Damas 3 y 4, y a las más intolerables de la Dama 2, podría interpretarse como indicativo de semejante futilidad entre los sectores burgueses más comprensibles, sobre todo cuando se toma en cuenta la desproporción de las intervenciones de la Dama 2 frente a las de las casi silenciadas otras tres damas.

[21] «The violent rejection by contemporary Catholism of homosexuality as the unspeakable sin, the lived experience of emotional repulsion that he [Lorca] was bound to feel, as well as the tragic social exclusion that the curse that had fallen on him, and of which he felt innocent, entailed, all these shattering convulsions had to leave a profound imprint in his art, and they did» (187).

vencionalismos (sexuales, etc.)» y, por consiguiente, frena «el desarrollo natural de nuestras más evidentes necesidades humanas» (Bousoño, 62)[22]. No solamente se trata de distanciarse de la Iglesia y de otras instituciones responsables de fomentar el proceso de interiorización normativo en el ser. Para poder reclamar la autenticidad que las estructuras sociales vigentes sofocan, conviene situarse fuera del control que, según el Estudiante 1, representan «Los tejados y las familias», o sea, el sistema patriarcal que anida en el seno del hogar y que tiene como una de sus bases principales la supresión de comportamientos sexuales que podrían minar su prepotencia. A ello se refiere Hocquenghem cuando aclara que «Homosexual desire is the ungenerating-ungenerated terror of the family, because it produces itself without reproducing» (93). Como ha afirmado Fernández Cifuentes, es una de las características de las obras de Lorca el de postular «una liberación, un desvío del sistema familiar» (281). Cuando se trata de una institución social cuyo significado es de capital importancia para la consolidación de la ideología burguesa, como es la familia, la liberación se hace más apremiante.

La decisión que el Estudiante 5 toma de huir con su nuevo compañero, el Estudiante 1, es la solución que el texto ofrece a la problemática que se debate, ya que es la única alternativa que el tipo de persona en cuestión tiene a su alcance si quiere reencontrar la naturalidad que la vida institucionalizada le arrebata, la única manera de vivir una existencia en armonía con la naturaleza y con los impulsos biológicos que ha descubierto en sí. Es como si Lorca estuviera diciendo que la energía sexual y afectiva conduce a una afirmación del ser en desafío del orden social, como si el llamamiento a la naturaleza, a las inclinaciones naturales, representara de por sí una rebelión contra los valores convencionales. Lo significativamente revolucionario de tamaña decisión es que, para lograrlo, hay que huir de la cultura, lo que impone significado sobre lo natural y lo convierte en «otro» (Butler, 37). Solamente regresando a la precultura, al mundo natural del que simbólicamente procede el Estudiante 5, se podrá reencontrar la individualidad, sentirse en relación con la creación y consigo mismo. Se trata del mismo paradigma homosexual que Dollimore ve en Gide, para quien la transgresión social y sexual que representa este tipo de acción lleva a la recuperación de un ser «understood in terms of a pre-social individuated essence, nature and identity; and on that basis invested with a quasi-spiritual autonomy. Culture has repressed this authentic self and the individual embarks in a quest to uncover it, a

---

[22] Palabras que Carlos Bousoño usa al comentar los siguientes versos del poema «Telegrama» de Alberti: «Nueva York. / Un triángulo escaleno / asesina a un cobrador» (63), significado que veo afín a lo que el texto de Lorca parece sugerir.

quest that is also an escape from culture» (13)[23]. Es de los actos más rebeldes y atrevidos que contiene el texto, atrevido porque las posibilidades de reintegrarse a la sociedad tras una decisión de este tipo son mínimas, ya que no habrían tenido manera de pactar con las normas sociales que rechazan por ser precisamente las que imposibilitan su amor y su existencia.

Es de los actos más rebeldes en el sentido de que la pareja prófuga se sitúa fuera del alcance de las instituciones que repudian sus recién hallados sentimientos. Más provocador aún es que se acepten estas alternativas con alegría, ratificando de este modo el placer a que dan lugar irónicamente los mecanismos de poder que cuestionan, vigilan, prohíben y provocan su propia subversión: «placer que se enciende al tener que escapar de ese poder, al tener que huirlo, engañarlo o desnaturalizarlo... placer que se afirma en en el poder de mostrarse, de escandalizar o de resistir» (Foucault, *Historia,* I, 59). Es subversivo porque la asociación con lo natural que se establece entre el Estudiante 5 y el mundo agreste del que procede y al que regresa tras los descubrimientos de sí mismo que ha realizado crea una dicotomía entre lo sexual-natural y lo social-asexual que pone de relieve la incompatibilidad existente entre autenticidad sexual y vivencia social. «Todo teatro sale de las humedades confinadas», dirá más tarde el Director (155). Como ha señalado Yingling al hablar de la relación desestabilizadora que este tipo de sexualidad representa frente a lo establecido, «This newly sexualized body became the site of that disruption between Nature and Culture, between the object and its subject of knowledge or desire... and in its particular, disruptive relation to both Culture and Nature, homosexuality could foreground this division in a way that heterosexualily occasionally could not because of *its* (i. e., heterosexuality's) easy recuperation into the paradigm of the natural» (148). Pero lo que conviene aclarar es que Lorca, como Whitman antes que él, no trata de presentar sentimentalismos románticos como la única salida que el homosexual tiene ante la hostilidad social que experimenta, sino indicar, como se ha dicho del poeta americano, que el Estudiante 5 está evocando, «how for all homosexuals the moment of love always has the potential to be

---

[23] Paul Julian Smith opina contrariamente cuando afirma que «A Foucaldian account of Lorca would be closer to Dollimore's Wilde than to his own Gide» *(The Body,* 136). Se trata de una transgresión que conduce a un abandono del ser esencial y no a su descubrimiento. Según lo ha expuesto el crítico que ambos citamos, «Wilde's experience of deviant desire... leads him not to escape the repressive ordering of society, but to a reinscription within it» (14). El concepto que Lorca tenía de Wilde, de quien dijo que sería «una antigualla, una especie de obeso señorón pusilánime», comparado con la atrevida declaración homosexual que ostentaba ser *El público,* hace dudoso que tomara a Wilde como ejemplo de lo que se proponía realizar. Véase Ian Gibson, quien recoge estas declaraciones que Lorca hizo a su amigo Luis Cardoza y Aragón *(Federico García Lorca,* II, 104).

socially subversive» porque, según añade este comentarista del autor de *Calamus*, Joseph Cady, «our perception of its naturalness and our accompanying joy are exactly the opposite of what the dominant culture has told us is supposed to happen in our situation and thus inevitably place us in opposition to its stablished heterosexual model for identity, relationships and nature» (20).

Las críticas veladas que contiene la conversación de los Estudiantes 1, 2, 3 y 5, así como las de las damas que se entrecruzan es de lo más provocador que escribió Lorca sobre la homosexualidad. Dentro de sus límites, es una de las defensas más radicales de las heterodoxias sexuales que contiene la obra, y sumamente inusitada, si se toma en cuenta que, en lugar de lanzar los ataques contra los estereotipos homosexuales que le había legado una tradición preeminentemente hostil, lo que el autor hace en este caso es dirigirlos contra las instituciones y fuerzas sociales responsables por las condiciones que denuncia. Ya no trata la homosexualidad como una diferencia individual censurable, sino como un fenómeno político, social y humano. Lorca ha dejado de identificarse, si no enteramente al menos en un grado significativo, con el discurso homófobo que conscientemente en algunos casos, inconscientemente en otros, reproduce al representar al homosexual como un ser redimible mediante un proyecto de sublimación erótica o, en su vertiente más negativa, como la personificación de deseos «que hieren». Han desaparecido por igual las representaciones negativas del homosexual con impulsos sadomasoquistas y la identificación con una virilidad opresiva. Se infiere de todo ello que Lorca encuentra obstáculos insuperables a la hora de crear referentes homosexuales positivos que estén libres de la negatividad con que se los había legado una tradición preeminentemente hostil. Cuando prescinde de ellos y dirige sus misiles a los estamentos sociales responsables por la homofobia que denuncia, cuando hace frente a las circunstancias en que se ha gestado su opresión, el efecto es bien distinto. En estos últimos casos la crítica de los discursos exclusivos de poder que representa *El público* es de lo más efectiva que escribió el autor.

Capítulo VI

Análisis psicoanalítico de la escena sepulcral

La escena del sepulcro de Julieta en Verona es de singular importancia por la manera en que el autor entreteje hilos temáticos de significativas consecuencias dramáticas. Es la primera y única vez en la pieza que la mujer desempeña un papel central, cosa digna de atención al tratarse de una obra que concede un papel primordial al análisis de la masculinidad, sobre todo en su vertiente homosexual. Es una escena que, además, sobresale por la deslumbrante cualidad poética de sus imágenes y, sobre todo, por su contenido erótico, característica algo común en la obra del autor, pero elocuentemente silenciado en *El público*. Pero lo que resulta especialmente interesante de esta reencarnación shakesperiana en las páginas de *El público* es la manera en que el autor se sirve de este emblema paradigmático de la mujer trágica para lanzar una defensa de la emancipación sexual de la mujer desde una perspectiva nueva que se contrapone al papel que la heroína shakesperiana asume en las páginas que la inmortalizaron y que ella misma sutilmente repudia. Hay en esta representación de Julieta un declarado interés por la causa feminista que en tantas otras ocasiones había manifestado el poeta a lo largo de su obra. Sin embargo, es una defensa que se ofrece desde una perspectiva masculina que irónicamente tiende a reforzar los valores hegemónicos que Lorca inicialmente trataba de criticar. Es ésta una ironía que deviene del discurso científico que se emplea para su defensa y de los estereotipos acerca de la mujer que dicho discurso contribuyó a crear. El episodio es digno de comentar por lo que, además, nos revela acerca del modo en que el deseo es articulado dentro de ciertas convenciones sociales y literarias y por lo que pone de relieve acerca de una relación crucial en la obra de Lorca: la que manifiesta entre feminismo y homosexualidad.

Me refiero, en particular, al encuentro que Julieta tiene con los caballos que la visitan en su lecho mortuorio, poco después de las llamadas de ayuda que hace para salir del mar de muerte en que se halla perdida. Sus llamadas son oídas primero por el Caballo Blanco 1 y luego por Los Tres Caballos Blancos que aparecen a continuación. Unos y otros acuden al sepulcro con la expresa intención de gozar sexualmente de Julieta. Sin embargo, según se desprende del sistema metafórico que unos y otros emplean, hay dos aspiraciones eróticas de motivación distinta: las del Caballo Blanco 1, el único entre las figuras hipomorfas ahí presentes cuyo deseo aspira a la unión de índole heterosexual[1], y las de los otros tres Caballos Blancos, los cuales son motivados por necesidades muy distintas al tener como fin la justificación heterosexual que esperan que la mujer les conceda. Antes de ocuparme de éstos convendrá primero comentar la intervención del Caballo Blanco 1 para mostrar la dinámica psicosexual que aquí se exhibe y la manera en que las respuestas de Julieta revelan una sensibilidad feminista de insospechadas ramificaciones temáticas.

El papel que este Caballo desempeña es de una complejidad excepcional, en parte por la opacidad de su retórica y, sobre todo, por la pluralidad de significados que su figuración adquiere. Aparece revestido de un extraordinario sentido erótico, consonante con su poder de simbolizar como caballo lo instintivo e inconsciente del ser, sobre todo del masculino en su sentido sexual. Su intervención, además, es de valor incuestionable para la comprensión de la dinámica psicológica de las relaciones entre los sexos y la represión sexual que insinúa perifrásticamente como constitutiva del ser. Entre sus funciones más importantes quizá sea la evocación que sus relaciones eróticas, las más desarrolladas en toda la obra, si bien en un nivel puramente discursivo, hace continuamente a los efectos que los controles represivos de la civilización tienen en la existencia biológica del ser. La dinámica a que se refiere reiteradamente este símbolo de lo instintivo humano es la representada por un mundo en el que la satisfacción sexual es un imposible debido mayormente al control que la organización social ejerce sobre el individuo. Esta restricción que pesa perpetuamente sobre eros es algo que la persona no puede evitar por formar parte de

---

[1] Martínez Nadal opina, por el contrario, que «Este Caballo Blanco 1 podría ser representación de los instintos, o doble del Hombre 1, o del Director (de ambos repite varias frases)» («Guía», 232). Dos razones me obligan a discrepar de su opinión: las asociaciones fálicas con que aparece el Caballo y el desinterés que el Hombre 1 muestra en justificarse sexualmente ante ninguna mujer.

la misma cultura que, irónicamente, depende para su supervivencia de la sublimación que exige de la vida instintinva del ser. Son teorías que Freud introduce en *El malestar de la cultura* (1929) y que posteriormente Marcuse somete a una revisión.

Uno de los ejemplos con que el Caballo Blanco se refiere a dichas restricciones es el que ofrece al final del recuento burlesco que hace del amor: «Amar. Amor. Amar. De Júpiter en el establo con el pavo real y el caballo que relincha dentro de la catedral» (93-95). El caballo, como arquetipo de la impetuosidad del deseo, aparece atrapado en un recinto religioso simbólico de las fuerzas sociales que oprimen la sexualidad, dando con ello a entender que la libre gratificación de la naturaleza instintiva del ser es incompatible con la sociedad civilizada debido a las cortapisas que ésta pone sobre toda manifestación espontánea y no productiva de la sexualidad. Es ésta la tesis que Freud recoge en el citado estudio: la de ver la historia de la civilización como un largo conflicto entre las fuerzas peligrosas de eros y las prohibiciones que el hombre ha creado para reprimirlas y contenerlas. Lo que se infiere de ello es que la represión sexual es consustancial al ser social; que el ser, en su búsqueda del deseo, del placer, de la satisfacción y de la felicidad, es libre únicamente de manera parcial. Es ésta, evidentemente, una de las características más sobresalientes del Caballo que nos ocupa: la de aparecer como símbolo de lo instintivo masculino, del eros exaltado en una civilización que imposibilita su fruición por lo aherrojada que la persona está «a los atavismos de una moral sexual artificiosa, fuerte, rígida, difícil» (Umbral, 82).

Pero lo que es igualmente importante en esta cita es el ejemplo mitológico de que el caballo se sirve para aludir a la relación entre amor, matrimonio, represión y engaño que él ve como resultante del mundo que evoca. Me refiero a la vinculación que establece entre «amor» y el ejemplo de «Júpiter en el establo con el pavo real». Las frecuentes mutaciones de este dios, quien tuvo que recurrir al engaño a fin de lograr los amores a que aspiraba, como el disfraz del toro a que alude el «establo», provocando a su paso las infidelidades que deploró su celosa esposa Juno, diosa del matrimonio y reina del Olimpo, metonímicamente presente mediante el «pavo real» que se le fue consagrado, está crípticamente simbolizado en esta definición de la infidelidad como constitutiva del amor institucionalizado a que se refiere el Caballo[2]. Es una evocación del amor donde la virtud de la lealtad está ausente, como sucede en otros tantos casos de amor y traición que han interesado a la humanidad desde el ejemplo trágico de Troilo y Cressida

---

[2] Según las *Metamorfosis* de Ovidio, los ojos de Argos fueron tomados y usados por Juno para decorar con ellos la cola del pavo real que pasó a ser atributo suyo (I, 713-721). Tanto Júpiter como Juno aparecen aludidos en la conferencia que Lorca dio sobre Góngora, «La imagen poética de don Luis de Góngora».

hasta el más actual de Don Juan cuyos poderes seductivos indirectamente se están evocando. Pero lo que interesa destacar de la derivación del simbolismo que observamos es que el engaño aparece como una característica inseparable del matrimonio como regulador social, no tanto por razones inherentes a él, sino por la compleja naturaleza de sentimientos que no se atienen a los proyectos humanos con que la moral reinante trata de contener la sexualidad canalizándola a fines productivos. De este modo «man's instinctual nature is "purified" and qualified to obtain, without mutilation, socially useful and recognized happiness» (Marcuse, *Eros,* 264). El fundamento filosófico en que se basa esta realidad la explica Bataille cuando dice que «We can ask whether the deep love felt alive in marriage would be possible without the contagion of illicit love, the only kind able to give love a greater force than that of law» (111). Es este conflicto entre moralidad y deseo lo que el Caballo se propone remediar, presentándose a sí mismo como símbolo del deseo liberador que rescatará a Julieta del estado en que está para sumirla en un mundo en el que las fuerzas instintivas estarán libres de toda regulación. Bien visto, lo que tenemos en este corcel es la demistificación de los poderes que controlan la sexualidad en el mundo que evoca, lo que Beryl Schlossman en otro contexto llama «[a] tragicomic unveiling of the "truth" of love [that] resonates with a tone of detached understanding» (1043).

Cuando no es la represión y la infidelidad es la intensidad apagada lo que define mejor la sensualidad legitimizada en el contexto moderno en que se ubica esta figura hipomorfa, como viene sugerido mediante la respuesta elíptica que el caballo da a Julieta cuando ésta protesta: «Es el engaño la palabra del amor, el espejo roto, el paso en el agua» (89), a lo que el Caballo le responde «El día es un fantasma que se sienta» (91). Lo que da a entender mediante este metafórico «día» es la unión conyugal que en este caso viene constituida metafóricamente por «la mañana» y «la tarde» que juntos forman parte del día³. Las asociaciones que la primera tiene con lo solar y lo masculino, y la segunda con lo oscuro, lo lunar y lo femenino, es algo que debiera tenerse en cuenta si vamos a penetrar en el sentido oculto de estos sintagmas a que el Caballo había aludido antes ya, y de los que me ocuparé a continuación. Sin embargo, la unión de los dos componentes humanos simbolizados por la «mañana» y la «tarde» de su retórica seductiva es una unión que pronto queda abatida, algo elusivo e insustancial, «the visionary company of love», que diría Hart Crane (135-136); un pro-

---

³ No sería aleatorio ver los siguientes versos de Gustavo Adolfo Bécquer, poeta admirado entre la generación del 27, como sugestivos del valor metafórico que encontramos en el texto de Lorca: «¿Quién reunió la tarde a la mañana? / Lo ignoro: sólo sé / que una breve noche de verano / se unieron los crepúsculos y... *fue*» (68-69).

yecto humano con inconvenientes inevitables, sobre todo en el plano sexual, en parte porque «habit dulls intensity and marriage implies habit» (Bataille, 111). No incompatible con esta realidad es la teoría filosófica que estudia la relación que mantienen los sexos en el sistema que el Caballo conoce, dentro del cual la relación sexual y la función del falo son dos condiciones que se autoexcluyen en el sentido de que la identificación con éste, o sea, con el orden social, la ley del padre y el poder simbólico que adquiere como significante, es un gozo que se obtiene a expensas del gozo sexual. A ello se refiere Lacan al explicar que «el goce fálico es el obstáculo por el cual el hombre no llega, diría yo, a gozar del cuerpo de la mujer» *(El seminario, XX, 15)*. Ello se debe a que, según aclara en su seminario sobre el ego y la teoría freudiana, «For men there is castration, i.e., something that negates the function of the phallus, with no hope at all of enjoying the woman's body, and of making love... What makes men desire, what is the cause of desire, is cut out, restricted and logically articulated: it is the "object a"... not the partner, the sexed other, but a phantom» (187). Curiosamente, la metáfora del fantasma que usa el Caballo es la misma que empleará Yerma pocos años después para expresar un infortunio parecido. Me refiero al comentario que Yerma hace a la anciana con quien conversa, cuando alude al amor deshabitado que para ella representa la unión que ha contraído con Juan: «es mucho mejor llorar por un hombre vivo que nos apuñala que llorar por este fantasma sentado año tras año encima de mi corazón» *(OC*, II, 858)[4]. No es tanto la gratificación sexual lo que se busca, según este presupuesto que el estado conyugal de Juan y Yerma, así como el implicado en la respuesta del Caballo Blanco, corroboran, sino el placer que deviene de ejercer el poder que el falo simboliza, sin que por ello esté desconectado del sexual que sustituye.

El mundo que evoca el Caballo, cabe aclarar, no se presenta como un mundo que deba ser conquistado. La liberación sexual que él propone es una liberación que sólo la muerte puede proporcionar, la muerte como fuerza liberadora «that will release the powers of Eros now bound in the repressed and petrified forms of man and nature» (Marcuse, *Eros,* 166). Es con este significado en mente que se entienden mejor las alusiones del Caballo Blanco a un lugar y tiempo utópico que se sitúan fuera de la represión a que ha estado aludiendo crípticamente. Me refiero al momento de eternidad que le proporcionará la unión nocturna que desea contraer con esta Julieta que es muerte y amor[5], como se infiere de

---

[4] De donde se infiere que ser agredida por el mismo ser a quien se ha dado vida es preferible a la desdicha que representa formar parte de una unión carente de fruto, de amor y de satisfacción sexual.

[5] Conviene recordar el apóstrofe que Romeo hace a Julieta: «Ah, dear Juliet, / Why are thou yet so fair? Shall I believe / That unsubstantial Death is amorous, / And

la fusión metafórica de los sintagmas «mañana» y «tarde» a que nos referimos antes y que, al unirse, al completar la unidad «día» que el Caballo busca formar, podrá permitirle consumar en la noche la cópula que desea:

CABALLO BLANCO 1.—¿Cuándo podrás darte cuenta de la perfección de un día? Un día con mañana y con tarde.
JULIETA.—Y con noche.
CABALLO BLANCO 1.—La noche no es el día.
JULIETA *(Temblando.)*.—¿Y qué me darás allí [en lo oscuro]?
CABALLO BLANCO 1.—Te daré lo más callado de lo oscuro... El musgo sin luz, el tacto que devora pequeños mundos con las yemas de los dedos.
JULIETA.—¿Eras tú el que iba a enseñarme la perfección de un día?
CABALLO BLANCO 1.—Para pasarte a la noche (87-89).

Lo significativo de esta «noche» es que aparece como sinónimo de muerte, cargada del valor simbólico que adquiere en la mitología griega donde la noche es concebida como «mother of sleep, dreams and sexual pleasure —but also of death» (Biedermann). Es una noche conceptualizada como punto de convergencia de amor y muerte, en la cual eros podrá retener el lugar que predominantemente ocupa en la estructura instintiva del ser, un espacio y tiempo en los que la tensión y frustración quedarán eliminadas, sin caer necesariamente en la quietud inorgánica de la muerte absoluta. En este sentido, Eros, libre de la represión social que convierte el placer sexual en una condición temporal y controlada, se fortalece al absorber el objetivo del instinto de la muerte, el principio de Nirvana que tiende «toward that state of constant gratification where no tension is felt —a state without want» (Marcuse, *Eros,* 234). La amenaza del tiempo, del momento fugaz del deseo, la ansiedad que la proximidad de su fin produce, y que paradójicamente contribuye a la intensificación de la libido, se resuelve mediante estos momentos que aspiran a la preservación del tiempo en el tiempo, a la detención del tiempo, a la conquista de la muerte en la misma muerte, confirmando de este modo la convergencia que el psicoanálisis ve en el principio del placer y el principio de Nirvana (Marcuse, *Eros,* 234).

Lo que tenemos en todo este aparato metafórico con que el Caballo se presenta ante Julieta es la apoteosis de las teorías sobre Eros y Tánatos que Freud extrapolaría de las ciencias

---

that the lean abhorred monster keeps / Thee here in dark to be his paramour?» (V, iii, 101-105).

del xix y plasmaría en su influyente estudio *Más allá del principio de placer* (1920). Se trata del mismo concepto sexual que la cultura popular de entre siglos, motivada por la acreditación científica que dichas teorías recibieron, reelaboraría y expresaría de diferentes modos para converger en la evocación de la mujer como símbolo del instinto de la muerte[6]. Lorca que, al juzgar por lo reiteradas que aparecen estas ideas a lo largo de su obra completa, se sentía atraido por ellas, dramatiza este encuentro entre los sexos en un ámbito simbólico de los instintos humanos, dentro del cual el Caballo Blanco 1 tendría la función de representar el poder unificador de Eros que tiende a preservar o rescatar al ser de la muerte hacia la cual lo atrae el otro componente de la sexualidad humana que aquí viene representado por el Caballo Negro. La dualidad vida/muerte que simboliza esta pareja ecuestre es, después de todo, parecida a la que en el sistema zodiacal y en la mitología clásica viene a ser representada por un caballo blanco y otro negro[7]. Sin embargo, lo que tenemos en el caso de *El público* es la elaboración de las teorías psicoanalíticas adaptadas al concepto de amor y muerte que tenía Lorca y que su obra recoge, según el cual los intintos de vida simbolizados por el Caballo Blanco 1 no buscan preservarse en la vida. Los instintos de vida que él representa son instintos que, paradójicamente, buscan sobrevivir prolongándose en la muerte, no tanto en la muerte inánime, sino en una muerte liberadora que proporcionará al «viviente» la satisfacción eterna de un deseo que la vida no le permite sentir en su plenitud, en parte porque, como se ha dicho al respecto, el deseo en este mundo existe «siempre condenado a perpetuarse como la antítesis del placer... anhelando lo inaccesible para no extinguirse» (De Diego, 23). De ahí que en el sistema simbólico lorquiano amor equivalga a muerte debido a los obstáculos y frustraciones que se interponen a su desarrollo[8], como vemos que sucede en la inversión de significados tradicionales que Derek Harris ha analizado en relación con el uso del color verde en la obra de Lorca: «Life and love are invaded by death, replaced by death. The green of living... of love, becomes, in the poet's experience, the

---

[6] «Woman was the vehicle of the male's urge to return to nothingness. She was the death instinct identified by Freud made flesh» (Dijkstra, 299).

[7] Es esta dualidad equina la que, según Cirlot, suele usarse para representar la dualidad vida/muerte que simbolizan los gemelos Castor y Polux divinizados en la constelación de Géminis: «el gran mito y símbolo del Géminis, manifestado en los gemelos, en los animales bicéfalos... etc., aparece también en los caballos, en forma de pareja con un caballo blanco y otro negro (vida y muerte)» (111).

[8] El presupuesto psicoanalítico sobre el que se basa esta teoría está presente en la obra de Marcuse. Como observa Weeks, «Marcuse argued that the repression of sexuality in all of its multitudinous forms was one of the factors leading to the significance of the death instinct. Only if Eros was given a freer reign could the effect of Thanatos be diminished» (*Sexuality*, 166).

sign of frustration and failure, part of that insidiously aggressive dimension of death in Lorca's world. And so death and sexuality become intertwined» («Green Death», 93). Esta relación simbiótica entre amor y muerte explica la equivalencia que en la mente del Caballo se establece entre sepulcro y *locus amoenus* cuando, atraído por el poder erótico que amor y muerte, literalmente representados por Julieta, ejercen en él, le dice a su dialogante: «Te he estado esperando en el jardín». El significado que el «jardín» tiene para él lo aclara Julieta cuando le responde: «Dirás en el sepulcro» (87)[9]. Para él, la muerte, que es noche, que es amor, que es Julieta, es el *locus amoenus* símbólico del paraíso que desea habitar, embriagado de amores que se prolongarán ininterrumpidamente hasta la eternidad. Es desde esta formulación que se entiende que el Caballo 1 quiera llevarse a Julieta a lugares oscuros, prometiendo restituirla a «la vida» mediante el eros «revivificador» que él simboliza. Está enamorado de la muerte, que es amor, que es Julieta, no en sentido necrofílico alguno, ni tampoco en el sentido trágico romántico del *liebestod,* por carecer de la dimensión espiritual que lo caracteriza, sino en un sentido seriamente preocupado con cuestiones filosóficas que Lacan comenta al analizar el lugar que la muerte ocupa en las teorías psicoanalíticas de Freud sobre el tema. Infiere de ellas el psicoanalista suizo que «Death becomes the origin of the subject's life... of what desire strives after... Death is the "beyond" of desire, the forbidden, i.e., death is equivalent to enjoyment, jouissance. The unconscious strives to express what is forbidden to the speaking subject —jouissance and death» (Benvenuto and Kennedy, 180).

Es teniendo estas formulaciones en mente como se entienden mejor las referencias temporales que hace el Caballo Blanco 1 cuando presenta sus intentos seductivos como una experiencia erótica «que sólo dura un momento» (93), pero un momento que se extiende hasta el amanecer: «Julieta, la noche no es un momento, pero un momento puede durar toda la noche» (89). Es un momento, el de la satisfacción, que el Caballo promete que va más allá de la noche a que se refiere: «Comprende bien un solo día para amar to-

---

[9] Significados ambos que habían quedado aludidos por medio del Caballo Blanco 1 cuando dice «En lo oscuro hay ramas suaves. El cementerio de las alas tiene mil superficies de espesor» (89). El amor, que en la obra de Lorca aparece frecuentemente simbolizado por medio del pájaro que las «alas» sugieren, tiene «mil superficies de espesor» por lo insondable de su naturaleza. Esta combinación de eros y tánatos es una idea que Lorca tenía muy presente a lo largo de su quehacer literario, especialmente en su fase neoyorquina, como se evidencia en el encuentro erótico que presenciamos en un cementerio entre el muchacho y la mujer vestida de verde en el guion cinematográfico *Viaje a la luna*: «Viene un muchacho con una bata blanca y guantes de goma y una muchacha vestida de negro... se besan con grandes risas. De ellos surge un cementerio y se les ve besar sobre una tumba» *(OC,* II, 1148).

das las noches», le dice a Julieta (91), implicando con ello que la gratificación sexual que él le hará sentir es tal que incluso podrá prolongarse hasta la eternidad (véase ilustración 13). No menos significativo es que eros, tal y como viene evocado por el Caballo, adquiera un poder revivificador que incluso podrá redimir a Julieta de la muerte verdadera, inánime, a que tendrá que volver si no aprovecha esta oportunidad que él le brinda: «Y en un día lograrás quitarte la angustia y ahuyentar las impasibles paredes de mármol» (87). Como representante de Eros, el caballo exige no sólo el placer del momento, sino el momento de placer como momento de eternidad, fuente inagotable del gozo de amar que sólo la muerte le podrá proporcionar.

A la simbiosis que se establece entre amor, muerte y noche se debe añadir el doble valor simbólico que adquiere el caballo en esta y en otras tantas obras del poeta, donde dicho animal aparece invariablemente como encarnación de los impulsos sexuales masculinos y, por ende, como representante de la asociación indisoluble entre amor y muerte que, como ha quedado expuesto, caracteriza la cosmovisión lorquiana. Es esta conceptualización instintiva algo que Richard Predmore ha estudiado en relación con la poesía neoyorquina de Lorca cuando señala que «Si el caballo es símbolo de amor y entra con ese valor en relaciones con la muerte, el caballo puede simbolizar también la muerte» (43). En *El público*, dicha asociación se indica de manera visual al asociarse al Prestidigitador, emisario de la muerte, a quien vimos con la «(*gran cabeza de caballo colocada en el suelo*)» (151) que aparece junto a él, haciendo más clara la vinculación entre caballo y muerte al presentarlo más adelante golpeando la cabeza del animal «(*con las yemas de los dedos*)» (157). Esta conexión entre caballo, eros y muerte explica por igual la relación que el Caballo Blanco 1 establece entre ceniza y manzana cuando le recuerda seductivamente a Julieta que «A las orillas del Mar Muerto nacen unas bellas manzanas de ceniza, pero la ceniza es buena... la ceniza que tiene forma de manzana» (95). La manzana, como prototipo de unión sexual, asociada como está a Afrodita[10], diosa del amor, desempeña el papel de representar los deseos terrenales y la libertad para transgredir las prohibiciones represivas a que se asocia la sexualidad en la mente del Caballo. Al aparecer en forma de ceniza, lo que es uno de los placeres centrales del ser se convierte en un *memento mori*, «la combustión interna de la energía seminal» que queda simbólicamente después de la extinción del fuego (Chevalier y Gheer-

---

[10] Véase al respecto el estudio de Géza Rohéim, *The Panic of the Gods*, donde explica que «The Venus of Melos represents Aphrodite with an apple in her hand», comentario que es seguido por una lista de las analogías entre pechos y manzana que extrae del folclor europeo para indicar la frecuencia con que se emplea dicho fruto para simbolizar la sexualidad femenina (201-203).

Ilustración 13.—Caballo Blanco 1 con Julieta. Foto Miguel Zaval.

hardt, 270). Es una manera efectiva de expresar en términos simbólicos la palpitante apetencia de muerte que el Caballo Blanco siente ante eros, que es muerte, que es Julieta.

El valor simbólico del Caballo Blanco se entiende un tanto mejor cuando lo contrastamos con el que adquiere su adversario, el Caballo Negro, y tomamos en cuenta las intenciones que lo motivan. Mientras que las aspiraciones de aquél buscaban una especie de copulación eterna, una continuidad del deseo más allá de las limitaciones humanas y sociales que impiden su fruición, el Negro, contrincante del Blanco y personificación de lo que Freud en *Más allá del principio de placer* llamaría «las fuerzas pulsionales que quieren transportar la vida a la muerte» (XVIII, 48), aspira, por el contrario, a proporcionarle a su prenda codiciada un lugar en el mundo de ultratumba, donde el componente erótico ha quedado extinguido. Representa dicho Caballo Negro el descenso a la muerte, lo que Herbert Marcuse, en su libro sobre Eros define como «an unconscious flight from pain and want... an expression of the eternal struggle against suffering and repression» (*Eros*, 29), idea que el texto ratifica cuando el Caballo Negro le dice a Julieta «Duerme, duerme, duerme», justo después de haberle oído expresar los anhelos libidinosos que ella desearía volver a sentir en el mundo vivo, junto a «la cintura del que corta las espigas» (101). Los temores que siente de perderla explican por igual que recuerde a Julieta que «son las tres» y que, si se descuida, no podrá regresar al lecho mortuorio que en su tumba le ha preparado amorosamente el Caballo Negro con «sábanas de hilo» para que duerma tranquila y plácidamente. Bajo este amparo Julieta podrá evadirse del mundo de los vivos, representado según lo ve él por la fealdad del «campesino que se come los mocos» en el prado, por la opresión aplastante del «enorme pie que machaca al ratoncito» y por la lascivia de que son símbolo «el ejército de lombrices que moja de babas la hierba viciosa» (99). Tenemos, pues, un caso en el que «the sexual instincts have come to cohabit a libidinized ego with the non-libidinal death instincts from which they almost seem to derive» (Bersani, *Freudian*, 63), sólo que Lorca lo expresa en términos visuales, de manera bipartita, dual, a fin de dar corporeidad a fuerzas subconscientes que anidan en el ser.

Pero lo que conviene señalar de este encuentro, además de los significados ya atribuidos, es la perspectiva que nos ofrece Julieta cuando responde a las proposiciones que ha estado oyendo de su dialogante el Caballo Blanco 1. Lo revelador del caso es que Julieta no interpreta los raciocinios de su seductor con el significado que él le infunde. Juzga su retórica seductiva de acuerdo con las experiencias que ella había adquirido en vida. Se trata, al parecer, de una Julieta con mayor experiencia de la vida de la que tenía la joven ingenua que recogen las páginas del poeta inglés. Aunque su protesta no represente una postura política, como veremos más adelante, delata, no obstante, un conocimiento que le hace entrever la liberación que el Caballo le ofrece como una liberación seguida de un dominio aún más efectivo. Y ello se debe a que Julieta interpreta la retórica seductiva del corcel como un discurso plurivalente, que habla preeminentemente de experiencias sexuales pero que, al mismo tiempo, implican realidades sociales y políticas que ella conoce muy bien y no quiere volver a repetir. La actitud de Julieta, en este sentido, es sumamente importante, ya que, mediante sus quejas, el autor articula de manera sutil el predicamento de ser mujer en un sistema ideológico que devalúa su existencia. Para ver mejor la manera en que se lleva a cabo la defensa feminista que hace Julieta convendrá analizar el encuentro desde la perspectiva que ella nos brinda, ateniéndonos a las respuestas que ofrece y situándonos, en lo posible, en la situación que las motiva.

Una de las maneras en que se expresa su resistencia y desdén es mediante el rechazo de lo que la noche representa para su seductor. Los valores que ésta adquiere en el contexto de la conversación son de doble significado, lo que en otro contexto García Posada llama «bipartición de positivos y negativos» (174). Los primeros son los que ya hemos visto que se asocian con el Caballo Blanco, para quien la noche es el tiempo de la verdadera unión prolongada *ad infinitum*. Para Julieta, por el contrario, los valores que ésta representa son antitéticos a lo que significan para él. La noche, presagiada como está por el ruiseñor fatídico que la llevó a la muerte[11], no es eros, visto desde la perspectiva de Julieta, ni la revivificación que el Caballo le propone, sino Tánatos, la muerte en sí, sin ambigüedades que valgan. Es la otra mitad del día que viene presidida por la luna, astro de connotaciones funestas bien conocidas en la obra del autor, como la de figurar como «dueña del destino de la pasión amorosa y tumba del amor humano» (Correa 1076). Esta alternativa, que supondría asumir el papel tradicional que se asocia a la mujer, representado como viene por lo nocturno, lo lunar, el sueño y la muerte como significantes de feminidad, es algo que esta Julieta no tiene la menor intención de asumir, como lo demuestra mediante el rechazo de «la noche» a que quería pasarla el Caballo:

> JULIETA *(Furiosa.).*—¿Y qué tengo que ver caballo idiota con la noche? ¿Qué tengo yo que aprender de sus estrellas y de sus borrachos? Será preciso que use veneno de rata para librarme de gente molesta. Pero yo no quiero matar a las ratas. Ellas traen para mí pequeños pianos y escobillas de laca (89).

---

[11] Idea muy reiterada en la obra del autor, como lo manifiestan de manera patente los versos emblemáticos de Perlimplín: «Amor, amor / que estoy herido. / Herido de amor huido; / herido, / muerto de amor» (*OC*, II, 479).

La joven veronesa, cuyo primer amor fue frustrado apenas había empezado a descubrirlo, desea volver a la vida, pero no mediante los poderes que le facilita su protoseductor. Éstos, tal y como ella lo ve, no le resultan en absoluto atrayentes, por las mismas razones que rechaza la ceniza en forma de manzana que tan apetitosa le resultaba al Caballo Blanco 1 y al Negro[12]. Frente a la alternativa erótica que le ofrece su visitante, Julieta prefiere quedarse donde está, en el mundo de ultratumba, en el estado circunstancial de sosiego eterno que le está proporcionando el Caballo Negro y que viene constituido por un estado en el que, según Jameson, «Thanatos projects an otherwise more final solution and will, as it were, to come so completely that desire and sex utterly cease to exist and their intolerable repetition is forever silenced» *(Fables,* 169). Es este deseo de permanecer en un estado de quietud, libre de sufrimientos y de las tensiones inherentes a que está sujeto el eros mundanal, el que ella expresa mediante la alusión positiva que hace a las ratas y a lo placentera que le resulta su compañía, como se desprende de las metáforas embellecedoras con que se refiere a sus dientes y bigotes («pianos y escobillas de laca»). El rechazo de los valores que el mundo lunar adquiere para ella se aclara un tanto mejor si se contrastan con las connotaciones amorosas que la noche adquiría para su precursora literaria, para quien el anochecer estaba asociado a la anhelada llegada de Romeo y a la unión amorosa que paradójicamente la conduciría al estado en que se encuentra ahora[13]. No son las oscuridades nocturnas las que esta reencarnación shakesperiana busca para la consumación de sus deseos, sino el ámbito erótico opuesto, la plenitud solar. Es en las claridades diurnas donde esta nueva Julieta lorquiana quiere vivir y consumar el amor, como hacían las «mujeres muertas por el sol»[14] con que paradójicamente

---

[12] Es lo que se desprende del diálogo que sigue a la declaración ya citada del Caballo Blanco 1 sobre las manzanas de ceniza que nacen junto al Mar Negro:

CABALLO NEGRO.—¡Oh frescura! ¡Oh pulpa! ¡Oh rocío! Yo como ceniza.

JULIETA.—No. No es buena la ceniza. ¿Quién habla de ceniza?

CABALLO BLANCO 1.—No hablo de ceniza. Hablo de ceniza que tiene forma de manzana (95).

[13] Se trata de la invocación rapsódica que Julieta hace a la noche y al momento de unión con su amado que ésta le permitirá: «Gallop apace, you fiery-footed steeds / Towards Phoebus' lodging;.../ And bring in cloudy night immediately. / Spread thy close curtain, love-performing night, / That runaways' eyes may wink, and Romeo / Leap to these arms... / Come, night; come, Romeo; come thou day in night; / For thou wilt lie upon the wings of night / ... Come gentle night, come, loving black-brow'd night, / give me my Romeo» (III, i, 1-21).

[14] La idea del sol como símbolo de potencia masculina aparece reiteradamente en la obra de Lorca. Un ejemplo de ello lo encontramos en la Novia de *Así que pasen cinco años,* hermana gemela, en muchos sentidos, de esta Julieta ávida de placeres sensuales: «Hoy me has besado de una manera distinta —le dice al Jugador de Rugby—. Siempre cambias, amor mío... Creo que me vas a quebrar entre tus

se identifica (91), lejos de oscuridades engañosas habitadas por espectros, libertinos, sueños y promesas eternas que no se van a cumplir. Con su predilección por lo solar y lo que ello connota, Julieta manifiesta un repudio radical de lo que la noche significa para su interlocutor. En este sentido, la polaridad que a lo largo del diálogo se establece entre noche y día no es fortuita.

Julieta, quien no se deja engañar por los embelecos de la seducción verbal de su visitante, se percata de unas intenciones eróticas que no acepta, en parte porque las palabras de eros seductor que usa el Caballo, tal y como ella lo ve, entrañan el engaño. Por lo que no es de sorprender que, cuando Julieta responde a su locuaz interlocutor, su respuesta sea consonante con la experiencia que ha adquirido en relaciones afectivas de este tipo, relaciones que desearía asociar con el amor pero que la vida le ha enseñado a verlas como otra de las maneras en que la persona oculta la voluntad de poder inherente a toda relación íntima entre seres humanos. Es lo que se desprende de la respuesta que ofrece a su seductor cuando le dice:

> (Llorando.) Basta. No quiero oírte más. ¿Para qué quieres llevarme? Es el engaño la palabra del amor, el espejo roto, el paso en el agua. Después me dejarías en el sepulcro otra vez, como todos hacen tratando de convencer a los que escuchamos de que el verdadero amor es imposible.

Julieta, que irónicamente comparte el concepto negativo de eros que el Caballo Blanco ha estado evocando, sobre todo el que asocia con lo diurno, rechaza el amor que le brinda su protoseductor debido al componente engañoso que entraña y que ella conoce. Es como si estuviera viendo en el Caballo unos intentos seductores que le están diciendo que «el amor es imposible, que la relación sexual se abisma en el sin-sentido, cosas que en nada disminuyen el interés que debemos tener por el Otro», como dice Lacan al disertar sobre los diferentes aspectos del amor y la sexualidad y su relación con el discurso erótico que emplea el seductor (El seminario, XX, 106). Julieta intuye la tendencia en el hombre a despreciar la prenda codiciada tan pronto la libido insaciable ha quedado temporalmente satisfecha. Es ésta una característica que Freud ya había señalado, según apunta Lacan en su análisis de la representación del falo cuando observa que, «In men, on the other hand the dialectic of demand and desire gives rise to effects, whose exact point of connection Freud situated..., under the rubric of a specific depreciation of

---

brazos... porque soy como una diminuta guitarra quemada por el sol» (OC, II, 532). Es con estas mismas connotaciones eróticas que Belisa lo evoca en su canción «Amor, amor. Entre mis muslos cerrados nada como un pez el sol» (OC, II, 467).

love» («The Meaning of the Phallus», 84). El hombre que se agazapa tras la representación simbólica de este «personaje» ecuestre
se reafirma como tal en relación a la mujer que espera poseer, a la
vez que desprecia la unión que anhela. Aunque la conducta que Julieta reprocha tiene que ver con la concesión que el ego masculino
necesita de la mujer para solidificar una masculinidad que requiere
continuamente ser consolidada, y que luego justifica el abandono
aduciendo que «el verdadero amor es imposible», su protesta apunta
a otras realidades inherentes a la apetencia amorosa del ser que no
está desvinculada de aquélla. La problemática a que Julieta se refiere, y que consiste en la importunidad del deseo, su transgresión
inherente y su resistencia a ser contenido y domesticado, la ha definido Felman de manera pertinente cuando señala que «Falling in
love, after all, has an inexplicable charm, and the whole pleasure of
love lies in change. Paradoxically, the failure to carry out the promise makes it possible to begin it again: it is because the amorous
promise is not kept that it can be renewed» (39). Pero lo que incumbe señalar, por ser lo que motiva la protesta de Julieta, es que
el deseo femenino dentro de esta dialéctica seductiva está prácticamente ausente. El lugar que la mujer ocupa en esta dialéctica sexual, que es en parte lo que provoca su reacción, lo ha resumido
Irigaray en otro contexto cuando dice que «Woman, in this sexual
imaginary, is only a more or less obliging prop for the enactment of
man's fantasies. That she may find pleasure there in that role, by
proxy, is possible, even certain. But such pleasure is above all a masochistic prostitution of her body to a desire that is not her own,
and it leaves her in a familiar state of dependency upon man» (*This
Sex*, 25). Es esto lo que esta joven rebelde no está dispuesta a ser
más por las repercusiones negativas que tiene en la mujer la dinámica masculina que ella ve insinuada en su seductor.

Pero lo que resulta igualmente digno de señalar de la segunda
mitad de la respuesta de Julieta es el rechazo que contiene del
mundo que representa el Caballo, un mundo en el que el amor ha
sido sustituido por una práctica preponderantemente discursiva y
escrutinadora: «Ya estoy cansada y me levanto a pedir auxilio para
arrojar de mi sepulcro a los que teorizan sobre mi corazón[15] y a los
que me abren la boca con pequeñas pinzas de mármol» (88-91).
Como dirá Salomé en la ópera epónima de Richard Strauss, «El

---

[15] Idea sobre el amor teorizado, pero no vivido, que hace eco de los versos
en «The Scholars», de W. B. Yeats en *The Wild Swans at Coole*, donde también
se protesta de los que se arrogan el poder de teorizar sobre una emoción que des-
conocen: «Bald heads forgetful of their sins, / Old learned, respectable bald heads
/ Edit and annotate the lines / That young men, tossing on their beds, / Rhymed
out in love's despair / To flatter beauty's ignorant ear. / All shuffle there; all cough
in ink; / All wear the carpet with their shoes (...) / Lord, what would they say /
Did their Catallus walk that way» (71).

misterio del amor es más grande que el misterio de la muerte» («das Geheimnis der Liebe ist grösser als das Geheimnis des Todes»). Bien sea como emblema de este misterio que no conocen pero quieren descifrar, o como símbolo del misterio en que el poder masculino, supuestamente científico, había convertido a la mujer —según admite el propio Freud cuando se refiere a ella como «el enigma de la feminidad»[16]—, lo cierto es que Julieta se subleva contra un mundo que ha imposibilitado la relación amorosa. La única posibilidad que sus admiradores tienen de gozar el amor que ella ejemplifica de manera paradigmática es presenciándolo como una abstracción, como un sentimiento muerto apto para ser diseccionado por gente curiosa que no tiene otro medio de conocer su significado. Es así que se entiende el afán intrusivo de los que tratan de interpretarla y de inspeccionarla, como es el caso con los visitantes curiosos que le «abren la boca con pequeñas pinzas de mármol» a fin de desentrañar el misterio que representa esta *terra incognita*, lejana e inalcanzable que para ellos es el amor y la mujer.

Relativo a este último punto es la relación que eros establece con la palabra, con el habla en general, y la manera en que el discurso sexual es gozado por el sujeto que se apropia de él, derivando el placer que dentro de este sistema represivo deriva de las elucubraciones que emplea este eros racional, logocéntrico, preponderantemente discursivo y aculturado que, además, corrobora la idea lacaniana que dice que «hablar de amor es en sí un goce» (*El seminario*, XX, 101)[17], como si el mundo de la erudición fuera el auténtico mundo del erotismo. Como han señalado Bice Benve-

---

[16] «El enigma de la feminidad —dice Freud en el apartado que dedica a la feminidad en su obra *Nuevas conferencias de introducción al psicoanálisis* (1933 [1932])— ha puesto cavilosos a los hombres de todos los tiempos... Tampoco ustedes, si son varones, estarán a salvo de tales quebraderos de cabeza; de las mujeres presentes no se espera que sean tal enigma para sí mismas» (XXII, 105). La traducción en inglés le da un giro diferente cuando se dirige al público femenino diciendo, «to those of you who are women this will not apply —you are yourselves the problem» («Feminity», XXII, 113). Es ésta una idea que años antes había expresado Freud en *Tres ensayos* cuando comenta que la vida amorosa de la mujer «permanece envuelta en una oscuridad todavía impenetrable, en parte a causa de la atrofia cultural, pero en parte también por la reserva y la insinceridad convencionales de la mujer» (VII, 137).

[17] Es una constante en la obra del autor el rechazo de este tipo de amor retórico, carente de acción, que enerva a sus heroínas. En *Así que pasen cinco años*, por ejemplo, la Novia compara al Jugador de Rugby con su propio novio a detrimento de éste: «Hay en tu pecho como un torrente en el que me voy a ahogar... Mi novio tenía los dientes helados; me besaba y sus labios se le cubrían de pequeñas hojas marchitas, eran como labios secos». No obstante, es el deseo de «soñar» del Novio lo que provoca el rechazo de la Novia cuando se encara con él y le dice: «Déjame. Todo lo podías haber dicho menos la palabra sueño» (*OC*, II, 533 y 547). La idea se encuentra de manera implícita en *Perlimpín*, en el contraste que ofrecen el Novio y Leonardo en *Bodas de sangre*, así como en el de Víctor y Juan en *Yerma*.

nuto y Roger Kennedy en su comentario de estas teorías lacanianas sobre el amor, «Talking about love is certainly enjoyable, but at the expense of sexual enjoyment "having its say", The latter fails to exist for the subject who speaks, who is submitted to the symbolic structure of language. There is a "phallic" kind of enjoyment in the symbolic operations of language which stands for, and designates at the same time, another enjoyment, connected to sexual intercourse... The result for Lacan is that it is impossible to make sense of sexual intercourse (*le rapport sexuel...*) at the level of language... We can only read the subject's desire for truth in the impossibility of his enjoying truth in language» (188).

El resentimiento oculto que delata Julieta no deja lugar a dudas de que, efectivamente, la razón por la que repudia los avances de su seductor y el legado falocéntrico que éste representa es debido a la experiencia que por su condición de mujer tuvo que vivir y que ahora ve retrospectivamente como un sistema opresivo. Me refiero, sobre todo, a la alusión que hace al mundo natural cuando se refiere a las vacas que dice haber visto con el paso del tiempo en diferentes estados de mutación. Aunque el paralelismo que en el sistema simbólico lorquiano se establece entre vaca, luna, mujer y noche queda nuevamente sugerido en esta alusión tan críptica como significativa, su significado deriva del sacrificio simbólico que representa la condición femenina en el mundo que ella evoca. Se trata de la respuesta que el Caballo obtiene tras su insistencia en que Julieta comprenda bien «un solo día para amar todas las noches»:

> JULIETA.—¡Lo de todos! ¡Lo de todos! Lo de los hombres, lo de los árboles, lo de los caballos. Todo lo que queréis enseñarme lo conozco perfectamente... No me mires, caballo, con este deseo que tan bien conozco. Cuando era muy pequeña yo veía en Verona a las hermosas vacas pacer en los prados. Luego las veía pintadas en mis libros, pero las recordaba siempre al pasar por las carnicerías (91).

La inocencia que ella asocia a su propia niñez en Verona sitúa a estos animales en el ámbito natural, bucólico, que les pertenece[18]. La intervención de la cultura las reproduce estéticamente en las

---

[18] Además, se trata de un animal que, aunque sea en un contexto diferente, como es el que nos brinda la mitología clásica, está asociado a la mujer. Prueba de ello es la metamorfosis por la que pasa Io, admirada de Júpiter, quien la convirtió en una vaca para ocultar a su esposa Juno el adulterio que con ella había cometido. Conmovido por los ruegos de Io para que la libertara de tan injustos males, Júpiter logró que su esposa Juno perdonara a su amante. Una vez logrado su perdón, Io pudo recobrar su cuerpo humano y fue adorada por los egipcios como diosa (Ovidio, *Metamorfosis*, I: 601-611 y 722-750).

ilustraciones que la joven Julieta consultaba durante su formación escolar. Posteriormente, con la experiencia que la vida le ofrece, esta joven adulta se da cuenta de que su destino, debido al control que el sistema patriarcal ejerce sobre la mujer, es convertirse en materia de tráfico y de consumo humano, cuando no se considera necesario encerrarla como a un animal domesticado[19], «shut up in their bodies, in their silence and their "home"... [a] kind of imprisonment [which] means that they live their madness without it being noticed» (Irigaray, «Woman's Exile», 74). El ejemplo que ofrece Julieta en su recuerdo parabólico de la situación femenina simboliza de manera patente el predicamento que le espera a la mujer en una cultura intrínsecamente misógena, en la cual, según observa Sandra Gilbert, «to *be* a woman is inevitably to be degraded, to be "a thing under the yoke"» («Costumes», 74)[20]. Y ello se debe a que, como señala Luce Irigaray, «In our social order, women are "products" used and exchanged by men. Their status is that of merchandise, "commodities"... The use, consumption, and circulation of their sexualized bodies underwrite the organization and the reproduction of the social order, in which they have never taken part as "subjects"... A woman "enters into" these [sexual, social, economic and cultural] exchanges only as the object of a transaction, unless she agrees to renounce the specificity of her sex, whose "identity" is imposed on her according to models that remain foreign to her...» *(This Sex,* 84-85). Julieta contempla su condición femenina en un espejo que proyecta el *rol* que la sociedad le ha preasignado, para separarse de él y rechazarlo.

Un rasgo que sobresale de estas «tecnologías de autodefinición y autoexpresión» (Bersani, *Freudian,* 82) que está relacionado con la reacción de Julieta es el simbolismo fálico que el Caballo Blanco adquiere al entrar en escena destacándose con la espada erecta que trae en la mano: «*(Trae una espada en la mano.)*» (87)[21]. La identificación fálica que con ello se establece es algo que no debiera pasarse por alto ya que sobre ella depende la masculinidad que Julieta ve representada en este simulacro donjuanesco. Se trata de

---

[19] Tema que toca amplia y persuasivamente el estudio antropológico de Gayle Rubin «The Traffic in Women». En dicho estudio su autora analiza las teorías marxistas de la opresión de clases y las premisas expuestas por Lévi-Strauss en *The Elementary Structures of Kinship* para llegar a reveladoras conclusiones acerca de las laberínticas estructuras del poder y de la subordinación social de la mujer.

[20] No es la primera vez que el mundo femenino aparece en la obra del autor con las connotaciones aludidas, si nos atenemos a *La casa de Bernarda Alba,* sobre todo a la advertencia que Poncia hace a las hijas de Bernarda cuando les dice: «el hombre a los quince días de boda deja la cama por la mesa, y luego la mesa por la taberna. Y la que no se conforma se pudre llorando en un rincón» *(OC,* II, 1010).

[21] Es mediante esta misma parte de la anatomía animal que en «Crucifixión» Lorca alude a los caballos: «Y llegaban largos alaridos por el Sur de la noche seca. / Era que la luna quemaba con sus bujías el falo de los caballos» *(OC,* I, 545).

la construcción simbólica más central a la masculinidad, el falo como representante del subconsciente masculino, símbolo de las estructuras dominantes representadas por la autoridad que aquél, privado de todo biologismo, representa: «the great phallic signifier, which dominates us constantly» (Hocquenghem, 89). Las connotaciones que el Caballo tiene al presentarse frente a la mujer con un artefacto simbólico de la hegemonía que el falocentrismo ejerce sobre ella es significativo por representar de una manera simbólica las estructuras sociales que son las que provocan las protestas y la rebeldía de quien ha caído víctima de ellas y ha resuelto romper los lazos que la vincularían de nuevo al patriarcado que el falo representa.

A pesar de la experiencia que esta Julieta muestra poseer, cabe aclarar que su actitud no representa ningún repudio de la libido de sus propios instintos sexuales. La necesidad de amar que ella siente es algo que había dejado claramente establecido en su respuesta al Caballo 1 cuando le dice, «A mí no me importan las discusiones sobre el amor ni el teatro. Yo lo que quiero es amar» (87), determinación a amar que reitera en su encuentro con los otros tres Caballos: «Todo mi sueño ha sido con el olor de la higuera y la cintura del que corta las espigas» (101). El mundo bucólico y paradisíaco que evoca la alusión a los labradores y a un árbol de fuertes asociaciones eróticas es tan sugestivo de sus deseos como lo es de subversivo, ya que, en el caso de la higuera, se trata de un árbol cuyas hojas, al servir para cubrir la zona genital de Adán y Eva, tan pronto adquirieron conciencia de su desnudez, pasaron a ser denotativas de la sexualidad, particularmente de la masculina (*Génesis*, 3, 7)[22]. La evocación contextualiza significativamente ese momento del desarrollo de la humanidad en que los impulsos sexuales chocan con la ley, cuando el deseo triunfa sobre la prohibición. Se trata de una distinción sutil entre el amor «vivificador» que le ofrece el Caballo Blanco, caracterizado por un discurso racional, falocentrista, y otro tipo de amor incompatible con aquél que no es motivo de felicidad, sino de placer, el placer como expresión más estable de afecto; un amor sin reservas, con todas las morfologías del placer que no exige eternidad ni felicidad y que, por lo tanto, al no existir compromiso ni posesión, no puede dar lugar a traición ni pérdida. Julieta invoca un tipo de amor en el que se quiere sin desencadenar más consecuencias, que se apega no por instituciones, sino por el deseo, contraído por un pacto que dura lo que dura el goce. Un amor, en breve, que presupone un retorno a la sexualidad prediscursiva, a lo que no ha

---

[22] Según J. C. Cooper, «The fig tree... combines symbols of both the masculine and feminine principles, the fig leave being the male, the linga, and the fig the female, the yoni. The fig leaf depicts lust and sex... and is supposed to resemble the male sexual organ» (*An Illustrated*, 66).

sido creado por la cultura. Es precisamente esta idea del amor auténticamente revitalizador la que Julieta da a entender que busca cuando el Caballo Blanco, reiterando las mismas palabras que antes la había oído pronunciar a ella, dice: «Amor que sólo dura un momento». Julieta, aclarando el concepto central del deseo que ella le había infundido, pero que él no había captado o había ignorado, contesta alegremente: «Sí, un minuto; y Julieta viva, alegrísima, libre del punzante enjambre de lupas. Julieta en el comienzo; Julieta a la orilla de la ciudad» (93). Mediante este momento de amor sensual que *ella* ha elegido, Julieta podrá volver a la vida, pero a una vida que la verá situada «en el comienzo» de la obra literaria que la inmortalizó, antes del encuentro fatídico con Romeo cuyo amor la llevaría a la muerte. Lo que es igualmente importante es que dicho «minuto» la situará al margen de la cultura («a la orilla de la ciudad») y del dominio paterno cuyos intereses sociales, políticos y económicos, además de excluir las consideraciones personales de la mujer, frustraron su derecho a amar y vivir libre y plenamente. La problemática que la Julieta lorquiana quiere evadir, que es la misma que caracterizó a su precursora shakesperiana, la resume de manera pertinente Irigaray cuando comenta sobre el sistema patriarcal: «If women's bodies must act as the form of exchange between men, it means that women ensure the foundation of the symbolic order without ever gaining access to it, and so, without being paid in a symbolic form for that task» (71-72). El rechazo de las convenciones morales establecidas y de las estructuras de poder en que se apoya el falocentrismo que amenaza esclavizar a la mujer nos permite hablar de esta Julieta como la primera heroína lorquiana que proclama su independencia por encima de todo, por irónica que la reivindicación parezca al formularse desde la no vida.

Es posible resumir que nos hallamos ante la presencia de tres Julietas en la obra o, mejor dicho, cuatro[23]: la actriz que encuentran amordazada bajo una butaca, el muchacho que en su papel de Julieta la había sustituido momentáneamente y la que aparece en el sepulcro hablándonos desde la muerte. Es esta última una Julieta que ocupa un espacio tridimensional que podría definirse como una región colindante entre la muerte, la vida y una no vida/no muerte que se sitúa entre ambas[24]. El primero

---

[23] Según Laffranque, la Julieta que aparece en el sepulcro de Verona es el muchacho de quince años que la había representado («Poeta y público», 32). Anderson opina que se trata del sepulcro histórico, aunque expresa reservas cuando dice que «Juliet's subsequent allusions to "las discusiones sobre el amor y el teatro" and Caballo Blanco 1's appearance with a sword undermine this» («Some Shakespearean», 202).

[24] La idea se me fue sugerida por el análisis que Elaine Showalter hace de *Drácula*, de Bram Stroker: «Dracula lives in Transylvania, "on the border of three states", which we might read as the states of living, dead and undead» (179).

de los espacios, el de la muerte, queda sugerido por la vinculación de Julieta a un mundo en el que todo va a converger en la muerte, en las arenas de la aridez donde el deseo es anegado por el sueño. Es lo que se infiere del «mar de sueño» y de «tierra blanca» por el que Julieta anda perdida, topándose con cementerios de «arcos vacíos por el cielo» que se reproducen *ad infinitum* (85). El segundo espacio, el de la vida, es el que comparte con sus dialogantes y que, debido a la sensibilidad feminista que ella acusa, la sitúa en el momento histórico que la ve renacer. Este situarse entre dos mundos hace que nos podamos referir a un tercer espacio que no es ni el mundo de la muerte, al que inevitablemente tendrá que regresar, ni el actual, al que solamente un amor imposible podrá restituirla. La otra Julieta, la cuarta, es el tipo que encontramos en las páginas de Shakespeare, basada como está en la historia que aconteció en Verona. Es ésta una Julieta metatextual, una abstracción que condiciona a «las otras» tres que encontramos en el texto, pero que, a pesar de no ir más allá de su poder paradigmático, es de capital importancia por personificar cualidades que la Julieta lorquiana rechazará, como la docilidad, sumisión, inocencia y el autosacrificio propio de la condición angelical que le atribuyó su creador. Esta Julieta vulnerable, víctima de la ley del padre y del fracaso amoroso, sería la representante de la condición femenina que su álter ego lorquiano repudia a raíz de la experiencia que a lo largo de los siglos ha ido adquiriendo de la opresión a que tradicionalmente ha estado sujeta la mujer y de la brutalidad psíquica que representa dicha opresión. En este sentido, Lorca sustituye la realidad histórico-literaria en que se basa este personaje por una creación propia que no solamente tiene la función de contrastar con las características emblemáticas de su precursora histórica, sino también de servir de conciencia femenina del momento en que renace.

Igualmente pertinente a la temática feminista que este personaje representa es la manera en que Julieta es usada como mujer para ratificar la masculinidad de los Tres Caballos Blancos que seguidamente acuden a su encuentro o, dicho de otro modo, la condición de significante de una carencia masculina que requiere a la mujer para afirmarse como falo. La base filosófica y psicoanalítica de estos presupuestos así lo corroboran, como se hace evidente en el análisis que Lacan ofrece de la función que tiene el falo en la relación entre los sexos, según la cual «the relationship will resolve around a being and a having which, because they refer to a signifier, the phallus, have the contradictory effect of on the one hand lending reality to the subject in the signifier, and on the other making unreal the relations to be signified» («The Meaning of the Phallus», 84). Ser el falo presupone ser el significante del deseo del Otro (la mujer «castrada» cuya carencia la lleva a desearlo en el sentido simbólico) al mismo tiempo que aparece como significante. En otras palabras, presupone ser el objeto, el Otro de un deseo masculino heterosexual al mismo tiempo que se representa este deseo como un imposible. Como observa Butler al respecto, «For women, to "be" the Phallus means, then, to reflect the power of the Phallus, to signify that power, to "embody" the Phallus, to supply the site to which it penetrates, and to signify the Phallus through "being" its Other, its absence, its lack, the dialectical confirmation of its identity» (44). La llegada del trío equino, que busca el reconocimiento de sus propiedades fálicas, es particularmente reveladora por la dinámica que establecen frente a ella y por lo que refleja de las estructuras falocéntricas que ejemplifica el Caballo Blanco 1 (véase ilustración 14). Bien visto, el episodio podría interpretarse como una reelaboración del encuentro que tres de los personajes masculinos habían tenido con Elena en el primer cuadro. Me refiero en particular a la invocación que el Director y el Hombre 3 hacían a Elena con la espera de desmentir las sospechas homosexuales que junto al Hombre 2 habían suscitado. En el cuadro que nos ocupa, la necesidad de fingir deseos sexuales para ocultar los verdaderos que se teme revelar se dramatiza con la llegada de Los Tres Caballos Blancos, desdoblamiento de aquellos tres personajes que irrumpen en escena pretendiendo copular con Julieta: «(A Julieta.) Hemos de pasar por tu vientre para encontrar la resurrección de los caballos», le dicen, deseo que luego reiteran de manera más directa: «Desnúdate, Julieta, y deja al aire tu grupa para el azote de nuestras colas. ¡Queremos resucitar!» (99). Aunque el deseo de «resucitar» podría referirse al afán de prolongarse en el tiempo, recreándose mediante el acto sexual que sus otras prácticas no genesíacas imposibilitan, lo que en realidad se insinúa con esta declaración es la «resurrección» de los privilegios masculinos que su condición «castrada» les niega y tratan de recuperar. La dialéctica sexual aquí implícita, si vale parafrasear las palabras que Lee Edelman usa en otro contexto, «should be viewed... as a curious sort of apotropaic fantasy that phobically reflects the anxiety of the heterosexual male about the meaning of his desire for the phallus *as signifier* of autonomy and social entitlement —an anxiety made the more urgent by the necessity that his own phallic power only represent or reenact a social authority identified with the phallic pre-eminence of the father(s)» (39). La mascarada que estas pretensiones ocultan es delatada por el clarividente Hombre 1 cuando denuncia la falsedad que el temor al público fomenta en estos tres pretendientes que persisten en su insinceridad: «tres de vosotros nadan todavía en la superficie. Acostumbrados al látigo de los cocheros y a las tenazas de los herradores tenéis miedo a la verdad. Ellos tienen miedo del público. Yo sé

Ilustración 14.—Caballo Blanco 1 con espada enpuñada, los Tres Caballos Blancos y el Caballo Negro. Foto Miguel Zavala.

la verdad, yo sé que no buscaban a Julieta y ocultan un deseo que me hiere y que leo en sus ojos» (103-105)[25]. Las repercusiones adversas que podría tener la revelación pública de sus verdaderas tendencias sexuales hace que, temerosos de la verdad, continúen viviendo la vida de hostilidades y humillaciones que habitualmente han llevado en silencio. Esto se sugiere mediante el «látigo» y «las tenazas» con los que el Hombre 1 alude metafóricamente tanto a la opresión externa como a la autoimpuesta que los caracteriza. Es ésta una situación que esperan remediar con los autoengaños que representan las exageraciones heterosexuales en que incurren, bien sea invocando a Julieta o bien, como sucede en el ejemplo anterior, a Elena —mujeres ambas cuyo común denominador es el de estar basadas en una colección de convenciones culturales que estos personajes usan individualmente con la espera de reafirmar una masculinidad heterosexual «that... is always about achieving a phallic identity and finding a secure place in the patriarchal order» (Modleski, 68).

Lo revelador de este encuentro es que pone en evidencia que la mujer es usada por el hombre como pretexto para reafirmarse masculinamente, sea cual sea la orientación sexual que defina al sujeto deseante; la mujer ideada por el hombre «not only to possess her but also to be ratified by her», ya que, según añade la autora de esta cita, «to be ratified by other men, his peers, demands a constant tension; hence he wishes consideration from outside to confer an absolute value upon his life, his enterprises and himself» (de Beauvoir, 182). Es con estas intenciones en mente que se explica que estas tres figuras hipomorfas adviertan a Julieta: «Tenemos tres bastones negros» (97). El falo, significante cultural del pene, que en este caso, al quedar representado por un bastón, no penetra el cuerpo femenino con la misma finura que logra la espada simbólica con que aparece el Caballo Blanco 1, sí espera, no obstante, completarse igualmente mediante la mujer, por minusválido y decaído que aparezca como significante trascendental en su nueva simbología[26]. Se ratifica con ello la teoría que mantiene que «the phallus is more than a feature which distinguishes

<hr>

[25] Diálogo que se prolonga a lo largo de la escena, siendo el Hombre 3, el mismo que había vehementemente pretendido a Elena en el Cuadro 1, el que se une a los esfuerzos por justificarse heterosexualmente: «¿Y no pudiera quedarme a dormir en este sitio? / ¿Para qué?» —le pregunta Julieta. «—Para gozarte», le responde (113).

[26] Julio Huélamo Kosma traza un acertado paralelismo entre el bastón, tal y como lo vemos representado aquí, y otras recurrencias de este símbolo en la poesía lorquiana. La interpretación que hace de esta escena, no obstante, es opuesta a la que aquí se ofrece en el sentido de que el Caballo Blanco 1 para Huélamo es la encarnación del instinto homosexual, mientras que los otros tres Caballos Blancos «representan el instinto de perpetuación, el instinto de conservación de la vida, que necesariamente ha de tener efecto a través de la mujer» (52-53).

the sexes: it is the embodiment of the male status, to which men accede, and in which certain rights adhere —among them, the right to a woman. It is an expression of the transmission of male dominance. It passes through women and settles upon men» (Rubin, 192). Sólo que, al ver la futilidad de sus aspiraciones fálicas y al sentir que no van a ser ratificadas por la mujer ni por los demás ahí presentes, desantropomorfizados o no, los apéndices biológicos de que eran símbolo los bastones fálicos se utilizan despectivamente para orinarse sobre la causante del fracaso: «*(Empuñan los bastones y por las conteras de éstos saltan tres chorros de agua.*) Te orinamos, te orinamos. Te orinamos como orinamos a las yeguas» (101).

Uno de los elementos que conviene hacer resaltar de este nuevo encuentro, indispensable para precisar la visión compleja y problemática que la obra presenta de la mujer, es la reacción que las importunidades de estos últimos visitantes provoca en Julieta. Me refiero, en particular, a la respuesta que la joven acosada da a sus tres nuevos protoseductores cuando confronta sus avances sexuales de manera desafiante:

> *(Rehaciéndose.)* No os tengo miedo. ¿Queréis acostaros conmigo? ¿Verdad? Pues ahora soy yo la que quiere acostarse con vosotros, pero yo mando, yo dirijo, yo os monto, yo os corto las crines con mis tijeras... Yo no soy una *esclava* para que me hinquen punzones de ámbar en los *senos*... ¡Nadie a través de mí! Yo a través de vosotros! (101, la cursiva es mía).

Julieta se subleva ante la subordinación femenina que parece conocer: la que ha establecido unas relaciones patriarcales opresivas que reproducen lo que Judith Butler describe como «the Hegelian structure of failed reciprocity between master and slave... the unexpected dependency of the master on the slave in order to establish his own identity» (44). Para llegar a ser verdaderamente libre, la mujer debe desprenderse de las cadenas que el sistema falocéntrico le impone. De ahí la conexión entre «esclava» y «senos» que establece su protesta y que alude además a la tendencia a ver la esclavitud de la mujer como eróticamente provocadora (Modleski, 147). Es una relación consolidada por la polaridad que existe entre los sexos, basada como está en la división de papeles en función del sexo.

Pero lo que sobresale de esta rúbrica feminidad, y aquí entramos en la problemática que resulta ser esta reivindicación feminista, es la reveladora ironía que, para reafirmarse sexualmente, para definir su identidad femenina, Julieta tiene que asumir el *rol* tradicionalmente atribuido al sexo contrario, caracterizado como está por la iniciativa y la autonomía implícita en su determinación a ser ella la seductora: «Pues ahora soy yo la que quiere acostarse con vosotros». Debe asumir la autoridad y el poder masculino que sugiere su resolución a imponerse sobre los hombres: «yo mando, yo dirijo». Además, ha de mostrar la agresión e intransigencia asociada a la masculinidad que delata su «yo os monto, yo os corto las crines». Las inferencias castradoras que contiene la afirmación se aclara si nos atenemos a la relación simbólica que desde tiempos bíblicos ha existido entre castración y corte de pelo. Es tan fuerte la aversión que esta indómita fémina siente hacia el sexo opresor que incluso asume su sexualidad convirtiéndose en una réplica de lo que repudia, en el agente agresor que penetrará a sus adversarios: «¡Nadie a través de mí! ¡Yo a través de vosotros!»

El confrontamiento con que Julieta responde a los avances de los Tres Caballos Blancos no puede reducirse a una mera expresión de furor y resentimiento. Aunque hay bastante de ello, en el sentido de que su actitud acusa un claro deseo de reciprocar el trato que, como mujer, ha estado recibiendo, su reacción se define mejor como una toma de posesión del poder que corresponde al *rol* masculino tradicional que ha usurpado. Viéndolo de este modo, el placer masculino que deviene de la penetración, vinculado como está psicológicamente a la gratificación emocional y sexual que se obtiene de la posesión física y del dominio que el hombre ejerce sobre la mujer, y que ésta deriva de su posición subordinada (Rowson, 66), pasa a ser la prerrogativa de Julieta porque se revela contra un sistema que erotiza la subordinación de la mujer. La reacción aquí manifiesta se aclara un tanto mejor si se relaciona con las teorías freudianas que ven a la mujer como un ser en continuo estado de rebeldía contra su condición femenina. El dilema lo comenta Simone de Beauvoir cuando se refiere a la disyuntiva en que se mueve la mujer en este sistema psicoanalítico que el texto de Lorca inconscientemente está reproduciendo: «When she takes part in sexual relations, she finds a new humiliation in the coital posture that places the woman underneath the man. She reacts through the "masculine protest": either she endevours to masculinize herself or else she makes use of her feminine weapons to wage war against the male» (43). Se trata de una reacción ante el acto sexual que se lanza desde la perspectiva supuestamente femenina que tiene como objetivo poner fin al dominio masculino, social y sexual, mediante una toma de control de sí misma, concretamenete hablando, como una toma de control de los genitales femeninos indispensable para la libertad que busca la mujer. Así es como Andrea Dworkin ve este tipo de liberación al señalar en su libro *Intercourse* (1987) que «the only condition under which women could experience sexual freedom in intercourse... was in having real and absolute control in each and every act of intercourse, which would be, each and every time, chosen by the woman» (135), sólo que aquí la toma de conciencia se lleva a cabo de acuerdo con los patrones sexuales imperantes: los masculinos, por ser los únicos existentes para hablar de la sexualidad[27]. Julieta, como veremos a continuación, se convierte en el hombre que desearía castrar. El deseo sexual, en su caso, se convierte en el deseo de agredir antes que ser agredida, una situación en la que agresión y sexualidad van intrínsecamente unidas y en consonancia con las características tradicionales que se le han atribuido al sexo que usurpa.

La actitud aquí manifiesta, cabe aclarar, no es incompatible con la hedonista que anteriormente había establecido en su rapsodia del amor sensual que «sólo dura un momento», sino que es su correlativo en el sentido que el régimen sexual establecido ve el deseo femenino como un atentado contra las prerrogativas sexuales masculinas cuando no está motivado por el «impulso femenino» de procrear. Como ha observado De Diego, «la mujer inserta en el discurso del *placer por el placer* personifica el desgarro, la amargura, y se convierte en el punto de partida para la *mujer fatal*, asociada a las ideas prenietzscheanas que perciben el amor como la manifestación del odio inmanente entre los sexos» (61). Lorca, al proyectar la feminidad en estos términos, básicamente está elaborando uno de los estereotipos más comunes de la época: el de la mujer sexual que, metamorfoseada en un animal predador, en *vagina dentata* o en vampiresa voluptuosa, yace a la espera de debilitar a su adversario sexual mediante la absorción de sus esencias vitales. La atracción que este tipo de mujer ejerció a principios de siglo es algo que la cultura popular del momento ratifica ampliamente, como lo ha mostrado el estudio que sobre el tema ha realizado Bram Dijkstra, cuando afirma que «the sexual woman of the early years of this century becomes a particularly appealing figure, whose emotional independence, pleasure in the seductive authority of her body, and "masculine" economic depredation gave her a centrality in that period's cultural imagination» (246). Su popularidad puede entenderse como indicio de la ambivalencia de la fantasía masculina que erotiza a la mujer fálica que teme y desea a la vez. Sin embargo, en el caso de Lorca, su evocación se entiende mejor cuando se relaciona con la representación problemática de la homosexualidad que contiene el texto y la relación igualmente problemática que se establece con lo femenino.

Pero, antes de pasar a este tema, conviene enfocarse en el fenómeno de la mujer tal y como la rubrica el autor para ver mejor el propósito que lo anima. La intención de semejante estrategia, creo yo, es evidente. Al atribuir a la nueva Julieta las características que vemos, lo que Lorca pretende llevar a cabo es

---

[27] Como ha observado Esther Newton acerca de otras representaciones de féminas viriles de esos mismos años, «there was no developed female sexual discourse; there were only male discourses —pornographic, literary, and medical— about female sexuality» (23).

cuestionar el *rol* sexual prescrito a la mujer. Trata de desestabilizar las controvertidas ideologías tradicionales que insisten en equiparar la feminidad con la pasividad, como las expresadas por teóricos que mantienen que «la dicotomía entre los *roles* femenino y masculino, inherentes al carácter, *no pueden* alterarse porque están basados en características psicológicas naturales e inevitables entre hombres y mujeres» (Warren, De Diego, 53). La nueva clasificación que propone el poeta con este ejemplo de feminidad viril tiene como propósito separar a la mujer de todo determinante anatómico, puesto que clasificarla como mujer a base de su anatomía presupondría caer en la categoría de pasividad que el psicoanálisis, «the official discourse of sexuality» (Wittig, Fuss, 41), le tiene asignado. Es este rasgo viriloide una característica que distingue a gran parte de las heroínas de su teatro, como sucede con Adela en *La casa de Bernarda Alba*, las novias de *Así que pasen cinco años* y *Bodas de sangre*, a las que se unen como precursoras la Belisa de Perlimplín, Lola la comedianta y la mujer de *Quimera*, personajes cuyo común denominador es el de compartir las cualidades fálicas que Lorca invariablemente elabora para reivindicar a la mujer[28]. La división de la persona de acuerdo con su sexo biológico queda sustituido por otros sistemas diferenciadores que agrupan a los sexos bajo la rúbrica de castrador/a vis a vis castrado/a[29]. Es bajo estas nuevas categorías, y no bajo las tradicionales, que se dividen los personajes masculinos y femeninos en la obra de Lorca, influida como está por un sistema de valores en el cual «The phallus is... a distinctive feature differentiating "castrated" and "non castrated". The presence or absence of the phallus carries the differences between two sexual statuses, "man" and "woman"» (Rubin, 191).

Lo irónico de este tipo de replanteamiento es que la sustitución del paradigma que equipara pasividad a feminidad por el que asocia actividad a feminidad no expresa ni mucho menos un cambio innovador o significativo de la vida femenina. Más bien representa una de las paradojas intrínsecas al discurso de liberación sexual que, según Schor, Foucault ve como un apretón más al tor-

---

[28] Las características que la mujer reúne en la obra del poeta han sido señaladas pertinentemente por María Teresa Babín cuando comenta que «De la mujer en el mundo poético lorquiano no manan la vida y la alegría, sino el dolor y la muerte... La Mujer en este mundo lorquiano tiene los mismos atributos barrocos de la Muerte: aparece hecha carne y presencia real con todo su cortejo: sangre, crimen, violencia, soledad...» (480).

[29] El sistema de valores que aquí se aplica son parecidos a los que Barthes señala en *S/Z* acerca de un caso literario análogo al que nos ocupa, el de *Sarracine* de Balzac, sobre el que concluye que: «the symbolic field is not that of the biological sexes, it is that of *castration*: of *castrating/castrated, active/passive*. It is in this field, and not in that of the biological sexes, that the characters in the story are pertinently distributed» (Schor, 101).

nillo de la represión, «sexual liberation as in fact a further turn of the screw of repression or oppression» (98). Por apreciables que sean las intenciones del autor, Lorca está sustituyendo un estereotipo por otro, siendo el que se sobrepone no menos opresivo que el que se suplanta. Trata de desencializar a la mujer creando nuevas formas de autonomía subjetiva, pero esto lo lleva a cabo recurriendo a patrones que perpetúan otro de los estereotipos igualmente simplistas y caricaturescos que se han venido aplicando a toda mujer que se niega a ajustarse al *rol* pasivo, procreador, que la sociedad le ha prescrito: se la presenta como una descendiente más de una estirpe caracterizada por su agresión y disposición castradora, cuyos antecedentes vienen representados por personajes clásicos como Judit, Medea y Salomé, entre otras, mujeres cuyo común denominador es aparecer como el enemigo del hombre por los trastornos que han causado al orden que él ha creado. Según este sistema de valores, la mujer o bien es un ángel —la Julieta que emana de la obra original de Shakespeare— o bien es «a magical creature of the lower world who is a kind of antithetical mirror image of an angel... the damning otherness of the flesh rather than the inspiring otherness of the spirit», según la definición que Gilbert y Gubar hacen de la mujer que no se ajusta a los paradigmas que tradicionalmente han servido para definirla *(The Madwoman,* 28). Al tratar de subvertir la organización patriarcal que divide los sexos en dos organismos humanos estables e inconmensurables, Lorca reactiva paradójicamente uno de los debates más representativos de la misma ideología falocéntrica que trata de subvertir: el discurso misógeno de la antigüedad clásica que versa sobre la fisiología masculina y femenina, como el protagonizado por Galeno, de quien Lacqueur afirma que «in the second century A.D. developed the most powerful and resilient model of the structural, though not spatial, identity of the male and female reproductive organs [and] demostrated at length that women were essentially men in whom a lack of vital heat —of perfection— had resulted in the retention, inside, of structures that in the male are visible without» *(Making Sex,* 4)[30]. La ironía de estas estrategias de representación femenina es que se cae en la trampa de eliminar a la mujer cuando se erradica la diferencia femenina, lo cual redunda en una práctica no menos opresiva para la subjetividad que se trata de liberar. Como comenta Schor acerca de Barthes, quien aboga por una disolución de los paradigmas sexuales, «De-

---

[30] Es una idea que perdura con el transcurrir del tiempo, como lo cercioran los versos del siglo XIX que Lacqueur cita y que, según observa, evocan «these hoary homologies after they have disappeared from learned texts: "though they of different sexes be, / Yet on the whole they are the same as we, / For those that have the strictest searchers been, / Find women are but men turned outside in"» (4).

nied sexual difference shades into sexual indifference and, following the same slippery path, into a paradoxical reinscription of the very differences the strategy was designed to denaturalize» (100).

La ironía es inevitable ya que Lorca está reproduciendo en muchos sentidos las teorías psicoanalíticas que formaban parte del clima científico de las primeras décadas del siglo xx y que Freud recoge en «Sobre la sexualidad femenina» a fin de llegar a una explicación de la mujer, teorías que, según se ha dicho de ellas, «have infuriated feminists since he first introduced them» (Rubin, 187). Según sus hallazgos, la feminidad emana del complejo de castración que en la niña «fálica», bisexual, preedípica, causa la carencia del pene que nota al compararse con su hermano. Al ver que no está equipada para seducir a la madre, resuelve su complejo asumiendo la pasividad que la hará receptora imaginaria del pene que tiene el padre, como niña, o bien en forma del bebé que posteriormente el hombre le facilitará como adulta (XXII, 119). Cuando la mujer accede al *rol* que la cultura le ha asignado, lo cual equivale a decir, cuando renuncia al deseo activo que Freud sitúa en el clítoris, a diferencia del pasivo que ubica en la vagina, y acepta su castración, la mujer se convierte en un ejemplo de sexualidad sana: *mulier tota in utero*. Como observa Rubin, «If the Oedipal phase proceeds normally and the girl "accepts her castration", her libidinal structure and object choice are now congruent with the female gender role. She has become a little woman —feminine, passive, heterosexual» (196). Cuando no resuelve satisfactoriamente el complejo que Freud describe, entonces la mujer o bien opta por la indiferencia sexual, lo cual produce mujeres frígidas, puritanas, identificadas con la sexualidad insatisfecha, o bien reacciona reafirmándose libidinosamente, lo cual deriva en mujeres voluptuosas, de una sexualidad promiscua, de características hombrunas, dentro de las cuales cabe la opción del lesbianismo en el *rol* masculino (XXI, 231-32)[31].

Es en este contexto que adquiere sentido la protesta de Julieta cuando se refiere a los cuatro muchachos que tratan de caricaturizarla: «Pero ahora son cuatro muchachos... los que me han querido poner un falito de barro y estaban decididos a pintarme un bigote de tinta» (93), le dice al Caballo Blanco 1. Se trata de la plasmación en términos visuales de las teorías psicoanalíticas que interpretan la libido como una fuerza intrínsecamente masculina,

---

[31] Son ideas que Jung reiteraría casi al pie de la letra con cierta posteridad en los tratados donde toca el tema de la mujer, con lo que se intenta demostrar lo divulgadas que estaban estas teorías entre los intelectuales del momento. Véase al respecto el estudio que publicó en 1927 «Woman in Europe», donde se analiza desde un punto de vista psicológico y poco halagador el *rol* que la nueva mujer estaba desempeñando en la sociedad europea del momento, ideas que Robert Hopcke comenta en su libro *Jung, Jungians and Homosexuality* (34-35).

de donde se infiere que toda manifestación libidinosa no puede más que definirse con relación al hombre. La importancia de Freud en el tema es cuantiosa, como lo prueba la presencia que adquiere en su obra y en la literatura científica de otras lenguas, entre ellas la protagonizada por Gregorio Marañón quien, siguiendo las pautas marcadas por el vienés, afirma acerca de la mujer que «la libido femenina tiene precisamente por característica su estado rudimentario. Lo cual nos autoriza a insinuar *que, en cierto modo, la libido, en cuanto energía diferenciada, es una fuerza de sentido viril.* Ahora repetiremos lo mismo para el orgasmo» *(OC,* VIII, 545, cursiva en el original). Relacionado con este concepto está la teoría que explica la condición femenina de acuerdo con el complejo de castración que ya hemos visto. Según dichos presupuestos, cuando los niños se imaginan el coito, creen que la mujer ha retenido el pene que la penetró durante el acto sexual, cosa que la convierte en mujer fálica y castradora[32]. La extrapolación que hace Réza Góheim de este complicado sistema psicoanalítico así lo corrobora al señalar que «a woman who enjoys sex (has an orgasm) is a phallic woman, and thereby deprives the male of his penis» (197)[33]. De acuerdo con estas teorías, lo que el gesto de los muchachos está advirtiendo a la joven libidinosa es que se han percatado de su conducta amorosa en la escena del ruiseñor y la alondra que han visto durante la representación de *Romeo y Julieta,* donde se supone que Julieta se entrega a Romeo[34]. Visto así, lo que la adjudicación de atributos masculinos insinúa es que los muchachos han intuido las consecuencias que, según dichas teorías, tiene toda desviación de la norma femenina tradicional. Dentro de este sistema teórico, cualquier intento por romper con los moldes ideológico-sexuales imperantes sería conducente a la virilización de la mujer, con todas las imputaciones de lesbianismo que dicha inversión sexual y social contiene[35]. El gesto simbólico de los muchachos ratifica de manera

---

[32] Ideas que se encuentran esparcidas a lo largo del historial clínico del «Hombre de los lobos» que Freud analiza entre 1917 y 1918 en *De la historia de una neurosis infantil* (XVII), así como en «El tabú de la virginidad» (XI).

[33] Conviene citar la descripción que ofrece Dijkstra de la actitud hacia la mujer que traiciona el gesto de esos muchachos que enervan a Julieta: «Women who, tired of always being cast as the "receiver", try to do "a man's job" are disparaged as ballbreakers... they are still virtually always cast as being driven by a regressive desire to recapture the penis they lost in the evolutionary process» (441).

[34] El gesto podría interpretarse también como una alusión al verdadero sexo del joven actor que desempeña el papel de Julieta, como si estuvieran insinuando que saben que se trata de un muchacho. La única incompatibilidad que veo en esta lectura es que quien habla desde ultratumba no es el joven, sino Julieta.

[35] Como ha observado De Diego, «A lo largo de los últimos años del xix y primeros del xx se fueron desarrollando dos formas muy diferenciadas en la representación de la *Nueva Mujer:* la *Nueva Mujer* por hombres y para hombres, esencialmente ridiculizada y lesbianizada, y la *Nueva Mujer* por mujeres» (78). La influencia que las ciencias médicas ejercieron en la creación del primero de los

visual y elocuente la influencia que en la mente popular ejercieron «The prejudicial metaphors of men who regarded themselves as the first truly "objective" generation of scientists» y la manera en que dichas metáforas «played directly into the worst antifeminine... fears of the average male» (Dijkstra, 308). De ahí el gesto despectivo del bigote que, además del pene, están dispuestos a asignar a Julieta estos aprendices de una ideología dominante que tenía como uno de sus claros objetivos ridiculizar todo intento feminista que pretendiera liberar a la mujer del recinto al que decían que pertenecía: la casa. Como se ha dicho de la aprobación indirecta que los detractores del movimiento feminista recibieron de las ciencias sexuales del momento, «Psychoanalysis provided the ideological underpinnings and scientific legitimation for this campaign» (Smith-Rosenberg, 282)[36].

Es evidente que la Julieta que Lorca reelabora obedece a un esfuerzo por reivindicar los derechos de la mujer de la época. La problemática social y sexual que ella simboliza demuestra que su autor supo identificar problemas fundamentales de la situación actual en que se hallaba la mujer. Pero tan pronto se ofrece esta explicación surgen preguntas como ¿qué mujer en realidad es la que trata de reivindicar, qué derechos, desde qué perspectiva, con qué fines? Como se ha venido demostrando, Lorca presenta al sexo contrario en un *rol* opuesto al de pasividad y represión que ha hecho de la mujer el medio reproductivo con que se ha justificado su «función sexual». Es la manera en que articula la defensa de los derechos femeninos que representa Julieta. Irónicamente, es una defensa en la que la mujer, en cuanto a sus características específicas, brilla por su ausencia, ya que Julieta se «afirma» y se niega como mujer al convertirse en el «hombre» que desearía ser para

---

estereotipos es algo que se evidencia en la equiparación que Krafft-Ebing hace entre la homosexualidad femenina y la hipersexualidad en la mujer: «As possible sources from which homosexual love in women may spring, the following may be mentioned: 1. Constitutional hypersexuality impelling to automasturbation. This leads to neurasthenia and its evil consequences, to anaphrodisia in the normal sexual intercourse so long as *libido* remains active» (263).

[36] «El progreso de los derechos de la mujer hasta 1931 fue bastante lento» en España, dice Geraldine Scanlon (209). Las causas fueron tan diversas como complejas, entre las que figuran preeminentemente el pasado morisco del pueblo español, «el escaso interés demostrado por la izquierda, la naturaleza androcéntrica de la cultura española y la apatía de un gran sector de la población femenina» (215). Debe sumarse a todo ello la alianza que la Iglesia y las derechas establecieron y la oposición que manifestaron al movimiento de emancipación por la amenaza que el feminismo «podría representar para la causa de una "España católica y tradicional" si se le permitía desarrollar libremente» (199). No obstante, a pesar de su debilidad, los grupos de izquierda que se preocuparon por la cuestión feminista muestran que, por reducido que el movimiento fuera, no estaba desconectado de las teorías más progresistas relativas a la condición de la mujer en el resto de Europa.

penetrar y castrar a sus impertinentes visitantes, ratificando de este modo el complejo de castración que el imaginario científico atribuye a toda mujer que no acepta el *rol* pasivo y procreador que se le tiene asignado, o sea, cuando rechaza el placer vaginal, constitutivo de la «condición femenina», y opta por el clitoral, el activo que lo sustituye. Son ideas que formaban parte del clima intelectual de las primeras décadas del siglo xx y que Freud introduce en su ya citado estudio «La sexualidad femenina» (XXI, 228). Lo problemático de este tipo de reivindicación feminista lo ha expuesto Irigaray cuando observa: «Why has the woman been expected to choose between the two [clitoral and vaginal pleasure]...? Is this problematic really adequate to account for the evolution and the "flowering" of a woman's sexuality? Or is it informed by the *standardization* of this sexuality according to *masculine parameters* and/or by criteria that are valid —perhaps?— for determining whether autoerotism or heteroerotism prevails in man?» *(This Sex,* 63).

La pregunta retórica es importante porque toca el punto neurálgico de la representación que se viene comentando y que consiste en la defensa de un feminismo en el que, irónicamente, la mujer no tiene oportunidad de definir su especificidad ni de experimentar su propia sexualidad. Su representación se lleva a cabo mediante la imposición de modelos que le son ajenos, en parte porque, como sucede al hablar de la homosexualidad en los términos científicos que Lorca tenía a su alcance, la reivindicación femenina se lleva a cabo mediante un discurso cientifista no menos subjetivo en el cual el único órgano sexual que es reconocido y valorado, lo hemos dicho ya, es el masculino. Es esta falta de definición, consecuente con lo que Foucault llamaría «la dominación casi exclusiva del modelo viril» *(Historia,* II, 121), lo que sobresale con mayor claridad en la representación femenina que encontramos en las páginas de *El público,* porque los modelos que imita para hablar de la mujer de por sí ya son deficientes. A ello se refiere nuevamente Irigaray cuando observa acerca del fundador del psicoanálisis que «Freud does not see *two sexes* whose differences are articulated in the act of intercourse, and, more generally speaking, in the imaginary and symbolic processes that regulate the workings of a society and a culture. The "feminine" is always described in terms of deficiency or atrophy, as the other side of the sex that alone holds the monopoly on value: the male sex» *(This Sex,* 69).

Sin embargo, es este discurso médico-sexual el que condiciona la imagen de la mujer que encontramos en *El público.* Incluso cuando Lorca dibuja mujeres que no reproducen el sistema fálico que Julieta ejemplifica, lo hace ratificando otros rasgos no menos subjetivos como son las tendencias masoquistas que las ciencias médicas habían elaborado para explicar a la mujer. Me refiero en particular, y aquí me separo un tanto del tema de Julieta, a la humillación masoquista que «el segundo sexo» ejemplifica en este ámbito cultural que evoca el texto y que se expresa mediante un lenguaje «layered with sadomasochistic fantasies induced by the dominant sexual framework» (Irigaray, «Woman's Exile», 72), como se hace patente por medio de Elena, la otra representación de la mujer paradigmática que contiene la obra y que, por breve que sea su aparición, obedece al tipo de mujer desafiante y enérgica que Lorca equipara a la mujer liberada[37]. Me refiero, en particular, al parlamento que Elena dirige al Hombre 3 cuando le dice: «¿por qué me quieres tanto? Yo te besaría los pies si tú me castigaras y te fueras con otras mujeres. Pero tú me adoras demasiado a mí sola» (51). Las razones de este componente masoquista en la fantasía sexual femenina que Freud vio como inherente a la feminidad en el ya citado texto[38] (y que Eve Sedgwick define como una internalización y aval por parte de la mujer «of her more general powerlessness and sense of worthlessness» [Between Men, 6]) las ha expuesto Bram Dijkstra de manera elocuente cuando dice «Since a woman instinctively understood that violence and sadistic behavior in a man were manifestations of his sexual potency, she moreover often deliberately invited such displays of violence to test her partner's manhood. Nature, the argument went, had implanted the masochistic tendency in woman's sexual makeup to help her endure —and, indeed, to enjoy— such evidences of masculine potency» (167). La presencia de estas teorías en la obra de Lorca es insistente y central al concepto de feminidad que proyecta su teatro, poblado como está por mujeres que, convencidas de la indisolubilidad entre amor y dominio, ven la agresión perpetrada contra ellas como prueba de la masculinidad de quienes dicen amar. Es desde esta perspectiva que se entiende mejor el componente masoquista que contienen los ruegos de la Mujer en *Quimera* cuando exclama, «¡Ah! ¡Si me pudiera despreciar! Yo quiero

---

[37] Véase, por ejemplo, el diálogo entre Elena y el Hombre 3, cuando aquélla le dice: «Podrías seguir golpeando un siglo y no creería en ti. *(El Hombre 3 se dirige a Elena y le aprieta las muñecas.)*... Podrías seguir un siglo entero atenazando mis dedos y no lograrías hacerme escapar un solo gemido.» «¡Veremos quién puede más!», dice el Hombre 3, a lo que Elena, invitando al desafío sádico que él ha iniciado, responde: «Yo y siempre yo» (51).

[38] «Su propia constitución le prescribe a la mujer sofocar su agresión, y la sociedad se lo impone; esto favorece que se plasmen en ella intensas emociones masoquistas, susceptibles de ligar eróticamente las tendencias destructivas vueltas hacia dentro. El masoquismo es entonces, como se dice, auténticamente masoquista» (XXII, 107). Ideas que su precursor Krafft-Ebing había expuesto en los siguientes términos: «Thus it is easy to regard masochism in general as a pathological growth of specific feminine mental elements —as an abnormal intensification of certain features of the psychosexual character of women— and to seek its primary origin in the sex» (130).

que él me desprecie... y me ame... Yo quiero que me queme... que me queme» *(OC,* II, 295). Es la misma tendencia masoquista que volvemos a encontrar en *La casa de Bernarda Alba,* en la disposición de Adela a someterse a la voluntad del hombre que ama, bien sea martirizándose con «la corona de espinas que tienen las que son queridas de algún hombre casado», o bien asumiendo un papel no menos abnegado: el de ponerse a la voluntad del capricho de su amado, retirada en su «casita sola donde él me verá cuando quiera, cuando le venga en gana» porque, según añade a continuación, «En mí no manda nadie más que Pepe» *(OC,* II, 1062 y 1063)[39]. Son mujeres que, de acuerdo con la imaginación fantasmática masculina que las concibe, han aprendido la lección de aceptar cualquier cosa de los hombres que aman, salvo flaqueza física o seminal, siendo los fluidos corporales y la fuerza física en que tradicionalmente se ha basado la superioridad genética del sexo masculino lo que inconscientemente ratifica el tipo de mujer que Elena y su cohorte en varios sentidos ejemplifican.

La adopción de estos puntos de vista corrobora que, efectivamente, «the period's "scientific" justification of women's "natural" tendency towards masochism was developing into an intellectual, psychoanalytically sanctioned justification of sadistic violence toward women» (Dijkstra, 166). Lorca, después de todo, era producto de su tiempo, y la tendencia a evaluar a la mujer, como es el caso también con las representaciones de la homosexualidad que se viene notando, no podía más que ser un reflejo de la ideología sexual del momento. Es ésta precisamente la paradoja principal en que incurren las creaciones femeninas que se vienen observando en *El público:* la de caer en la trampa de proclamar una liberación sexual partiendo de normas sexuales establecidas por un discurso médico que, si prueban algo, es que lo socio-político difícilmente puede desconectarse de lo corpóreo, por muy objetivos que los hallazgos «científicos» pretendieran ser. Y ello se debe a que la explicación psicoanalítica basa su análisis en un esencialismo biológico que excluye la primacía de los factores socio-políticos causantes de la problemática que pretende analizar. La problemática aquí presente ha causado las protestas más vociferantes, como es el caso de Irigaray cuando afirma que «Psychoanalysis

---

[39] Como indica Julianne Burton, «So great is her desperation that she is prepared to sacrifice honor, social position, family ties —everything— to assume the most despised place in society's eyes» (270). En otros casos son las madres las que fomentan este trato en los hijos, como sucede con la Madre en *Bodas de sangre,* cuando instruye a su hijo sobre lo que la mujer quiere del hombre: «Con tu mujer procura estar cariñoso, y si la notas infatuada o arisca, hazle una caricia que le produzca un poco de daño, un abrazo fuerte, un mordisco y luego un beso suave. Que ella no pueda disgustarse, pero que sienta que tú eres el macho, el amo, el que mandas» *(OC,* II, 769).

ought to wonder whether it is ever possible to pursue a limited discussion of female sexuality so long as the status of woman in the general economy of the West has never been established» *(This Sex,* 67).

Volviendo a Julieta, la defensa feminista que Lorca lanza por medio de ella se debilita en otro sentido: en el de tratar de liberar a la mujer bajo condiciones que ella no había determinado, en el sentido de que no se muestra una posición que rechace prerrogativas masculinas que podrían carecer de interés para ella, como, por ejemplo, «si es bueno o no ser poderosa, si las mujeres queremos o no ser poderosas o si queremos o no reproducir los patrones del poder o, peor aún, sustituir un poder por otro» (De Diego, 86), a lo que cabría añadir, pertinentemente, si la mujer quiere sustituir una sexualidad por otra. Es una liberación, además, que no representa ninguna solución a la problemática que analiza, ya que el deseo de transgredir las limitaciones que al sexo femenino se le han impuesto, enfocándose exclusivamente en sus necesidades sexuales, además de reproducir la visión que el hombre tiene de la mujer como un ser exclusivamente sexual, «simplifica excesivamente un fenómeno de extremada complejidad» (Smith-Rosenberg, 283). Es ésta una de las reservas que expresa la crítica feminista contemporánea que cuestiona la eficacia de un feminismo que aboga principalmente por la libertad libidinosa de la mujer a expensas de sus prerrogativas sociales y políticas. Como ha señalado Rosalind Jones, «feminists may still doubt the efficacy of privileging changes in subjectivity over changes in economic and political systems; is this not dangling a semiotic carrot in front of a mare still harnessed into phallocentric social practices?» (Fuss, 67).

Una pregunta que conviene formular cara a la representación que nos ha venido ocupando y a las limitaciones que se han venido expresando es ¿a qué fines sirve la reivindicación que se lleva a cabo? ¿Qué sexualidad, en realidad, es la que se está reivindicando? Si analizamos el modo en que el subconsciente se manifiesta en toda ideología sexual, prestando atención a los mecanismos que la represión pone en funcionamiento, y lo relacionamos con la estructuración de la lengua que sostienen sus representaciones, separando lo verdadero de lo falso, lo significativo de lo insignificativo, una de las cosas que se hacen evidentes en esta atribución de características masculinas al sexo contrario es que no se trata tanto de un esfuerzo por legitimar las posibilidades eróticas de la mujer que a primera vista vemos, aunque hay parte de ello, sino, más bien, que se trata de un intento de proyectar en términos del sexo contrario anhelos propios que la ideología dominante prohíbe que se articulen salvo de una manera oblicua o sublimada. Dicho de otro modo, para entender mejor el significado que Julieta adquiere en el texto (que podría aplicarse por igual a sus equivalentes femeninos en la obra más extensa del autor), tenemos que situar la liberación idealizada de este «arquetipo» femenino dentro del contexto homoerótico que la pieza trata de legitimizar.

Al hacer esta afirmación pensaba, en primer lugar, en la morfología del deseo que Julieta anhela en su diálogo con el Caballo Blanco: «Todo mi sueño ha sido con el olor de la higuera y la cintura del que corta las espigas... ¡Nadie a través de mí! ¡Yo a través de vosotros!» (101). Aun cuando se tiene en cuenta el hecho de que el deseo en sí no es heterosexual ni homosexual, sino «emergente», según lo ven Deleuze y Guattari, siendo sus componentes «discernibles *a posteriori*»[40], es difícil no ver la manifestación del deseo que expresa Julieta como un deseo que emerge con todas las características que distinguen al deseo homosexual masculino, caracterizado como está por las uniones libres, basadas en un consentimiento mutuo, coexistente con una promiscuidad exenta de culpa, como la que Hocquenghem ve como constitutiva del deseo en sí cuando afirma que: «promiscuity freed from guilt is the very mode of desire itself» (Weeks, «Preface», 26). Se trata, como se puede inferir, de un deseo que está en pugna con las convenciones que rigen en la sexualidad hegemónica y que, debido a ello, se muestra anticomunitaria, «indifferent to the established sanctity of personhood» (Bersani, *Homos,* 149). Es la satisfacción de unos placeres libidinosos que se sitúan por encima de los valores periclitados que rigen en el mundo que se desprecia[41], un tipo de deseo que el texto homoerótico en *El público* desearía afirmar explícitamente, sólo que, al tratarse de un deseo proscrito y denostado, de existencia dificultuosa, que, además, se manifiesta en una cultura sexualmente represiva que, como observa Bersani, desearía borrar «the ontology of sexuality from the history of human desire» *(The Freudian Body,* 112), el autor prefiere expresarlo ventrílocuamente por medio de esta rebelde Julieta. «Let my lust be my ruin then, since all else is fake and mockery», dirá Hart Crane de una manera parecida a como se querría afirmar abiertamente en *El público (Letters,* 264, Yingling, 189). Se quiere decir con ello que no se trata tanto de falsas representaciones del deseo, sino de recursos empleados para la articulación de otros más auténticos pero que sólo pueden figurar silenciados o sublimados dentro de una formación social determinada, cuando no son mediados a través de figuras «legítimas» que eliminan el pe-

---

[40] Según afirmación de Jeffrey Weeks en su prefacio al texto de Hocquenghem: «"Desire", properly speaking, is neither homosexual nor heterosexual. Desire, as Deleuze and Guattari state, is "emergent", and its components are only discernible *a posteriori*» (21).

[41] El rechazo que *Poeta en Nueva York* representa cara a la ciudad de Nueva York como símbolo de la opresión global (Pratt, 252) no está desconectada de la actitud que vemos en Julieta.

ligro de identificación pública. Dicho de otra manera, se trata de la manifestación de un deseo auténtico que, al trazar los hilos que lo hacen audible en el texto «oficial», o sea, en el texto público, pone al descubierto la estrategia que se ha empleado para su articulación. Viéndolo de este modo es posible interpretar a Julieta como el retorno de lo reprimido que hace su aparición en el texto de manera permutada, mediante la evocación de la mujer que anhela una experiencia sexual que, en realidad, en el nivel más profundo de su deseo y de la identidad sexual que le adjudica el autor, es más representativa del homoerotismo masculino que el texto desearía articular sin ambages ni circunloquios. El deseo de hablar *por* el Otro se convierte en el deseo de hablar de sí mismo *en el lugar* del Otro, una transcripción de las inclinaciones íntimas del propio autor que se manifiesta por un igual en la frecuencia con que la mujer en la obra dramática más amplia de Lorca es la que expresa el deseo hacia el hombre, rara vez el hombre hacia la mujer. De este modo, lo que se le ha negado a una sexualidad, la intermasculina, queda proyectado explícitamente en términos de la otra, la femenina, ratificando de paso la premisa psicoanalítica que dice que «the "I" always speaks, desires and enjoys "in the name and place of another" —that the ego's house is haunted, *its* property inhabited by something entirely "other"» (Borch-Jacobsen, Silverman, 311), máxime cuando el deseo de que se trata en esta circunstancia particular es un deseo que el hombre homosexual comparte con la mujer heterosexual, del mismo modo que «straight men, while ignorant of *how* a lesbian desires, turn in their desires toward many of the same images to which a woman loving women would be drawn» (Bersani, *Homos*, 65)[42].

Lo cual me lleva, en segundo lugar, a la retórica belicosa que Julieta manifiesta ante sus tres últimos visitantes. A diferencia de la Americana frente a Keaton en *El paseo de Buster Keaton*, de Elena y del Hombre 1 frente al Director y a los Hombres 2 y 3 en *El público*, la perspicacia de Julieta, tan avezada en otros sentidos, no llega a entrever los verdaderos deseos que yacen ocultos tras la mascarada heterosexual de los Tres Caballos Blancos que fingen pretenderla[43]. Su reacción defensiva, además de correspon-

---

[42] Característica que Umbral había señalado ya en 1977 cuando observaba en el teatro de Lorca una tendencia al «enmascaramiento del objeto —del objeto erótico», añadiendo que «Un entrecruce de mujeres en celo puebla su escenario. Y en su grito sexual adivinamos siempre al poeta, que se ha complacido en trocar los papeles expresándose a sí mismo a través del otro sexo, no sabemos por qué ni hasta qué punto» (*Lorca, poeta maldito,* 170).

[43] Cuando el Hombre 3 se dirige a Julieta y le pregunta: «¿Y no pudiera quedarme a dormir en este sitio?... Para gozarte», Julieta, refiriéndose a la «mujer» que acompaña al Hombre 3, le dice: «¿Y quién más digna de amor que tu amiga?» Aunque la acotación que sigue indica que «la» acompañante del Hombre 3 no es sino el Hombre 2 transformado en «la mujer del pijama negro y amapolas del cua-

der al enojo que provocan en ella las peticiones importunas de sus visitantes equinos, sirve de pretexto para expresar el desprecio que circula en la obra entre los principales personajes masculinos de que son trasunto estos Caballos. De este modo, el deseo homosexual reprimido que vimos como uno de los rasgos distintivos de la pieza reaparece transformado en el deseo de oprimir y agredir que aquí se manifiesta sádicamente mediante la disposición de Julieta a castrar y sodomizar (cara y cruz de la misma moneda) a sus pretendientes equinos según se puede inferir de su intención de montarlos y cortarle las crines. La agresividad que Julieta muestra ante estas tres figuras ecuestres, y que contrasta de manera elocuente ante la más contenida que vemos en su diálogo con el Caballo Blanco 1, o sea, con eros en su vertiente heterosexual, delata una manipulación autorial representativa de los conflictos y ambigüedades que yacen en el texto subconsciente de *El público*. Tenemos un caso en el que el «texto histérico», que Modleski define como el contenido sexual reprimido y desterrado de un texto dado, «because of the denial of the psyche... returns in a kind of hysteria, [as] an indicator of the text's repressed homoerotic content» (139).

Las críticas soslayadas que Julieta lanza contra el falocentrismo me llevan al tercer componente de la identificación feminista que establece el autor: el de servirse de la mujer para lanzar una crítica contra las formas dominantes de autoridad responsables de la opresión que, como vimos, Julieta denuncia y que la sexualidad marginada comparte por igual. La relación entre homosexualidad y feminismo que aquí se insinúa la ha explicado de manera pertinente Tania Modleski cuando comenta la alianza entre feminismo y sus defensores masculinos, equiparándola a la relación que Gilles Deleuze establece entre el niño y la madre en su estudio sobre el masoquismo: «the male child allies himself with the mother against the law of the father, which it is the function of the mother to beat out of the son» (69). Visto desde esta perspectiva, la identificación con Julieta permite que el proscrito sexual masculino pueda combatir al enemigo social y político que ambos tienen en común, sin necesidad de encararse directamente con él. Es ésta una característica que sobresale en *El público* y en la obra general del autor: la de no cuestionar, y menos desafiar, las definiciones artificiales de la masculinidad. Se lanzan críticas a ciertos puntales hegemónicos de las instituciones sociales responsables por las causas que denuncia, pero no se cuestionan los valores fundamentales que cimientan el poder masculino que dichos valores consolidan, cuando, en realidad, la raíz del problema que aflige a los personajes mas-

---

dro uno», no hay indicio de ironía en la pregunta de Julieta, aunque sí de desconocimiento o ingenuidad (113).

culinos y femeninos en *El público* es la manera en que la ideología patriarcal ha estructurado, definido y delimitado la sexualidad y los cuerpos del hombre y de la mujer (Lehman 108). La razón de esta complicidad con la tradición machista que la obra de Lorca celebra puede entenderse algo mejor cuando se tiene presente que la homosexualidad masculina, después de todo, participa de los privilegios culturales, sociales y políticos que le son reservados a la masculinidad ortodoxa, siempre y cuando, claro está, aquélla no proclame su orientación sexual ni sea descubierta en las prácticas a que se entrega. Bersani lo ha resumido de manera convincente cuando señala que «Our feminist sympathies (perhaps nourished... from our desiring from the same "position" as women) can't help being complicated by an inevitable narcissistic investment in the object of our desire... In his desires, the gay man always runs the risk of identifying with culturally dominant images of misogynist maleness.A more or less secret sympathy with heterosexual male misogyny carries with it the narcissistically gratifying reward of confirming our membership in (and not simply our erotic appetite for) the privileged male society» *(Homos, 63-64)*. El deseo de formar parte de la hegemonía sexual explica en parte la problemática que se observa y la no menos polémica representación de la mujer que contiene la obra.

Resumiendo, la actitud de Lorca hacia la mujer, como se puede comprobar, es mixta y problemática. Por una parte, se presenta como defensor aférrimo de los derechos del sexo opuesto, con un incuestionable interés por su emancipación, motivado primariamente por la identificación que se establece con su predicamento, pero que, por otra parte, se lleva a cabo adaptando patrones masculinos que repiten las mismas restricciones que pretende desmantelar debido a que la defensa se lleva a cabo desde paradigmas que irónicamente niegan a la mujer la posibilidad de una autonomía sexual diferente a la que le conceden. Lorca, después de todo, no disponía de otros medios para la reivindicación que pretende llevar a cabo salvo los que le proporcionaba un discurso científico notoriamente falocéntrico según el cual el hombre teme la feminidad, la mujer envidia el pene y la libido es definida como una fuerza exclusivamente masculina. Como se ha dicho acerca de la inseparabilidad entre lengua, cultura y sexualidad, «We cannot think without the centrality of the phallus —to do so would be to "get rid of" the unconscious and sexuality. These latter are bound up with difference and division and language in the individual» (Heath, 7). Es de esperar, pues, que la imagen de la mujer que encontramos en *El público* (y en la obra general del autor) esté en concordancia con la ideología del momento al que pertenece. Es ésta sin duda una de las revelaciones más interesantes que nos proporciona este texto tan repleto de sentido: el de hacer patente la problemática relación que mantiene con la ideología dominante y consigo mismo. Como ha señalado Terry Eagleton en su estudio sobre la dialéctica que existe entre texto e ideología, «The text is thus never at once with itself, for if it were it would have absolutely nothing to say. It is, rather, a process of *becoming* at once with itself —an attempt to overcome the problem of itself, a problem produced by the fact that the text itself is the production, ra-ther than reflection, of an ideological "solution"» (89-90). No se trata de insinuar con ello que el proyecto feminista deba verse como fracaso, sino como otra de las muchas contradicciones inherentes al esfuerzo por reivindicar sexualidades subordinadas sirviéndose de las mismas categorías responsables por su opresión.

Capítulo VII

El público como ejemplo de arte vanguardista: hacia una reescritura del discurso teatral

La importancia que el teatro adquirió en la vida y obra de Lorca, su persistente interés por la búsqueda de variantes insólitas que ampliaran las posibilidades dramáticas al uso, junto con las características vanguardistas que incorpora y que ejemplifican su nuevo concepto escénico, es algo que queda sobradamente demostrado con el legado dramático que nos ha dejado el poeta, así como en las entrevistas que concedió, en las alocuciones que hizo sobre el particular y en la frecuencia con que el tema del teatro adquiere presencia en sus propias obras[1]. A la hora de considerar *El público*, la obra más representativa de las inquietudes apuntadas, no es de sorprender que el teatro aparezca como uno de los temas más sobresalientes entre los que configuran la pieza. No en vano se trata de un texto que otorga un papel primordial a la representación teatral en sí, toma por título al público que aparece como espectador y usa el auditorio como microcosmo del gran teatro del mundo. Además, es una obra que reflexiona sobre la función social del teatro y su eficacia como medio viable para hacer efectivo el cambio de las actitudes sociales prevalentes. Como se

---

[1] En cuanto a *El público* se refiere, véanse lo estudios de Belamich, DeLong-Tonelli, Feal y Newberry, además del reciente estudio de Gómez Torres, *Experimentación y teoría en el teatro de Ferderico García Lorca*, donde el tema recibe uno de los análisis más amplios.

[229]

podrá ver, hablar del teatro en *El público* es hablar de una gama de componentes muy variados que tienen implicaciones importantes a la hora de analizar la obra.

Lo que importa notar es que *El público* ilustra gran parte de los conceptos estéticos e ideológicos del arte de vanguardia, tanto en lo que respecta a la crítica que contiene del teatro institucionalizado como en los cambios de sensibilidad moral y estética que propone. Las nuevas formas de representación vanguardista, caracterizadas por la contraestética que implica, la fragmentación y el fuerte compromiso con las causas humanas son en Lorca un vehículo de crítica de las convenciones dramáticas al uso, como, por ejemplo, el teatro burgués y la estética realista que lo sustenta. Bien visto, estamos frente a un caso en donde el teatro se hace crítico de sí mismo al poner en evidencia los modos convencionales de producción y recepción, así como la manera en que los discursos sociales dominantes son mediados por las instituciones que determinan su efecto y contenido. Frente a este discurso social y estético normativo, Lorca presenta un contradiscurso que tiene como fin deconstruir la epistemología del teatro afirmativo y la ideología que expresa, o sea, la influencia que la institución del arte tiene en el discurso social. Se trata de un nuevo texto en el cual estética e ideología van inseparablemente unidas, del mismo modo que estructura orgánica y visión burguesa iban unidas en el arte institucionalizado que las vanguardias rechazan. Sin embargo, el propósito principal de este nuevo modo de representación va más allá de la crítica de la estética convencional y la ideología que lo sustenta, ya que uno de los objetivos principales que lo animan es dar al nuevo teatro un sentido de dirección que lo vincule más directamente al mundo moderno que aspira a transformar.

Estos postulados críticos se llevan a cabo mediante una sutil mezcla de los distintos conceptos dramáticos que contiene la obra. Por una parte tenemos el teatro «al aire libre», representado por el teatro inauténtico que acaba de dirigir el Director de escena al comienzo de la obra. Entre sus características decisivas está la de expresar la visión burguesa de un mundo ordenado y aparentemente armonioso que, a pesar de sus pretensiones realistas, tiene poco que ver con las complejidades de la sociedad de su tiempo. Representa además el concepto de unidad falsa que el arte institucionalizado crea. Es un teatro que, aunque no aparece en el texto o escenario, temáticamente hablando tiene un papel fundamental ya que es la razón de ser del contradiscurso que representa el texto vanguardista del autor. En segundo lugar está el teatro «bajo la arena», que se contrapone a aquél y adquiere dos aspectos en la obra: el primero viene ejemplificado por el experimento de *Romeo y Julieta* que lleva a cabo el Director. Se trata de un teatro basado en la realidad sentimental que viven los actores titulares. Expresa, a la vez, muchas de las preocupaciones inquietantes que siente el

Director acerca de sus propias intimidades. No es un teatro subversivo, técnicamente hablando, debido a que se trata de un experimento que prolonga los modos tradicionales de representación dramática[2]. La segunda vertiente de este teatro «bajo la arena» es la que se inaugura mediante los biombos reveladores que se introducen en el primer cuadro. Este segundo concepto tiene en común con la vertiente anterior el hecho de llevar a escena realidades empíricas como son los deseos reprimidos y las relaciones que existen entre los personajes que aparecen en escena, según se desvelan en los cuadros que siguen. Con ello se logra el mismo fin a que aspiraba el experimento dramático del Director: anular la oposición entre vida y arte que las vanguardias hitóricas se proponen realizar. Sin embargo, es independiente de aquel otro concepto de «teatro bajo la arena», en el sentido de que está principalmente motivado por un deseo de escandalizar a la sensibilidad burguesa y no tanto enaltecer el amor espiritual que ejemplifica la pareja de actores. Estos tres conceptos dramáticos y los efectos que producen se conjugan para crear el cuarto tipo de teatro que tenemos en *El público*: el texto final que leemos o bien presenciamos en escena. Este último, evidentemente, es el que mayor atención requiere por su temática y técnica teatral, por el rechazo implícito de los criterios convencionales del discurso dramático dominante y porque introduce un teatro de orientación claramente social que, además de romper con los esquemas del teatro burgués, afirma la legitimidad de representar experiencias humanas representativas de la pluralidad y complejidad de la sociedad moderna que el teatro convencional había marginado y silenciado. En realidad, nos hallamos frente a un texto de capital importancia porque ejemplifica las teorías que Lorca había expresado repetidas veces acerca de la función social que debía tener el arte escénico, los temas humanos que debería abordar y el papel que le corresponde al público. Son ideas que Lorca reiteraría a lo largo de los años, sobre todo en las entrevistas que concediera a partir de su estancia en Nueva York, donde parece haber recibido el estímulo para la concepción de este polémico e innovador teatro que él llamaría «irrepresentable»[3].

Teatro al aire libre. Es evidente que, bajo la denominación de «teatro al aire libre», Lorca se está refiriendo al teatro convencional que los teóricos del arte vanguardista han dado a conocer como

---

[2] Conviene aclarar que, de no haberse descubierto el truco del Director, la representación de *Romeo y Julieta* hubiera transcurrido sin disturbio alguno. Hubiera servido para satisfacción propia de los que habían protagonizado el engaño, así como de los que compartían el secreto, pero no habría provocado la reacción que vemos por tratarse de un teatro diferente al revolucionario del texto receptor.

[3] Término que usa el propio autor para referirse al teatro innovador que inaugura *El público*, «Yo he seguido una trayectoria definida. Mis primeras comedias son irrepresentables... En estas comedias imposibles está mi verdadero propósito» (*OC*, III, 674).

«la institución del arte». Es un término que Peter Bürger usa para referirse a «the productive and distributive apparatus [of art] and also to the ideas about art that prevail at a given time and that determine the particular function of art in a given historical period» (22). El concepto lorquiano se refiere al desarrollo del arte en la sociedad burguesa, así como a los efectos sociales e ideológicos que dicha producción artística ejerce en la sociedad. En el contexto español, se trata de un teatro dominado por los dramaturgos de la comedia burguesa de salón, cuyos mayores exponentes fueron Echegaray, Benavente, Martínez Sierra y los poemas escénicos de Marquina[4]. El panorama que presentaba la España teatral de su tiempo lo sumariza Lorca en la respuesta que ofreció al preguntársele qué opinaba del momento teatral español: «Los valores viejos están cansados y los pocos nuevos casi dormidos todavía. El teatro actual en España es indudablemente pobre y sin virtud poética de ninguna clase» *(OC,* III, 634). Es un teatro llevado como negocio industrializado, más preocupado por el lucro que por su valor artístico. Se representa para beneplácito y diversión de la burguesía, cuyos valores adula y refleja. Satisface las apetencias y demandas de un público cuyos gustos condicionan la obra. Otra de las características de este teatro «al aire libre» es su falta de orientación social, ya que, en su esfuerzo por trasvasar la vida de la sociedad burguesa a la escena, lo hace de espaldas a preocupaciones más trascendentales, como es la indagación social y humana de su tiempo. Estas falsas imitaciones de la realidad, interpretadas por actores sin vida propia que, además, representan a personajes sin conciencia de su condición dentro de la obra en que aparecen, tienen como resultado suscitar en el público emociones que ni el autor ni los actores sienten[5]. Como aclara el Autor en *Comedia sin título,* de García Lorca, cuya obra podríamos tomar como credo estético del nuevo arte dramático que *El público* inaugura, en el teatro institucionalizado predomina «un terrible aire de mentira, y los personajes de las comedias no dicen más que lo que pueden decir en alta voz delante de señoritas débiles» (327).

---

[4] Conviene aclarar que a pesar de tener un buen concepto del teatro escrito en verso, del que era máximo representante su amigo Martínez Sierra, Lorca reconoce que el género requiere recursos que España no tiene: «el teatro en verso, el género histórico..., la llamada alta comedia... sufrirán cada día más reveses, porque son géneros que exigen mucho y donde caben las innovaciones verdaderas, y no hay autoridad ni espíritu de sacrificio para imponerlas a un público al que hay que domar con altura» *(OC,* III, 460).

[5] La antipatía que Lorca sintió hacia el teatro burgués es de las más acerbas, como se desprende de declaraciones como la siguiente: «Lo que no puede continuar es la supervivencia de los personajes dramáticos que hoy suben a los escenarios llevados de las manos de sus autores. Son personajes huecos, vacíos totalmente, a los que sólo es posible ver a través de un chaleco un reloj parado, un hueso falso (...). Se escribe en el teatro para el piso principal (...). Escribir para el piso principal es lo más triste del mundo» *(OC,* III, 673).

Es, además, un tipo de arte que se emplea como instrumento de integración social. La doblez que oculta esta ideología estética la resume Richard Murphy en su análisis del fenómeno vanguardista que nos ocupa al definir el arte institucionalizado como una estética que permite «the experience of an "illusory happiness" but to the extent that it alleviates misery through illusion, it makes less pressing (and thus less likely) the possibility of any *genuine* change leading to the establishment of "true happiness"» (8). La hostilidad que el espíritu inquieto e innovador de Lorca sentía desde hacía años por este tipo de teatro de falsos idealismos es algo que lo atestiguan las numerosas declaraciones que hiciera al respecto a lo largo de los años 30. Cabe destacar entre ellas la contenida en la muy citada entrevista «Charla sobre teatro» que concedió en 1935: «Los teatros están llenos de engañosas sirenas coronadas con rosas de invernadero, y el público está satisfecho y aplaude viendo corazones de serrín y diálogos a flor de dientes» *(OC,* III, 458). Como es característico del arte de vanguardia que *El público* ejemplifica, Lorca pone en evidencia el sentido artificioso de unidad y armonía que proyecta el teatro institucionalizado. El poeta, que por esos años se muestra más y más interesado por un teatro social que formule las experiencias del momento en los términos estéticos que exigen, repudia ese teatro lleno de efectos ilusionistas porque da una visión parcial y falsa de la realidad. Y también porque permite al espectador experimentar una armonía personal que no corresponde a la realidad. A esta misma característica se refiere Herbert Marcuse en su diagnóstico del tipo de arte que nos concierne: «Illusion... really enables something to appear: in the beauty of the work of art, longing is momentarily fulfilled. The percipient experiences happiness. And once it has taken form in the work, the beautiful moment can be continuosly repeated... In the artistic enjoyment, the percipient can always reproduce such happiness» *(Negations,* 120). El problema con este tipo de arte estriba en su artificialidad y en el carácter evasivo de la experiencia social del momento, ya que facilita un escape a las realidades sociales a favor de un mundo imaginario en el cual se gozan los valores que se niegan en la realidad. Como sucede con el concepto marxista de la religión que Bürger comenta, el arte permite la experiencia de una felicidad ilusoria que exonera a la sociedad de toda responsabilidad por las condiciones existentes (8). El teatro que el Director representa incurre en una duplicidad semejante. En realidad podríamos hablar del *Romeo y Julieta* «al aire libre» como un compendio paradigmático de todos los males que aquejaban al teatro institucionalizado de su tiempo, lo que Marcuse denomina «cultura afirmativa» *(Negations,* 95). De ahí la urgencia que siente el Hombre 1, entre otros, de inaugurar un nuevo teatro que tenga entre sus objetivos principales subvertir la base tradicional de la producción y recepción del teatro para dar cabida a las realidades sociales que aquél ha excluido, con lo cual se sugiere que el nuevo teatro debe huir del engaño que tradicionalmente ha estado perpetrando para reivindicar verdades humanas que los mecanismos de poder han excluido tradicionalmente de las tablas.

En cuanto a *El público* se refiere, las características apuntadas vienen aludidas por medio del diálogo que el Director de escena mantiene con los tres hombres barbudos que van a felicitarle sarcásticamente por la representación de *Romeo y Julieta* que acaban de ver. Aunque los reproches van dirigidos a la falta de sinceridad que los acusantes detectan en el Director, concretamente al disimulo de sus tendencias homosexuales[6] y a lo bien que ha sabido camuflarlas mediante la opción de un amor heterosexual, no obstante, el teatro que rutinariamente dirige sirve de metáfora para referirse al teatro superficial e inhibido que Lorca y las vanguardias repudian. Entre sus características principales figuran el disimulo, la ilusión y la falta de sinceridad propia que sugiere la relación íntima que fingen los amantes y que no tiene ningún apoyo en la realidad de los actores ni, lo que es igualmente inaceptable, se ajusta a lo que verdaderamente siente el Director: «Y enamorados. ¿Usted cree que estaban enamorados?», le pregunta sarcásticamente el Hombre 1, insinuando la falsedad de lo que el Director acaba de representar en el escenario (39). Como el mismo Director admite con mayor ironía de la que está consciente, «Yo había hecho los dramas mejores de la temporada» (45), de donde se puede inferir que había sido el mejor director dramático del año, así como, en sentido metafórico, el director de las mentiras más logradas de la temporada. Teme llevar la verdad al escenario porque «se hundiría todo», dice él, sugiriendo que el público no podría aceptar la revelación del afecto que une a los dos actores. Se insinúa involuntariamente que la mentira es consustancial al teatro institucionalizado que él dirige. Optar por la representación de la verdad que él conoce supondría el final del teatro convencional debido a que semejante revelación dejaría al público sin sentido de dirección moral: «¿Qué hago con el público si quito las barandas al puente?... ¿Y la moral? ¿Y el estómago de los espectadores?», le pregunta el Director al Hombre 1 cuando éste le reta a que ponga fin a la mentira que su teatro —entendido en su sentido literal y metafórico— está fomentando (43). Portavoz como es del engaño y de las ideas convencionales sobre el teatro que los otros visitantes denuncian[7], para el Director de escena el teatro,

---

[6] «¿Como orinaba Romeo, señor Director? ¿Es que no es bonito ver orinar a Romeo? ¿Cuántas veces fingió tirarse de la torre para ser atrapado en la comedia de su sentimiento?», le pregunta con sorna el Estudiante 2 (39). El reproche va dirigido al interés erótico que Romeo debió de provocar en el Director pero que éste no se atrevió a admitir.

[7] Es la misma preocupación que Lorca mostraría en varios de los prólogos que escribió para sus propias piezas y en entrevistas que concediera. Véanse los prólogos

como institución, tiene la responsabilidad de edificar y guiar moralmente al público. A ello se refieren las metafóricas «barandas» que no puede quitar por lo protectoras que son para un público que podría fácilmente extraviarse del camino bien demarcado que tradicionalmente ha estado siguiendo[8]. No puede declarar la verdad por las repercusiones profesionales que tendría, dice él, aunque su temor, bien visto, sirve para justificar la opción que ha tomado de vivir la vida de disimulo que los demás conocen y le recriminan. Para el Director de escena del primer acto el teatro no debe abandonar la función ético-moral que ha desempeñado a lo largo de los siglos[9]. Debe aprovechar los conocimientos legados por el pasado para el enriquecimiento de la sociedad actual. Estamos frente a un concepto utilitario de las artes que la modernidad hereda de la filosofía idealista del Siglo de las Luces, para cuyos representantes el teatro debía considerarse «como un espectáculo capaz de instruir o extraviar el espíritu, y de perfeccionar o corromper el corazón de los ciudadanos» (Jovellanos, 130). La institución del arte, tal y como había sido constituida durante el período de la Ilustración y ejercida a lo largo del siglo XIX, tiene la obligación de reflejar las convenciones sociales y los valores morales del público que a él acude. Esta actitud de la que se hace portavoz el Director implica una filosofía existencial que anula toda posibilidad de desenmascaramiento y de cambio social. Es una responsabilidad la que él siente que implica una continuación de los temas al uso y de la moral vigente, cosa que contribuirá a perpetuar las condiciones sociales que afligen a estos personajes. Lorca nos está diciendo a través del Director de escena que la autenticidad del ser es imposible en alguien que acepta voluntariamente las estructuras sociales y sus instituciones de manera definitiva, sea cual sea la idiosincrasia sexual de la persona. El Director concibe las instituciones, los códigos morales y culturales como entidades contra las cuales el individuo es incapaz de reaccionar por miedo a las consecuencias que un extravío moral o un experimento atre-

---

a *Maleficio de la mariposa, Tragicomedia de don Cristóbal y la señá Rosita, La zapatera prodigiosa, Retablillo de don Cristóbal*, además de su entrevista «Los artistas en el ambiente de nuestro tiempo».

[8] El significado de las «barandas» que aquí se ofrece viene avalado por el significado metafórico que este mismo término adquiere en «Canción china en Europa», donde el eros libre que representa metonímicamente la señorita que pasea por el puente sin barandillas se contrapone al más constreñido de los señores casados que la observan: «La señorita / del abanico / va por el puente del fresco río. / Los caballeros / con sus levitas / miran el puente sin barandillas... / Los caballeros / están casados / con altas rubias / de idioma blanco» (*OC*, I, 297).

[9] Las ideas que el autor tenía sobre la función del teatro las expuso de manera clara en una entrevista que mantuvo en 1935: «El teatro es unode los más expresivos y útiles instrumentos para la edificación de un país y el termómetro que marca su grandeza y su descenso. Un teatro sensible y bien orientado en todas sus ramas... puede cambiar en pocos años la sensibilidad de un pueblo...» (*OC*, III, 459).

vido podría tener en su vida social y en la profesional. En este sentido cabe ver al Director como cómplice de un orden social responsable por la situación personal que aflige a todos los ahí presentes. Está implicado institucionalmente en la perpetuación de un discurso cultural responsable por el mal teatro que se representa y, lo que es igualmente serio, por la invisibilidad de las realidades que él conoce muy bien[10]. Su actitud es más reprobable si se tiene en cuenta que está a cargo de una institución que tiene el poder de cambiar la actitud pública. De nuevo, Lorca está pensando en la vida de disimulo que representa el Director, pero lo que yace por debajo de todo ello es la institución del teatro que aquél representa, caracterizada por la mentira que fomenta. Mediante el uso metafórico a que se somete al Director como representante del teatro convencional, Lorca pone de relieve el funcionamiento de los discursos homófobos, las estrategias mediante las cuales la institución del arte excluye a grupos que considera incompatibles con los valores que promueve. De ahí que el más sincero Hombre 1 reproche al Director: «Pero usted lo que quiere es engañarnos. Engañarnos para que todo siga igual y nos sea imposible ayudar a los muertos» (43), metáfora esta última con la que se refiere a los que viven una muerte en vida debido al silencio e invisibilidad que sobre ellos se ha impuesto, o sea, debido a las condiciones socialmente adversas que pesan sobre la homosexualidad. Lo que está en juego en el tipo de teatro que el Hombre 1 le recrimina al Director, además de la fraudulencia señalada y de su desvinculación con la realidad histórica del momento, es la influencia que dicho teatro ejerce al favorecer ciertos temas y sectores sociales en detrimento de otros. Como se ha dicho del contradiscurso que representan las vanguardias estéticas a las que *El público* se suscribe, «The avant-garde's interrogation of the institutional definition and function of art reveals the pervasive influence of the institution upon the work's reception, upon its meaning and upon its production. And in revealing the arbitrariness of both of these institutionally imposed definitions and of the generally accepted aesthetic value, the avant-garde points to the institution's tendency to legitimize only *certain* meanings, truths and codes to the exclusion of other possible values: in short the avant-garde demonstrates the institution's use of convention to privilege a particular set of dominant social discourses» (Murphy, 24). Los discursos de poder invariablemete son instrumentos con que se ejerce lo que manejan, el poder. Pero es un manejo que puede también dar lugar a otros discursos de resistencia y oposición, como

---

[10] Es pertinente traer a colación el estudio de Dennis Altman en relación con el tipo de persona que para Lorca representa Enrique «It is a strange paradox that homosexuals, who suffer from the opprobium of "respectable" society, are often its most stalwart defenders» (31).

resulta ser el caso con el nuevo lenguaje estético que introduce *El público* y que viene representado por el «teatro bajo la arena».

Teatro bajo la arena. Frente al discurso dominante del «teatro al aire libre» Lorca ofrece otro más inclusivo de las realidades del mundo actual que aquél omite, un arte más comprometido con la sociedad que él conoce. Es un teatro que desde el principio está destinado al fracaso, dadas las condiciones adversas a las que tiene que enfrentarse. Se trata del *Romeo y Julieta* «bajo la arena» que oímos comentar entre los personajes que aparecen en escena, sobre todo durante el quinto cuadro. Es éste un teatro convencional que, como sucede con su antitético «al aire libre», está ausente del texto/representación que tenemos ante nososotros, pero que es de suma importancia porque la reacción que provoca sirve de pretexto para articular el contradiscurso que representa el texto final. Es, en definitiva, su razón de ser. Entre sus propósitos principales está el de ampliar la gama de temas que tradicionalmente han excluido los discursos dramáticos por tratarse de temas que caen fuera de la ideología que aquél promueve. Lorca reacciona contra una tendencia artística que ha silenciado tradicionalmente las alternativas emotivas que el Director conoce muy bien. Dicha reacción se lleva a cabo mediante un proceso desublimador que consiste en la reapropiación y reinterpretación de los momentos más sublimes de nuestra herencia cultural, como los captados en la tragedia, amor y muerte de Romeo y Julieta. Lorca, a pesar de su ilimitada admiración por el autor de la tragedia, ve que los valores que ejemplifica esta pareja desdichada han sido convertidos en meros clichés por la «cultura afirmativa». Lo mismo atañe a la oposición y al destino final del amor fatídico que los une: son realidades que apenas tienen relevancia en la actualidad por la conocida razón que los feudos familiares responsables por el trágico devenir de los protagonistas enamorados es algo que ha pasado a formar parte de la antigüedad en el mundo occidental. Como dice el Director en su diálogo con el Prestidigitador, si optó por esta tragedia manida fue «para expresar lo que pasa todos los días en todas las grandes ciudades y en los campos por medio de un ejemplo que, admitido por todos a pesar de su originalidad, ocurrió sólo una vez» (153). Quiere decir con ello que la oposición que encuentra el amor heterosexual que representan los personajes titulares de la tragedia de Shakespeare ocurrió solamente una vez, en la historia de Verona que las páginas del autor inglés recogen e inmortalizan. La ficción poética es desmentida por la verdad de la vida al tratarse de infortunios que no comparte la mayoría del público que acude al teatro, lo cual dificulta que se reconozca a sí mismo en la tragedia que presencia. Es otra la suerte que experimentan los sentimientos que unen a los dos amantes no convencionales que representan el Romeo y Julieta «bajo la arena», sujetos como han estado desde las invictivas bíblicas a la persecución o al silencio, al rechazo o a la inexistencia. Es ésta una realidad que «pasa todos los días en todas las grandes ciudades». Lorca reinterpreta el drama shakesperiano en un nuevo contexto para desublimarlo. Es ésta una característica propia de la literatura provocadora que analiza Robert Jauss, la de evocar en el nuevo texto expectativas que le son familiares al lector u oyente para luego variarlas, corregirlas o, simplemente, modificarlas (171). Lorca quiere redefinir la temática de la tragedia infundiéndole los nuevos significados que adquiere al reinstituirle la actualidad que tiene para aquellos que se ven enfrentados a fuerzas sociales antagónicas como son las provocadas por la homofobia. A través de esta reinterpretación de la pieza clásica Lorca muestra lo aplicable que es la tragedia a la vida en general y no exclusivamente a la de un sector social que se ha constituido como mayoritario y se ha arrogado el derecho de definir el amor en términos exclusivamente heterosexuales. Sucede algo parecido a lo que Marcuse describe acerca de la apropiación de la palabra *soul* por parte de la comunidad negra: «the "soul" (in its essence lily-white ever since Plato) the traditional seat of everything that is human in man... —he word which has become embarrassing, corny, false in the established universe of discourse, has been desublimated and in this transubstantiation, migrated to the negro culture; they are soul brothers, the soul is black...». *(An Essay,* 36). En este sentido *El público* tiene como uno de sus objetivos principales mostrar el predicamento de un sector de la sociedad que ha vivido a la sombra de la cultura, víctima de las estructuras de poder que han sido la base del arte que la representa. Como se ha dicho de las vanguadias estéticas más radicales, cuyo ideal artístico *El público* ejemplifica,«Through their enfasis on the disclosure of a new multiplicity of consciousness and perspective they present an awareness of areas previously excluded from that view of the world which is ideologically sanctioned by the dominant social discourses, and they offer instead the sense of an underlying disorder, anarchy and the instability of conventional values» (Murphy, 44). El propósito principal de estos nuevos discursos artísticos es evitar la fraudulencia ideológica en que incurre el arte afirmativo en su prurito por crear la ilusión de un mundo armonioso. Lorca denuncia la institución del arte por la duplicidad ideológica que encierra, porque este arte ilusionista proyecta un concepto del mundo que no corresponde a la realidad que él conoce al excluir realidades sociales que caen fuera de la ideología dominante. La relación interdependiente que Adorno y Horkheimer ven entre civilización y supresión, según la elaboran en su *Dialéctica de la Ilustración,* es algo que el texto de Lorca ilustra de manera sutil[11].

---

[11] Véase, en especial, el capítulo «The Culture Industry: Enlightenment and Mass Deception» del libro citado.

Aunque, como se ha venido diciendo, la pieza se concibe como rechazo del teatro realista aburguesado, conviene aclarar que no se trata de un repudio rotundo de cuanto representa la estética realista ya que, en muchos sentidos, Lorca está prolongando varias de las características configuradoras de dicho arte. La representación de la homosexualidad que contiene *El público*, por estereotipada y problemática que sea, proviene de una observación empírica del mundo marginado que, al parecer, Lorca conocía muy bien, como comentaré más adelante. Lo mismo cabe decir de la indagación psicológica que da cuerpo al drama y que podría verse como la culminación de las técnicas realistas y naturalistas que en el ámbito psicológico irían a desembocar en las técnicas elaboradas por Joyce y Proust. El realismo psicológico en el *El público* es tal que el subconsciente del Director, representado por el «teatro bajo la arena», adquiere mayor veracidad que el mundo consciente que revela en sus quehaceres como director del «teatro al aire libre». En este sentido *El público* podría muy bien ser visto como una anticipación de la preceptiva realista que expone el Autor en *Comedia sin título*, obra en la que Lorca lleva a la práctica muchos de los credos estéticos que anteriormente había expresado en las entrevistas que concediera. Me refiero, concretamente, a la idea de que el teatro debe enseñar «un pequeño rincón de realidad» (319), debe sustituir la mentira por la verdad y ha de tener «hombres de carne y mujeres de carne» en vez de actores (327). Lo original de estos nuevos realismos es que superan su propia estética, como dice Ortega y Gasset que sucede siempre que el escritor se sumerge bajo «el nivel de la perspectiva natural» y procede, lupa en mano, a recoger lo «microscópico de la vida», como es el caso de autores como Proust, Gómez de la Serna y Joyce que Ortega cita como ejemplo (46). Es este hibridismo una característica que *El público* comparte con la estética vanguardista de su tiempo, según la ha definido uno de sus comentaristas: «its unproblematic and unreflected adoption of aesthetic autonomy and its characteristic mode of reworking but simultaneously negating realism» (Murphy, 256). Lo que sí repudia la nueva estética lorquiana son las connotaciones ideológicas que trae consigo el realismo por tratarse de una estética que trata de acaparar nada más y nada menos que toda una realidad, se da desde un solo punto de vista y, además, pretende ofrecer a todos los seres de todos los tiempos una explicación racional del mundo. Como es característico del arte de vanguardia, Lorca deconstruye estos discursos culturales que se han erigido a sí mismos como portadores de la verdad y de la ideología hegemónica. Y lo lleva a cabo poniendo en tela de juicio el criterio epistemológico que forma la base de los discursos sociales dominantes y la ideología que los sustenta. Como señala Catherine Belsey acerca del funcionamiento invisible de la ideología: «It is a set of omissions, gaps rather than lies, smoothing over contradictions, appearing to provide answers to questions which in reality it evades, and masquerading as coherence in the interest of the social relations generated by and necessary to the reproduction of the existing mode of production» *(Critical Practice,* 57-58). Lorca critica la tendencia en el arte afirmativo a proclamarse vehículo de la verdad, y lo lleva a cabo deconstruyendo el sistema de valores sociales mediados por la institución del arte, exponiendo la base epistemológica e ideológica que yace tras la construcción del mundo burgués y del texto realista.

Conviene detenernos un instante para comentar unas palabras que Lorca dirigió a los comensales que en 1935 se reunieron para rendirle un homenaje en ocasión de los éxitos que había cosechado el poeta. Son ideas que vienen muy al caso para tener una mejor idea del tipo de teatro que Lorca proponía. Se trata de la ya citada y archicomentada «Charla sobre teatro» en la que el autor hace unas observaciones sobre el nuevo rumbo que el teatro debería seguir. Pensaba en la advertencia que hace a los dramaturgos de su tiempo cuando dice que «el poeta dramático no debe olvidar, si quiere salvarse del olvido, los campos de rocas, mojados por el amanecer, donde sufren los labradores, y ese palomo, herido por un cazador misterioso, que agoniza entre los juncos sin que nadie escuche su gemido» *(OC,* III, 458). La cita, cargada como viene del peculiar simbolismo que caracteriza el lenguaje metafórico que Lorca emplea siempre que trata de aludir a temas tabúes, como el de la homosexualidad, es importante por lo que nos aclara del nuevo sentido de dirección que quería darle al teatro para que el poeta «se salvara del olvido». Lo que trata de insinuar con ello es que el teatro debe incluir realidades humanas hasta ahora desatendidas, como es el amor que simboliza el palomo de la cita. Se trata de un ave que en las ciencias naturales y en las sexuales de finales del siglo XIX y comienzos del XX está asociado a la intersexualidad, término con el que se solía aludir a lo que posteriormente pasaría a conocerse como homosexualidad. Es éste el significado con que aparece en los tratados científicos de Havelock Ellis y Muccioli que André Gide menciona en el segundo de los diálogos socráticos de *Corydon,* obra con la que Gide trata de propugnar la teoría de la naturalidad de la homosexualidad: «"Los palomos parecen ser especialmente (!) propensos a la perversión sexual, de creer a M. J. Bailly, jefe de granja competente *y buen observador"* —escribe Havelock Ellis—; y Muccioli, "sabio italiano *que es una autoridad en cuestiones colombófilas* (!), afirma que los actos de inversión se comprueban en palomos de vuelo belga (!), *aun en presencia de muchas palomas"».* Para aclarar el significado que adquiere el palomo, en una nota a pie de página Gide añade que «Estos hechos han sido observados con tal frecuencia que en el anticuado *Diccionario de la vida práctica,* de Belèze, leemos ya en el artículo *Paloma:* "Sucede a veces que la pollada que debe formar la pareja (?) está compuesta por dos machos o por dos hembras; se nota la presencia de dos hembras porque hacen dos puestos cuyos huevos son claros, y la de dos machos porque alborotan el palomar" (!?)» (138-139, cursiva en el original). Conviene aclarar que la obra de Gide es un texto que Lorca conocía muy bien. Forma parte del fondo bibliotecario que alberga la Fundación con su nombre[12]. Además, es un libro cuya segunda edición en español fue prologada por Gregorio Marañón, a quien Lorca conocía como persona y como escritor, por lo que es muy posible que el poeta pensara en las asociaciones susodichas al evocar el palomo simbólico de la temática que debería abordar el poeta dramático «si quiere salvarse del olvido»[13].

Como quiera que interpretemos la referencia al «cazador misterioso» que hiere al «palomo», y que podría oscilar entre una alusión a la persecución homófoba que forma parte del destino de las sexualidades heterodoxas, o bien como mutación del mito de Cupido que aquí se aplica a la relación implícitamente homoerótica que connota el metafórico cazador, lo importante de la cita es que Lorca se está refiriendo por medio de estos subterfugios lingüísticos a la homosexualidad. La marginalización que evocan los «juncos», el desconocimiento que sobre la homosexualidad tienen amigos y familiares con el resultante sentido de desamparo que connota el «sin que nadie escuche su gemido», parece ratificar la interpretación ofrecida. Lo mismo cabe decir de «los campos de rocas» con que se alude a la esterilidad de las prácticas no procreativas de la homosexualidad. Quiere decirse con este paréntesis explicativo que Lorca está haciendo un llamamiento a los dramaturgos del momento a que reconozcan este fenómeno humano que desde la antigüedad clásica ha permanecido virtualmente excluido del mundo de las artes. Ve la necesidad de que el teatro aborde temas morales distintos a los establecidos porque las reservas sentimentales y espirituales de estratos sociales que la estética del realismo decimonono había relegado a la invisibilidad exigen ahora su presencia en los nuevos ámbitos vanguardistas. De este modo se procura compensar por las deficiencias de una estética dramática que había dejado áreas de la experiencia humana inexploradas. Es en este sentido que la obra comparte una de las inquietudes principales de las vanguardias artísticas: criticar

---

[12] Se trata de la edición que se publica en Madrid por la editorial Oriente en 1929, traducida por Julio Gómez de la Serna. El prólogo de Marañón aparece en el primer volumen de sus *Obras completas* bajo el título «Diálogo antisocrático sobre *Corydon*».
[13] Cabe tener en cuenta también que el pichón pasa a ser tema principal del «Soneto gongorino en que el poeta manda a su amor una paloma», soneto en el que se describe una masturbación de fantasía homoerótica. En cuanto al conocimiento personal entre Lorca y Marañón, Marcel Auclair observa que la segunda lectura de *Bodas de sangre* que ella oyó por parte de Lorca se dio «en la propiedad toledana de Gregorio Marañón» (273).

la institución del arte, exponiéndola como una institución «which serves to legitimise only a certain concept of reality, and which leaves out of account large areas of human experience that fall outside of this sanctioned category» (Murphy, 15).

Un arte rehumanizado. Si bien es cierto que *El público* representa un esfuerzo por superar las limitaciones temáticas y los credos estéticos que el teatro del siglo XX hereda del anterior, lo mismo cabe decir de la postura que la obra adopta frente a las corrientes estéticas de su tiempo. Una de ellas es la representada concretamente por el arte puro que venía invadiendo los ámbitos estéticos europeos desde finales del XIX, según se manifiesta en los esfuerzos por excluir del arte la experiencia vivencial que se inicia con el modernismo, gracias a cuya segregación el arte llega al estado de pureza que se anhela. Se trata de una producción artística de incuestionables méritos estéticos, como lo atestan los mundos «bien hechos», sumamente ordenados, de Jorge Guillén y los igualmente logrados de Juan Ramón Jiménez, máximos representantes de la preceptiva purista en la poesía del siglo XX en España. Entre sus características figuran preeminentemente la sistemática «eliminación de materiales tomados de la experiencia cotidiana, de la supresión de toda finalidad didáctica, de los sentimientos del individuo y de toda embriaguez del corazón» (Cano, 28). Se suma a ello la evocación de una armonía prototípica en la cual se resuelven todas las contradicciones y negatividades inherentes a la realidad social contemporánea. Tanto Guillén como J. R. Jiménez son poetas que representan la vertiente idealista de un arte que pretende convertirse en modelo para la vida. Entre las corrientes de la época se incluyen las estéticas vanguardistas que Ortega y Gasset define con gran lucidez en su polémico ensayo *La deshumanización del arte*, obra que, como ha señalado José Luis Cano, «ha proporcionado a la crítica algunos conceptos indispensables para captar ciertos aspectos de la modernidad europea en arte y literatura» (35)[14]. Al igual que sucede con la estética purista, se trata de un arte más preocupado por la forma que por el conte-

---

[14] Las afinidades que la estética vanguardista de *El público* guarda con las tendencias que Ortega y Gasset identifica en el arte joven han sido estudiadas por Wilma Newberry en «Aesthetic Distance in García Lorca's *El público*: Pirandello and Ortega». Las conclusiones a que llega Newberry, así como los ejemplos que analiza, son muy diferentes a las que a continuación ofrezco, en parte porque ella ve *El público* como una ilustración de la deshumanización del arte. Mi lectura, al contrario, ve la pieza de Lorca como un repudio de las prácticas sobre la «deshumanización» del arte que el pensador diagnostica. Además, el análisis de Newberry tiene las limitaciones típicas de los estudios que tratan de cicunvalar el tema principal de la obra: «the homosexual overtones somewhat obscure the important artistic messages which are the main theme» (278). Sí comparto con Newburry la opinión de ver la obra de Lorca como un llamamiento a la necesidad en el espectador de distanciarse estéticamente del fenómeno artístico observado, pero no emocionalmente.

nido, como se desprende del «raro predominio de la imagen» y de la estructura metafórica que lo caracteriza. Se constituye como un arte sin trascendencia alguna, rayante en la frivolidad y la vacuidad debido a la ausencia de un propósito práctico, sea «utilitario, moral o reformatorio» (Livingston, 610). Aunque está motivado por un sentimiento iconoclasta, éste no va más allá de la pirueta estética que lo caracteriza. De ahí la dimensión pueril que Ortega destaca como uno de los rasgos principales en esta expresión artística. Acusa respeto a la vida al mismo tiempo que la repudia, lo que Ortega define como «asco a las formas vivas» (54). Se trata de un arte autónomo, independiente de la realidad social en que se gesta y, por lo tanto, liberado de todo compromiso social, moral y político, con lo cual se da la peligrosa impresión de que el arte en cierto modo está libre de las fuerzas históricas y sociales que lo determinan y de la responsabilidad social que tradicionalmente ha asumido (Murphy, 28). Además, representa una estética que, debido a su carácter elitista y de evasión social, fue fácilmente absorbida por la burguesía. Como ha señalado Terry Eagleton en relación con la alta modernidad artística, «by removing itself from society into its own permeable space, the modernist work paradoxically reproduces —indeed intensifies— the very illusion of aesthetic autonomy which marks the bourgeois humanist order it also protests against» («Capitalism», 68). Es lo que se infiere de un arte que, según lo describe Ortega, se convirtió en un ensayo de crear puerilidad, neutralizando así el potencial político o social que podía haber tenido pero que desaprovechó, como lo demostraron ampliamente los primeros *ismos* de vanguardia al distanciarse y desentenderse de los acontecimientos políticos de la conflictiva Europa del momento[15]. Los experimentos deshumanizados del ultraísmo, por ejemplo, junto al que nos brindan las greguerías ingeniosas de Gómez de la Serna y la prosa igualmente innovadora de Chacel y Jarnés, son ejemplos que ilustran de manera elocuente los postulados que comparten estas corrientes vanguardistas en España[16].

---

[15] Según aclara Eagleton, «There is indeed a political modernism —what else is Bertold Brecht— but it is hardly characteristic of the movement as a whole» («Capitalism», 68).

[16] Entre los méritos de estas primeras manifestaciones vanguardistas cabe señalar la de haber preparado el camino para el desarrollo del ala más militante de las vanguardias artísticas, como son los experimentos expresionistas de Valle-Inclán y las técnicas surrealistas que Alberti, Aleixandre, Cernuda y el mismo Lorca, entre otros, plasman en sus obras de finales de los años 20 y primera mitad de los 30. *Sobre los ángeles* (1929), *Espadas como labios* (1932), *Los placeres prohibidos* (1932), *Poeta en Nueva York* (1929-1939) y *Llanto por la muerte de Ignacio Sánchez Mejías* (1935) son muestras fehacientes de que nos encontramos frente a un resurgimiento vanguardista antes que de una defunción, como la que Giménez Caballero le atribuyera en 1930: «Hizo muy bien Giménez Caballero en declarar liquidada la vanguardia», dice Eugenio Montes en *La Gaceta Literaria* al reflexionar sobre el reciente fenómeno vanguardista en España (Cano, 46).

Es como reacción ante este panorama artístico del momento que se entiende mejor la reintegración de arte y vida que propone *El público*, según viene representado por medio del experimento «bajo la arena» que introduce el Director y que consiste en la deliberada fusión de arte y vida. Al hacer que la ficción de *Romeo y Julieta* sea una tragedia real, vivida y sufrida por los dos hombres que la representan, Lorca logra que el teatro se convierta en una fiel reproducción de la realidad. Como indica el Director en su diálogo con el Prestidigitador poco después del asesinato de los actores, «Aquí está usted pisando un teatro donde se han dado dramas auténticos y donde se ha sostenido un verdadero combate que ha costado la vida a todos los intérpretes» (159). La representación aludida se ha estado nutriendo de unas circunstancias personales verdaderas que han irrumpido en el arte, sin que la obra necesitara muletas para sostenerse. El elemento artístico y el vital han llegado a una fusión completa digna del humanismo integral que Lorca quería para el arte. Tenemos una situación en la cual no es la obra de arte la que quiere ser realidad, sino a la inversa: es la realidad la que quiere convertirse en obra de arte[17]. Gracias a esta reintegración el teatro que están presenciando los espectadores ficticios adquiere el poder conmovedor que admiten sus espectadores: «Era un drama delicioso», dice la Dama 1; «El acto del sepulcro estaba prodigiosamente desarrollado», añade el Muchacho 1 (127). Incluso el Estudiante 4, el espectador más reacio a lo que proponía el experimento del Director, no puede dejar de admitir que «La repetición del acto ha sido maravillosa. Cuando cantó el ruiseñor yo no pude contener mis lágrimas» (139). A diferencia del antitético arte «deshumanizado», el nuevo arte apasiona porque ha logrado integrar elementos de la experiencia diaria en la obra artística, ratificando de paso lo que el propio autor diría unos años después: «Un teatro pasado, nutrido sólo con la fantasía no es teatro. Es preciso que apasione» (*OC*, III, 627). Se trata de un teatro que está implicado en una profunda afirmación de la realidad vital que representa, a diferencia de otras manifestaciones literarias que tratan de sustituir los sentimientos por la razón, la realidad por la ficción, representativas como son estas premisas ideológicas de los conceptos tradicionales de racionalidad que promociona el arte puro. Esta estética teatral, propia del racionalismo estético que proponía Diderot, para quien el buen actor es

---

[17] El problema de cómo llevar al escenario la realidad misma y no su simulacro es un tema que ocupa la mente del autor en *Comedia sin título*. En el capítulo que María Estela Harretch dedica a esta obra, posiblemente lo mejor que se ha escrito sobre *Comedia sin título* hasta la fecha, dicha autora observa que Lorca soluciona el problema trayendo «la realidad al teatro; porque no es su objetivo la destrucción del teatro sino superar esa limitación que hacía que el espectador se contentara con un simulacro, con un "como si", un "a semejanza de"» (112).

el que sabe fingir mejor, el que sabe actuar creando en su público emociones que él no siente[18], no es la apropiada para los nuevos designios del Lorca vanguardista, quien se decanta por un nuevo credo estético basado en la autenticidad de los sentimientos, en la confluencia de vida y arte y en la capacidad de conmover. Como aclara el Director en su diálogo con el Prestidigitador, si en el teatro convencional «Romeo y Julieta agonizan y mueren para despertar sonriendo cuando cae el telón, mis personajes en cambio queman la cortina y mueren de verdad en presencia de los espectadores» (155). Es esta reintegración de vida y arte uno de los objetivos que, según admitiría Lorca en una entrevista de 1935, se proponía llevar a cabo en su labor como dramaturgo, «trasplantar la vida como es» (Luengo, 28), o sea, aproximar el arte a la realidad para relacionarse con el contexto social con una nueva inmediatez.

Tenemos, pues, en este interludio dramático un pretexto para responder artísticamente a las corrientes estéticas menos comprometidas de su tiempo, proponiendo un credo artístico diametralmente opuesto al vigente. De modo que, si en el arte «deshumanizado» «el objeto artístico sólo es artístico en la medida que no es real» (Ortega y Gasset, 21), para el Lorca de *El público*, cuanto mayor extracto de vida contenga el arte, mejor es su calidad estética. A la inversa de como se expresara en el arte deshumanizado, el teatro de Lorca quiere conmover al público para arrastrar al espectador a que viva la acción dramática, que conviva con sus personajes. Si el arte más innovador de los años 20 es un arte preeminentemente racional, concebido para una minoría selecta, el que propone el Lorca vanguardista tiene como propósito apelar a las facultades emotivas a fin de conquistar a un público más amplio. Para el autor de *La deshumanización del arte* existe una escisión insondable entre vida y arte, un rechazo explícito de la vivencia humana en el ambito artístico; para Lorca no, según lo demuestra por medio de la pareja de actores que viven intensamente sus mutuos sentimientos a la vez que ejecutan la representación. Si deshumanización equivale a suprimir los sentimientos humanos más comunes, como fue la prerrogativa del arte romántico por antonomasia, Lorca propone la reivindicación de lo más humano: el instinto, la pasión, fuerzas vitales que han perdido su savia debido a la intelectualización por la que ha pasado el arte. Es la rebeldía del romántico, con toda la carga emocional y el compromiso social que infundiera a su arte, lo que distingue a este Lorca comprometido y dispuesto a reivindicar la supremacía de la realidad sentimental de la persona. Sabe que una de las maneras de ga-

---

[18] «Les comédiens font impresion sur le public, non lorsqu'ils sont furieux, mais lorsqu'ils jouent bien la fureur» (190).

narse la aceptación del público es presentando sus nuevos intereses humanos mediante un envoltorio emotivo propio del Romanticismo más representativo, con la diferencia principal de que el elemento idealizante de aquél queda sustituido por la materialidad y cotidianidad antiidealista de la obra moderna. El teatro debe gustar por sus cualidades poéticas, y también por los sentimientos que expresan los personajes, así como por la solidaridad que suscita la causa de sus héroes. En este sentido el apasionamiento romántico del poeta es bien evidente, como lo dio a entender en más de una ocasión al referirse al estado del teatro actual[19]. Ve la necesidad de volver a un arte romántico como forma de rechazo al realismo decimonónico y al racionalismo estético que ha estado marcando la tónica en los círculos dramáticos, por la mera razón de que son medios inadecuados para la expresión de las nuevas realidades y experiencias humanas que Lorca quería dramatizar. Como ha observado Huyssen acerca de los autores vanguardistas que comenta, no es la abdicación auto-crítica del arte vis a vis la realidad, sino «the insistence that the radical and subversive use of aesthetic means can and should bring about a process of reconceiving and reexperiencing the fabric of life» (88-89). Es dentro de este contexto artístico que conviene situar la reintegración de vida y arte que propone en *El público*, como una de las muchas reacciones que las vanguardias más tardías y radicales tienen frente a las corrientes artísticas de su tiempo[20].

Frente a las manifestaciones puristas y «deshumanizadas» que saturan el ambiente cultural de los años 20, Lorca responde con un teatro más humano que tiene como objetivo principal destruir el estatus privilegiado que el arte autónomo ha venido gozando. Una vez eliminado este elitismo estético, el arte podrá reintegrarse a la vida. Con esta reintegración se aspira a crear un teatro antiburgués, más funcional, con una clara orientación social, de acuerdo con los postulados de un nuevo arte de vanguardia que tiene como uno de sus objetivos principales coordinar el progreso artístico y social que se pretende introducir. Se intenta provocar la reorientación del arte autónomo a fin de que la experiencia estética baje de su torre de marfil, se impregne de vida y así pueda canalizar más efectivamente sus esfuerzos humanos. Es en este nuevo ámbito vivencial que el teatro podrá influir en la transfor-

---

[19] «El teatro viene del Romanticismo,» dice el poeta en una entrevista concedida a Nicolás González-Deleito en 1935, titulada significativamente «El autor de *Yerma* y el teatro romántico». Un aspecto que deplora de la escena moderna es la desaparición del romanticismo: «Pero del teatro romántico no queda nada. Y ésa es la degracia de la escena española» *(OC, III, 628)*.

[20] José Luis Molinuevo ha expresado de manera concisa esta tendencia en las corrientes rehumanizadoras en la España de los treinta: «Ya no se trata de un cambio en la representación de lo humano, sino de la destrucción del principio de representación mismo, de la posibilidad de una "visión humanizada de la realidad"» (56).

mación social a que aspiran las nuevas vanguardias. Como ha señalado Bürger, «What is negated is not an earlier form of art (a style) but art as an institution that is unassociated with the life praxis of men. When the avant-gardistes demand that art become practical once again, they do not mean that the contents of works of art should be socially significant. The demand is not raised at the level of the contents of individual works. Rather, it directs itself to the way art functions in society, a process that does as much to determine the effect that works have as does the particular content» (49).

Conviene aclarar que el compromiso social que acusa *El público* no presupone un rechazo rotundo de los valores estéticos del arte puro, deshumanizado, que implícitamente está criticando. Como vimos que sucedía en la actitud ecléctica que la obra muestra hacia el realismo, con el arte de su tiempo sucede algo parecido. Repudia su falta de compromiso social, de contenido personal y emotivo, pero no sus características técnicas ni estéticas. Abdicar a estas últimas a favor de un arte de orientación social o político es algo que a Lorca no parece haberle interesado. La enemistad que el arte de contenido político suscitaba en el poeta es algo que él mismo dio a conocer en 1933 cuando el corresponsal que lo entrevistaba le pidió su opinión al respecto: «El artista —dice el poeta— debe ser única y exclusivamente eso: artista. Con dar todo lo que tiene dentro de sí como poeta, como pintor, ya hace bastante. Lo contrario es pervertir el arte. Ahí tiene el caso de Alberti, uno de nuestros mejores poetas jóvenes que, ahora, luego de su viaje a Rusia, ha vuelto comunista y ya no hace poesía, aunque él lo crea» *(OC, III, 530)*. A este ejemplo cabría añadir el empobrecimiento estético que experimenta la poesía revolucionaria que Neruda escribe tras el compromiso político que asume, y que resalta drásticamente cuando se compara con los poemarios que escribiera anteriormente bajo credos estéticos muy distintos. Como decía anteriormente, a pesar de la vertiente comprometida del nuevo lenguaje artístico que representa *El público*, la estética no queda subordinada a la ética ni la ética a la estética porque, como su propipo autor admite en más de una ocasión, su credo artístico así lo exige: «Yo pretendo hacer de mis personajes un hecho poético, aunque los haya visto alentar en torno mío» (Luengo, 28), y vuelve a reiterar un año más tarde, en 1936: «El teatro necesita que los personajes que aparezcan en la escena lleven un traje de poesía y al mismo tiempo que se le vean los huesos, la sangre. Han de ser tan humanos, tan horrorosamente trágicos y ligados a la vida y al día con una fuerza tal, que muestren sus traiciones, que se aprecien sus dolores y que salga a los labios toda la valentía de sus palabras llenas de amor o de asco» *(OC, III, 673)*. Hay en su nuevo arte comprometido una alta estima de los valores estéticos en que cree aférrimamente el poeta. Mediante el equilibrio que se logra entre compromiso social y autonomía estética Lorca logra uno de sus objetivos principales: trascender la autonomía artística del arte por el arte al mismo tiempo que infunde a su nuevo teatro la función social que debía tener. Se resuelve así uno de los problemas intrínsecos a la estética de vanguardia: la continua e irresuelta negociación entre lo que Murphy define «the desire to create a new form of art with a direct bearing upon life, and the need to retain for art a degree of autonomy in order to preserve a distance to reality and thus a vantage point from which art might formulate its social critique» (29). Es tan importante la autonomía estética para los fines críticos que asume el arte de vanguardia como lo fue para los seguidores del arte por el arte. Es posible que la estética y la temática subversiva que supone *El público* no sea del agrado de algunos espectadores/lectores. No obstante, no se puede negar que el entramado metafórico que el autor elabora en esta pieza, la espectacularidad y variedad de las escenas que la configuran, junto con la escenografía y técnica con que todo ello se expresa, constituye uno de los acontecimientos más poéticos de los que Lorca escribió para el teatro. Es lo que supo demostrar de manera espectacular la escenificación de Lluís Pasqual que Paul Smith ha comentado prolijamente[21] y a la que me he referido previamente. Se logra así un arte en el cual sentido y forma, compromiso social y calidad estética, hallan una perfecta adecuación.

Teatro-dentro-del teatro. Son varios los métodos que Lorca emplea para llevar a cabo los objetivos didáctico-sociales que infunde a su obra. Uno de ellos es mediante el empleo del teatro como metáfora de vivencia social, en el sentido más negativo de la palabra. La sociedad para Lorca está constituida por una reunión de máscaras sintomática de la abdicación de la integridad individual que presupone la vivencia social. La persona que vive en sociedad y acepta las normas prevalentes de manera incuestionable es una persona que ha accedido a la subyugación de los instintos en manos de los controles represivos que ejerce la sociedad. Como ha señalado Carlos Feal, «El intento de encarcelar la verdad, de encarcelar los sujetos o de sujetarse a normas hace de la vida un teatro. Las convenciones teatrales reproducen las convenciones sociales» («Un Lorca póstumo», 53). En *El público* el tema se aborda desde una de las perspectivas más subversivas del orden social: la constituida por el amor homosexual. Lorca se sirve de estas subjetividades sexuales para enfatizar la polaridad existente entre lo natural y lo convencional, entre autenticidad individual y máscara social, por el hecho de tratarse de un amor y un deseo que no está estructurado por fuerzas sociales ni por intereses económicos, sino que se define en oposición a ellos. Se trata de decir con ello que

---

[21] Véase el capítulo cuatro de su estudio *The Theatre of García Lorca* y su artículo «García Lorca y Lluís Pasqual», donde también habla de dicha representación.

pasión y autenticidad individual son antisociales debido a que la sociedad sofoca estas cualidades del ser (Storzer, 191). Al hacer que la representación de *Romeo y Julieta* «bajo la arena» sea un hecho real, el público que lo presencia queda expuesto como una ficción. Se pone en evidencia la comparsa de máscaras que constituye el vivir en colectividad, la falta de autenticidad que las convenciones sociales fomentan en el ser. El teatro como recurso en sí muestra la brecha existente entre el mundo burgués, con toda la inautenticidad, raciocinio y valores preconcebidos que lo caracteriza, y el que se está dramatizando en vivo. La inautenticidad del público burgués, regido como viene por valores preconcebidos, se contrasta con la autenticidad sentimental de los que están «actuando». Los valores morales, sociales y materiales del público que se escandaliza impiden que vean y experimenten la vida de la manera que la viven y experimentan estos dos protagonistas unidos por fuerzas sentimentales inabatibles, comparables en intensidad a la de los personajes histórico-literarios que representan. Aquéllos no pueden vivirla así porque el adversario de los sentimientos afectivos que nos evoca Lorca son el teatro de las convenciones, las formas de conducta aceptadas. La «realidad» del público espectador queda expuesta irónicamente como una ficción tan engañosa como el *Romeo y Julieta* «al aire libre» que el Director de escena había representado. A esto mismo se refería Lorca en la entrevista que concedió a Ricardo Luengo en 1935 cuando éste le comenta que «La burguesía y la gran mesocracia, que componen la zona más extensa del públio, le reprochan la crudeza del lenguaje», a lo que Lorca responde, «La gente a quienes espanta mi realidad son fariseos que viven sin asustarse la misma realidad de mi teatro» (Luengo, 28). Lorca confronta la moral establecida con una alternativa verdaderamente moral, dictada por la conciencia propia y por la supremacía de los sentimientos, algo más noble y digno que algunas de las prácticas inducidas por los valores morales en que cree el público sublevado, ese público «locuaz para proclamar sus repugnancias, listo para correr en socorro de la ley y la opinión, más servil con las potencias del orden que dócil con las exigencias de lo verdadero», que diría Foucault en relación con fenómenos sociales parecidos a los que denuncia *El público (Historia,* I, 68). Ya lo dijo el poeta al referirse al teatro como «una escuela de llanto y de risa y una tribuna libre donde los hombres pueden poner en evidencia morales viejas o equivocadas y explicar con ejemplos vivos normas eternas del corazón y del sentimiento del hombre» *(OC,* III, 459).

Una segunda técnica que Lorca emplea para enfatizar lo ficticio de la realidad social es borrando los límites demarcadores entre público y teatro. La intromisión de los espectadores en escena y la de los actores en el espacio «real» tiene la función de confundir deliberadamente planos teóricamente inconexos con el expreso propósito de borrar las demarcaciones que separan realidad y ficción, vida y teatro, ser y no ser. Es ésta una práctica a la cual el autor se había entregado con asiduidad desde los inicios de sus ensayos teatrales, según se evidencia en algunos de los prólogos que escribiera y que han recibido debida atención[22]. En lo que toca a *El público*, el ejemplo que mejor ilustra esta coexistencia de espacios teóricamente opuestos es la sensación de atrapo que siente el público cuando ve que no puede salir del recinto al que ha acudido: «¿No podremos salir?», dice la Dama 1 llena de desesperación y desorientación al no encontrar manera de salir (127). «Es horrible perderse en un teatro y no encontrar la salida», exclama más tarde la Dama 3 al sentirse igualmente atrapada (135). Este sentimiento de desorientación y atrapo incluye a la señora que viene a reclamar a su hijo Gonzalo y, al querer salir del teatro, se encuentra con obstáculos que se lo impiden: «Señora, por ahí no se puede salir», le dice el Prestidigitador. «Tiene razón —contesta— El vestíbulo está completamente a oscuras. *(Va a salir por la puerta de la derecha.)* Por ahí tampoco. Se caería por las claraboyas», añade el Director (161). Asimismo, los espectadores se sienten atrapados en su propio «teatro», agobiados, metafóricamente hablando, por los papeles preasignados que han estado desempeñando sin estar conscientes de ello. Se crea una situación análoga a la que Luis Buñuel elabora de manera más explícita en *El ángel exterminador* (1962), donde se presenta una situación prepóstera en la que un grupo representativo de la alta burguesía, por razones desconocidas, queda atrapado en la sala de la mansión a que ha sido invitado para cenar. La parálisis resultante de la conformidad que caracteriza a esta clase social, lo contagiosa que es la dolencia de la conformidad que contraen sus representantes, entre cuyos síntomas figuran el temor, la hipocresía y la histeria, son características que Lorca evoca de manera sutil, casi imperceptible, en esta escena emblemática del vivir social. Con ello el autor nos sugiere que sociedad equivale a teatro, a un actuar continuo, que la inautenticidad es la verdad de este vivir, por lo cual la salida de este recinto es un esfuerzo fútil para todo aquél afligido por la conformidad. El público personaje no sabe qué hacer con la falta de demarcaciones que acaba de presenciar; no encuentra salida posible a las realidades humanas que acaba de descubrir porque son personajes que aparecen como prisioneros en su propio laberinto existencial. Es ésta una idea que Lorca tenía muy presente, ya que se reitera casi *verbatim* en *Así*

---

[22] Como ejemplo podría pensarse en el prólogo de *El retablillo*, donde aparece esta misma idea, si bien desde una perspectiva diferente. Como ha comentado Reed Anderson, «All categories of reality that divide stage from audience, and all separations of certain performers from others according to the various "worlds" they seem to occupy are revealed to be no more than mental constructs imposed on the theater by writers and audiences alike and perpetuated as conventions» (225). Francesca Coleccchia y Ana María Gómez Torres han dedicado también su atención al estudio de los prólogos en Lorca.

que pasen cinco años, cuando el Joven se ve atrapado en el mundo de la máscara y de las apariencias falsas que simbolizan los payasos con que se topa tras el fracaso heterosexual que para él representa la pérdida de la Novia[23]. Sólo que en *El público* la encerrona se aplica al mundo heterosexual y no al homosexual que el Joven va a estar continuamente camuflando y enmascarando. Pero lo revelador de la metáfora es que expresa de manera simbólica la idea de que vivir en sociedad es una forma de inautenticidad, es vivir en el reino del absurdo, habitado por seres que han fracasado en el amor porque no han podido ser plenamente sinceros a los mandatos de su realidad biológico-sexual. Para Lorca, según se infiere del trato que da al tema, la persona no puede proclamar al mundo sus deseos y sentimientos porque está sujeta a una fachada de normalidad que se ve forzada a erigir a fin de convivir en sociedad de manera más fácil. Como dice el Autor al Espectador 1 en *La comedia sin título*: «En su casa tiene la mentira esperándolo, tiene el té, la radio, y una mujer que cuando lo ama piensa en el joven jugador de foot-ball que vive en el hotelito de enfrente» (325-327). A esta misma idea se refiere el Director en la conversación que mantiene con el Prestidigitador en *El público*, «Todo teatro sale de las humedades confinadas» (155), es decir, de la represión libidinosa que connotan esas «humedades» ocultas. Se da a entender con ello que existe una dicotomía entre el mandato biológico que exige la satisfacción del deseo, a veces poco decente, y, por otra parte, el teatro y las máscaras a que las convenciones sociales reducen la existencia humana. Como es característico de la estética expresionista que *El público* incorpora, «expressionism's mode of liberation may occasionally take the paradoxical form of making the reader aware that the real world which he or she inhabits is a fiction which simultaneously serves as a prison or labyrinth preventing him from gaining access to "genuine" experience» (Murphy, 73). Son las contradicciones que de manera sutil se propone mostrar *El público* mediante el discurso oposicional que representa. En este sentido, cabe ver la estrategia empleada como una réplica más al mundo unificado y estructurado que tradicionalmente ha estado evocando el arte afirmativo.

En este mundo de disimulo, tan distante del natural al que pertenece la vida instintiva de la persona, es de esperar que lo falso se encuentre no sólo superpuesto a lo natural, sino que adquiera una

---

[23] ARLEQUÍN.—¡Eh! Por ahí no se puede pasar.
JOVEN.—¿Han cerrado el paseo?
ARLEQUÍN.—Por ahí está el circo.
JOVEN.—¿Está interceptada también la calle de los chopos?
ARLEQUÍN.—Allí están los carros y las jaulas con las serpientes.
JOVEN.—Entonces volveré atrás.
PAYASO (*Saliendo por el lado opuesto.*).—¿Pero dónde va? ¡Ja, ja ja! (*OC*, II, 570-572).

fuerza sugestiva superior a éste. La idea la sugiere el autor mediante el temor que inspiran los objetos de utilería con que tropieza la Dama 2: «Lo que más miedo me ha dado ha sido el lobo de cartón y las cuatro serpientes en el estanque de hojalata». Se une a ella la aterida Dama 3 cuando añade: «Cuando subíamos por el monte de la ruina creímos ver la luz de la aurora, pero tropezamos con los telones» (135). Es el mismo mundo artificial que asusta al Criado en *La comedia sin título*, cuando le cuenta al Autor que tropezó «con unos pescadores que cantaban con unos peces de plomo en la cabeza. Después se me cayeron unas gasas encima... y un viejo me dijo que era la niebla. Yo no estoy acostumbrado y he pasado miedo», a lo que el Autor le contesta, «Miedo de las cosas pintadas» (331). El público que estos personajes representan se ve obligado a experimentar de primera mano la artificialidad de las convenciones vigentes en sus vidas diarias. Con ello se ridiculizan las reacciones normales que tiene un público convencional al encontrarse con ámbitos de la experiencia social que ha olvidado por puro consabidos. Es la manera en que Lorca sugiere lo desvinculada que la persona está del mundo natural al que instintivamente pertenece. Se deja influir por el engaño con la misma facilidad con que se deja llevar mansamente por preceptivas morales creadas artificialmente para facilitar la convivencia social. Es la sociedad de pura apariencia, del decoro, de la corrección, para la cual las formas lo son todo. Con ellas marcha la farsa social. De ahí que el Director en su diálogo con el Prestidigitador afirme: «Hay que destruir el teatro o vivir en el teatro» (155), o sea, hay que poner fin a la falsedad del teatro «orgánico» para no formar parte de la hipocresía social que promueve. Ya había dicho Lorca a su regreso del viaje a Nueva York que «La mitad de la gente va perdida entre telones, árboles pintados y fuentes de hojalata y, cuando cree encontrar su cuarto o círculo tibio de sol se encuentran con un caimán que se los traga» *(OC, III, 347). Cuando logra despojarse de las muchas máscaras con que se cubre el ser social, entonces se da cuenta de que ya es tarde para ser fiel a los mandatos de su auténtico ser: la muerte que simboliza el caimán se presenta para arrebatarle la oportunidad[24].

El rol del público frente al fenómeno teatral. Si, como se puede comprobar, *El público* tiene como uno de sus múltiples motivos mostrar la orientación estética que el nuevo teatro debiera tomar y la temática que debiera reconocer, es fácil observar también un intento de señalar el papel que corresponde al público frente a los nuevos fenómenos escénicos que representa. La obra ofrece el ejemplo de un público víctima del prejuicio y, por lo tanto, inca-

---

[24] Idea que se expresa en *El público* por medio del Caballo Negro: «Cuando se hayan quitado el último traje de sangre, la verdad será una ortiga, un cangrejo devorado, o un trozo de cuero detrás de los cristales» (103).

paz de gozar del fenómeno artístico que tiene frente a sí. Para evitar esta situación, el autor propone como uno de los imperativos necesarios la suspensión de los mecanismos represivos responsable por el bloqueo estético que este público acusa. El nuevo arte y las nuevas realidades que incorpora requieren un espectador con sensibilidades nuevas, más instruido y sensible a la cambiante realidad social y a las nuevas formas de expresión artística que se van creando. La actitud que corresponde al nuevo público lo expresa el Estudiante 1 cuando alude al comportamiento de los visitantes a los acuarios: «Detestable —exclama cuando se entera del fin trágico que han tenido los actores—. Un espectador no debe formar nunca parte del drama. Cuando la gente va al acuario no asesina a las serpientes de mar ni a las ratas de agua, ni a los peces cubiertos de lepra, sino que resbala sobre los cristales sus ojos y aprende» (139). Aunque el Estudiante se está refiriendo a los animales que se exhiben en las vitrinas de los acuarios, el lenguaje metáforico y los ejemplos zoológicos que emplea nos remiten a la perspectiva homófoba desde la cual se suelen juzgar las prácticas sexuales que se apartan de la norma. En este sentido cabe admitir que ejemplos de la cita son bien expresivos. La serpiente, por ejemplo, es uno de los animales que más miedo infunde en la persona, atrae y repulsa, tiene forma fálica y, además, connota peyorativamente la sexualidad. Algo parecido sucede con las ratas, asociadas en el lenguaje psicoanalítico a lo fecal y, por extensión, al coito posterior, como parece sugerirlo el propio poeta en la «Oda a Walt Whitman» cuando alude a los «maricas» que salen «en racimos de las alcantarillas» *(OC,* I, 529)[25]. Se une a estos ejemplos el «pez» de la cita, con las conocidas connotaciones de simbolismo fálico que adquiere en la obra de Lorca (y en la de Dalí)[26]. Todo ello sirve para expresar los sentimentos adversos y el temor que la gente siente frente a fenómenos sexuales que no comprende y teme como si se tratara de una enfermedad contagiosa, como se sugiere metafóricamente por medio de la lepra. Quiere decirse con ello que los museos de ciencias naturales atraen la mirada de los curiosos visitantes que, movidos por el afán de conocer la enigmática fauna que comparte nuestro planeta, observan y aprenden de lo que se exhibe ante sus ojos, aun cuando, estéticamente hablando, el objeto de su mirada no sea de su agrado. Se infiere del comentario citado que el espectador que se encuentra ante comportamientos

---

[25] Teoría que Freud elabora en el comentario que hace del erotismo anal, de las primeras señales de hostilidad social que el niño percibe hacia estos impulsos instintivos y sus primeros esfuerzos represivos para evitar la posibilidad de placer: «Lo "anal" permanecería desde entonces como el símbolo de todo lo que hay que desechar... segregar de la vida. El aparato genital sigue vecino a la cloaca...» (VII, 170). Véase por igual su ensayo «Carácter y erotismo anal» (IX, 153-159).

[26] Para un estudio del tema en la obra del pintor, consúltese *La miel es más dulce que la sangre* de Rafael Santos Torroella, concretamente las páginas 93-96.

humanos ajenos a sus gustos y experiencias, en lugar de reaccionar irracionalmente frente a ellos, debería proceder de una manera parecida a la del modelo citado: mirar y aprender. Dicho de otro modo, el autor es consciente de que hay personas cultas y otras menos cultas que, debido a sus prejuicios morales, son incapaces de apreciar los méritos artísticos de la obra que tienen frente a sí. La influencia cultural que gravita sobre este tipo de persona es demasiado fuerte para que pueda vencer sus limitaciones y apreciar estéticamente lo que merezca apreciación. Cuando éste es el caso, sugiere la cita, conviene que la persona se detenga en el nivel superior de la obra: el estético, el «cristal» que separa realidad y arte. Como indica Ortega y Gasset en un contexto muy distinto y desde una perspectiva igualmente distinta, pero que, a pesar de todo, resume pertinentemente lo que se viene comentando, «la mayoría de la gente es incapaz de acomodar su atención al vidrio y transparencia que es la obra de arte; en vez de esto pasa al través de ella sin fijarse y va a revolcarse apasionadamente en la realidad humana que en la obra está aludida» (21). Cuando la realidad humana que la obra de arte plasma es vista con ojos hostiles, las emociones se exacerban, como sucede con los espectadores sublevados en *El público*. De ahí la necesidad que sugiere la obra de detenerse en la superficie sin ir más lejos. De esta manera el espectador podrá apreciar mundos de insospechada belleza poética. En otras palabras, el público no tiene que intervenir con su intolerancia y sus prejuicios cuando se trata de enjuiciar una aventura estética por las mismas razones que no rompe las vitrinas de los acuarios cuando presencia algo que no le agrada. La función que, después de todo, asume el telón en el teatro convencional no es sino la de «introducir al espectador en un mundo de ilusión en el que transcurrirá la peripecia dramática». Es de este modo que se logra «crear en el público el hábito de la ilusión estética» que impedirá que «se realice la ruptura del espectáculo» (Senabre, 22). Como se puede ver, la advertencia del Estudiante tiene como propósito principal mostrar la base irracional de la homofobia. No obstante, es fácil inferir que su aplicabilidad va más allá de los reducidos ámbitos a que se refiere ya que hay en esta observación defensiva un llamamiento implícito a la reflexión racional sobre lo extraño, lo «otro» desconocido.

Si la suspensión de prejuicios y demás mecanismos represivos constituye uno de los imperativos necesarios para la apreciación de la aventura estética que el autor nos tiene preparada, un segundo requisito igualmente importante que, además de estar estrechamente relacionado con el anterior, coincide con postulados muy centrales del pensamiento surrealista, es el que introduce el Estudiante 2 cuando interviene a favor del «dificilísimo juego poético» del Director puntualizando el papel que corresponde al espectador: «El público —dice— se ha de dormir en la palabra y no ha de ver a través de la columna las ovejas que balan y las nubes

que van por el cielo» (131). Quiere decir con ello que la sensibilidad estética que requieren los nuevos lenguajes artísticos exigen
que el espectador trascienda la materialidad prosaica que evocan
«las nubes y las ovejas». Estas vulgaridades no poseen ninguna sus-
tancialidad ya que son ajenas a los valores vitales y estéticos que
debe plasmar todo buen teatro. Como ha señalado Herbert Marcuse en su ensayo sobre la nueva sensibilidad, «The senses must
learn not to see things anymore in the medium of that law and
order which has formed them; the bad functionalism which orga-
nizes our sensitivity must be smashed» (*An Essay*, 39). No basta
con aceptar la realidad tal como la conocemos. Hay que trascen-
derla para rescatar esa otra realidad de los sueños que la razón
utilitaria nos ha escamoteado, que es lo que las vanguardias artísticas más comprometidas se proponen llevar a cabo. De ahí el
significado del otro componente de la cita que alude al deber de
«dormir[se] en la palabra». El subconsciente tiene una capacidad
de evocación poetizadora insospechada, y es a esta capacidad a la
que apela el poeta. En el sueño, ese estado mental en el cual la
dicotomía entre sujeto y objeto deja de existir, el espectador podrá apreciar mundos que la razón le impide ver. Como ha indicado Jiménez Frontín en su definición del surrealismo: «Existe "otra
realidad" tan real como la exterior, utilitaria y lógica que es la realidad de los sueños, de la fantasía, del juego espontáneo, del pensamiento alejado de toda preocupación filosófica, estética y moral... La experimentación de esta otra realidad va a alterar para
siempre las relaciones» que el hombre ha mantenido hasta entonces con la realidad primera (la exterior, utilitaria y lógica)» (54).
Mediante ese «dormirse» en la palabra que recomienda el Estudiante 2, con lo cual se alude a los estados mentales en que sueño
y vigilia están en completa conciliación[27], la persona podrá llevar
a cabo este reencuentro consigo mismo, podrá reconciliarse con
su insospechada naturaleza y alcanzar esos otros mundos de velada belleza poética que el pensamiento práctico y utilitario está
continuamente vedando[28].

Lo que es más importante para efectos de esta obra y del contexto en que aparecen dichos postulados es que el deseado viaje a

---

[27] Como indica André Breton en su Primer Manifiesto, «Creo en la futura armo-
nización de estos dos estados, aparentemente tan contradictorios, que son el sueño y
la realidad, en una especie de realidad absoluta, en una sobrerrealidad o surrealidad,
si así se le puede llamar» (30).

[28] El entusiasmo que Lorca sintió por la estética surrealista, a pesar de la advertencia que le hizo a su amigo Sebastián Guasch acerca de los *caveats* con que se
podía aplicar el calificativo a su propia obra, es algo que ha quedado constatado por
los estudiosos que se han ocupado del tema. Véase *Surrealism and Spain. 1920-1936*,
de C. B. Morris para un estudio de la influencia surrealista en la poesía, teatro, cine y
dibujos en la obra de Lorca. De igual interés es el estudio de Derek Harris, *Metal
Butterflies*, quien desenmaraña de una manera persuasiva las contradicciones y confu-
siones que han prevalecido en torno al polémico tema del surrealismo español.

lo real maravilloso permite entrar en contacto con ese «otro» ajeno a las preocupaciones morales de que es objeto el amor y el deseo en la vida de la realidad práctica. Como ha señalado Novo, el arte así entendido «conecta a emisor y lector en función de la interdependencia de los subconscientes individuales, exigiendo en ambos un comportamiento "lírico" producto de conciliar el conocimiento racional con el intuitivo» (19-20). Sólo mediante la perspectiva nueva que proporcionan estos estados secundarios se hará posible el reencuentro con ese otro mundo de la fantasía, del amor y del deseo que representan los protagonistas del «juego poético» del Director. Como se puede comprobar, no basta con alterar simplemente la visión del fenómeno artístico que una larga tradición de mimesis realista ha fomentado. La subversión de lo establecido que propone la aventura surrealista va más allá del ámbito artístico ya que pretende alterar nuestro concepto de la realidad creando una nueva visión de la vida que permitirá una existencia más libre. Lo verdaderamente revolucionario de este nuevo lenguaje artístico es que conlleva una revolución individual que ha de cortar «los lazos de una larga opresión que deforma nuestra misma naturaleza y nuestra misma personalidad» a fin de «restituir al ser su potencia, que siglos de prejuicios, de ofensas y de inhibiciones han conculcado» (De Micheli, 178).

La advertencia que oímos por parte del Estudiante 1 parece carecer de trascendencia literaria. Sin embargo, si reparamos en su sentido, encontramos que sus palabras contienen además toda una preceptiva estética sobre las limitaciones del realismo clásico y la necesidad del distanciamiento estético. Esta idea se hace más patente si retrocedemos un tanto para situarnos en el diálogo que entabla con sus otros dos compañeros, los Estudiantes 1 y 4. La conversación versa en torno a la sinceridad de los sentimientos que expresa la pareja de actores que desempeña el papel de Romeo y Julieta. «Se amaban los esqueletos —dice el Estudiante 2— pero no se amaban los trajes», con lo cual da a entender que se amaban en lo más profundo de su persona («los esqueletos»), pero no como el hombre y la mujer que da a entender la ficción dramática («los trajes»). Dicho de otro modo, no se amaban como la pareja heterosexual que su representación e indumentaria daban a entender. El Estudiante 4 interviene para aclarar que «La gente se olvida de los trajes en las representaciones y la revolución estalló cuando se encontraron a la verdadera Julieta amordazada debajo de las sillas», a lo que el Estudiante 1 contesta, «Ahí está la gran equivocación de todos y por eso el teatro agoniza. El público no debe atravesar las sedas y los cartones que el poeta levanta en su dormitorio» (129). Aunque los dialogantes se refieren al suceso acaecido en el teatro-dentro-del-teatro, perifrásticamente están aludiendo a la actitud realista que dominaba los escenarios durante las primeras décadas de siglo, «cuando ya no puede sostenerse como base general de una estética de la recepción» (Jauss, 186). No tratan de justificar la reacción del público ni de abogar por una estética u otra. Simplemente están ofreciendo una explicación del por qué de la revolución que ha puesto fin a la representación. La revolución estalló cuando el público se dio cuenta de la realidad fisiológica que cubrían «los trajes», es decir, cuando se enteró de que no solamente no era Julieta la que ellos creían haber estado viendo, sino, lo que es peor, cuando pudieron comprobar que la anatomía de este joven actor no correspondía a la de la mujer que simbolizaba su vestuario. Estos espectadores han quebrantado las normas que requiere la representación escénica, la de distanciarse estéticamente del fenómeno artístico contemplado, porque un público aferrado al concepto del arte realista está acostumbrado a que el arte sirva de puente para conducirlo a la realidad. Como el mono que se mira ante un espejo y busca por detrás la imagen en él reflejada, este público comete el error de querer ver la realidad que yace al otro lado del «cristal» en lugar de «acomodar su atención al vidrio y transparencia que es la obra de arte», según oímos antes decir a Ortega. No se interesa en la experiencia estética, sino en la realidad que buscan vivir. La gente que va al teatro quiere que la apariencia («los trajes») corresponda a la realidad (el cuerpo que cubren). Quiere que el pan sea pan y el vino, vino. No tolera que el arte desmienta la realidad, lo cual equivale a reducir el arte a un realismo prosaico incompatible con la ilusión estética que el autor trata de reivindicar. La conversación que entre estos personajes se entabla sugiere que a la gente no debiera importarle los pormenores anatómicos que constituyen la morfología genital de los actores que están desempeñando los papeles titulares. Estos pormenores de la intimidad de la persona no tienen nada que ver con la aventura estética que está ofreciendo el poeta. La semitransparencia u opacidad de las «sedas» o «cartones» que el poeta erige para exponer la materia humana que se ha trasvasado en arte no implica dar al público permiso para entrometerse y hurgar en lo que suceda en el «dormitorio» (129). En otras palabras, la visibilidad que el poeta haya querido dar a las intimidades de sus personajes es inmaterial. Sigue siendo una obra de arte. El Estudiante 1 habla del arte como tema, pero hay un doble significado en este hablar metafórico que nos remite a la insaciable curiosidad que la gente siente cuando se trata de asuntos de índole sexual, máxime cuando son de carácter «perverso». En estos casos el interés se exacerba, por lo que se hace aún más necesario mantener mayor distancia estética por la mera razón de que la gente no piensa todo lo bien que sería necesario cuando se trata de temas de esta índole. *Comedia sin título* expresa muy bien el papel que corresponde al público: «Pagar la butaca no implica derecho de interrumpir al que habla, ni mucho menos juzgar la obra» (323). Es por esto que, según la respuesta del Estudiante 1, el teatro agoniza (129), porque el público que va a los teatros comete «la gran equivocación» de olvidarse de que está presenciando un fenómeno artístico en el cual no tiene la más mínima importancia si el vestuario corresponde o no a la anatomía del cuerpor que cubre. Esta insistencia en la mimesis realista en el teatro lo priva del elemento poético que Lorca ve como imprescindible en todo buen arte. El propio autor dejó este postulado estético bien establecido cuando declaró en una entrevista que «El teatro agoniza, porque está detenido en su desarrollo por las fuertes ataduras de la realidad. El teatro... necesita volver a las manos de los poetas» *(OC*, III, 552), o sea, al reino de los sueños, la fantasía y la ilusión a que se refería el Estudiante 2 con ese dormirse en la palabra.

Conviene aclarar que *El público* no se limita a teorizar sobre la nueva sensibilidad estética y el papel que corresponde al público, sino que ofrece ejemplos videntes de lo que constituye el espectador ideal. Uno de ellos es el personificado por la Dama 1, la más representativa de los sectores sociales progresistas y, por lo tanto, la más receptiva a las alternativas afectivas que se están dramatizando y a los méritos estéticos con que se lleva a cabo: «Era un drama delicioso y la revolución no tiene derecho a profanar las tumbas», dice en defensa del drama que acaba de presenciar (127). Ha sabido apreciar la belleza que el experimento dramático ha hecho patente. En esta admiración de lo bello los prejuicios se han desvanecido y el arte ha podido afirmarse como arte y no como vehículo de la moral al uso que tradicionalmente ha venido afirmando. A este ejemplo se une el del Estudiante 2, quien comparte la admiración que expresa la Dama. Incluso el Estudiante 4 podría incluirse en esta categoría, ya que se muestra conmovido por la belleza con que se ha representado la escena más íntima del drama aunque, como deja bien claro, no justifique el tipo de unión que representa: «La repetición del acto ha sido maravillosa porque indudablemente se amaban con un amor incalculable, aunque yo no lo justifique. Cuando cantó el ruiseñor yo no pude contener mis lágrimas» (139). Si la imaginación y la fantasía una vez liberadas pueden encauzar su potencial a la reconstrucción radical de la experience humana, en el caso de este estudiante la experiencia se queda a medio realizar, debido a que no ha podido evitar del todo la influencia represiva que sobre él ejercen los valores morales prevalentes. Estamos frente a un caso en el cual «The freedom of the imagination is restrained not only by sensibility, but also... by the rational faculty of man, his reason» (Marcuse, *An Essay*, 29). El orden y la organización de la civilización moderna, que es la que ha moldeado la sensibilidad y la razón del ser humano, ha moldeado también la libertad de la imaginación.

Quizá sean las reacciones de los Estudiantes 1 y 5 las que mejor ejemplifican el público ideal que Lorca tiene en mente. Al igual que la Dama 1 y el Estudiante 2, estos dos personajes muestran haber superado los prejuicios, pudores, escrúpulos y temores que en el caso del 4 impiden la plena apreciación estética. Como sucede con los casos anteriores, estos dos personajes reaccionan positivamente ante los estímulos estéticos que incitan el experimento del Director. Son personajes unos y otros que ejemplifican la nueva sensibilidad a que se refiere Marcuse cuando diserta a favor de un arte redentor, con poder reconciliador, fruto de una conciencia liberada, en cuyo universo estético «joy and fulfilment find their proper place alongside pain and death». En esta experiencia estética, añade el pensador, «The indictment is cancelled, and even defiance, insult and derision —the extreme artistic negation of art— succumb to this order» (*An Essay*, 44), definición que se entiende mejor cuando se contrasta con la reacción negativa del otro sector del público reaccionario. No obstante, la capacidad de responder ante la obra artística que notamos en estos dos jóvenes va más allá de la apreciación estética debido a los efectos liberadores que en ellos tiene la poesía, el sueño, la imaginación, como quiera que llamemos la experiencia estética por la que han pasado. Aunque, como vimos antes, la adopción de parámetros heterosexuales para representar las relaciones homosexuales, como es la elección de un mancebo que hace de mujer, de por sí es problemático, cabe reconocer que hay en el *Romeo y Julieta* «bajo la arena» una combinación entre la moral estética de los protagonistas y la belleza moral de sus sentimientos que contribuye a disolver en el espectador la represión sistemática de que es objeto el ser social. Esta disolución se hace evidente en la disposición que muestran los Estudiantes a explorar posibilidades afectivas y sensuales anteriormente insospechadas. Como señala Marcuse en el citado ensayo sobre la liberación, «The root of the aesthetic is in sensibility. What is beautiful is first sensuous: it appeals to the senses; it is pleasurable, object of unsublimated drives» (*An Essay*, 42). El impacto que el arte tiene en estos dos personajes se manifiesta mediante la liberación de las fuerzas que el yo consciente ha estado reprimiendo, según se da a entender en la desinhibición que muestran al elogiar la obra transgresora que han presenciado, la belleza del joven travestido de Julieta y, lo que es más significativo, en la disposición a participar en relaciones parecidas, según se desprende del flirteo con que termina el acto. Mediante el arte en general, sugiere el autor, la persona se podrá liberar de la rígida organización moral que la sociedad moderna impone sobre sus vidas. El teatro debe tener una función liberadora, como la deben tener las artes en general. Tanto el Estudiante 1 como el 5 son paradigmáticos de las nuevas sensibilidades artísticas, de los afectos y placeres heterodoxos que existen en la cambiante sociedad y que empiezan a exigir su representación en los nuevos discursos literarios. Hay en estos dos personajes el mismo rechazo de las convenciones morales y sociales, de las fuerzas modeladoras y represivas que propugnaba un arte, el surrealista, que, según ha sido

[259]

expuesto por De Micheli, se proponía, entre otras cosas, «hacer salir de las profundidades de nuestro espíritu fuerzas nuevas, desconocidas y capaces de aumentar las fuerzas de la superficie o de oponerse victoriosamente a ellas» (179). Lo que se infiere de ello es la necesidad apremiante de liberar el arte de las ataduras a que se ha visto sometido por la razón, pero primero es necesario que el público se libere de los dictámenes de la razón que limitan la apreciación estética. Y es a esta meta a la que el autor subordina su quehacer poético, porque sabe el poder que el arte puede tener cuando se mira con ojos estéticos, limpios de prejuicios. Es éste el público ideal que Lorca tiene en mente el que le permitiría expresarse libremente, sabiendo que sabrá apreciar los méritos artísticos de la obra y la realidad humana que él quiere expresar.

Ensayo de emancipación. Tras este aleccionar sobre los aspectos de la vida que debería incluir el nuevo teatro, la actitud necesaria para saber apreciarlo y el papel que corresponde al público, hay un intento implícito de crear un público instruido, emancipado, que permita al autor expresarse libremente, sin tapujos ni circunloquios. El hermético entramado de recurrencias simbólicas que Lorca usa para referirse a las relaciones eróticas que quiere dramatizar, pero no puede hacerlo con la explicitez deseada, es, sin lugar a dudas, una muestra fehaciente de la habilidad creadora del poeta, pero también lo es de las constricciones que sentía como escritor y de la incapacidad de revelar subjetividades que el público no habría comprendido ni tolerado. ¿Qué hacer cuando las pujantes inquietudes artísticas lo orientan hacia un lenguaje estético y una temática que duramente podría introducir debido a las limitaciones estéticas y morales del público de su tiempo? Es éste el dilema que se le plantea a los veintiocho años de edad, cuando en 1926 escribe a su confidencial amigo Melchor Fernández Almagro quejándose de la falta de sinceridad que encuentra en todo lo que ha estado escribiendo y en la suciedad que ve donde debería hallar luz clara: «Todo me parece lamentable en mi poesía. En cuanto que *no he expresado* ni puedo *expresar* mi pensamiento. Hallo calidades turbias donde debiera haber luz fija y encuentro en todo una dolorosa ausencia de mi *propia y verdadera* persona» *(Epistolario,* 395, cursiva en el original). Lorca es consciente de la constelación de problemas que subyacen en la expresión pública de intimidades como las que dramatiza *El público,* de la dificultad que la sociedad tiene en aceptar la diferencia sexual. Sabe, como lo expresa metafóricamente por medio del Hombre 1, que «Hay personas que vomitan cuando se vuelve un pulpo del revés y otras que se ponen pálidas si oyen pronunciar... la palabra cáncer» (43). Es un problema milenario que está hondamente arraigado en el inconsciente colectivo de la sociedad. Como observa Foucault acerca de esta problemática social, «La empresa de hablar libremente del sexo y de aceptarlo en su realidad es tan ajena al hilo de una historia ya milenaria, es tan hostil a los mecanismos intrínsecos de poder, que no puede sino atascarse mucho tiempo antes de tener éxito en su tarea» (*Historia*, I, 17).

A pesar de todo, Lorca persiste, aunque tenga que escribir para la posteridad, como resultó ser el caso con *El público*. Y lo hace por varias razones. La primera de ellas porque quiere escribir un teatro que sea hijo de su tiempo. No sólo le preocupa que el teatro contemporáneo español esté dando la espalda a los avances técnicos y estéticos que los escenarios europeos hacía años habían introducido, sino que además esté desvinculado de su entorno social. Quiere estar al día con la cambiante realidad social de su tiempo y la manera de lograrlo es recogiendo «el drama social de la época en que vivimos» (*OC*, III, 636), abordando los temas que más interesan: «el social y el sexual» porque, según admite él mismo, «La obra que no siga una de estas direcciones está condenada al fracaso» (Luengo, 28)[29]. La segunda razón de su ahínco se debe mayormente a la necesidad de crear un público más propicio para los nuevos discursos dramáticos que quiere introducir, un público que no se alarme al oír pronunciar la palabra «cáncer», o, como lo declara el propio autor en una entrevista en 1935, «que no se asuste de situaciones y símbolos» (*OC*, III, 636). Las veces que el propio Lorca se refiere a las condiciones idóneas para poder escribir para el teatro son demasiado persistentes como para no tenerlas en cuenta. Un ejemplo que viene a caso citar es su declaración pública durante su estancia en Argentina: «Pretendo que el público haga las paces con fantasmas y con ideas sin las cuales yo no puedo dar un paso como autor» (*OC*, III, 636). Un público sofisticado permitirá la libertad de expresión que los espectadores del «juego poético» imposibilitan. Conviene, pues, liberar al público para lograr la libertad de expresión imprescindible a todo acto de creación artística. Como observa Marcel Auclair, «Si García Lorca quiere hacer el único tipo de teatro que considera válido, primero tendrá que favorecer en España la creación de un público que, a falta de genio, tenga al menos un cierto talento» (202). La manera de tornar inofensivos los hechos más agraviantes que connotan los metafóricos «pulpo» y «cáncer» es haciendo que el público se enfrente a los sentimientos que provocan esta aversión, rompiendo el silencio conspirador responsable por la actitud señalada. Para llevar a cabo dicha meta se requiere

---

[29] Son muy frecuentes las veces que Lorca se refiere a las dimensiones sociales que debe tener el teatro. En la «Charla sobre el teatro» dice que «el teatro que no recoge el latido social, el latido histórico, el drama de sus gentes... no tiene derecho a llamarse teatro, sino sala de juego» (*OC*, III, 459. Ese mismo año declara a su entrevistador que «Cada teatro seguirá siendo teatro andando al ritmo de la época, recogiendo las emociones, los dolores, las luchas, los dramas de su época... El teatro ha de recoger el drama total de la vida actual» (*OC*, III, 627).

una nueva moral, una revisión de las nociones imperantes sobre la sexualidad y un plan de liberación que abarque no solamente a los grupos marginados, sino a la mayoría sexual. Es ésta una labor a la que Lorca dedica todos sus esfuerzos, según lo demuestra elteatro más «respetable» que escribiría después de *El público* donde se prolonga la temática sexual si bien desde una perspectiva diferente pero que tiene un objetivo en común[30]. A este objetivo se refiere Foucault cuando observa: «Hablar contra los poderes, decir la verdad y prometer el goce; ligar entre sí la iluminación, la liberación y multiplicadas voluptuosidades; erigir un discurso donde se unen el ardor del saber, la voluntad de cambiar la ley y el esperado jardín de las delicias: he ahí indudablemente lo que sostiene en nosotros ese encarnizamiento en hablar del sexo en términos de represión» *(Historia,* I, 14). El teatro, sugiere el poeta, debe cambiar de rumbo, debe romper con el silencio que tradicionalmente ha venido guardando a la hora de hablar de temas de índole sexual, bien sean de tipo ilícito o no, y lo debe realizar incorporando como parte de su repertorio temático diversidades humanas que los modos tradicionales de representación han estado silenciando. Habiendo dicho esto, cabría ver *El público* como un intento por restablecer a la literatura lo que Marañón calificó de «aberración de la sexualidad, eliminada por inmoral y monstruosa del reino del arte» *(OC,* I, 459), porque la ignorancia que deviene de su invisibilidad y silencio invariablemente produce mayores errores, como trata de mostrarlo Lorca con *El público.*

Se pretende que, al romper el silencio que ha versado sobre fenómenos de esta índole, la sociedad modifique su manera de percibir la diferencia. Son problemas los que Lorca aborda que han sido creados por los pudores del «puritanismo victoriano» que el siglo xx hereda del anterior. La influencia de este pasado se percibe incluso en los juicios de valor que la misma ciencia articuló sobre los fenómenos que estudiaba, como se desprende de los comentarios que Marañón hizo en la reseña del libro de Iwan Bloch, *La vida sexual contemporánea,* aparecido en español en 1924: «Cuando termina de leerse uno de estos tratados —dice el reputado endocrinólogo— se piensa siempre con desconsuelo que sobre pocas manifestaciones de la vida humana hay mayor cantidad de fealdades y cosas monstruosas acumuladas como sobre el instinto sexual» *(OC,* I, 28)[31]. Si dichas actitudes son reflejo del pu-

---

[30] Como dice Gibson de *La casa de Bernarda Alba,* la actitud rebelde de Adela conlleva «todo un programa para la renovación de la vida española. Es... el derecho del individuo a amar libremente, según las necesidades de su propio ser: tema fundamental de toda la obra de Lorca, que arranca de su propia angustia de marginado en una sociedad necesitada... de una revolución, no sólo de las estructuras económicas, sino de las mentalidades» *(Federico García Lorca,* II, 444).

[31] La actitud aquí recogida no es diferente a la que expresara medio siglo antes Ambroise Tardieu, eminente científico francés que se dedicó al estudio de las manifesta-

dor que delata la medicina, de cuyos representantes comenta Foucault que «se habría podido esperar que estuviesen menos sorprendidos ante lo que debían formular» *(Historia,* I, 33), ¿qué reacción, cabe preguntarse, se podría esperar de un público menos versado en asuntos de esta índole? La respuesta la encontramos en el sonado escándalo que provocó *Yerma* entre los sectores más conservadores que acudieron a su estreno[32]. Lo esencial de los contradiscursos estéticos que introduce Lorca con su nuevo teatro está en la necesidad de superar los escrúpulos y la «moralidad» que estas actitudes traicionan.

Correctivo: en este contexto cabe ver la reacción del público que contiene el texto como un modo de llevar a cabo los fines docentes que el autor infunde a la obra. Mediante el comportamiento que muestra el sector del público más homófobo que acude a la representación se crea una situación artificial que tiene como fin provocar en el público no ficticio, el que está presenciando la obra de Lorca, reacciones diferentes a las que oye comentar. El recurso que emplea en esta pieza es técnicamente parecido al que encontramos en *La zapatera prodigiosa,* sobre la cual Reed Anderson ha observado atinadamente que «The zapatera's emotional response to the "romance" is performed for the primary audience as a version of the ideal response that is the professed goal of theatrical performance in general» (217)[33], sólo que en el caso de *El público* la reacción ideal que se espera de un público hipotético es lo opuesto a lo que sucede tras bastidotes. Lo que se oye o se ve en el esce-

---

ciones sexuales de su tiempo, sobre todo al examen médico-legal de los abusos de menores perpetrados por mujeres, de la sodomía y la pederastia que publicó en 1878 bajo el título *Etude médico-légale sur les attentats aux moeurs.* Sus juicios morales se manifiestan en observaciones como ésta: «La sombra que envuelve esos hechos, la vergüenza y la repugnancia que inspiran, alejaron siempre la mirada de los observadores... Mucho tiempo he dudado en hacer entrar en este estudio el cuadro nauseabundo...» (Foucault, *Historia,* I, 33). Para un comentario de las contribuciones de este científico véase el estudio de Patrick Pollard, *André Gide: Homosexual Moralist* (99).

[32] Según la información que aporta el estudio biográfico de Gibson, el diario *El Siglo Futuro* opinaba: «Queremos insistir en la condena enérgica de alguna expresión que ofende creencias y sentimientos, para los cuales el autor no tiene el menor respeto, y consignar contra ese proceder insensato la protesta más rotunda y terminante.» Por su parte, el diario monárquico *ABC* señalaba la presencia en la obra del «empleo de crudezas innecesarias y particularmente alguna irreverencia, que hiere el oído y subleva el alma» *(Federico García Lorca,* II, 337). Con relación al ambiente represivo de aquellos años, decía Buñuel que «durante mi infancia y mi juventud fui víctima de la opresión sexual más feroz que haya conocido la Historia» *(Mi último suspiro,* 23). Las causas de todo ello pueden ser atribuidas a «la deficiente educación sexual de nuestro tiempo» a que se refiere Marañón *(OC,* I, 32).

[33] Una situación parecida es la que encontramos en *Comedia sin título,* acerca de la cual este mismo crítico observa que «Those who have come to the theatre to attend a performance of a play by García Lorca suddenly find themselves thrust into the position of having to consider their own allegiance or opposition to the statements and behavior of the enacted versions of themselves that they see and hear in violent dispute with the Author and with one another» (228).

nario sirve de correctivo para un público predispuesto a actuar de modo parecido a como se dice que reaccionó aquél. Lorca, como buen dramaturgo, sabe el efecto que puede tener un crimen en el escenario, lo efectivo que puede ser para mostrar el extremo al que puede llegar la incapacidad de responder objetiva y racionalmente al dilema existencial que personifican los actores. Como dice Artaud, «creemos que en la llamada poesía hay fuerzas vivientes, y que la imagen de un crimen presentada en las condiciones teatrales adecuadas es infinitamente más terrible para el espíritu que la ejecución real de ese mismo crimen» (96). Es por esto que la reacción del público es tan importante en esta pieza[34] porque, con el ejemplo que ofrece su comportamiento, se pretende que el espectador real, en su prurito por mostrarse moralmente superior, condene el proceder de aquél. De este modo se provoca la meditación moral que se había propuesto ilustrar el autor, para que el público exterior a la obra llegue a una comprensión más plena de sí mismo ya que «la manera de hacer, de sentir, pensar y manifestarse de unos obliga a los otros a revisar su manera de ver, juzgar y actuar» (Mirabet, 329). No sería aleatorio establecer una relación entre la reacción del público y lo que dice Camilo José Cela en *La familia de Pascual Duarte* cuando define la vida del protagonista como «Un modelo no para imitarlo, sino para huirlo; un modelo ante el cual... no cabe sino decir: ¿Ves lo que hace? Pues hace lo contrario de lo que debiera» (5). El caso que nos ocupa se atiene a fines parecidos.

Trascendencia: aunque *El público* puede definirse como una apuesta a la tolerancia y libertad de los grupos sociales oprimidos, no obstante, sería incurrir en una simplificación injustificada limitar la obra a este enfoque minoritario. Si bien es un hecho irrebatible que gran parte de los temas que aborda Lorca en su producción dramática viene determinada por la manera en que la represión le sirve de inspiración literaria, o sea, por las realidades vivenciales que se ocultan en el hombre que hay en la obra, no obstante, como sucede en tantas otras obras de inspiración biográfica, como es el caso de Marcel Proust, Lorca se sirve de la homosexualidad como metáfora de los problemas perennes que afligen a la humanidad, mostrando de paso lo que aquélla tiene en común con la experiencia humana en general (Rivers, 3). La crisis de valores humanos que representa el crimen cometido en el teatro-dentro-del-teatro refleja otras inhumanidades vividas a lo largo del siglo xx. La lección que la obra contiene sobre el temor irracional a «lo otro», a lo desconocido, es igualmente aplicable a los prejuicios a que es propenso el ser humano como parte de su

---

[34] Como ha indicado Gómez Torres, «*El público* es una obra en la que ya no es la acción del drama lo que ocupa la mayor atención del autor, sino la reacción de los espectadores» (304).

condición. La represión que pesa sobre los deseos denostados puede verse por igual como sintomático de la represión más general a que la sexualidad ortodoxa es sometida sistemáticamente en los vigentes regímenes sexuales. Como se ha dicho al respecto, «Fundamentally we do not suppress our desires because we have an inner conscience; we have an inner voice of conscience because we are constituted as subjects through a primal repression of our desire; our conscience derives from that repression» (Rajchman, 51). A estas lacras del cuerpo social se unen la erotofobia, el pudor y el sentimiento de culpa que acompaña a la actividad sexual. Además, se trata de «perversiones» sexuales que trascienden los pequeños reductos a que se ha querido limitarlas. Como observa Marañón con relación a lo que él denomina «anomalía» homosexual y a lo dispersa que está entre varones supuestamente heterosexuales, «hemos llegado al siglo vigésimo después de la muerte de Cristo, quemando vivos a los anormales, lapidándolos, encarcelándolos, cubriéndolos de desprecio o de ridículo; y sin embargo la vida de los hombres modernos está casi tan perturbada por ese fantasma, vestido de mil apariencias, encubiertas o descaradas, como la vida de los pueblos bíblicos» *(OC,* I, 462)[35]. La hegemonía y norma sexual rara vez se ha visto tratada con mayor ironía al ser definida como lo que es: un mito. Se infiere de ello que hay toda una historia de la heterosexualidad que el heterosexual no conoce ni desea conocer, pero que resulta de interés tener en cuenta por lo que revela de lo problematizado que está el concepto de «lo natural» que el monopolio heterosexual se ha arrogado a sí mismo. Como sucede con el misogenismo, el racismo y la xenofobia, la obsesión con la homosexualidad va siempre más allá de sí misma (Dollimore, 29). En este sentido cabe asentir con Fabia Puigserver cuando afirma que *«El público* no puede reducirse a una simple declaración de homosexualidad» (11).

Con esta puesta en discurso del sexo, Lorca pretende iniciar un discurso estético progresivo, humanitario, que transgreda la respetabilidad de la moral establecida para alcanzar una moral más profunda y auténtica dictada por la propia conciencia[36]. Es a raíz

---

[35] Aproximadamente 20 años después, el componente bisexual que las ciencias vieron como inherente al organismo humano se vería ratificado en los hallazgos revolucionarios que Robert Kinsey sacó a la luz en 1950 sobre el comportamiento sexual masculino. La prevalencia de las prácticas y fantasías homosexuales entre varones no homosexuales llevó a Kinsey a concluir que aproximadamente un 50 por 100 de la población masculina americana se vio directamente involucrada, bien fuera emocional o físicamente, con la homosexualidad durante su vida de madurez sexual. Para un comentario de este informe, véase el libro de Churchill, especialmente el capítulo titulado «The Heterosexual-Homosexual Continuum,» así como el de Rivers, págs 173-174. *The Homosexual Matrix,* de C. A. Tripp, contiene información pertinente a las repercusiones sociales y políticas que el informe tuvo en los Estados Unidos.

[36] Palabras que se usaron en defensa propia durante el proceso por lesión de la moralidad pública que ocasionó la publicación de la polémica novela de

de estas convicciones que se entiende mejor su plena entrega al cultivo del teatro a la vuelta de su viaje a Nueva York[37], con todas las revelaciones personales, sociales y artísticas que su estancia en dicha ciudad debió de haberle propinado, en parte porque el teatro «permite un contacto más directo con las masas», según admitiría él mismo en 1935 (OC, III, 623), y también porque veía en esta institución un medio factible para cambiar las actitudes de su tiempo. A esta responsabilidad humanista y social se refiere el poeta en la citada «Charla sobre teatro» cuando admite ver el teatro como «uno de los más expresivos instrumentos para la edificación de un país» (OC, III, 459). Esto es lo que se propone lograr con su entrega al arte escénico, porque sabe que «Un teatro sensible y bien orientado en todas sus ramas, desde la tragedia al vodevil, puede cambiar en pocos años la sensibilidad del pueblo» (OC, III, 469)[38]. Como fue el caso con los representantes del vanguardismo romántico de las primeras décadas del siglo XIX, cuyos integrantes se sintieron llamados a servir en las vanguardias artísticas de aspiraciones eminentemente sociales, Lorca se ve igualmente llamado a realizar la labor emancipadora que ha emprendido con estos nuevos discursos dramáticos. Con el poder transformador que posee el arte se podrá efectuar la elevación moral deseada, porque, como dijeron dichos precursores románticos, «It is art which "supports reason" and produces in human kind both those sensations conducive to "noble thoughts" as well as the

---

D. H. Lawrence, *El amante de la Señora Chatterley* «[one has to] transgress moral respectability in order to be moral at a deeper, more authentic level dictated by personal conscience» (Dollimore, 317).

[37] Es muy posible que las limitaciones que Lorca dijo tener con el idioma inglés le impidieran conocer por experiencia propia el teatro que se representaba en Nueva York en la temporada, 1929-1930, a pesar de que dijera a su familia que iba a gastar el dinero que le mandaban frecuentando los teatros. Salvo en el caso del teatro negro y del chino que Maurer señala («El teatro», 137) su asistencia al teatro neoyorquino es muy especulativo. No obstante, es evidente que estaba al corriente de la cartelera del Nueva York de sus días, según sus comentarios en las cartas a su familia, bien fuera por la información que le facilitaran sus amigos o por otros medios desconocidos. Una de las cosas que más debió de haberle llamado la atención, y que puede explicar el nuevo rumbo que quiere dar a su teatro, es la visibilidad que los controvertidos temas de las sexualidades disidentes adquirieron en los escenarios de Broadway. Para el estudio del tema consúltese «On Broadway, Off Broadway» de Andrew Anderson. El artículo de Dru Dougherty, «Lorca y las multitudes», contiene información valiosa acerca del teatro multitudinario que, según la tesis de su autor, motivó el cambio de dirección que Lorca quería dar al teatro español.

[38] En la entrevista concedida a Luis Bagaría en 1936 decía el poeta: «En este momento dramático del mundo, el artista debe llorar y reír con su pueblo. Hay que dejar el ramo de azucenas y meterse en el fango hasta la cintura para ayudar a los que buscan las azucenas. Particularmente, yo tengo un ansia verdadera por comunicarme con los demás. Por eso llamé a las puertas del teatro y el teatro consagró toda mi sensibilidad» (OC, III, 681).

energy needed to change the direction of society for the good of all» (Murphy, 35)[39].

Hermetismo y fragmentación. Cuando se tiene presente la función didáctica y la orientación social que Lorca infunde a su nuevo teatro, resulta sorprendente ver que el argumento de la obra se exprese de manera tan hermética que lleva casi a la incomprensión. Lo más lógico habría sido que el mensaje social se hubiera formulado de manera más directa y accesible al público de su tiempo. Son varias las posibles explicaciones que se ofrecen a esta inusitada impenetrabilidad. Una de ellas está íntimamente relacionada con la temática de la obra, su elemento confesional y las constricciones sociales que pesaban sobre la articulación de la temática homosexual. El poeta tiene que recurrir al entramado simbólico característico de sus «comedias irrepresentables» para que la intimidad de su vida hable con una especie de enigmática discreción, como si temiera presentar de manera explícita el tema no sólo por las repercusiones que podría tener en su imagen como poeta, sino también por temor a permitir un acceso demasiado impúdico y vulgarizador a su propia experiencia. Se quiere proteger de la condena moral que cabía esperar que recaería sobre él a causa de la temática estigmatizada que configura la pieza. La habilidad con que algunos críticos han sabido evadir este tema fundamental en *El Público* muestra que en cierto modo Lorca logró sus objetivos[40]. Habiendo dicho lo anterior, *El público* podría ser visto como una expresión enmascarada de su realidad íntima para protegerla de la mirada de los que no sabrían comprenderla. A esta necesidad de tener que velar su intimidad se refería el propio poeta cuando, refiriéndose a sí mismo, le comentaba a Jorge Zalamea en 1928 lo cauteloso que tenía que ser para que su estado no se filtrase en su poesía, «porque ella te jugaría la trastada de abrir lo más puro tuyo ante las miradas de los que no deben *nunca* verlo» *(Epistolario,* 582). No es ésta la primera vez que la palabra se emplea para oscurecer el significado de lo transmitido en lugar de comunicarlo[41]. Preservar lo innombrable al mismo tiempo

---

[39] Palabras que Murphy atribuye al protosocialista San-Simonista Olinde Rodrigues.

[40] Honorata Mazzoti Pabello observa, por ejemplo, que «no puede ser un tema fundamental en *El público* la homosexualidad, ya que ésta sería tan sólo una careta, una de las múltiples facetas que un hombre pudiera presentar» (177). Newberry comenta por su parte que «the homosexual overtones somewhat obscure the important artistic messages which are the main theme» (278). Digna de mención es la habilidad con que Sarah Wright en su reciente libro sobre el teatro de Lorca logra dedicar un capítulo al análisis de *El público* circunvalando por completo su temática principal con una destreza prodigiosa. De María Clementa Millán, Paul Smith comenta que «En la introducción a su edición de *El público* Millán no menciona la palabra "homosexual"» («Lorca y Cataluña» 58, nota 5).

[41] Dice David Halperin que en 1930, hacia el final de su vida, «A. E. Housman (the English poet and a leading classical scholar) proposed to clarify the meaning of

que se nombra, preservar el poder, el atractivo y la magia del arte al mismo tiempo que se habla de temas que en la incomprensión general lo descalificarían como arte. Son éstas algunas de las disyuntivas que asediaban la osadía de querer hablar de temas controvertidos como el que introduce la obra.

Una segunda razón del empleo de la estética que ejemplifica la pieza tiene que ver con los nuevos propósitos que alientan en el autor como son la dramatización del subconsciente del Director. Esta forma de ver al sujeto explica la estética disonante que ejemplifica *El público*, caracterizada como viene por la fragmentación estructural, la disolución de los límites que separan lo real de lo simbólico, el sueño de la vigilia, lo consciente de lo subconsciente. El desarrollo lineal que caracteriza los modos tradicionales de representación dramática queda sustituido por la simultaneidad de los diferentes niveles de la acción. Se une a ello el aspecto inconexo que recoge la obra. La descripción que Lorca hizo de *Así que pasen cinco años* a Margarita Xirgu es igualmente pertinente a la pieza que nos ocupa; «una obra que se desarrolla fuera del tiempo, y de la realidad, en la cabeza del protagonista: son presentimientos, sueños..., todo lo que se agita en el subconsciente» (Rodrigo, 58). El intento de romper con los modos convencionales de presentar el material dramático afecta por igual a la presentación de los personajes que intervienen en ella. En lugar de presentarlos de la manera acostumbrada, en el nuevo universo dramático los personajes se desdoblan en dos o más que, a su vez, pasan a formar parte del espectáculo que ellos mismos observan, como sucede por antonomasia en el drama expresionista que *El público* en muchos sentidos ejemplifica[42]. Es un ejemplo de cómo las nuevas técnicas artísticas se emplean para dar expresión a los nuevos estados de conciencia, lo cual contrasta marcadamente con las representaciones tradicionales de subjetividades «enteras» que proponía el arte realista. Como ha señalado Andreas Huyssen acerca de la nueva estética vanguardista, «the rationalist constructions of reality have come to an end... they have become

---

various sexual acts mentioned in Roman literature and, in particular, to explicate Roman attitudes to sex between men —a topic to which he brought a personal as well as a scholarly interest— he chose to express himself in Latin rather than in English» (*One Hundred*, 3).

[42] «These non-organic textual structures dramatize subjectivity not by channeling it into the traditional format... Instead the avant-garde text stages subjectivity as fragmented and discontinuous, for example as a constellation of personae, a series of mutually conflicting and contradictory *roles* played out by seemingly separate figures in the text. The world that the central figure encounters is frequently the realm of reflected selfhood, the other figures becoming mere refractions of the ego —as can be seen... in the expressionist "dramas of selfhood" ("Ich-Dramen")» (Murphy, 18). Para un análisis de las técnicas expresionistas en *El público* véanse los estudios de Andrew Anderson y Carlos Jerez-Farrán.

insufficient for the purpose of aesthetic presentation, particularly for the presentation of consciousness» (85).

Además de introducir nuevas perspectivas de la realidad psicológica del ser, una tercera razón que nos puede explicar la razón de la impenetrabilidad de la pieza es la que viene motivada por los postulados filosóficos de la fragmentación que venía constituyéndose como una de las características principales del discurso estético de las primeras décadas de siglo. Me refiero, concretamente, al arte vanguardista que adopta como estrategia principal la deconstrucción de las estructuras ordenadas del arte convencional y de la ideología que las sustenta. Si la función de dicho arte era transmitir la idea de un mundo bien hecho de acuerdo con la visión armoniosa que expresa el arte burgués, la del nuevo arte consiste precisamente en lo opuesto: romper con los modos tradicionales de representación, abolir los viejos criterios de interpretación y reproducción estética a fin de mostrar la realidad segmentada de un mundo y de una sociedad que ya no se deja captar como un todo. Con este programa en mente, el arte vanguardista que Lorca introduce se salva del peligro de caer en la trampa de reproducir las mismas visiones totalizadoras del arte burgués contra el cual está protestando. En los nuevos discursos estéticos, la visión de un mundo ordenado ha quedado sustituida por otra que corresponde al mundo actual y que se expresa mediante esta estética de lo caótico y fragmentario. No es el mundo armonioso del arte convencional el que se proyecta aquí, sino el inestable que corresponde a la modernidad. El lector/espectador se encuentra ante una situación análoga a la que experimentan algunos de los personajes espectadores dentro de la obra: una desorientación absoluta que tiene como propósito frustrar los intentos de hallar respuestas racionales a fenómenos irracionales, complejos e inexplicables como son las subjetividades que se proyectan en el escenario. Es un mundo no señalizado, a diferencia del normativo, ordenado y preestablecido que acostumbra a ser representado en el arte orgánico.

El intento de hacer bajar al arte del pedestal que tradicionalmente ha ocupado conlleva, por igual, la adopción de una estética que aspira a provocar al público con el tono descarado que infunden al teatro. En este nuevo arte tienen entrada «las turbias aguas de la vida personal» que regarán la obra del poeta y le prestarán «auténtica vibración e intensidad humana» (Cano, 128). Es ésta la estética que se considera apropiada para dar expresión libre a realidades íntimas como las aludidas por el propio poeta en una carta que dirigió a Jorge Zalamea en 1928: «Y teniendo conflictos de sentimientos muy graves y estando *transido* de amor, de suciedad, de cosas feas...» *(Epistolario,* 581, cursiva en original). De ahí la adhesión al surrealismo, porque este arte «impuro» permite una mayor aproximación a realidades diarias como el dolor, la pasión amorosa, y los aspectos más turbios de la persona. En otras palabras, Lorca se sirve de un arte que permita la expresión de aspectos hasta la fecha excluidos del mundo del arte, de los modos tradicionales de representación, pero que ahora se cree necesario incluir para rendir una visión más fiel y completa del mundo actual, concretamente de las múltiples manifestaciones que puede tener la vida íntima de la persona. Lo que tenemos en el ideal artístico que propone es un teatro impuro, precursor conceptualmente de la estética que Neruda formularía unos años más tarde cuando abogaba por una «poesía impura» constituida por «la confusa impureza de los seres humanos (...), la constancia de una atmósfera humana [que inunda] las cosas desde lo interno y lo externo. (...) poesía impura como un traje, como un cuerpo, con manchas de nutrición y actitudes vergonzosas, con arrugas, observaciones, sueños, vigilia, profecías, declaraciones de amor y odio, bestias, sacudidas, idilios, creencias políticas, negaciones, dudas (...)» (5). La meta de esta nueva estética de lo «impuro» es despojar al arte de la bella ilusión de armonía que tradicionalmente había proyectado el arte aburguesado y el arte puro que lo sustituye. Se intenta evitar la posibilidad de que el nuevo teatro sirva de diversión al observador burgués, tan asiduo a acudir al teatro como lugar de recreo. El nuevo arte tiene como propósito renunciar al ideal estético que venía prevaleciendo con la obra de arte bien hecha. Por medio de este intento «desestetizador» el nuevo arte autónomo, «self-consciously divests itself of the beautiful illusion, the aura of reconciliation projected by art for art's sake» (Wolin, 16). Es la manera en que las corrientes de vanguardia responden a las convenciones puristas del arte de los veinte, desublimándolo y rebajándolo al nivel de lo cotidiano, lo vulgar e impuro. Como señala Murphy, «by rummaging through the debris of modernity for its new forms, and by seeking out the marginalized, the grotesque, the deformed and the discarded, the avant-garde creates instead a program of de-aestheticization. Through its de-aestheticized forms it produces a new aesthetics (or anti-aesthetic) of the ugly, the fragmentary and the chaotic in order to subvert precisely this illusory sense of mastery, artificial closure and aesthetic control which clings to the traditional, organic notion of form» (37-38).

Es dentro de este contexto vanguardista, iconoclasta y revolucionario que conviene situar el segundo concepto del «teatro bajo la arena» que se introduce al comienzo de la pieza mediante los biombos reveladores por los que pasan los Hombres 2, 3 y el Director cuyo principal propósito es desvelar las realidades «a veces poco honrosas» que anidan en el interior del ser. A través de este recurso dramático Lorca pone al descubierto la vida que yace oculta bajo las apariencias, como son, por ejemplo, el latido de los deseos reprimidos, las prácticas de la sexualidad marginal, lo «sucio» y «vergonzoso» que yace tras la apariencia de normalidad, como son las tendencias sadomasoquistas que se dramatizan en el segundo cuadro. Incluye también al homosexual afeminado que ejemplifica el Director convertido en hombre-mujer, las relaciones sexuales clandestinas que busca el Hombre 2 en sus visitas nocturnas a las «tabernas de los puertos», las pretensiones heterosexuales que se recriminan los cuatro hombres ahí reunidos y los reproches mutuos que se dirigen por haber dado expresión a sus deseos. Lorca quiere mostrar los aspectos menos ennoblecedores del mundo marginal que él conoce, recreándose de paso en la nota denigrante que la sociedad pone en la homosexualidad. Desafía al público emblemático de la sociedad en general, «echándole en cara el espectáculo de la homosexualidad» (Belamich, 110). El propósito principal es provocar y escandalizar al público de su tiempo, confrontándolo con «temas y problemas que... tiene miedo de abordar» (*OC*, III, 614). Se incluye deliberadamente la temática vergonzosa que configura la obra a fin de retar a un público que, como ha señalado Gómez Torres, «no podía tolerar un teatro de reflexión que llevara a escena valores éticos o sociales distintos a las coordenadas ideológicas de los destinatarios de clase media» (11). Quiere provocar reacciones tormentosas para ver si el público de su tiempo se abre de una vez a las realidades que el autor está desvelando. De este modo, cree el autor, se pondrá fin a las constricciones que esta mojigatería pone a la expresión dramática. En este sentido, *El público* es una clara anticipación de las tendencias provocadoras que en 1935 decía sentir el autor cuando declara que «una de las finalidades que persigo con mi teatro es precisamente aspaventar y aterrar un poco. Estoy seguro y contento de escandalizar. Quiero provocar revulsivos, a ver si se vomita de una vez todo lo malo del teatro actual» (Luengo, 28). Hay en este nuevo Lorca un marcado intento de desafiar el orden establecido, de introducir lo que Foucault definiría como «discursos de infracción que, con crudeza, nombran el sexo a manera de insulto o irrisión a los nuevos pudores» porque, según añade a continuación, «lo estricto de las reglas de buenas maneras verosímilmente condujo, como contraefecto a una valoración e intensificación del habla indecente» (*Historia*, I, 26). Lo «impuro» requiere nuevas técnicas de representación igualmente desbaratadoras de lo que se ha venido concibiendo como «puro». Es ésta sin duda una de las razones por las que recurre a la estética de lo feo y lo fragmentado. Como se ha dicho sobre el particular, «Modernist writing doesn't construct or find identity in common narrative or tradition; it doesn't look for the pleasing style to say what we already know. It loves what cannot be fully narrated, what escapes the transparency of the familiar world, what is uncommon, singular, fragmentary. It loves a truth that can no longer find a place in any religious, philosophical, or political system, a truth that unsettles rather than settles: it loves the truth that the Law makes other»

(Rajchman, 53). Mediante esta combinación de la estética fragmentaria, por una parte, y de lo impúdico y vergonzoso, por otra, *El público* logra imponerse como «anti arte», o sea, como un arte antitético a las coordenadas tradicionales del arte bien hecho.

Como se puede inferir de lo antedicho, los dardos que Lorca lanza en esta obra vanguardista no van dirigidos exclusivamente al público burgués de su tiempo sino, lo que es más importante, a la institución del arte en general. Se pretende demoler artísticamente las viejas estructuras estéticas y la complacencia que el público convencional tiene de la vida. La práctica artística se rebela contra el arte como institución productora de discursos sociales, moldeadora de subjetividades, transmisora de ideologías y perpetuadora de convenciones morales y sociales que tradicionalmente han constituido una de las funciones principales del arte burgués. De lo que se trata en este desafío es atentar contra los medios convencionales de producir significados, contra la manipulación del teatro institucionalizado a valorar unos temas/contenidos/técnicas en detrimento de otros. Lorca, además, reacciona contra una tradición artística que ha silenciado la temática que más le interesaba elaborar tras su visita liberadora a Nueva York, la que sirve de inspiración a un teatro en el que, según su propia admisión, estaba su «verdadero propósito» *(OC,* III, 674).

Es evidente que las aspiraciones utópicas que alentaban al Lorca de *El público* no se vieron cumplidas en la medida que hubiera deseado. Por nobles que fueran sus aspiraciones reformistas, la perspectiva que el paso del tiempo facilita permite que veamos el corto alcance que tuvieron los intentos transformadores que su nuevo teatro, al igual que las vanguardias en general, esperaban llevar a cabo a través de esta vertiente de arte comprometido. Se creía erróneamente que la reintegración del arte a la vida provocaría una verdadera emancipación. Como tantos otros contemporáneos suyos que laboraron por una mejora social, Lorca creía en la noción utópica que mediante la deconstrucción y crítica de los prevalentes modos de representación artística y de las estructuras institucionalizadas que las promueven se podría superar las estructuras sociales responsables por los males que denuncia. Como ha señalado Frederic Jameson, «modernism... imagines that if you alter the structure of artistic discourse in a decisive way, the realities to which it corresponds will find themselves thereby similarly modified» («The Ideology», 68). La cosa no fue así, como bien es sabido. Además, no tenemos evidencia alguna de que el autor tratara de representar la obra durante los cinco años de vida que le quedaban desde la fecha de su composición hasta su trágico fin. Cabe reconocer también que, salvo en muy pocas excepciones, existe una discrepancia notable entre lo que el autor propone y lo que la obra dispone en el sentido de que la homosexualidad que se representa en el texto está vista desde un prisma moral que afecta seriamente el impacto que podría haber tenido en su época o puede tener en la posteridad. Como ha quedado demostrado, hay visiones estereotipadas de las relaciones intermasculinas que delatan una sutil participación vicaria en el mundo responsable por su prohibición. No menos significativo es la «infravaloración en términos morales de la experiencia corporal placentera» que contiene el texto[43]. La obra incurre en más de una ocasión en técnicas de distanciamiento y negación que disminuyen considerablemente su efectividad. Así y todo, cabe reconocer que *El público* logra plasmar, si bien de manera inadvertida pero con una naturalidad psicológica sorprendente, las complejas relaciones que la heterodoxia sexual tienen con el poder, la manera en que las estrategias homófobas han sido constituidas e interiorizadas, su funcionamiento, el modo en que han constituido a sus sujetos y los motivos que las anima. Lo que es igualmente importante es que Lorca, además, logró plantear importantes preguntas sobre la validez de las normas tradicionales de representación, tanto el lugar privilegiado que dichas normas han gozado tradicionalmente, como la función afirmativa que la institución del arte tiene en la sociedad que lo produce. En lo que se refiere a las nuevas formas de expresión que iba elaborando, la pieza representa, además, un paso adelante decisivo, pues nos permite ver el sentido innovador que Lorca quería darle al teatro y la temática que debería reconocer.

---

[43] Observación que Ricardo Llamas hace en relación con las técnicas de representación que analiza en su excelente estudio sobre la teoría gay.

BIBLIOGRAFÍA

ADAMS, Mildred, *García Lorca: Playwright and Poet*, Nueva York, George Braziller, 1977.

ALEIXANDRE, Vicente, «Poesía, moral, público», en *Obras completas*, Madrid, Aguilar, 1968.

— «Evocación de Federico García Lorca», *García Lorca visto por los poetas*, Emilio Breda (ed.), Buenos Aires, Plus Ultra, 1986, págs. 74-76.

ALTHUSSER, Louis, *Lenin and Philosophy, and Other Essays*, traducción de Ben Brewster, Londres, NLB, 1971.

ALTMAN, Denis, *Homosexual Oppression and Liberation*, Nueva York, Discuss Books, 1971.

ANDERSON, Andrew, «On Broadway, Off Broadway, García Lorca and the New York Theatre, 1929-1930», en *Gestos*, núm. 8, 1993, páginas 135-148.

— «*El público, Así que pasen cinco años* y *El sueño de la vida*. Tres dramas expresionistas de García Lorca», en *El teatro en España. Entre la tradición y la vanguardia, 1918-1939*, Dru Dougherty y María Francisca Vilches de Frutos (eds.), Madrid, CSIC, Fundación Federico García Lorca y Tabacalera, 1992, págs. 215-226.

— *Epistolario completo, II (1927-1936)*, Madrid, Cátedra, 1997.

— «Some Shakespearean Reminiscences in García Lorca's Drama», *Comparative Literature Studies*, núm. 22, 1985, págs. 187-210.

ANDERSON, Reed, «*Prólogos* and *Advertencias*: Lorca's Beginnings», en «*Cuando yo me muera*», *Essays in Memory of Federico García Lorca*, Cyril Brian Morris (ed.), Nueva York, Lenham, 1988, págs. 209-232.

ARTAUD, Antonin, *El teatro y su doble*, traducción de Enrique Alonso y Francisco Abelenda, Barcelona, Edhasa, 1997.

AUCLAIR, Marcelle, *Vida y muerte de García Lorca*, traducción de Aitana Alberti, México, Erz, 1972.

BABÍN, María Teresa, *Estudios lorquianos*, Puerto Rico, Universidad de Puerto Rico, 1976.

BADINTER, Elisabeth, *XY. La identidad masculina*, traducción de Montserrat Casals, Madrid, Alianza, 1993.

BAILEY, Derrick Sherwin, *Homosexuality and the Western Christian Tradition*, Londres, Longman, 1955.

BARTHES, Roland, *S/Z*, traducción de Richard Miller, Nueva York, Hill and Wang, 1974.

BATAILLE, George, *Eroticism. Death and Sensuality,* traducción de Mary Dalwood, San Francisco, City Lights Books, 1986.

BAUMEISTER, Roy F., *Masochism and the Self,* Hillsdale, NJ, Lawrence Erlbaum Associates, 1989.

BEAUVOIR, Simone de, *The Second Sex,* traducción de H. M. Parshley, Nueva York, Vintage Books, 1989.

BÉCQUER, Gustavo Adolfo, *Rimas,* José Luis Cano (ed.), Madrid, Cátedra, 1990.

BELAMICH, André, «Avant-Propos», *García Lorca. Œuvres Completes,* tomo 2, París, Gallimard, 1990.

— «Claves para *El público». Federico García Lorca. Saggi Critici nel Cinquantenario della Morte,* Gabriele Morelli (ed.), Fasano (Italia), Schena Editore, 1988.

BELSEY, Catherine, *Critical Practice,* Londres, Methuen, 1980.

— «Disrupting Sexual Difference: Meaning and Gender in the Comedies», *Alternative Shakespeares,* John Drakakis (ed.), Londres, Methuen, 1985, págs. 166-190.

BENJAMIN, Jessica, *The Bonds of Love. Psychoanalysis, Feminism, and the Problem of Domination,* Nueva York, Pantheon Books, 1988.

BENTLEY, Eric, «We are in History. An interview with George Stambolian», *Homosexualities and French Literatures,* George Stambolian y Elaine Marks (eds.), Ithaca, Cornell University Press, 1979, págs. 122-140.

BENVENUTO, Rice y KENNEDY, Roger, *The Works of Jacques Lacan,* Nueva York, St. Martin's Press, 1986.

BERSANI, Leo, *The Future of Astyanax. Character and Desire in Literature,* Boston, Little, Brown and Company, 1976.

— *The Freudian Body. Psychoanalysis and Art,* Nueva York, Columbia University Press, 1986.

— *Homos,* Cambridge (MA), Harvard University Press, 1995,

— «Is the Rectum a Grave?», *October,* núm. 43, 1987, págs. 197-222.

BIEDERMANN, Hans, *Dictionary of Symbolism,* traducción de James Hulbert, Nueva York, Facts on Life, 1992.

BINDING, Paul, *García Lorca o la imaginación gay,* traducción de Rafael Peñas Cruz, Barcelona, Laertes, 1987.

BLANCHFORD, Gregg, «Male Dominance and the gay World», *The Making of the Modern Homosexual,* Kenneth Plummer (ed.), Totowa, NJ, Barnes y Noble, 1981, págs. 184-210.

BOONE, Joseph, «Mappings of Male Desire in Durrells's *Alexandria Quartet», The South Atlantic Quarterly,* núm. 88, 1989, págs. 73-106.

BOSWELL, John, *Christianity, Social Tolerance and Homosexuality,* Chicago, University of Chicago Press, 1980.

— «Hacia un enfoque amplio. Revoluciones universales y categorías relativas a la sexualidad», en *Homosexualidad: Literatura y política,* traducción de Ramón Serratacó y Joaquina Aguilar; George Steiner y Robert Boyers (eds.), págs. 38-75.

BOUSOÑO, Carlos, «Situación de la obra lorquiana», *Valoración actual de la obra de García Lorca,* Madrid, Casa de Velázquez y Universidad Complutense, 1988, págs. 61-64.

BRACHFELD, Oliver, «Crítica de la teorías sexuales del Dr. Marañón», en *Revista de Barcelona,* núm. 16, 1931, págs. 548-561.

BRETON, André, *Manifiestos del surrealismo,* Madrid, Guadarrama, 1980.

BRONSKI, Michael, *Culture Clash, The Making of Gay Sensibility,* Boston, South End Press, 1984.

BROWN, Thomas, *The Works of Sir Thomas Brown*, Geoffrey Keynes (ed.), 6 tomos, Londres, Faber y Gwyer, 1927.

BUÑUEL, Luis, *Mi último suspiro (memorias)*, Barcelona, Plaza & Janés, 1982.
— *¿Buñuel! La mirada del siglo*, Yasha David (ed.), Madrid, Museo Nacional Centro de Arte Reina Sofía, 1996.

BÜRGER, Peter, *Theory of the Avant-Garde*, traducción de Michael Shaw, Minneapolis, Minnesota University Press, 1996.

BURTON, Julianne, «The Greatest Punishment. Female and Male in Lorca's Tragedies», *Women in Hispanic Literature*, Beth Miller (ed.), Berkeley, University of California Press, 1983, páginas 259-279.

BURY, R. G. (ed.), *The Symposium of Plato*, Cambridge, W. Heffer and Sons, 1932.

BUTLER, Judith, *Gender Trouble: Feminism and the Subversion of Identity*, Nueva York, Routledge, 1990.

CADY, Joseph, «Not Happy in the Capitol: Homosexuality and the *Calamus* Poems», en *American Studies*, núm. 19, 1978, págs. 5-22.

CANO BALLESTA, José Luis, *La poesía española entre pureza y revolución (1930-1936)*, Madrid, Gredos, 1972.

CARROUGUES, Michel, *Les machines célibataires*, París, Chêne, 1976.

CELA, Camilo José, *La familia de Pascual Duarte*, Harold L. Boudreau y John Kronik (eds.), Eagleton Cliff, Prentice-Hall, 1961.

CERNUDA, Luis, *Obras completas*, Derek Harris y Luis Maristany (eds.), 3 vols, Madrid, Siruela, 1994.

CHAUCER, Geoffrey, *The Works of Geoffrey Chaucer*, F. N. Robinson (ed.), Boston, Houghton Mifflin, 1957.

CHAUNCEY Jr., George, «De la inversión sexual a la homosexualidad, la medicina y la evolución de la conceptualización de la desviación de la mujer», *Homosexualidad, Literatura y Política*, George Steiner y Robert Boyers (eds.), traducción de Ramón Serratacó y Joaquina Aguilar, Madrid, Alianza Editorial, 1985, págs. 75-123.

CHAUNCEY Jr., George, *Gay New York, Gender, Urban Culture, and the Making of the Gay Male World, 1890-1940*, Nueva York, Basic Books, 1994.

CHURCHILL, Wainwright, *Homosexual Behavior Among Males: A Cross-Cultural and Cross-Species investigation*, Nueva York, Hawthorn Books, 1967.

CIRLOT, Juan Eduardo, *Diccionario de símbolos*, Barcelona, Labor, 1985.

COHEN, David, «Law, Society and Homosexuality in Classical Athens», en *Past and Present*, núm. 117, 1987, págs. 3-21.

COHEN, Philip K., *The Moral Vision of Oscar Wilde*, Londres, Associated Presses, 1978.

COOPER, Emmanuel, *Artes plásticas y homosexualidad*, traducción de Cristina Pagés, Barcelona, Laertes, 1990.

COOPER, J. C., *Symbolic and Mythological Animals*, Londres, Acquarian Press, 1992,
— *An Illustrated Encyclopedia of Traditional Symbols*, Londres, Thames and Hudson, 1978.

CORREA, Gustavo, «El simbolismo de la luna en la poesía de Federico García Lorca», en *Publications of the Modern Language Association*, núm. 72, 1957, págs. 1060-1084.

CRAFT, Christopher, *Another Kind of Love. Male Homosexual Desire in English Discourse, 1850-1920*, Berkeley, University of California Press, 1994.

CRANE, Hart, *The Collected Poems of Hart Crane*, Waldo Frank (ed.), Nueva York, Liveright Publishing, 1933.

— *The Letters of Hart Crane, 1916-1932*, Brown Weber (ed.), Berkeley, University of California Press, 1965.

CULLER, Jonathan, *On Deconstruction: Theory and Criticism after Structuralism*, Cornell University Press, 1982.

CHEVALIER, Jean y GHEERBRANT, Alan, *Diccionario de los símbolos*, traducción de Manuel Silvar y Arturo Rodríguez, Barcelona, Herder, 1995.

DAVIDSON, Arnold I., «How to Do the History of Psychoanalysis, A reading of Freud's *Three Essays on the Theory of Sexuality*», en *Critical Inquiry*, núm. 13, 1987, págs. 252-277.

— «Sex and the Emergence of Sexuality», en *Critical Inquiry*, núm. 14, 1987, págs. 16-48.

DEJEAN, Joan, *Fictions of Sappho, 1546-1937*, Chicago, University of Chicago Press, 1989.

DELEUZE, Gilles, *Masochism, Coldness and Cruelty*, Nueva York, Zone Books, 1989.

DELEUZE, Gilles y GUATTARI, Félix, *Anti-Oedipus: Capitalism and Schizophrenia*, traducción de Robert Hurley, Mark Seem y Helen R. Lane, Nueva York, Viking Press, 1977.

DE MICHELI, Mario, *Las vanguardias artísticas del siglo XX*, traducción de Ángel Sánchez Gijón, Madrid, Alianza, 1987.

DEVEREUX, George, «Greek Pseudo-Homosexuality and the "Greek Miracle"», en *Symbolae Osloenses*, núm. 42, 1968, págs. 69-92.

DIDEROT, Denis, *Paradoxe sur le comédien*, París, 1967.

DIEGO, Estrella de, *El andrógino sexuado. Eternos ideales, nuevas estrategias de género*, Madrid, Visor, 1992.

DIERS, Richard, «A Filmscript by Lorca», en *Windmill Magazine*, núm. 5, 1963, págs. 27-29.

DIJKSTRA, Bram, *Evil Sisters: The Threat of Female Sexuality and the Cult of Manhood*, Nueva York, Knopf, 1996.

DOLLIMORE, Jonathan, «The Cultural Politics of Perversion: Augustine, Shakespeare, Freud, Foucault», en *Textual Practice*, núm. 4, 1990, págs. 179-196.

— *Sexual Dissidence. Augustine to Wilde, Freud to Foucault*, Oxford, Clarendon Press, 1991.

DOUGHERTY, Dru, «Lorca y las multitudes: Nueva York y la vocación teatral de Federico García Lorca», *Boletín de la Fundación Federico García Lorca*, núms. 10-11, Madrid, 1992, págs. 75-84.

DOSTOIEVSKI, Fiodor, «Notes from Underground», en *The Short Novels of Dostoyevsky, Kafka, Camus*, traducción de Constance Garnett, Nueva York, Dial Press, 1945.

DOVER, Sir Kenneth J., *Greek Homosexuality*, Cambridge, Harvard University Press, 1978.

— «Introduction» y «Commentary», *Plato, Symposium*, Cambridge, Cambridge University Press, 1980, págs. 1-14 y 77-177.

DOWNING, Christine, *Myths and Mysteries of Same-Sex Love*, Nueva York, Continuum, 1989.

DUBERMAN, Martin B.; VICINUS, Martha y CHAUNCEY, George (eds.), *Hidden from History. Reclaiming the Gay and Lesbian Past*, Nueva York, New American Library, 1989,

DUNN, Carrin, *Behold Woman. A Jungian Approach to Feminist Theology*, Wilmette, IL, Chiron Publications, 1991.

DWORKING, Andrea, *Intercourse*, Nueva York, The Free Press, 1987.

EAGLETON, Terry, «Capitalism, Modernism and Postmodernism», en *New Left Review*, núm. 52, 1985, págs. 60-73.

— *Criticism and Ideology: A Study in Marxist Literary Theory*, Londres, Verso, 1978.

ECHEVARRÍA, Eduardo de, *Diccionario General Etimológico de la Lengua Española*, Madrid, José María Paquineto, 1889.

EDELMAN, Lee, *Homographesis: Essays in Gay Literary and Cultural Theory*, Nueva York, Routledge, 1994.

EDWARDS, Gwynne, *El teatro de Federico García Lorca*, Madrid, Gredos, 1983.

ELLIS, Havelock, *Studies in the Psychology of Sex*, 2 tomos, Nueva York, Random House, 1942.

ELLIS, Havelock, «Sexual Inversion in Men», en *Alienist and Neurologists*, núm. 17, 1896, págs. 115-150.

EPSTEIN, Julia, «Either/Or-Neither/Both: Sexual Ambiguity and the Ideology of Gender», en *Genders*, núm. 7, 1990, págs. 99-142.

FAIRCHILD, Hoxie Neale, *The Noble Savage. A Study in Romantic Naturalism*, Nueva York, Columbia University Press, 1928.

FALCÓN MARTÍNEZ, Constantino; FERNÁNDEZ GALIANO, Emilio y LÓPEZ MELERO, Raquel, *Diccionario de la mitología clásica*, 2 tomos, Madrid, Alianza, 1980.

FEAL DEIBE, Carlos, «El Lorca póstumo, *El público* y *Comedia sin título*», en *Anales de la Literatura Española Contemporánea*, núm. 6, 191, págs. 43-62.

— *Lorca, tragedia y mito*, Otawa, Dovehouse Editions, 1989.

— *Eros y Lorca*, Barcelona, Edhasa, 1973.

FELMAN, Shosana, *The Literary Speech Act. Don Juan with J. L. Austin, or Seduction in Two Languages*, traducción de Catherine Porter, Nueva York, Ithaca, Cornell University Press, 1983.

FERNÁNDEZ CIFUENTES, Luis, *García Lorca en el teatro. La norma y la diferencia*, Zaragoza, Universidad de Zaragoza, 1986.

FERNÁNDEZ, Dominique, *El rapto de Ganimedes*, traducción de Beatriz Ibarra Elorriaga, Madrid, Tecnos, 1992.

FORSTER, E. M., *Maurice*, Nueva York, Norton, 1993.

FOUCAULT, Michel, «Opción sexual y actos sexuales: Una entrevista con Michel Foucault», entrevista realizada por James O'Higgins, *Homosexualidad: Literatura y Política*, George Steiner y Robert Boyers (eds.), págs. 124-149.

— *Historia de la sexualidad*, 3 tomos, traducción de Ulises Guiñazú, Martí Soler y Tomás Segovia, Madrid, Siglo XXI, 1989.

FOUCAULT, Michel y SENNET, Richard, «Sexuality and Solitude», en *The London Review of Books*, 21 de mayo-3 de junio de 1981, págs. 3-7.

FREUD, Sigmund, *Obras completas*, traducción de José Luis Etcheverry, 24 tomos, Buenos Aires, Amorrourtu, 1993.

— «Femininity», en *The Standard Edition of the Complete Psychological Works of Sigmund Freud*, edición y traducción de James Stratchey, 24 tomos, Londres, The Hogarth Press, 1964, tomo 22, págs. 112-135.

FUSS, Diane, *Essentially Speaking. Feminism Nature & Difference*, Nueva York, Routledge, 1989.

GARBER, Marjorie, *Vested Interests. Cross Dressing and Cultural Anxiety*, Nueva York, Harper Perennial, 1993.

GARCÍA Lorca, Federico, «*El público*» y «*Comedia sin título*». *Dos obras teatrales póstumas*, Rafael Martínez Nadal y Marie Laffranque (eds.), Barcelona, Seix Barral, 1978.

— *Obras completas*, 3 tomos, Arturo del Hoyo (ed.), Madrid, Aguilar, 1989.

— *Prosa inédita de juventud*, Christopher Maurer (ed.), Madrid, Cátedra, 1994.

GARCÍA Lorca, Federico, *Cinco farsas breves seguidas de «Así que pasen cinco años»*, Guillermo de Torre (ed.), Buenos Aires, Losada, 1975.

GARCÍA LORCA, Francisco, *Federico y su mundo*, Madrid, Alianza, 1980.

GARCÍA POSADA, Miguel, *Lorca: interpretación de «Poeta en Nueva York»*, Madrid, Akal, 1981.

— *García Lorca*, Madrid, EDAF, 1970.

GARFINKLE, Harold, *Studies in Ethnomethodology*, Englewood Cliff, Nueva Jersey, Prentice Hall, 1967.

GEBHARD, Paul H., «Fetishism and Sadomasochism», en *Dynamics of Deviant Sexuality*, Jules Masserman (ed.), Nueva York, Grune y Stratton, 1969, págs. 71-80.

GEIST, Anthony, «Las mariposas en la barba: una lectura de *Poeta en Nueva York*», en *Cuadernos Hispanoamericanos*, núms. 435-436, 1986, págs. 547-565.

GIBSON, Ian, *La vida desaforada de Salvador Dalí*, Barcelona, Anagrama, 1997.

— «El insatisfactorio estado de la cuestión», en *Cuadernos El Público*, núm. 20, 1987, págs. 13-17.

— (ed.), *Agustín Penón. Diario de una búsqueda lorquiana (1955-1956)*, Barcelona, Plaza y Janés, 1990.

— *Federico García Lorca*, 2 tomos, Madrid, Grijalbo, 1985 y 1987.

GIDE, André, *Diario [1889-1949]*, traducción de Miguel de Amilibia, Buenos Aires, Losada, 1963.

— *Corydon*, traducción de Julio Gómez de la Serna, Madrid, Ediciones Oriente, 1931.

GILBERT, Sandra M., «Costumes of the Mind: Transvestism as Metaphor in Modern Literature», *Gender Studies. New Directions in Feminist Criticism*, Judith Spector (ed.), Bowling Green (OH), Bowling Green University Press, 1986, págs. 70-95.

GILBERT, Sandra M. y GUBAR, Susan, *The Madwoman in the Attic*, New Haven, Yale University Press, 1984.

GINSBERG, Alan, «Howl», en *Gay and Lesbian Poetry in Our Time. An Anthology*, Carl Morse y Joan Larkin (eds.), Nueva York, Saint Martin's Press, 1988.

GIRARD, René, *Deceit, Desire, and the Novel. Self and Other in Literary Structure*, traducción de Yvonne Freccero, Baltimore, Johns Hopkins Press, 1965.

— *Des choses cachées depuis la foundation du monde*, París, Grasset, 1978.

GOFFMAN, Erving, *Frame Analysis: An Essay on the Organization of Experience*, Cambridge, MA, Harvard University Press, 1974.

GOLDBERG, Jonathan, *Sodometries: Renaissance Texts, Modern Sexualities*, Stanford, Stanford University Press, 1992.

GÓMEZ TORRES, Ana María, *Experimentación y Teoría en el teatro de Federico García Lorca*, Málaga, Arguval, 1995.

GOULD, Thomas, *Platonic Love*, Nueva York, The Free Press of Glencoe, 1963.

GREENBERG, David F., *The Construction of Homosexuality*, Chicago, The University of Chicago Press, 1988.

GREENBLATT, Stephen, «Fiction and Friction», en *Reconstructing Individualism. Anatomy, Individuality, and the Self in Western Thought*, Thomas C. Heller y Christine Brooke-Rose (eds.), Stanford, Stanford University Press, 1986, págs. 30-53.

— *Shakesperean Negotiations*, Berkeley, University of California Press, 1986, págs. 30-52.

GRUBE, G. M. A., *Plato's Thought*, Londres, The Athlone Press, 1980.

HALPERIN, David M., *Saint Foucault. Towards a Gay Hagiography*, Oxford, Oxford University Press, 1995.

— *One Hundred Years of Homosexuality and other Essays on Greek Love*, Nueva York, Routledge, 1990.

— «Historicizing the Sexual Body, Sexual Preference and Erotic Identities in the Pseudo-Lucianic Erôtes», en *Discourses of Sexuality: From Aristotle to Aids*, Donna C. (ed.), Stanton, Ann Arbor, The University of Michigan Press, 1992, págs. 236-261.

HAMANN, Johann Georg, *Socratic Memorabilia*, traducción de James C. O'-Flaherty (ed.), Baltimore, The Johns Hopkins University Press, 1967,

HARRETCHE, María Estela, *Federico García Lorca. Análisis de una revolución teatral*, Madrid, Gredos, 2000.

HARRIS, Derek, *Metal Butterflies and Poisonous Lights: The Language of Surrealism in Lorca, Alberti, Cernuda and Aleixandre*, Fife (Scotland), La Sirena, 1998.

— «Intruducción», en *Romancero Gitano. Poeta en Nueva York. El público*, Madrid, Taurus, 1993, págs. 9-46.

— «Green Death: An Analysis of the Symbolism of the Colour Green in Lorca's Poetry», en *Readings in Spanish and Portuguese Poetry for Geoffrey Connell*, Geoffrey Connell, Nicholas Grenville Round y D. Gareth Walters (eds.), Glasgow, University of Glasgow, Dept. of Hispanic Studies, 1985, págs. 80-97.

HEATH, Stephen, «Male Feminism», en *Men in Feminism*, Alice Jardine y Paul Smith (eds.), Nueva York, Routledge, 1987, págs. 1-32.

HEREK, Gregory M., «Beyond "Homophobia": A Social Psychological Perspective on Attitudes Towards Lesbians and Gay Men», *Journal of Homosexuality*, núm. 10, 1984, págs. 1-21.

— «Federico García Lorca. El significado de su muerte», en *Federico García Lorca, Manuscritos neoyorquinos*, Madrid, Tabapress/Fundación Federico García Lorca, 1990.

HOCQUENGHEM, Guy, *Homosexual Desire*, traducción de Daniella Dangoor, Londres, Allison and Busby, 1978.

HOPCKE, Robert H., *Jung, Jungians & Homosexuality*, Boston y Londres, Shambhala, 1991.

HORKHEIMER, Max y ADORNO, Theodor W., *Dialectic of Enlightment*, traducción de John Cumming, Nueva York, Herder y Herder, 1972.

HOWARD, Jean E., «Crossdressing, the Theatre, and Gender Struggle in Early Modern England», en *Shakespeare Quarterly*, núm. 39, 1988, págs. 418-40.

HUÉLAMO KOSMA, Julio, «La influencia de Freud en Federico García Lorca», en *Boletín de la Fundación Federico García Lorca*, núm. 6, 1989, págs. 59-83.
— *El teatro imposible de García Lorca. Estudio sobre «El público»*, Granada, Universidad de Granada, 1996.
HUYSSEN, Andreas y BATHRICK, David, «Modernism and the Experience of Modernity», *Modernity and the Text*, Andreas Huyssen and David Bathrick (eds.), Columbia, Columbia University Press, 1989, págs. 1-16.
ILIE, Paul, *Los surrealistas españoles*, Madrid, Taurus, 1982.
IRIGARAY, Luce, *This Sex Which is not One*, traducción de Catherine Porter and Carolyn Burke, Ithaca (NY), Cornell University Press, 1985.
— «Woman's Exile», en *Ideology and Consciousness*, núm. 1, 1977, págs. 62-76,
JAEGER, Werner, *«Paideia»: The Ideals of Greek Culture*, tomo 2, Nueva York, Oxford University Press, 1969, 3 tomos.
JAMESON, Frederick, *Fables of Aggression: Wyndham Lewis, the Modernist as Fascist*, Berkeley, University of California Press, 1979.
— «The Ideology of the Text», *The Ideologies of Theory*, Minneapolis, University of Minnesota Press, 1989, págs. 17-71,
JARDINE, Lisa, *Still Harping on Daughters. Women and Drama in the Age of Shakespeare*, Totowa (NJ), Barnes and Noble, 1983,
JAUSS, Hans Robert, *La literatura como provocación*, Barcelona, Plenitud, 1976.
JEREZ FARRÁN, Carlos, «La estética expresionista en *El público* de García Lorca», en *Anales de la Literatura Española Contemporánea*, núm. XI, 1986, 111-127.
— «El sadomasoquismo homoerótico como forma de expresión de homofobia interiorizada en el Cuadro II de *El público* de García Lorca», en *Modern Philology*, núm. 93, 1996.
— «García Lorca y *El paseo de Buster Keaton*, alegoría de un amor homosexual sublimado», en *Romanic Review*, 88, 1997, págs. 629-655.
JIMÉNEZ DE ASÚA, Luis, *Estudio de los delitos en particular*, Madrid, Victoriano Suárez, 1921.
JOVELLANOS, Gaspar Melchor de, *Espectáculos y diversiones públicas. Informe sobre la ley agraria*, José Lage (ed.), Madrid, Cátedra, 1979.
KAMEL, G. W. Levi, «Leathersex: Meaningful Aspects of Gay Sadomasochism», *S & M, Studies in Sadomasochism*, Thomas Weiberg y G. W. Levi Kamel (eds.), Buffalo, NY, Prome-theus Books, 1983, páginas 162-174.
KATZ, Jonathan Ned, *Gay/Lesbian Almanac*, Nueva York, Carol and Graf Publishing, 1994,
— *Gay American History, Lesbian and Gay Men in the USA. A Documentary*, Nueva York, Crowell, 1976.
KENNEDY, Hubert, *Ulrichs: Life and Works*, Boston, Alyson Publications, 1988.
KEULS, Eva C., *The Reign of the Phallus. Sexual Politics in Ancient Athens*, Berkeley, University of California Press, 1993.
KRAFFT-EBING, Richard von, *Psychopathia Sexualis*, traducción de Franklin S., Klaf, Nueva York, Stein and Day, 1986.
LACAN, Jacques, «The Meaning of the Phallus», en *Feminine Sexuality*, Juliet Michell y Jacqueline Rose (eds.), traducción de Jacqueline Rose, Nueva York, Northon, 1983.

LACAN, Jacques, *El seminario, Libro XX, Aún,* traducción de Diana Ra-
binovich, Delmont-Mauri y Julieta Sucre, Barcelona, Paidós, 1981.
— «On a Question Preliminary to any Possible Treatment of
Psychosis», en *Ecrits, A Selection,* selección y traducción de Alan She-
ridan, Nueva York, Norton, 1977, págs. 179-221.
— *Le seminaire, Libre VIII. Le transfert,* París, Seuil, 1991.
LAFFRANQUE, Marie, «Poeta y público», en *Cuadernos El Público,* enero
de 1987, págs. 29-35.
LAQUEUR, Thomas, «Orgasm, Generation, and the Politics of Reproduc-
tive Biology», en *The Making of the Modern Body. Sexuality and So-
ciety in the Nineteeth Century,* Catherine Gallagher y Thomas Laqueur
(eds.), Berkeley, University of California Press, 1987.
— *Making Sex. Body and Gender from the Greeks to Freud,* Cambridge,
Harvard University Press, 1992.
LAURITSEN, John y THORDSTAD, David, *Los primeros movimientos en favor de los derechos homosexuales, 1864-1935,* traducción de Francisco Parcerisas, Barcelona, Tusquets, 1977.
LEHMAN, Peter, *«In the Realm of the Senses,* Desire, Prower, and the Re-
presentation of the Male Body», en *Genders,* núm. 2, 1988, páginas 91-110.
LEVINE, Laura, *Men in Women's Clothing. Anti-theatricality and Effemi-
nization, 1579-1642,* Cambridge, Cambridge University Press, 1994.
LEWIS, Thomas S. W., «Los hermanos de Ganimedes», en *Homosexualidad: Literatura y política,* George Steiner y Robert Boyers (eds.), pá-
ginas 124-49 (véase *infra* Steiner).
LIVINGSTON, Leo, «Ortega y Gasset's Philosophy of Art», en *Publica-
tions of the Modern Language Association,* núm. 67, 1952, págsi-
nas 609-654.
LUENGO, Ricardo G., «Conversación con Federico García Lorca», en *El
Mercantil Valenciano,* 15 de noviembre de 1935, reproducida por Ian
Gibson, «Una entrevista olvidada con García Lorca sobre su teatro»,
El País, 4 de marzo de 1987, pág. 28.
LURKER, Manfred, *Diccionario de imágenes y símbolos de la Biblia,* tra-
ducción de Rufino Godoy, Córdoba, Ediciones El Almendro, 1994.
LLAMAS, Ricardo, *Teoría torcida. Prejuicios y discursos en torno a «la ho-
mosexualidad»,* Madrid, Siglo XXI, 1998.
MARAÑÓN, Gregorio, *Obras Completas,* 10 tomos, Madrid, Espasa Calpe,
1990, págs. 169-178.
MARCUSE, Herbert, *An Essay on Liberation,* Boston, Beacon Press, 1969.
— *Negations, Essays in Critical Theory,* traducción de Jeremy Shapiro,
Boston, Beacon Press, 1968.
— *Eros and Civilization,* Boston, Beacon Press, 1966.
MARÍAS, Julián, *Obras,* 8 tomos, Madrid, 1959-1969.
MARSHALL, John, «Pansies, Perverts and Macho Men: Changing Concep-
tions of Male Homosexuality», *The Making of the Modern Homose-
xual,* Kenneth Plummer (ed.), Totowa, Nueva Jersey, Barnes y Noble
Books, 1981, págs. 133-154.
MARTIN, Robert, *The Homosexual Tradition in American Poetry,* Austin,
The University of Texas Press, 1979.
MARTÍNEZ NADAL, Rafael, *«El público». Amor y muerte en la obra de Fe-
derico García Lorca,* México, Joaquín Mortiz, 1970.
— «Baco y Ciso», en *Cuadernos del Sur,* 1972, págs. 228-240.

MARTÍNEZ NADAL, Rafael, «Guía al lector de *El público*», en *Federico García Lorca, El público* y *Comedia sin título. Dos obras teatrales póstumas*, Barcelona, Seix Barral, 1978, págs. 169-266.

— «Ecos clásicos en las obras de Fedrico García Lorca y Luis Cernuda», en *Tradición clásica y siglo XX*, Ignacio Rodríguez Alfagure (ed.), Madrid, Coloquio, 1986, págs. 37-54.

MAURER, Christopher, «"El Teatro", Federico García Lorca escribe a su famila desde Nueva York y La Habana, 1929-1930», en *Poesía*, núms. 23-24, 1986, págs. 133-141.

— *Epistolario completo, I (1910-1926)*, Madrid, Cátedra, 1997.

— «Introducción», prosa inédita de juventud, Madrid, Cátedra, 1994, págs. 13-49.

MAYER, Marc, «La Religió i el Culte. La Religiositat Romana», en *Roma a Catalunya*, Barcelona, Institut Català d'Estudis Mediterranis, 1992, págs. 112-117.

MAZZOTI PABELLO, Honorata, «Una lectura de *El público* de Federico García Lorca», *Tres ensayos sobre Federico García Lorca*, Iztapalaca, Universidad Autónoma Metropolitana, 1990, págs. 155-178.

MCALPINE, Monica C., «The Pardoner's Homosexuality and How it Matters», *Publications of the Modern Language Association*, núm. 95, 1980, págs. 8-22.

MCDONALD, Gary J. y MOORE, Robert J., «Sex-Role Self-Concepts of Homosexual Men and Their Attitudes Towards Both Women and Male Homosexuality», en *Journal of Homosexuality*, núm. 4, 1978, páginas 3-14.

MCINTOSH, Mary, «The Homosexual Role», en *The Making of the Modern Homosexual*, Kenneth Plummer (ed.), Totowa, Nueva Jersey, Barnes Noble, 1981, págs. 30-49.

MCLUSKIE, Kathleen, «The Act, the Role, and the Actor. Boy Actresses on the Elizabethan Stage», en *New Theatre Quarterly*, núm. 3, 1987, págs. 120-30.

MENARINI, Piero, «L'Uomo dei Dolori (Struttura ed esegesi del Quadro V de *El público*)», en *Lorca, 1986*, Bologna, Atesa Editrice, 1987, páginas 65-106.

MILLÁN, María Clementa, «Introducción», en *El público*, Madrid, Cátedra, 1988, págs. 13-115.

MIRABET y MULLOL, Antoni, *Homosexualidad hoy*, Barcelona, Herder, 1985.

MITCHELL, Juliet, «Introduction-I», en *Feminine Sexuality, Jacques Lacan and the école freudienne*, Nueva York, Norton, 1982, págs. 1-26.

MODLESKI, Tania, *Feminism Without Women. Culture and Criticism in a «Postfeminist» Age*, Nueva York, Routledge, 1991.

MOLINUEVO, José Luis, «La deshumanización del arte en clave de futuro pasado», en *Revista de Occidente*, núm. 168, 1995, págs. 43-60.

MONEGAL, Antonio, «Entre el papel y la pantalla. Viaje a la luna de Federico García Lorca», en *Litoral*, núm. 144, 1986, págs. 242-258.

MORRIS, Cyril Brian, *Surrealism and Spain, 1920-1936*, Cambridge, Cambridge University Press, 1972.

— «Yerma, abandonada e incompleta», *El teatro de Lorca. Tragedia, drama y farsa*, Cristóbal Cuevas García y Enrique Baena (eds.), Málaga, Publicaciones del Congreso de Literatura Española Contemporánea, 1996, págs. 15-41.

MOSSE, George L., *Nationalism and Sexuality. Respectability and Abnormal Sexuality in Modern Europe,* Nueva York, Howard Fertig, 1985.

MURPHY, Richard, *Theorizing the Avant-Garde. Modernism, Expressionism and the problem of Modernity,* Cambridge, Cambridge University Press, 1999.

NERUDA, Pablo, «Sobre una poesía sin pureza», en *Caballo Verde para la Poesía,* núm. 1, 1935.

NEWBERRY, Wilma, «Aesthetic Distance in García Lorca's *El público,* Pirandello and Ortega», en *Hispanic Review,* núm. 37, 1969, páginas 276-296.

NEWMANN, Harry, «On the Comedy of Plato's Aristophanes», en *American Journal of Philology,* núm. 87, 1966, págs. 420-26.

NEWTON, Esther, «The Mythic Mannish Lesbian: Radclyffe Hall and the New Woman», en *The Lesbian Issue. Essays from «Signs»,* Chicago, University of Chicago Press, 1982, págs. 7-25.

NICOLSON, Nigel, «Where Love Dared Speak its Name», reseña de *Mary Renault. A Biography,* by David Sweetman, *The New York Times Review,* 27 de junio de 1993, pág. 13.

NOVO VILLAVERDE, Yolanda, *Vicente Aleixandre. Poeta surrealista,* Santiago de Compostela, Universidad de Santiago de Compostela, 1980.

ORTEGA Y GASSET, José, *La deshumanización del arte y otros ensayos de estética,* Madrid, Revista de Occidente, 1976.

OVIDIO NASÓN, Publio, *Metamorfosis,* 2 tomos, México, Secretaría de Educación Pública, 1985.

OWENS, Craig, «Outlaws. Gay Men in Feminism», en *Men in Feminism,* Alice Jardine y Paul Smith (eds.), Nueva York, Routledge, 1987, páginas 219-232.

PASQUAL, Lluís, «La verdad del amor y del teatro», en *Cuadernos El Público,* enero de 1987, págs. 6-9.

PENÓN, Agustín, *Diario de una búsqueda lorquiana (1955-56),* Ian Gibson (ed.), Barcelona, Plaza & Janés, 1990.

PEQUIGNY, Joseph, *Such is my Love. A Study of Shakespeare's Sonnets,* Chicago, University of Chicago Press, 1985.

PLATÓN, *Diálogos: Apología de Sócrates, Eutifrón, Critón, Fedón, Symposio, Fedro,* México, Universidad Nacional de México, 1921.

— *Las leyes o de la legislación,* México, Porrúa, 1975.

PLUMMER, Kenneth, «Homosexual categories: some research problems in the labelling perspective of homosexuality», en *The Making of the Modern Homosexual,* Kenneth Plummer (ed.), Totowa, Barnes y Noble, 1981, págs. 53-75.

— *Sexual Stigma: an Interactionist Account,* Londres, Routledge y Kegan Paul, 1975.

POLLARD, Patrick, *André Gide. Homosexual Moralist,* New Haven y Londres, Yale University Press, 1991.

POPPER, Karl R., «Plato's Descriptive Sociology», en *The Open Society and its Enemies,* Princeton, Princeton University Press, 1971.

PRATT, Heather, «Place and Displacement in Lorca's *Poeta en Nueva York*», en *Forum for Modern Languages Studies,* número 22, 1986, páginas 248-262.

PREDMORE, Richard, *Los poemas neoyorquinos de Federico García Lorca,* Madrid, Taurus, 1985.

PRONGER, Brian, *The Arena of Masculinity. Sports, Homosexuality, and the Meaning of Sex*, Nueva York, Saint Martin's Press, 1990.

PROUST, Marcel, *En busca del tiempo perdido*, traducción de Jorge Salinas, Soledad Salinas de Marichal y Consuelo Berges, 4 tomos, Madrid, Alianza, págs. 1991-1993.

PUIGSERVER, Fabia, «Lo importante es el viaje», en *El Público*, número 20, 1987, págs. 9-11.

RACKIN, Phyllis, «Androgyny, Mimesis, and the Marriage of the Boy Heroine on the English Renaissance Stage», en *PMLA*, número 102, 1987, págs. 29-41.

RAJCHMAN, John, «Lacan and the Ethics of Modernity», en *Representations*, núm. 15, 1986, págs. 42-56.

REIK, Theodore, *Masochism in Modern Man*, traducción de Margaret H. Beigel y Gertrud Kurth, Nueva York, Farrar Strauss, 1949.

RICHARDSON, Diane, «The Dilemma of Essentiality in Homosexual Theory», en *Journal of Homosexuality*, núm. 9, 1984, págs. 79-90.

RILEY, Francis Thomas (ed.), *The Comedies of Terence*, Nueva York, Harper, 1968.

RÍO, Ángel del, «Federico García Lorca (1899-1936)», en *Revista Hispánica Moderna*, núm. VI, 1940, págs. 193-260.

— *Poeta en Nueva York*, Madrid, Taurus, 1958.

RIVERS, J. E., *Proust and the Art of Love*, Nueva York, Columbia University Press, 1980.

RODRIGO, Antonina, «Federico García Lorca y Margarita Xirgu. Teatro y compromiso», *Federico García Lorca y Cataluña*, Antonio Monegal y José María Micó (eds.), Barcelona, Universidad Pompeu Fabra, 2000, págs. 33-49.

— *Lorca-Dalí. Una amistad traicionada*, Barcelona, Planeta, 1981.

RODRÍGUEZ ALFAGURE, Ignacio, «Baco, Ciso y la hiedra: apuntes para la historia de un tópico literario», *Tradición clásica y siglo XX*, Ignacio Rodríguez Alfagure (ed.), Madrid, Coloquio, 1986, págs. 3-36.

RÓHEIM, Géza, *The Panic of the Gods and Other Essays*, Werner Muensterberger (ed.), Nueva York, Harper y Row, 1972.

ROWSON, Everett K, «The Categorization of Gender and Sexual Irregularity in Medieval Arabic Vice Lists», en *Body Guards. The Cultural Politics of Gender Ambiguity*, Julia Epstein y Kristina Straub (eds.), Nueva York, Routledge, 1991.

RUBIN, Gayle, «The Traffic in Women, Notes on the "Political Economy" of Sex», *Toward and Anthropology of Women*, Rayna R. Reiter (ed.), Nueva York, Monthly Review Press, 1975, págs. 157-210.

RUIZ FUNES, Mariano, *Endocrinología y homosexualidad*, Madrid, Morata, 1929.

RUIZ RAMÓN, Francisco, *Historia del teatro español. Siglo XX*, Madrid, Cátedra, 1980.

RUSE, Michael, *La homosexualidad*, traducción de Carlos Laguna, Madrid, Cátedra, 1989.

SÁNCHEZ VIDAL, Agustín, *Buñuel, Lorca, Dalí, El enigma sin fin*, Barcelona, Planeta, 1988.

SANTAS, Gerosimos, *Plato and Freud: Two Theories of Love*, Oxford, Blackwell, 1988.

SANTOS TORROELLA, Rafael, *La miel es más dulce que la sangre*, Barcelona, Seix Barral, 1984.

SARTRE, Jean-Paul, *Saint Genet: Actor and Martyr*, traducción deBernard Frechtman, Nueva York, Mentor Book, 1963.

SAUQUILLO, Ángel, *Federico García Lorca y la cultura de la homosexualidad*, Alicante, Diputación de Alicante, 1991.

SCANLON, Geraldine M., *La polémica feminista en la España contemporánea (1968-1974)*, traducción de Rafael Mazarrasa, Madrid, Siglo XXI, 1976.

SCHLOSSMAN, Beryl, «Disappearing Acts: Style, Seduction, and Performance in *Don Juan*», en *Modern Language Notes*, núm. 106, 1991, págs. 1030-1047.

SCHMIDT, Paul, «Visions of Violence: Rimbaud and Verlaine», *Homosexualities and French Literatures*, George Stambolian y Elaine Marks (eds.), págs. 228-242.

SCHOR, Naomi, «Dreaming Dissymmetry: Barthes, Foucault, and Sexual Difference», en *Men in Feminism*, Alice Jardine and Paul Smith (eds.), Nueva York, Routledge, 1987, págs. 98-110.

SCHWEITZER Jr., Edward C., «Chaucer's Pardoner and the Hare», en *English Language Notes*, junio de 1967, págs. 247-250.

SEDGWICK, Eve Kosofsky, *Between Men. English Literature and Male Homosocial Desire*, Nueva York, Columbia University Press, 1985.

— *Epistemology of the Closet*, Berkeley, University of California Press, 1990.

SEDGWICK, Peter, «Guérin out of Hiding», en *Salmagundi*, números 58-59 1982-1983, págs. 197-220.

SHAKESPEARE, William, *Romeo and Juliet*, *The Complete Works*, Peter Alexander (ed.), 1951, Londres, Collins, 1978.

SHAPIRO, Judith, «Transsexualism: Reflections on the Persistence of Gender and Mutability of Sex», *Body Guards: The Cultural Politics of Gender Ambiguity*», Julia Epstein y Kristina Straub (eds.), Nueva York, Routledge, 1991.

SHOWALTER, Elaine, *Sexual Anarchy. Gender and Culture at the Fin de Siècle*, Nueva York, Penguin Books, 1991.

SMITH, Jaime, «Psychopathology, Homosexuality and Homophobia», en *Journal of Homosexuality*, núm. 15, 1988, págs. 59-73.

SMITH, Paul Julian, *The Body Hispanic: Gender and Sexuality in Spanish and Spanish-American Literature*, Oxford, Clarendon Press, 1989.

— *The Theatre of García Lorca. Text, Performance, Psychoanalysis*, Cambridge, Cambridge University Press, 1998.

— «García Lorca y Lluís Pasqual: identificación y "mentira"», en *Federico García Lorca i Catalunya*, Antonio Monegal y José María Micó (eds.), Barcelona, Pompeu Fabra, 1998, págs. 51-58.

SMITH-ROSENBERG, Carol, *Disorderly Conduct. Visions of Gender in Victorian America*, Nueva York, Knopf, 1985.

SORIA OLMEDO, Andrés, «Introducción», en *Teatro inédito de juventud*, Madrid, Cátedra, 1994, págs. 11-68.

STANTON, Dona C. (ed.), «Introduction. The Subject of Sexuality», en *Discourses of Sexuality, From Aristotle to Aids*, Ann Arbor, University of Michigan Press, 1991, págs. 1-46.

STEINER, George, *On Difficulty and Other Essays*, Oxford, Oxford University Press, 1978.

STIMPSON, Catherine, «La generación *beat* y las vicisitudes de la liberación de los homosexuales», en *Homosexualidad: Literatura y política*, Madrid, Alianza, 1982, págs. 254-281.

STOCKINGER, Jacob, «Homotextuality. A Proposal», en *The Gay Academic*, Louie Crew (ed.), Palm Springs (CA), ETC Publications, 1978.

STORZER, Gerald, «The Homosexual Paradigm in Balzac, Gide and Genet», *Homosexualities and French Literatures*, George Stambolian y Elaine Marks (eds.), Ithaca y Londres, Cornell University Press, 1979, págs. 186-209.

TAYLOR, A. E., *Plato: The Man and his Work*, Nueva York, The Humanities Press, 1949.

TERENCIO AFRO, P., *El eunuco*, traducción de Andrés Pociña y Aurora López, Barcelona, Bosch, 1977.

THOMSON, C., «Changing Concepts of Homosexuality in Psychoanalysis», H. M. Ruitenbeek (ed.), *The Problem of Homosexuality in Modern Society*, Nueva York, Dutton, 1963.

TRAUB, Valerie, «Desire and the Differences it Makes», *The Matter of Difference: Materialist Feminist Criticism of Shakespeare*, Valerie Wayne (ed.), Ithaca, Nueva York, Cornell University Press, 1991, págs. 81-114.

TRIPP, C. A., *The Homosexual Matrix*, Nueva York, McGraw Hill, 1975.

TYLER, Carol-Anne, «Boys Will Be Girls: The Politics of Gay Drag», en *Inside Out, Lesbian Theories, Gay Theories*, Diana Fuss (ed.), Nueva York, Routledge, 1991, págs. 32-70.

UMBRAL, Francisco, «Análisis y síntesis de Lorca», en *Revista de Occidente*, núm. 95, 1971, págs. 221-229.

— *Lorca, poeta maldito*, Barcelona, Bruguera, 1977.

VALENTE, Ángel, «Pez luna», en *Trece de Nieve*, núms. 1-2, 1976, págs. 191-201.

VALLEJO FORÉS, Guillermo, «Sublimación mitológica del amor en clave lorquiana», en *Federico García Lorca. Clásico Moderno. 1898-1998*, Andrés Soria Olmedo, María José Sánchez Montes y Juan Varo Zafra (coords.), Granada, Diputación de Granada, 2000, págs. 603-613.

VEYNE, Paul, «Homosexuality in Ancient Rome», a *Western Sexuality, Practice and Precept in Past and Present Times*, Philippe Ariès y André Béjin (eds.), traducción de Anthony Forster, Oxford, Basil Blakewell, 1985, págs. 26-35.

WEEKS, Jeffrey, *Coming Out. Homosexual Politics in Britain from the Nineteenth Century to the Present*, Londres, Quartet, 1990,

— *Sexuality and its Discontents. Meanings, Myth & Modern Sexualities*, Londres-Nueva York, Routledge (1985), 1986.

— *Against Nature. Essays on History, Sexuality and Identity*, Londres, River Oram Press, 1991.

— «Preface», *Homosexual Desire*, Guy Hocquenghem, Londres, Allison y Busby, 1978, págs. 9-32.

WEINBERG, Linda and Jim Millham, «Attitudinal Homophobia and Support of Traditional Sex Roles», en *Journal of Homosexuality*, núm. 4, 1979, págs. 237-245.

WEINBERG, Thomas S., «Sadism and Masochism. Sociological Perspectives», *S & M, Studies in Sadomasochism*, Thomas Weinberg y G. W. Levi Kamel (eds.), Buffalo, Nueva York, Prometheus Books, 1983, págs. 99-112.

WEINBERG, Thomas S. y KAMEL, G. W. Levi, «S&M. An introduction to the Study of Sadomasochism», en *S&M, Studies in Sadomasochism*, Thomas Weinberg y G. W. Levi Kamel (eds.), Buffalo, Nueva York, Prometheus Books, 1983, págs. 17-24,

WINKLER, John J., «Laying Down the Law: The Oversight of Men's Sexual Behavior in Classical Athens», en *Before Sexuality*, David M. Halperin, John L. Winkler y Froma I. Zetlin (eds.), Princeton, Princeton University Press, 1990, págs. 171-209.
— *The Constraints of Desire. The Anthropology of Sex and Gender in Ancient Greece*, Nueva York, Routledge, 1990.
WOLIN, Richard, «Modernism vs. Postmodernism», en *Telos*, número 62, 1984-1985, págs. 9-29.
WOOLF, Virginia, *Orlando*, Nueva York, Harcourt Brace, 1956.
WRIGHT, Sara, *The Trickster-Function in the Theatre of García Lorca*, Londres, Támesis, 2000.
YEATS, W. B., *Selected Poetry*, A. Norman Jeffares (ed.), Londres, Mac-Millan, 1969.
YINGLING, Thomas E., *Hart Crane and the Homosexual Text*, Chicago, The University of Chicago Press, 1990.
ZAMBRANO, María, «El viaje, infancia y muerte», en *Trece de nieve*, núms. 1-2, 1976, págs. 181-190.
ZARDOYA, Concha, «Los tres mundos de Vicente Aleixandre», en *Revista Hispánica Moderna*, núm. 20, 1954, págs. 67-73.
ZIZEK, Slavoj, «The Deadlock of "Repressive Desublimation"», en *The Metastases of Enjoyment. Six Essays on Women and Causality*, Londres, Verso, 1994.